BRANDWEINER · DIE PARISER VERTRÄGE

HEINRICH BRANDWEINER

DIE
PARISER VERTRÄGE

1955

AKADEMIE-VERLAG · BERLIN

Erschienen im Akademie-Verlag GmbH., Berlin W 8, Mohrenstraße 39
Lizenz-Nr. 202/100/517/55
Satz und Druck: (III/9/1) Sächsische Zeitung, Dresden
Umschlag: Heinz Hellmis.
Bestell- und Verlagsnummer 5182
Printed in Germany

INHALTSVERZEICHNIS

EINFÜHRUNG

Die Ablehnung des Vertrages über die Gründung der Europäischen Verteidigungsgemeinschaft durch die französische Nationalversammlung im Sommer 1954 stellte den Westen vor die Entscheidung, seine auf die Remilitarisierung der Bonner Bundesrepublik gerichteten Bestrebungen grundlegend zu revidieren. Zwei Möglichkeiten boten sich: Die eine bestand darin, zu jenen Grundlagen des friedlichen Nebeneinander zurückzukehren, die in den Potsdamer Beschlüssen ihren für Europa einschließlich Deutschland gültigen Ausdruck gefunden hatten. Die andere führte auf dem gefahrvollen Weg weiter, der bereits durch den EVG-Vertrag zu beschreiten versucht wurde, einem Weg, der zur Wiederaufrüstung Westdeutschlands im Rahmen eines Militärbündnisses führt. Die Vereinigten Staaten, Großbritannien und Frankreich glaubten, sich für diesen zweiten Weg entschließen zu müssen, obwohl die Sowjetunion bereits auf der Berliner Konferenz durch den Mund ihres Außenministers den Weg gewiesen hatte, der zu einer wirklichen Friedensordnung in Europa und im weiteren Verlauf zur friedlichen Wiederherstellung der deutschen Einheit führen könnte. Der Vorschlag Molotows, einen gesamteuropäischen Vertrag für kollektive Sicherheit abzuschließen und die an alle interessierten Staaten gerichtete Einladung der Sowjetregierung, an einer Konferenz teilzunehmen, die der Aufrichtung eines solchen Sicherheitssystems dienen sollte, wurde vom Westen abgelehnt. Da die sogenannte Europäische Verteidigungsgemeinschaft nach ihrer Verwerfung durch Frankreich nicht mehr verwirklicht werden konnte, kam es in der Zeit vom 28. September bis zum 3. Oktober zur Londoner Neun-Mächte-Konferenz, an der Belgien, Kanada, Frankreich, Italien, Luxemburg, die Niederlande, Großbritannien, die Vereinigten Staaten von Amerika und Westdeutschland teilnahmen.

Die Vereinbarungen, die auf dieser Konferenz abgeschlossen wurden, ebenso die dort abgegebenen Erklärungen, bilden zusammen mit dem Ergebnis der Pariser Konferenzen, die vom 19. bis zum 23. Oktober 1954 stattfanden, ein Ganzes, wobei in einer Reihe von Fällen die in Paris getroffenen Vereinbarungen nur der näheren Ausführung der Londoner Abkommen dienen. Da einige wesentliche Erklärungen nur in London abgegeben und in Paris nicht wiederholt wurden, müssen beide Konferenzen zusammen betrachtet werden, wenn man sich Rechenschaft über den Gesamtinhalt des neuen Vertragswerkes geben will, das an die Stelle des Vertrages über die Gründung der EVG und an die Stelle des Bonner Vertrages in seiner alten Fassung getreten ist.

In Paris fanden vier Konferenzen statt: Eine zweiseitige zwischen der Bundesrepublik Deutschland und Frankreich, deren wesentliche Frucht das Abkommen über das Statut der Saar und ein deutsch-französisches Kulturabkommen waren.

Ferner eine Vier-Mächte-Konferenz zwischen den drei Westmächten und der Bonner Bundesrepublik über die Wiederherstellung der deutschen Souveränität, wobei eine Reihe wesentlicher Vorbehalte gemacht wurden, die die darauf zielende Londoner Erklärung der drei Westmächte praktisch in ihr Gegenteil verkehren. Das Ergebnis dieser Konferenz war ein Protokoll über die Beendigung des Besatzungsregimes in der Bundesrepublik Deutschland mit fünf als Listen bezeichneten Anhängen:

Liste I über Änderungen zu dem Vertrag über die Beziehungen zwischen der Bundesrepublik Deutschland und den Drei Mächten;

Liste II über Änderungen zu dem Vertrag über die Rechte und Pflichten ausländischer Streitkräfte und deren Mitglieder in der Bundesrepublik Deutschland;

Liste III über Änderungen zum Finanzvertrag betreffend den deutschen Verteidigungsbeitrag;

Liste IV über Änderungen zu dem Vertrag zur Regelung aus Krieg und Besatzung entstandener Fragen;

Liste V über Änderungen zu dem Abkommen über die steuerliche Behandlung der Streitkräfte.

Ferner Erklärungen der vier Konferenzteilnehmer über Berlin und schließlich ein Vertrag über den Aufenthalt ausländischer Streitkräfte in der Bundesrepublik Deutschland.

Außerdem konferierten in Paris die neun Mächte, die sich bereits in London vereinigt hatten. Der Gegenstand dieser Konferenz war die Abänderung des Brüsseler Vertrages und die Umwandlung seiner Organisation in die sogenannte Westeuropäische Union unter Einschluß der Bundesrepublik Deutschland und Italiens.[1]

[1] Der am 17. März 1948 in Brüssel zwischen Belgien, Frankreich, Großbritannien, Luxemburg und den Niederlanden abgeschlossene „Pakt zur wirtschaftlichen, sozialen und kulturellen Zusammenarbeit sowie zur kollektiven Verteidigung" hatte ursprünglich den Charakter eines Beistandspaktes gegen eine etwaige *deutsche* Aggression (vgl. Präambel und Art. 7 des Brüsseler Paktes). An die Stelle der Worte in der Präambel des Brüsseler Paktes, die als Quelle der Kriegsgefahr in Europa Deutschland bezeichnen, „... alle Maßnahmen zu treffen, die im Falle der Wiederaufnahme einer deutschen Angriffspolitik als notwendig erachtet werden", wurde jetzt die Formulierung gesetzt: „... die Einheit Europas zu fördern und seiner fortschreitenden Integrierung Antrieb zu geben."

Die Ergebnisse dieser Verhandlungen bestehen in vier Protokollen:

Protokoll I zur Ergänzung und Abänderung des Brüsseler Vertrages;
Protokoll II über die Streitkräfte der Westeuropäischen Union;
Protokoll III über die Rüstungskontrolle, mit vier Anlagen (I—IV);
Protokoll IV über das Amt für Rüstungskontrolle der Westeuropäischen Union.

Schließlich fand zur gleichen Zeit in Paris eine Fünfzehn-Mächte-Konferenz statt, an der die vierzehn Mitgliedstaaten der NATO und außerdem die Bundesrepublik Deutschland als Beobachter teilnahmen. Sie beschäftigte sich mit dem Beitritt der Bundesrepublik zur NATO und den erweiterten Vollmachten und Verpflichtungen der NATO infolge Schaffung der Westeuropäischen Union. Auf dieser Konferenz kam es zur Unterzeichnung folgender Dokumente:

Protokoll zum Nordatlantikpakt über den Beitritt der Bundesrepublik Deutschland;
Resolution zur Durchführung des auf die NATO bezughabenden Abschnittes der Schlußakte der Londoner Neun-Mächte-Konferenz;
Resolution betreffend die Zustimmungserklärung der übrigen Parteien des Nordatlantikvertrages zu den auf der Londoner Konferenz abgegebenen Erklärungen der Bundesrepublik Deutschland und der Drei Mächte;
Resolution zu den Ergebnissen der Konferenzen der Vier und der Neun Mächte.

Die Beschlüsse der vier Pariser Konferenzen sind nach Einholung der Zustimmung der nach den Verfassungsbestimmungen der Teilnehmerstaaten berufenen Organe (Parlamente) ratifiziert worden und damit in Rechtskraft erwachsen.

Es kann nicht Gegenstand dieser Einführung sein, den Inhalt aller in London und Paris getroffenen Vereinbarungen und abgegebenen Erklärungen im einzelnen wiederzugeben. Angesichts der zahlreichen Wiederholungen[1] in den Dokumenten genügt es zum Verständnis des Vertragswerkes, auf die wesentlichen politischen und militärischen Bestimmungen einzugehen. Diese betreffen insbesondere die Souveränität der Bundesrepublik, das Besatzungsregime und die Anerkennung der Bonner Bundesregierung durch die drei Westmächte. Die militärischen Bestimmungen behandeln vorzugsweise die Aufrüstung der Bundesrepublik im Rahmen der Organisation der Westeuropäischen Union und der NATO, den Oberbefehl, die Integrierung der Streitkräfte, die zugelassenen Waffen, die Rüstungskontrolle und die Übernahme der Rüstungslasten.

---

[1] Es scheint den Redaktoren des Vertragswerkes darauf angekommen zu sein, ein wahres Gestrüpp von Resolutionen, Deklarationen, Protokollen und sonstigen Abmachungen zu erzeugen, so daß es dem Laien geradezu unmöglich ist, den wesentlichen Inhalt der Verträge durch ihre Lektüre kennenzulernen.

I

DIE POLITISCHEN KLAUSELN DER PARISER VERTRÄGE

a) Das Problem der Souveränität und die Aufhebung des Besatzungsregimes

An der Spitze der neuen Bestimmungen über den Status der Bonner Bundesrepublik steht die Erklärung der Drei Mächte auf der Londoner Konferenz, daß sie die Politik verfolgen, „das Besatzungsregime in der Bundesrepublik so bald wie möglich zu beenden, das Besatzungsstatut aufzuheben und die Alliierte Hohe Kommission abzuschaffen". „Die Bundesrepublik wird demgemäß die volle Macht eines souveränen Staates über ihre inneren und äußeren Angelegenheiten haben", heißt es in Art. 1 (2) des sogenannten Deutschland-Vertrages (der eine veränderte Fassung des Bonner Vertrages vom 26. Mai 1952 ist).

Wie es um diese volle Souveränität jedoch in Wirklichkeit bestellt ist, ergibt sich eindeutig aus dem nächsten Artikel. Danach behalten nämlich die Drei Mächte „die bisher von ihnen ausgeübten oder innegehabten Rechte und Verantwortlichkeiten in bezug auf Berlin und auf Deutschland als Ganzes einschließlich der Wiedervereinigung Deutschlands und einer friedensvertraglichen Regelung". Außerdem behalten die Drei Mächte gemäß Art. 4 (1) bis zum Inkrafttreten der Abmachungen über den deutschen Verteidigungsbeitrag ihre bisher ausgeübten oder innegehabten Rechte in bezug auf die Stationierung von Streitkräften in der Bundesrepublik. Im Absatz 2 dieses Artikels heißt es dann ausdrücklich:

> „Die Bundesrepublik ist damit einverstanden, daß vom Inkrafttreten der Abmachungen über den deutschen Verteidigungsbeitrag an Streitkräfte der gleichen Nationalität und Effektivstärke wie zur Zeit dieses Inkrafttretens in der Bundesrepublik stationiert werden dürfen."

Dieselbe Bestimmung enthält auch Art. 1 (1) des Vertrages über den Aufenthalt ausländischer Streitkräfte in der Bundesrepublik Deutschland. Westdeutschland bleibt also nach wie vor von den Truppen der Drei Mächte besetzt.

Eine Konsultation der Bundesregierung in allen die Stationierung dieser Streitkräfte betreffenden Fragen ist gemäß Art. 5 (1) lit. a) des Deutschland-Vertrages nur vorgesehen, soweit es die militärische Lage erlaubt. Es muß angenommen werden, daß die Kompetenz zur Prüfung dieser Voraussetzung de facto ausschließlich bei den alliierten militärischen Stellen liegt. Nach Art. 5 (1) lit. b) dürfen sogar Kontingente eines Staates, der zur Zeit an der militärischen Besetzung Westdeutschlands nicht teilnimmt, schon ohne Einwilligung der Bundesrepublik in das Bundesgebiet gebracht werden, wenn nach Auffassung der Westmächte ein Angriff unmittelbar droht.

Der obengenannte Vertrag über den Aufenthalt ausländischer Streitkräfte in der Bundesrepublik Deutschland gewährt außerdem den Drei Mächten umfangreiche Durchmarschrechte auf dem Weg nach oder von Österreich oder von irgendeinem NATO-Mitgliedstaat. Der Vertrag tritt außer Kraft mit dem Abschluß einer friedensvertraglichen Regelung mit Deutschland. Das heißt, die Drei Mächte, die ja Signatarstaaten eines Friedensvertrages sein würden, haben es in der Hand, die Dauer der Besetzung Westdeutschlands von sich aus beliebig lange aufrechtzuerhalten und die Räumung auf unbestimmte Zeit zu verschieben.

Diese Bestimmungen zeigen, daß die effektive Kontrolle über das Gebiet der Bonner Bundesrepublik völlig bei den Drei Mächten liegt. Von einer wirklichen Souveränität kann nicht gesprochen werden.

Was die Zuständigkeit, einen Notstand zu erklären, die nach der bisherigen Fassung des Bonner Vertrages ausschließlich den Drei Mächten überlassen blieb, anlangt, so hat sich auch hier faktisch nichts geändert. Zwar sollen nach Art. 5 (2) des Deutschland-Vertrages die von den Drei Mächten bisher innegehabten Rechte in bezug auf den Schutz der Sicherheit der von den Drei Mächten in der Bundesrepublik stationierten Streitkräfte auf die deutschen Behörden übergehen, sobald diese entsprechende Vollmachten durch die deutsche Gesetzgebung erhalten haben und dadurch in der Lage sind, wirksame Maßnahmen zu treffen, um einer „ernstlichen Störung der öffentlichen Sicherheit und Ordnung" begegnen zu können. Art. 5 (2) enthält aber gleichzeitig Bestimmungen für den Fall, daß die Rechte in bezug auf den Schutz der Sicherheit der stationierten Streitkräfte von den Drei Mächten „weiterhin ausgeübt werden können". In diesem Fall sollen sie nur nach Konsultation mit der Bundesregierung ausgeübt werden, soweit nicht gerade die militärische Lage eine solche Konsultation ausschließt und wenn die Bundesregierung darin übereinstimmt, daß die Umstände die Ausübung derartiger Rechte erfordern.

Ein Vergleich dieser Bestimmungen mit den Bestimmungen des Bonner Vertrages vom 26. Mai 1952 zeigt, daß die neue vertragliche Regelung im wesentlichen mit der früheren identisch ist. Ebensowenig wie von wirklicher

Souveränität die Rede sein kann, ist dem Selbstbestimmungsrecht des deutschen Volkes Raum gelassen. Denn die Drei Mächte nehmen, wie bereits erwähnt, sämtliche Kompetenzen hinsichtlich der Wiedervereinigung Deutschlands ausschließlich für sich selbst in Anspruch. Art. 2 Satz 1 lautet:

„Im Hinblick auf die internationale Lage, die bisher die Wiedervereinigung Deutschlands und den Abschluß eines Friedensvertrages verhindert hat, behalten die Drei Mächte die bisher von ihnen ausgeübten oder innegehabten Rechte und Verantwortlichkeiten in bezug auf Berlin und auf Deutschland als Ganzes einschließlich der Wiedervereinigung Deutschlands und einer friedensvertraglichen Regelung.“

Daß die Bonner Regierung hierzu ihre Zustimmung gegeben hat, zeigt klar und deutlich ihre Haltung gegenüber der Wiederherstellung der deutschen Einheit.

Das Protokoll über die Beendigung des Besatzungsregimes in der Bundesrepublik Deutschland, das im wesentlichen Bestimmungen über die Inkraftsetzung der geänderten Vertragstexte enthält (Liste I—V), regelt in seinem Artikel 2 für die Übergangszeit bis zum Inkrafttreten der Abmachungen über den deutschen Verteidigungsbeitrag auch die Frage der Abrüstungs- und Entmilitarisierungskontrolle. Hierbei spielt ein Briefwechsel zwischen dem Bundeskanzler und den drei westlichen Außenministern vom 23. Oktober 1954 eine Rolle. Professor GREWE, einer der völkerrechtlichen Berater der Bonner Bundesregierung, sagt dazu[1] folgendes:

„Die Kontrollbefugnisse der bisherigen Besatzungsmächte und die Vorschriften, in denen sie ihren Niederschlag gefunden haben, bleiben in dieser Übergangszeit grundsätzlich bestehen. Die Kontrollen werden jedoch nicht mehr durch das Militärische Sicherheitsamt in Koblenz, sondern durch einen neuerrichteten Viermächte-Ausschuß ausgeübt, dem auch ein deutsches Mitglied angehört und der mit Stimmenmehrheit der Mitglieder entscheidet. Es gibt demnach *kein Vetorecht einer einzelnen Macht gegen eine Lockerung*[2] der Abrüstungs- und Entmilitarisierungskontrollen mehr. Im übrigen gilt die unveränderte Aufrechterhaltung der Abrüstungs- und Entmilitarisierungsbestimmungen zunächst *nur bis zum Ende des Jahres 1954*[2]. Zu diesem Zeitpunkt soll, gleichviel ob das Protokoll selbst bis dahin förmlich in Kraft getreten ist oder nicht, eine allgemeine Überprüfung der Lage auf diesem Gebiete stattfinden. Diese Überprüfung ist außerhalb des Protokolls in einem besonderen *Briefwechsel zwischen dem Bundeskanzler und den drei westlichen Außenministern vom 23. Oktober 1954*[2] vereinbart worden. Die Überprüfung soll insbesondere auch im Hinblick darauf stattfinden, daß die Bundesrepublik in die Lage versetzt wird, ihren künftigen

[1] In dem Artikel „Der neue Deutschland-Vertrag“, in: Bulletin des Presse- und Informationsamtes der Bundesregierung, Nr. 212 vom 10. November 1954, S. 1918.

[2] Vom Verfasser hervorgehoben.

Verteidigungsbeitrag vorzubereiten. Im Konferenzprotokoll festgehaltenes Einverständnis der Außenminister bestand insbesondere auch darüber, daß die vorgesehene umfassende Überprüfung sich besonders auch auf die Frage der Aufhebung aller Kontrollen über jene Gebiete der zivilen wissenschaftlichen Forschung und der zivilen Produktion erstrecken soll, die man nach 1945 mit in die Abrüstungs- und Entmilitarisierungsvorschriften einbezogen hatte."

Der Briefwechsel zeigt, in welchem Maße der Boden der Viermächtevereinbarungen über Deutschland schon vor Inkrafttreten der Pariser Verträge in allen Fragen der Remilitarisierung Westdeutschlands verlassen wurde.

b) Die Anerkennung der Bonner Regierung durch die Westmächte

Auf der Londoner Neun-Mächte-Konferenz gaben die Regierungen der Vereinigten Staaten von Amerika, des Vereinigten Königreichs von Großbritannien und Nordirland und der Französischen Republik eine Erklärung ab, die für das Verhältnis der drei Westmächte zur Bundesrepublik von großer Bedeutung ist. Sie wurde ergänzt durch eine Erklärung der Bundesrepublik Deutschland, die auf derselben Konferenz zu Protokoll gegeben wurde. Beide Erklärungen zusammen sind bereits auf der Londoner Konferenz verbindlich geworden, da es sich hierbei nicht um Vertragsinstrumente handelt, die einer Ratifikation bedürftig sind. Die Erklärung der drei Westmächte hat folgenden Wortlaut:

„Die Regierungen der Vereinigten Staaten von Amerika, des Vereinigten Königreichs von Großbritannien und Nordirland und der Französischen Republik, entschlossen, ihre Bemühungen der Festigung des Friedens gemäß der Satzung der Vereinten Nationen und insbesondere der in Artikel 2 der Satzung enthaltenen Verpflichtungen zu widmen,

I) ihre internationalen Streitfragen mit friedlichen Mitteln auf solche Weise zu lösen, daß der Weltfriede und die internationale Sicherheit und Gerechtigkeit nicht gefährdet werden;

II) sich in ihren internationalen Beziehungen der Drohung mit Gewalt oder der Gewaltanwendung zu enthalten, die sich gegen die territoriale Unversehrtheit oder die politische Unabhängigkeit irgendeines Staates richtet oder sonst mit den Zielen der Vereinten Nationen unvereinbar ist;

III) den Vereinten Nationen bei jeder von diesen gemäß der vorliegenden Satzung getroffenen Maßnahmen jede Unterstützung zu gewähren und sich jeder Unterstützung irgendeines Staates zu enthalten, gegen den die Vereinten Nationen Präventivmaßnahmen oder Zwangsmaßnahmen anwenden;

IV) dafür Sorge zu tragen, daß Staaten, die nicht Mitglieder der Vereinten Nationen sind, gemäß den Grundsätzen dieser Satzung handeln, soweit dies zur

Aufrechterhaltung des Weltfriedens und der internationalen Sicherheit erforderlich ist;
unter Berücksichtigung des rein defensiven Charakters der Atlantischen Allianz, der in dem Nordatlantikpakt zum Ausdruck kommt, worin sie ihren Glauben an die Ziele und Grundsätze der Satzung der Vereinten Nationen sowie ihren Wunsch, mit allen Völkern und mit allen Regierungen in Frieden zu leben, erneut bekräftigen und sich verpflichten, ihre internationalen Streitigkeiten mit friedlichen Mitteln gemäß den Grundsätzen der Satzung zu regeln und sich im Einklang mit diesen Grundsätzen jeglicher Androhung von Gewalt oder Gewaltanwendung in ihren internationalen Beziehungen zu enthalten,
nehmen zur Kenntnis, daß die Bundesrepublik Deutschland durch eine Erklärung vom 3. Oktober 1954 die in Artikel 2 der Satzung der Vereinten Nationen enthaltenen Verpflichtungen angenommen und sich verpflichtet hat, die Wiedervereinigung Deutschlands oder die Änderung der gegenwärtigen Grenzen der Bundesrepublik Deutschland niemals mit gewaltsamen Mitteln herbeizuführen, und alle zwischen der Bundesrepublik und anderen Staaten etwa entstehenden Streitigkeiten mit friedlichen Mitteln zu lösen, und
erklären, daß

1. *sie die Regierung der Bundesrepublik Deutschland als die einzige deutsche Regierung betrachten, die frei und rechtmäßig gebildet und daher berechtigt ist, für Deutschland als Vertreter des deutschen Volkes in internationalen Angelegenheiten zu sprechen;*[1]

2. sie sich in ihren Beziehungen mit der Bundesrepublik an die in Artikel 2 der Satzung der Vereinten Nationen niedergelegten Grundsätze halten werden;

3. eine zwischen Deutschland und seinen früheren Gegnern frei vereinbarte friedensvertragliche Regelung für Gesamtdeutschland, welche die Grundlage für einen dauerhaften Frieden legen soll, ein wesentliches Ziel ihrer Politik bleibt. Die endgültige Festlegung der Grenzen Deutschlands muß bis zum Abschluß einer solchen Regelung aufgeschoben werden;

4. die Schaffung eines völlig freien und vereinigten Deutschland durch friedliche Mittel ein grundlegendes Ziel ihrer Politik bleibt;

5. die Sicherheit und das Wohl Berlins und die Aufrechterhaltung der dortigen Stellung der Drei Mächte von den Drei Mächten als wesentliche Elemente des Friedens der freien Welt in der gegenwärtigen internationalen Lage betrachtet werden. Dementsprechend werden sie innerhalb des Gebiets von Berlin Streitkräfte unterhalten, solange ihre Verantwortlichkeiten dies erfordern. Sie bekräftigen daher erneut, daß sie jeden Angriff gegen Berlin, von welcher Seite er auch kommen mag, als einen Angriff auf ihre Streitkräfte und sich selbst behandeln werden;

6. sie jede Anwendung von Gewalt, die in Verletzung der Grundsätze der Satzung der Vereinten Nationen die Unversehrtheit und Einheit der atlantischen

---

[1] Vom Verfasser hervorgehoben.

Allianz oder ihrer defensiven Ziele bedroht, als eine Bedrohung ihres eigenen Friedens und ihrer eigenen Sicherheit betrachten. Im Falle eines solchen Vorgehens werden die drei Regierungen ihrerseits der Auffassung sein, daß die zuwiderhandelnde Regierung ihrer Rechte auf irgendeine Garantie und irgendwelche militärische Unterstützung, die im Nordatlantikpakt und in seinen Protokollen vorgesehen sind, verlustig geht. Sie werden gemäß Artikel 4 des Nordatlantikpaktes handeln, um sonstige geeignet erscheinende Maßnahmen zu treffen;

7. sie die anderen Mitgliedstaaten der Organisation des Nordatlantikpaktes auffordern werden, sich dieser Erklärung anzuschließen."

Die Erklärung der Bundesrepublik Deutschland lautet:

„Die Bundesrepublik Deutschland hat sich bereit erklärt, ihre Politik in Übereinstimmung mit den Grundsätzen der Satzung der Vereinten Nationen zu gestalten, und nimmt die in Artikel 2 dieser Satzung enthaltenen Verpflichtungen an.
Anläßlich ihres Beitritts zum Nordatlantikpakt und zum Brüsseler Vertrag erklärt die Bundesrepublik Deutschland, daß sie sich aller Maßnahmen enthalten wird, die mit dem streng defensiven Charakter dieser beiden Verträge unvereinbar sind. *Insbesondere verpflichtet sich die Bundesrepublik Deutschland, die Wiedervereinigung Deutschlands oder die Änderung der gegenwärtigen Grenzen der Bundesrepublik Deutschland niemals mit gewaltsamen Mitteln herbeizuführen*[1] und alle zwischen der Bundesrepublik und anderen Staaten gegebenenfalls entstehenden Streitfragen mit friedlichen Mitteln zu lösen."

Die Erklärung der drei Westmächte enthält insbesondere eine formelle Anerkennung der Bonner Regierung, die von den Drei Mächten als die einzige deutsche Regierung betrachtet wird, „die frei und rechtmäßig gebildet und daher berechtigt ist, für Deutschland als Vertreter des deutschen Volkes in internationalen Angelegenheiten zu sprechen". Sie lehnt sich in ihrer Textierung an eine ähnliche Erklärung der Alliierten Hohen Kommission an, die in ihrer Note wegen der Frage der Auslandsschulden dem Bundeskanzler am 23. Oktober 1950 erklärte:[2]

„Die drei Regierungen sehen in der Bundesregierung die einzige deutsche Regierung, die bis zur Wiedervereinigung Deutschlands im Namen Deutschlands sprechen und das deutsche Volk in internationalen Angelegenheiten vertreten kann. Sie sind daher der Ansicht, daß bis zu einer endgültigen Friedensregelung, und ohne deren Bestimmungen vorzugreifen, die Bundesregierung die einzige Regierung ist, die berechtigt ist, die Rechte des früheren Deutschen Reiches zu übernehmen und dessen Verpflichtungen zu erfüllen."

[1] Vom Verfasser hervorgehoben.
[2] 6. Bericht des amerikanischen Hochkommissars für Deutschland, deutsche Ausgabe, S. 162.

Der Unterschied zwischen beiden Erklärungen liegt darin, daß man im Jahre 1950 offenbar noch der Meinung war, die alleinige Anerkennung der Bonner Regierung bis zur Wiedervereinigung Deutschlands und bis zu einer endgültigen Friedensregelung befristen zu müssen. Die Londoner Erklärung enthält eine solche Beschränkung nicht mehr. Sie ist gleichsam der Kaufpreis, den die drei Westmächte dafür entrichten, daß sie dem westdeutschen Rumpfstaat die wahre Souveränität vorenthalten.

Dadurch, daß die Erklärung die Bonner Regierung als die einzige Vertreterin Deutschlands ansieht, bringt sie zweierlei[1] zum Ausdruck. Einmal die Auffassung, die heute auch in Bonn die offizielle ist: Die westdeutsche Bundesrepublik sei mit dem vergangenen Deutschen Reich identisch. Zum anderen ignoriert sie die Existenz der Deutschen Demokratischen Republik. Beides steht im Widerspruch zum geltenden Völkerrecht.

Die von Bonn in Anspruch genommene Identität des westdeutschen Staates mit dem Reich Adolf Hitlers, wie sie insbesondere in den beiden Artikeln ULRICH SCHEUNERS zum Ausdruck kommt[2], ist völkerrechtlich nicht haltbar. Sie geht an der Tatsache vorbei, daß die debellatio des Jahres 1945 die staatliche Existenz des Deutschen Reiches auch im völkerrechtlichen Sinne beendigt hat. Es ist durchaus nicht notwendig, daß dieses Gebiet dann noch formell annektiert wird, wie SCHEUNER und mit ihm einige andere westdeutsche Juristen annehmen.

Ein Staat geht unter, wenn der Tatbestand „Staat im Sinne des Völkerrechts" nicht mehr gegeben ist, d. h. vor allem, wenn die staatliche Rechtsordnung, die bis dahin gegolten hat, ihre Effektivität völlig einbüßt, ohne daß dies während eines Krieges geschieht. Die formelle Beendigung eines Kriegszustandes in einem späteren Zeitpunkt vermag nichts daran zu ändern. Diese Ansicht wird auch in der amerikanischen Literatur[3] und besonders von französischen Autoren[4] vertreten. Auf den gleichen Standpunkt stellt sich das französische

[1] Vgl. hierzu auch MÜNCH in: Archiv des Völkerrechts, 5. Band, 1955, 1./2. Heft, S. 86

[2] Die Entwicklung der völkerrechtlichen Stellung Deutschlands seit 1945, in: Die Friedens-Warte, Basel, Band 51 (1951/5, S. 1—19) und

Die staatsrechtliche Kontinuität in Deutschland, in: Deutsches Verwaltungsblatt, Jg. 1950, S. 481—485 und 514—516.

[3] KELSEN, The international legal status of Germany to be established immediately upon termination of war, in: American Journal of International Law, vol. XXXVIII (1944) pp. 689 et seq. und

—, The legal status of Germany according to the Declaration of Berlin, ibid. vol. XXXIX (1945), pp. 518 et seq.

Außerdem eine Reihe westdeutscher Autoren, so v. RICHTHOFEN, v. KEMPSKI, ABENDROTH und JERUSALEM, desgleichen auch SCHWARZENBERGER in: Law Quarterly Review, vol. XLII (1946) p. 97, und später ROBERT E. NEUMANN in: American Journal of International Law, vol. XLVIII (1951) p. 497 et seq.

[4] z. B. MICHEL VIRALLY, Die internationale Verwaltung Deutschlands, deutsche Ausgabe 1948.

Dekret Nr. 51 — 883 vom 9. Juli 1951 über die Beendigung der Kriegsfolgen hinsichtlich der deutschen Staatsangehörigen in Frankreich. Das Dekret nimmt an, daß völkerrechtlich der Krieg 1945 geendet hat.

Ebenso unvereinbar mit dem Effektivitätsprinzip, das die völkerrechtlichen Regeln über die Anerkennung von Regierungen beherrscht, ist die Erklärung der Westmächte insofern, als sie die Existenz der Deutschen Demokratischen Republik ignoriert. Die Bonner Regierung hat nie das gesamte deutsche Staatsgebiet kontrolliert, die Anerkennung ihrer Organqualität für ganz Deutschland bedeutet daher, daß hierdurch in den Augen der Westmächte jede andere deutsche Regierung mehr oder weniger in die Lage von Aufständischen versetzt wird. Es ist das Bürgerkriegskonzept, das dieser Auffassung zugrunde liegt und das u. a. auch in Korea praktiziert wurde, indem die südkoreanische Regierung als *die* Regierung Koreas von den Westmächten anerkannt wurde.

Nach geltendem Völkerrecht darf eine Regierung als die Regierung eines Staates nur dann anerkannt werden, wenn dieser Staat existiert und jedenfalls nur in dem Rahmen, der der effektiven Kontrolle entspricht, die die Regierung über Land und Leute auszuüben imstande ist. Eine darüber hinausgehende Anerkennung ist völkerrechtswidrig und setzt die anerkennenden Staaten Sanktionen aus, die von jenen Staaten ergriffen werden können, die hierdurch in ihren Rechten gekränkt sind. Eine solche Anerkennung ist ebenso zu beurteilen wie etwa die vorzeitige Anerkennung einer De-facto-Regierung, bevor diese die volle Gewalt in ihrem Land errungen hat.

Die Annahme einer staats- und völkerrechtlichen Identität zwischen dem früheren Deutschen Reich und der Bonner Bundesrepublik ebenso wie die Anerkennung der Bonner Regierung als *der* deutschen Regierung hätte zur notwendigen Folge, daß diese Regierung berechtigt wäre, jede andere deutsche Regierung notfalls durch Anwendung von Gewalt zu beseitigen, wie dies nach allgemeinem Völkerrecht jede legitime Regierung mit Aufständischen tun kann. Die Londoner Anerkennung der Bonner Regierung gäbe dieser geradezu die Legitimation zu einem gewaltsamen Einschreiten gegen die Deutsche Demokratische Republik.

Demgegenüber muß festgehalten werden, daß die Londoner Erklärung der Bundesrepublik Deutschland diese Möglichkeit insofern beschränkt, als sich die Bonner Regierung ausdrücklich verpflichtet, „die Wiedervereinigung Deutschlands oder die Änderung der gegenwärtigen Grenzen der Bundesrepublik Deutschland niemals mit gewaltsamen Mitteln herbeizuführen". Demnach scheint es, als ob die Gefahr eines Bruderkrieges zwischen Ost und West trotz der in der Londoner Anerkennung der Westmächte liegenden Ermächtigung für Bonn gebannt wäre. Bei näherem Zusehen jedoch müssen wir feststellen, daß dem nicht so ist, denn die Pariser Verträge sehen in ihren militärischen Klauseln vor, daß die westdeutschen Streitkräfte im Rahmen der Streitkräfte der neuzubildenden Westeuropäischen Union dem Oberbefehl von SACEUR[1], also einem amerikanischen General, unterstellt sind. Die Organisation der NATO und der Westeuropäischen Union ist derart, daß es praktisch von dieser europäischen Kommandostelle der NATO abhängt, wann Truppen im Bündnisfalle zum Einsatz gebracht werden. Die gleiche Stelle entscheidet auch, welche Truppen es sein sollen, denn grundsätzlich sind alle auf dem Kontinent stationierten Streitkräfte der Mitgliedstaaten der NATO dieser Kommandostelle unterstellt. Es bedürfte also lediglich der Behauptung, daß die Deutsche Demokratische Republik angegriffen habe, um den militärischen Mechanismus der NATO gegebenenfalls in Bewegung zu setzen. Die Bundesrepublik hätte keine rechtliche Möglichkeit, zu verhindern, daß auch an ihre Streitkräfte der Befehl ergeht, sich an dem Unternehmen zu beteiligen.

Es bedarf aber nicht einmal der Annahme eines Angriffs von seiten der Deutschen Demokratischen Republik. Die Charta der Vereinten Nationen enthält nämlich in ihrem Artikel 107 die Bestimmung, daß gegen einen Staat, der während des zweiten Weltkrieges der Feind irgendeines Signatars der Satzung der Vereinten Nationen gewesen ist, als Folge dieses Krieges Maßnahmen einschließlich des Gebrauchs militärischer Gewalt ergriffen werden können. Das heißt mit anderen Worten, daß das allgemeine Gewaltverbot nicht gilt gegenüber ehemaligen Feindstaaten.[2] Wenn man annimmt, daß Deutschland als Staat existent geblieben sei, wie dies die Westmächte und die Bonner Bundesregierung tun, dann könnte irgendein Mitglied der Vereinten Nationen unter dem Vorwand, daß es sich um eine Maßnahme, die eine Folge des zweiten Weltkrieges sei, handle, Gewalt gegen jenen Teil Deutschlands üben, der nach dem oben dargestellten Konzept als aufständisch angesehen werden müßte.

Auch die Bestimmung des Artikels 53 der Vereinten Nationen würde ein solches Verfahren nahelegen, da der Nordatlantikpakt von den beteiligten Staaten als regionales Abkommen angesehen werden kann. Artikel 53 spricht von Maßnahmen gegen einen Staat, der während des zweiten Weltkrieges der Feind irgendeines Signatars der Satzung der Vereinten Nationen gewesen ist und geht davon aus, daß regionale Abkommen „gegen die Wiederaufnahme der Angriffspolitik eines solchen Staates“ gerichtet sein können.[3] Unschwer könnten Maßnahmen, wie sie von der Sowjetunion und den mit ihr befreundeten Staaten in Warschau nach der Ratifizierung der Pariser Verträge be-

[1] Supreme Allied Commander Europe, d. h. Alliierter Oberbefehlshaber Europa.
[2] Vgl. KELSEN, The Law of the United Nations, London 1951, pp. 805 et seq.
[3] cf. ibid. p. 811. Nach KELSEN bedarf es dann gar nicht mehr der Einschränkung des Art. 107, daß es sich um eine Folge des Krieges handeln muß.

schlossen worden sind, von den Westmächten im Hinblick auf die Deutsche Demokratische Republik als eine solche Wiederaufnahme der deutschen Angriffspolitik angesehen werden, zumal es üblich geworden ist, die Staats- und Regierungsform der Deutschen Demokratischen Republik in den kapitalistischen Ländern mit der des nationalsozialistischen Deutschland nahezu gleichzusetzen. In einem solchen Falle genügte ein bewaffneter Schritt irgendeines Mitglieds der Vereinten Nationen gegen die Deutsche Demokratische Republik, um die Automatik des Nordatlantikpaktes auszulösen, in deren Folge westdeutsche Truppen auf Befehl des amerikanischen Oberstkommandierenden Kriegshandlungen gegen die Deutsche Demokratische Republik unternehmen müßten. Die oben zitierte Erklärung der Bundesrepublik Deutschland über den Verzicht auf bewaffnete Gewalt zur Wiedervereinigung Deutschlands und zur Änderung der Grenzen der Bundesrepublik entpuppt sich also als durchaus ungenügend, ja irreführend, denn diese Erklärung ist, wie sich zeigt, nicht geeignet, eine Bedrohung der Deutschen Demokratischen Republik durch die westdeutschen Streitkräfte zu verhindern.

Man kann daraus sehen, welche Gefahr für Deutschland sowohl als für den Weltfrieden im allgemeinen die völkerrechtswidrige Anerkennung der Bonner Bundesregierung „als Regierung ganz Deutschlands" durch die Westmächte bedeutet.

c) Die Pariser Verträge und die „Europäische Gemeinschaft"

Die Ablehnung des Vertrages über die Europäische Verteidigungsgemeinschaft hatte keineswegs zur Folge, daß die Westmächte ihre Absicht, Westeuropa zu integrieren, aufgegeben haben. Wenn auch der Vertragsentwurf für das Statut einer Europäischen Gemeinschaft (Draft Treaty embodying the Statute of the European Community) davon ausging, daß der EVG-Vertrag in Kraft treten würde — die neue politische Gemeinschaft sollte ja geradezu aus einer Verschmelzung der europäischen Gemeinschaft für Kohle und Stahl (Montanunion) und der Europäischen Verteidigungsgemeinschaft hervorgehen —, so zeigen uns jedoch sowohl die Londoner Schlußakte als auch die Pariser Verträge, daß das Ziel, einen westeuropäischen Vasallenstaat zu schaffen, der praktisch ein riesiger amerikanischer Stützpunkt mit deutschen Söldnern werden soll, nicht aufgegeben worden ist.

In der Londoner Schlußakte heißt es im Abschnitt II, betreffend den Brüsseler Vertrag, ausdrücklich:

> „Der Brüsseler Vertrag wird verstärkt und ausgebaut, *um ihn zu einem wirksameren Kern der europäischen Integration zu gestalten.*" [1]

---

[1] Vom Verfasser hervorgehoben.

In Artikel 7 (2) des Deutschlandvertrags heißt es z. B. ebenfalls ausdrücklich, daß die Unterzeichnerstaaten zusammenwirken werden, um mit friedlichen Mitteln ihr gemeinsames Ziel zu verwirklichen:

> „Ein wiedervereinigtes Deutschland, das eine freiheitlich-demokratische Verfassung, ähnlich wie die Bundesrepublik, besitzt, *und das in die Europäische Gemeinschaft integriert ist.*“[1]

Daß eine solche Integration Gesamtdeutschlands in ein von Amerika abhängiges Westeuropa eine Illusion ist, vermag nichts daran zu ändern, daß die vertragliche Bindung an ein solches Ziel ein gewaltiges Hindernis darstellt für die Wiedervereinigung Deutschlands mit friedlichen Mitteln.

---

[1] Vom Verfasser hervorgehoben.

II

DIE MILITÄRISCHEN KLAUSELN DER PARISER VERTRÄGE

a) Die Aufrüstung der Bundesrepublik im Rahmen der Westeuropäischen Union

Die entscheidende Bestimmung über die Aufstellung westdeutscher Streitkräfte enthält Artikel 1 des Protokolls II über die Streitkräfte der Westeuropäischen Union. Dort heißt es:

> „1. Die Land- und Luftstreitkräfte, die jeder der Hohen Vertragschließenden Teile dieses Protokolls dem Alliierten Oberbefehlshaber Europa in Friedenszeiten auf dem europäischen Festland unterstellt, dürfen nach Gesamtstärke und Anzahl der Verbände nicht überschreiten:
> (a) für Belgien, Frankreich, die Bundesrepublik Deutschland, Italien und die Niederlande die Höchstgrenzen, wie sie im Sonderabkommen zu dem am 27. Mai 1952 in Paris unterzeichneten Vertrag über die Gründung der Europäischen Verteidigungsgemeinschaft für Friedenszeiten festgelegt sind;
> (b) für das Vereinigte Königreich 4 Divisionen und die Zweite Taktische Luftflotte;
> (c) für Luxemburg eine Kampfgruppe in Regimentsstärke."

Dies bedeutet für Frankreich 14 Divisionen, für Westdeutschland und Italien je 12 Divisionen und für Belgien und die Niederlande je 5 Divisionen.

Art. 2 dieses Protokolls enthält entsprechende Bestimmungen über die Marine-Streitkräfte.

Die auf diese Weise gebildete Streitmacht der Westeuropäischen Union unterscheidet sich von der durch den EVG-Vertrag geplanten Europaarmee nur dadurch, daß auch Großbritannien Streitkräfte der obengenannten Art und Anzahl stellt. Die Verpflichtung hierzu ist in Art. 6 näher umschrieben. Sie macht nur eine Ausnahme für einen akuten Notstand in Übersee und erlaubt für den Fall einer zu schweren Belastung der britischen auswärtigen Finanzen eine Überprüfung der finanziellen Bedingungen durch den Nordatlantikrat. Diese Bestimmungen entsprechen in ihrem Inhalt der Erklärung, die der britische Außenminister am 29. September vor der Londoner Konferenz abgab (vgl. Anlage III zur Schlußakte der Londoner Konferenz). Diese Erklärung steht in engem Zusammenhang mit der Erklärung des amerikanischen Staatssekretärs und der Erklärung des kanadischen Außenministers vom selben Tag (Anlagen II und IV zur Schlußakte). Der bestimmten und ins einzelne gehenden Zusicherung Großbritanniens steht von seiten Kanadas eine allgemeine Erklärung gegenüber, die mit seiner Mitgliedschaft in der NATO verbundenen fortdauernden Verpflichtungen zu erfüllen. Die amerikanische Zusicherung ist noch vager gefaßt. John Foster Dulles erklärte, er werde für den Fall, daß die Hoffnungen, die in die EVG gesetzt wurden, sinnvoll auf die Londoner Abmachungen übertragen werden können, bereit sein, dem Präsidenten zu empfehlen, die Zusicherung zu erneuern, die er im letzten Frühjahr im Zusammenhang mit dem Vertrag über die Gründung der Europäischen Verteidigungsgemeinschaft angeboten hat. Diese Zusicherung würde dahin gehen, daß die Vereinigten Staaten weiterhin in Europa einschließlich Deutschlands die Verbände ihrer Streitkräfte belassen werden, die gegebenenfalls erforderlich und angemessen sind, um ihren fairen Anteil zu den Streitkräften beizutragen, die für die gemeinsame Verteidigung des nordatlantischen Gebietes benötigt werden, solange eine Bedrohung dieses Gebietes besteht, und weiterhin diese Streitkräfte im Einklang mit der vereinbarten Nordatlantik-Strategie für die Verteidigung dieses Gebietes eingesetzt werden.

Die Streitkräfte der Westeuropäischen Union, die Gegenstand der vertraglichen Regelung in dem obengenannten Protokoll sind, bilden den maximalen „Verteidigungsbeitrag", den alle Mitglieder der Brüsseler Vertragsorganisation zur NATO leisten.

Durch die Aufnahme der Bonner Bundesrepublik und Italiens in die Brüsseler Vertragsorganisation wird diese zum eigentlichen Ersatz für die EVG, die Streitkräfte der Westeuropäischen Union treten an die Stelle der geplanten Europaarmee. Die neue Lösung bietet nach dem gescheiterten EVG-Projekt den Westmächten sogar noch den Vorteil, daß Großbritannien, das sich von jenem zurückhielt, nun an der Ersatzlösung voll beteiligt ist.

b) Die Eingliederung der Bundesrepublik in die NATO, der amerikanische Oberbefehl und die Integrierung der Streitkräfte

Die Aufnahme der westdeutschen Bundesrepublik in die NATO schließlich macht die militärische Eingliederung vollkommen, und es bestehen nunmehr keine Schwierigkeiten mehr, den amerikanischen Oberbefehl, wie ihn Art. 18 des EVG-Vertrages vorgesehen hatte, im wesentlichen auf das neue Vertragswerk zu übertragen. Schon Abschnitt IV der Londoner Schlußakte hatte hinsichtlich der NATO-Truppen folgendes vorgesehen:

Alle auf dem Kontinent stationierten Streitkräfte von NATO-Staaten werden der Befehlsgewalt von SACEUR unterstellt werden; diese Streitkräfte werden im Einklang mit der NATO-Strategie verteilt; ihre Stationierung wird von SACEUR nach Konsultation und im Einvernehmen mit den beteiligten nationalen Behörden bestimmt; diese Streitkräfte dürfen ohne seine Zustimmung auf dem Kontinent weder anders verteilt noch operativ eingesetzt werden; diese Streitkräfte werden integriert werden, soweit dies mit der militärischen Schlagkraft vereinbar ist; es werden Abmachungen für eine verstärkte Koordinierung des Versorgungswesens für SACEUR getroffen werden; die zahlenmäßige Stärke und Schlagkraft dieser Streitkräfte sowie ihre Bewaffnung, Ausrüstung, ihr Versorgungswesen und ihre Reserveverbände werden von SACEUR inspiziert.

Diese an die NATO gerichteten Empfehlungen der Neun Mächte, die mit der Anlage V der Londoner Schlußakte (Konferenzdokument über den deutschen Verteidigungsbeitrag und Abmachungen betreffend die Streitmächte von SACEUR auf dem Kontinent), übereinstimmen, haben in der Resolution des Nordatlantikrates zur Durchführung des auf die NATO bezugnehmenden Abschnittes der Schlußakte von London ihre Verwirklichung gefunden.

Die Resolution unterstellt alle Streitkräfte der Mitgliedstaaten, die in der Zone des Alliierten Kommandos in Europa stationiert sind, der Autorität von SACEUR oder einem anderen angemessenen Kommando der NATO und der obersten Leitung der militärischen Behörden der NATO mit Ausnahme der Streitkräfte, die für die Verteidigung der Überseegebiete bestimmt sind, und jener Streitkräfte, bezüglich welcher die NATO anerkannt hat oder anerkennen wird, daß sie unter nationalem Kommando bleiben (Abs. 4 der Resolution).

Dieselbe Resolution enthält den Beschluß, daß die Integration der Streitkräfte auf der Stufe von Armeegruppen und der taktischen Luftwaffe beibehalten wird. Eine Integration auf niederen Stufen wird bis zu einem Maximum vorangetrieben werden, entsprechend der militärischen Schlagkraft und mit Rücksicht auf das Ausmaß der Stationierung und des Nachschubs der Streitkräfte. Die Resolution entspricht im übrigen den Empfehlungen der Londoner Konferenz und erweitert die Vollmachten von SACEUR auch auf die Ausbildung der Streitkräfte (Abs. 13 der Resolution). SACEUR erhält damit genau dieselbe Stellung, die ihm der EVG-Vertrag eingeräumt hatte, d. h., die westeuropäischen Streitkräfte einschließlich der geplanten westdeutschen Wehrmacht unterstehen seinem Oberbefehl.

c) Die zugelassenen Waffen und die Rüstungskontrolle

Das Pariser Protokoll III über die Rüstungskontrolle enthält ins einzelne gehende Vereinbarungen über die den Mitgliedern der Westeuropäischen Union auferlegten Beschränkungen auf dem Gebiete der Waffenerzeugung, wie sie bereits durch Abschnitt II der Londoner Schlußakte im Grundsatz festgelegt worden sind. Diese Bestimmungen werden überwacht durch ein Amt für Rüstungskontrolle der Westeuropäischen Union, welches durch Protokoll IV der Pariser Beschlüsse ins Leben gerufen wird. In dem erstgenannten Protokoll über die Rüstungskontrolle nehmen die Mitglieder der Westeuropäischen Union die Erklärung des Bundeskanzlers der Bundesrepublik Deutschland, die am 3. Oktober 1954 in London abgegeben wurde, zur Kenntnis, mit welcher die Bundesrepublik sich verpflichtet, in ihrem Gebiet keine Atomwaffen, biologischen und chemischen Waffen herzustellen. Die Herstellung dieser Waffen auf dem Gebiet der Bundesrepublik ist unbedingt verboten. Diese hat sich jedoch verpflichtet, auch noch folgende Waffen nicht zu erzeugen:

1) Weitreichende Geschosse, gelenkte Geschosse und Influenzminen,
2) Kriegsschiffe mit Ausnahme von kleineren Schiffen für Verteidigungszwecke,
3) Bombenflugzeuge für strategische Zwecke.

Vom Erzeugungsverbot hinsichtlich der drei letztgenannten Waffen kann jedoch auf Grund des Art. 3 des genannten Protokolls Abstand genommen werden, wenn der Rat der Westeuropäischen Union dies mit Zweidrittelmehrheit beschließt und sowohl SACEUR als die Bundesregierung es beantragen.

Die Anlagen zu diesem Protokoll enthalten Legaldefinitionen der Atomwaffen, der chemischen und der biologischen Waffen, die nahezu wörtlich aus den beiden Anlagen zu Art. 107 des EVG-Vertrages entnommen sind, ferner den Wortlaut der Erklärung des Bundeskanzlers zum Waffenverbot, genauere Definitionen der bedingt verbotenen Waffen[1] und ein Verzeichnis der der Kontrolle unterliegenden Rüstungstypen.

Im Gegensatz zu Art. 107 des EVG-Vertrages, der im Abs. 2 seines § 1 wenigstens den Schein aufrechterhielt, als ob die völkerrechtlichen Bestimmungen über das Verbot bestimmter Kriegsmittel beachtet werden müßten, enthält der vorliegende Vertrag eine solche Bestimmung nicht mehr. Wesentlich für das Verständnis dieses Protokolls ist es, daß Westdeutschland lediglich nicht das Recht hat, diese Waffen zu erzeugen. Ein Verbot, sie zu gebrauchen, enthält der Vertrag nicht.

Der Durchführung dieser Beschränkungen, deren Sinn zweifellos einmal in der Aufrechterhaltung eines gewissen Erzeugungsmonopols für Massenvernichtungsmittel in den Händen der Vereinigten Staaten und Großbritanniens, zum anderen in der von der NATO-Strategie von vornherein angenommenen Gefährdung des gesamten Gebietes der Bonner Republik zu sehen ist, dient das bereits erwähnte Rüstungskontrollamt, dessen Einrichtung und Aufgaben

[1] Siehe oben 1) bis 3).

Gegenstand des Protokolls IV der Pariser Beschlüsse ist. Auch hier enthält Art. 9 dieses Protokolls eine wesentliche Beschränkung zugunsten der beiden atlantischen Großmächte: „Die Tätigkeit des Amtes beschränkt sich auf das europäische Festland.“

d) Die Rüstungslasten

Die finanziellen Belastungen der Bonner Bundesrepublik enthält der abgeänderte Finanzvertrag. In Art. 4 dieses Vertrages ist bis zum Inkrafttreten der Abmachungen über den deutschen Verteidigungsbeitrag ein monatlicher Durchschnittsbeitrag von 600 Millionen DM von der Bundesrepublik als Mittel für den Unterhalt der Streitkräfte zur Verfügung zu stellen [Abs. 1 lit. a)]. Während der ersten zwölf Monate nach dem Inkrafttreten der Abmachungen über den deutschen Verteidigungsbeitrag wird die Bundesrepublik einen Gesamtbetrag von 3200 Millionen DM als Mittel für den Unterhalt der Streitkräfte zur Verfügung stellen, dies jedoch nur dann, wenn die genannten Abmachungen vor dem 30. Juni 1955 in Kraft treten; andernfalls finden neue Verhandlungen statt.

Diese Leistungen betreffen lediglich die Kosten, die die Bundesrepublik für den Unterhalt der auf ihrem Gebiet stationierten fremden Streitkräfte aufzubringen hat. Die Ausgaben für den deutschen Verteidigungsbeitrag belasten das Staatsbudget natürlich noch zusätzlich.

III

DIE PARISER VERTRÄGE UND DAS GELTENDE VÖLKERRECHT

Die Pariser Verträge haben nicht nur für das deutsche Volk, sondern auch für Europa und für den Weltfrieden und die internationale Sicherheit schwerwiegende Folgen. Sie verewigen die militärische Besetzung Westdeutschlands und bilden ein ernsthaftes Hindernis für alle weiteren Verhandlungen, die die Wiederherstellung der deutschen Einheit auf friedlichem Wege zum Ziele haben.

Die neue westdeutsche Wehrmacht, die fünfmal so groß sein wird wie die Streitkräfte, die ganz Deutschland nach dem ersten Weltkrieg zugestanden wurden, wird sehr bald imstande sein, der Bonner Republik gegenüber den anderen Mitgliedern der Westeuropäischen Union das Übergewicht zu geben. Sie wird für alle Nachbarstaaten zu einer Gefahr werden. Diese Gefahr ist besonders ernst zu nehmen, da bekannt ist, daß die maßgeblichen Führer dieser neuen Streitmacht zum großen Teil dieselben sind, die die Wehrmacht Hitler-Deutschlands befehligten. Angesichts dieses Umstandes und der Politik der Bonner Regierung im allgemeinen kann nicht bezweifelt werden, daß diese neue Streitmacht von aggressivem Geiste erfüllt sein wird, zumal schon heute auf dem Boden der Bonner Republik faschistische Organisationen, wie z. B. der Apparat Gehlen, wirken, die sich der Förderung durch die Bonner Regierung und die amerikanische Besatzungsmacht erfreuen. Hierzu kommt noch der Einbau in zwei regionale Pakte — die NATO und die Westeuropäische Union —, die mit der Satzung der Vereinten Nationen in Widerspruch stehen. Dem Alliierten Oberbefehlshaber Europa wird die Möglichkeit gegeben, auch deutsche Kontingente in NATO-Ländern zu stationieren. Auf diese Weise wird militärisch verwirklicht, was mit der Integration der Montan-Union und der EVG seinerzeit geplant wurde: Die Zusammenfassung aller westeuropäischen Länder zu einem Staat — der European Community —, der sehr bald beherrscht würde durch die westdeutschen Streitkräfte unter amerikanischem Oberbefehl.

Noch besteht die Möglichkeit für die betroffenen Völker, die Pariser Verträge nicht durchzuführen und so eine Entwicklung zu verhindern, die den

Weg zur friedlichen Wiedervereinigung Deutschlands versperren und entsprechende Maßnahmen der Sowjetunion und der mit ihr befreundeten Länder, auch der Deutschen Demokratischen Republik, herbeiführen würde. Noch heute könnte diese europäische Krise durch die Aufrichtung eines Systems der kollektiven Sicherheit überwunden werden.

a) Die Pariser Verträge und die Satzung der Vereinten Nationen

Ein umfassendes System der kollektiven Sicherheit wurde erstmalig nach dem Zweiten Weltkrieg in Aussicht genommen. Die Satzung der Vereinten Nationen, die dieses Ziel zu verwirklichen unternimmt, ist, insofern es sich um die Aufrechterhaltung oder Wiederherstellung des Weltfriedens und der internationalen Sicherheit handelt, aufgebaut auf dem Prinzip der Einmütigkeit der Großmächte. Dieses Prinzip wird insbesondere beim Abstimmungsmodus in einem der Hauptorgane der Vereinten Nationen, im Sicherheitsrat, wirksam; dieser kann allerdings nur funktionieren, wenn er ordnungsgemäß besetzt ist und tatsächlich legale Beschlüsse fassen kann.

Dieses System, welches auf das Prinzip der Einstimmigkeit der Großmächte gegründet ist, ist in der Tat das einzige, das allen Erfordernissen zu begegnen imstande wäre. Trotzdem läßt die Satzung der Vereinten Nationen auch regionale Abkommen zu, die für gewisse Gebiete der Erde ähnliche Aufgaben zu übernehmen imstande sind, sofern und so lange der Sicherheitsrat nicht eingreift. Die Staaten, die in einem solchen regionalen Abkommen vereinigt sind, haben das Recht der individuellen und der kollektiven Verteidigung im Falle eines Angriffs, bis der Sicherheitsrat selbst geeignete Maßnahmen trifft, um den Weltfrieden und die internationale Sicherheit aufrechtzuerhalten oder wiederherzustellen.

Derartige regionale Abkommen dürfen jedoch nicht gegen eine oder mehrere der fünf Großmächte gerichtet sein, weil diesen durch die Satzung der Vereinten Nationen gemeinsam die Hauptverantwortung für den Weltfrieden und die internationale Sicherheit übertragen ist. Dies ergibt sich eindeutig aus dem in Art. 27, Abs. 3 der Satzung verankerten Prinzip der Einstimmigkeit der Großmächte im Zusammenhang mit Art. 52 Abs. 1 der Satzung, der regionale Abkommen nur zuläßt, wenn sie mit den Zielen und Grundsätzen der Vereinten Nationen[1] übereinstimmen. Regionale Abkommen,

---

[1] Hierunter versteht KELSEN, ibid. p. 322 zu Unrecht nur die in Art. 1 und 2 der Satzung genannten Ziele und Grundsätze, obwohl er (cf. p. 10 et seq.) selbst zugeben muß, daß allein schon bei einem Vergleich der Präambel mit Art. 1 keine Übereinstimmung zu finden ist und nicht eingesehen werden kann, warum gewisse Ziele und Grundsätze nicht auch sonst in der Satzung zu finden sein sollen.

die gegen eine oder mehrere der fünf Großmächte gerichtet sind, verstoßen deshalb gegen die Satzung und sind von dieser ebenso wie alle anderen völkerrechtlichen Verträge, die mit ihr in Widerspruch stehen, mit der Sanktion belegt, daß die Verpflichtungen aus der Satzung den Vorrang haben. Jeder Staat, der sich diesen Verpflichtungen entzieht und in Ausführung eines solchen regionalen Abkommens zu den Waffen greift, muß deshalb damit rechnen, als Aggressor behandelt zu werden.

Bis jetzt ist es in der Völkerrechts-Theorie nicht versucht worden, jenes Kriterium zu entwickeln, das uns erlaubt, Vereinbarungen wie etwa den Vertrag von Rio de Janeiro, der die Organisation of American States begründet hat, oder den sowjetisch-chinesischen Freundschaftsvertrag als regionale Abkommen im Sinne der Satzung der Vereinten Nationen zu begreifen, das uns aber andererseits die Möglichkeit gibt, festzustellen, warum Militärbündnisse wie die NATO, der Pakt von Manila oder der ANZUS-Pakt keine regionalen Abkommen im Sinne der Satzung sind.

Das Kriterium liegt darin, daß die letztgenannten sich gegen eine oder mehrere der fünf Großmächte richten — gegen die Sowjetunion und gegen China — und damit der Satzung der Vereinten Nationen widersprechen, welche die Aufrichtung eines Systems kollektiver Sicherheit an das Prinzip der Einmütigkeit der Großmächte bindet. Dies ist ungemein deutlich geworden, als die Sowjetunion sich bereit erklärte, in die NATO einzutreten. Die Weigerung der NATO-Mächte, die Sowjetunion in dieses Paktsystem aufzunehmen, bewies mit voller Klarheit, was von Anfang an nicht zweifelhaft war, nämlich, daß sich die NATO gegen die Sowjetunion richtet. Durch den Eintritt der Sowjetunion in die NATO wäre diese ein zulässiges regionales Abkommen geworden.

Nach dem Gesagten ist kein Zweifel möglich, daß auch die Pariser Verträge mit der Satzung der Vereinten Nationen nicht in Übereinstimmung stehen. Denn sie sehen die Bildung eines Militärbündnisses vor — der Westeuropäischen Union —, die ihrerseits wieder vermöge des oben näher umschriebenen Vertragsmechanismus in das nordatlantische Paktsystem eingebaut werden soll.

Es gilt daher für sie das gleiche, was oben für die NATO und ähnliche, sich als regionale Abkommen tarnende Militärbündnisse gesagt worden ist.[1]

[1] Eine Zusammenstellung der westlichen Literatur zu diesem Problem bei GERHARD BEBR, Regional Organisations: a United Nations Problem, in American Journal of International Law, vol. IL (1955), Nr. 2, pp. 166 et seq.

b) Die Pariser Verträge und die Vier-Mächte-Vereinbarungen über Deutschland

Die Sowjetregierung hat keinen Zweifel darüber gelassen, daß sie die Pariser Verträge für unvereinbar hält mit den Verpflichtungen, die Frankreich sowohl als Großbritannien in den während des Krieges mit der Sowjetunion abgeschlossenen Beistandspakten eingegangen sind.

Während im Falle eines Konfliktes zwischen Verpflichtungen auf Grund der Satzung der Vereinten Nationen und solchen aus irgendeinem anderen Vertrag die Satzung selbst in ihrem Artikel 103 Vorsorge trifft, indem sie bestimmt, daß die Verpflichtungen aus der Satzung den Vorrang haben, gibt es eine solche Norm bei echter Konkurrenz von Verpflichtungen aus verschiedenen anderen Verträgen nicht. Dies führt insbesondere dann zu Schwierigkeiten, wenn es sich, wie etwa in den obenerwähnten Fällen, um Verpflichtungen aus einem zweiseitigen und solche aus einem Kollektivvertrag handelt. Am Vorrang für die Verpflichtungen aus letzterem sind gewöhnlich alle übrigen Staaten, die am Kollektivvertrag beteiligt sind, interessiert. Aber auch zwei Kollektivverträge können einander widersprechende Verpflichtungen enthalten. Ein Staat, der an beiden teilnimmt, kann nicht gleichzeitig zwei einander widersprechende Verpflichtungen erfüllen und muß daher zwangsläufig eine von ihnen verletzen.

In diesem Fall darf der in seinem Recht verletzte Staat vom Vertrag zurücktreten oder seine Erfüllung verlangen. Der Rücktritt ist dann nichts anderes als eine Repressalie als Antwort auf die Vertragsverletzung der anderen Partei.[1]

Wenn schon die beiden obenerwähnten Bündnisverträge mit den Pariser Verträgen nicht vereinbar sind, so gilt dies in verstärktem Maße für alle jene Vier-Mächte-Vereinbarungen über Deutschland, die mit dem Inhalt der Pariser Verträge in Widerspruch stehen. Hierher gehören insbesondere die Abmachungen auf der Krim-Konferenz, die zur Bildung eines Alliierten Kontrollapparates für Deutschland führten und für Deutschland und Berlin eine zonenweise Besetzung durch die Vier Mächte in Aussicht nahmen.

In dem Bericht über die Krim-Konferenz vom 3. bis zum 11. Februar 1945 heißt es darüber ausdrücklich:

> „Gemäß dem in gegenseitigem Einvernehmen festgelegten Plan werden die Streitkräfte der drei Mächte je eine besondere Zone Deutschlands besetzen. Der Plan sieht eine koordinierte Verwaltung und Kontrolle durch eine Zentralkommission mit Sitz in Berlin vor, die aus den Oberbefehlshabern der drei Mächte besteht.

---

[1] Vgl. GUGGENHEIM, Lehrbuch des Völkerrechts, Basel 1948, Band I, S. 109ff. und die dort angeführte Literatur.

Es ist beschlossen worden, daß Frankreich von den drei Mächten aufgefordert werden soll, eine Besatzungszone zu übernehmen und als viertes Mitglied an der Kontrollkommission teilzunehmen, falls es dies wünschen sollte. Die Grenzen der französischen Zone werden von den vier beteiligten Regierungen durch ihre Vertreter bei der Europäischen Beratenden Kommission in gegenseitigem Einvernehmen festgelegt."[1]

Hierzu sind seitens der Regierungen des Vereinigten Königreichs, der Vereinigten Staaten von Amerika und der Union der Sozialistischen Sowjetrepubliken sowie der Provisorischen Regierung der Französischen Republik am 5. Juni 1945 zwei Statements erlassen worden. Das eine betrifft das Kontrollverfahren in Deutschland, das andere die Besatzungszonen in Deutschland. Das erste Statement hat folgenden Wortlaut:[2]

„1. Während der Zeit, in der Deutschland die sich aus der bedingungslosen Kapitulation ergebenden grundlegenden Forderungen erfüllt, wird in Deutschland die oberste Gewalt von den Oberbefehlshabern Großbritanniens, der Vereinigten Staaten, Sowjetrußlands und Frankreichs auf Anweisung ihrer Regierungen ausgeübt, von jedem in seiner eigenen Besatzungszone und gemeinsam in allen Deutschland als ein Ganzes betreffenden Angelegenheiten. Die vier Oberbefehlshaber bilden zusammen den Kontrollrat. Jeder Oberbefehlshaber wird von einem politischen Berater unterstützt.

2. Der Kontrollrat, dessen Entscheidungen einstimmig getroffen werden müssen, trägt für eine angemessene Einheitlichkeit des Vorgehens der einzelnen Oberbefehlshaber in ihren entsprechenden Besatzungszonen Sorge und trifft im gegenseitigen Einvernehmen Entscheidungen über alle Deutschland als Ganzes betreffenden wesentlichen Fragen.

3. Unter dem Kontrollrat sind ein ständiger Koordinationsausschuß, der sich aus je einem Vertreter der vier Oberbefehlshaber zusammensetzt, und ein Kontrollstab tätig, der aus folgenden Abteilungen besteht (wobei auf Grund praktischer Erfahrung vorgenommene Änderungen zulässig sind): Heer, Marine, Luft, Transport, Politik, Wirtschaft, Finanzen, Reparationen und Wiedererstattung, Innere Angelegenheiten und Nachrichtenwesen, Rechtswesen, Kriegsgefangene und Zwangsverschleppte, Arbeitseinsatz.
Jede Abteilung hat vier Leiter, von denen einer von jeder der vier Mächte ernannt wird. Die Abteilungsstäbe können sowohl aus Zivil- als auch aus Militärpersonal bestehen und in besonderen Fällen auch in persönlicher Eigenschaft ernannte Angehörige anderer Vereinter Nationen einschließen.

4. Die Funktionen des Koordinierungsausschusses sowie des Kontrollstabes bestehen in der Beratung des Kontrollrates, der Ausführung seiner Beschlüsse und deren Weiterleitung an die entsprechenden deutschen Behörden sowie in der Überwachung und Kontrolle der laufenden Tätigkeit dieser Behörden.

[1] Dokumente und Berichte des Europa-Archivs, Band 6, 1948, S. 55.

[2] A. a. O., S. 77.

5. Die Verbindung zu den anderen hauptsächlich interessierten Regierungen der Vereinten Nationen wird durch Ernennung von Militärmissionen (denen auch Zivilpersonen angehören können) bei dem Kontrollrat seitens dieser Regierungen hergestellt. Diese Missionen haben zu den die Kontrolle ausübenden Dienststellen auf dem entsprechenden Dienstweg Zutritt.

6. Organisationen der Vereinten Nationen, sofern sie von dem Kontrollrat zur Betätigung in Deutschland zugelassen werden, sind dem Alliierten Kontrollrat untergeordnet und ihm gegenüber verantwortlich.

7. Die Verwaltung des Gebietes von Groß-Berlin wird von einer Interalliierten Behörde geleitet, die unter der Leitung des Kontrollrates arbeitet und aus vier Kommandanturen besteht, deren jeder abwechselnd als Hauptkommandant fungiert. Sie werden von einem Stab von Sachbearbeitern unterstützt, der die Tätigkeit der örtlichen deutschen Behörden überwacht und kontrolliert.

8. Die oben dargelegte Regelung gilt für die der deutschen Kapitulation folgende Besatzungszeit, innerhalb welcher Deutschland die sich aus der bedingungslosen Kapitulation ergebenden grundlegenden Forderungen erfüllt. Eine Regelung für die darauffolgende Zeit wird Gegenstand einer Sondervereinbarung bilden."

Das zweite Statement hat folgenden Wortlaut:

„1. Deutschland wird innerhalb seiner Grenzen, wie sie am 31. Dezember 1937 bestanden, für Besatzungszwecke in vier Zonen aufgeteilt, von denen eine jeder der vier Mächte wie folgt zugeteilt wird:

eine östliche Zone der Union der Sozialistischen Sowjetrepubliken;
eine nordwestliche Zone dem Vereinigten Königreich;
eine südwestliche Zone den Vereinigten Staaten von Amerika;
eine westliche Zone Frankreich.

Die Besatzungstruppen in jeder Zone unterstehen einem von der verantwortlichen Macht bestimmten Oberbefehlshaber. Jede der vier Mächte darf nach ihrem Ermessen in die unter dem Befehl ihres Oberbefehlshabers stehenden Besatzungstruppen Hilfsverbände aus den Streitkräften irgendeiner anderen alliierten Macht, welche an den militärischen Operationen gegen Deutschland aktiv beteiligt war, aufnehmen.

2. Das Gebiet von Groß-Berlin wird von Truppen einer jeden der vier Mächte besetzt. Zwecks gemeinsamer Leitung der Verwaltung dieses Gebietes wird eine interalliierte Behörde (russisch: Komendatura) errichtet, welche aus vier von den entsprechenden Oberbefehlshabern ernannten Kommandanten besteht."

Die Mitteilung über die Drei-Mächte-Konferenz von Berlin (Potsdamer Abkommen) enthält im Abschnitt III lit. A) Z. 1 eine entsprechende Bestimmung. Diese lautet:

„Entsprechend der Übereinkunft über das Kontrollsystem in Deutschland wird die höchste Regierungsgewalt durch die Oberbefehlshaber der Streitkräfte der

Vereinigten Staaten von Amerika, des Vereinigten Königreiches, der Union der Sozialistischen Sowjetrepubliken und der Französischen Republik nach den Weisungen ihrer entsprechenden Regierungen ausgeübt, und zwar von jedem in seiner Besatzungszone sowie gemeinsam in ihrer Eigenschaft als Mitglieder des Kontrollrates in den Deutschland als Ganzes betreffenden Fragen."[1]

Diese Vereinbarungen, die bereits durch eine Reihe von Schritten der westlichen Alliierten in den Jahren unmittelbar nach Ende des zweiten Weltkrieges gebrochen wurden, indem zunächst die amerikanische und britische Zone Deutschlands vereinigt wurde, um diesen Teil Deutschlands der Vier-Mächte-Kontrolle zu entziehen, indem Maßnahmen zur Entmilitarisierung Deutschlands bereits damals im Westen nicht durchgeführt wurden und indem schließlich der Kontrollmechanismus in Deutschland durch einseitige Handlungen der drei Westmächte zerstört wurde — werden durch die Pariser Verträge endgültig zunichte gemacht. Sollte sich in der Folge die Sowjetunion — ähnlich ihrer Stellungnahme zu den Bündnisverträgen mit Frankreich und Großbritannien — genötigt sehen, nun ihrerseits zu erklären, daß sie sich an die Vier-Mächte-Vereinbarungen mit Deutschland nach Inkrafttreten der Pariser Verträge nicht mehr gebunden fühle, so hätte dies zweifellos nicht nur für Deutschland, sondern für die ganze Welt die ernstesten Folgen.

Vor allem wäre hierdurch dem Aufenthalt westlicher Truppen in Berlin die Rechtsgrundlage genommen. In diesem Zusammenhang muß an das erinnert werden, was die Sowjetunion in ihrer Note vom 14. Juli 1948 an die Vereinigten Staaten, Großbritannien und Frankreich hinsichtlich der Lage in Berlin ausgeführt hat. Dort heißt es:

> „Die Regierung der Vereinigten Staaten erklärt, daß sie ihren Sektor in Berlin auf Grund eines Rechts besetzt halte, das sich aus der Niederlage und Kapitulation Deutschlands ergibt, wobei sie sich auf das Viermächteabkommen über Deutschland und Berlin beruft. Damit wird lediglich bestätigt, daß die Ausübung des erwähnten Rechts in bezug auf Berlin mit einer unbedingten Erfüllung der zwischen den vier Mächten abgeschlossenen Abkommen über Deutschland als Ganzes durch die Besatzungsmächte Deutschlands verbunden ist.
>
> Gemäß diesen Abkommen war Berlin als der Sitz der obersten Behörde der vier Besatzungsmächte Deutschlands vorgesehen, wobei ein Abkommen über die Verwaltung von Groß-Berlin unter der Leitung des Kontrollrats erzielt wurde.
>
> Somit stellt das Abkommen über die Viermächteverwaltung von Berlin einen integrierenden Bestandteil des Abkommens über die Viermächteverwaltung Deutschlands als Ganzes dar.
>
> Nachdem die Vereinigten Staaten, Großbritannien und Frankreich durch ihre Separathandlungen in den westlichen Zonen Deutschlands das System der Vier-

[1] A. a. O., S. 80.

mächteverwaltung Deutschlands zerstört und in Frankfurt am Main die Hauptstadt für die Regierung Westdeutschlands zu schaffen begonnen haben, haben sie damit auch die rechtliche Grundlage untergraben, die ihr Recht auf Teilnahme an der Verwaltung von Berlin sicherte.

Die Regierung der Vereinigten Staaten weist in ihrer Note darauf hin, daß ihr Recht auf Anwesenheit in Berlin ferner darauf beruhe, daß die Vereinigten Staaten ihre Truppen aus einigen Bezirken der sowjetischen Besatzungszone abgezogen haben, in die sie in der Periode der Kampfhandlungen in Deutschland vorgedrungen waren, und daß sie ihre Truppen aus diesen Bezirken nicht abgezogen hätten, wenn sie die in Berlin entstandene Situation vorausgesehen hätten.

Die Regierung der Vereinigten Staaten weiß jedoch sehr wohl, daß sie, indem sie ihre Truppen in die durch das Viermächteabkommen über die Besatzungszonen Deutschlands festgesetzten Grenzen der amerikanischen Zone abzog, nur die übernommenen Verpflichtungen erfüllte, *deren Erfüllung allein ihr das Recht auf das Einrücken der USA-Truppen in Berlin geben konnte.*[1]

Die Einsichtnahme in das in der Note der USA-Regierung erwähnte Schreiben von Präsident Truman an Premierminister Stalin vom 14. Juni 1945 und in das Antwortschreiben des Premierministers Stalin vom 16. Juni 1945 bestätigt, daß die Truppen der Vereinigten Staaten, Großbritanniens und Frankreichs dank dem damals erzielten Abkommen die Möglichkeit erhielten, *sowohl in die Hauptstadt Deutschlands, Berlin, als auch in die Hauptstadt Österreichs, Wien, einzurücken, die bekanntlich nur von den Truppen der sowjetischen Armee besetzt worden waren.*[1]

Gleichzeitig ist bekannt, daß die erwähnten Abkommen in der Frage Berlins wie auch Wiens nur ein Teil der Abkommen über Deutschland und Österreich waren, auf deren Erfüllung die Sowjetregierung auch weiterhin besteht.

Die Regierung der Vereinigten Staaten erklärt, daß die vom sowjetischen Kommando eingeführten provisorischen Maßnahmen zur Einschränkung der Transportverbindungen zwischen Berlin und den westlichen Zonen Schwierigkeiten in der Versorgung der Berliner Bevölkerung der westlichen Sektoren geschaffen haben. Es kann jedoch nicht bestritten werden, daß diese Schwierigkeiten durch die Handlungen der Regierungen der Vereinigten Staaten, Großbritanniens und Frankreichs und vor allem durch die separaten Handlungen zur Einführung einer neuen Währung in den westlichen Zonen Deutschlands und einer besonderen Währung in den westlichen Sektoren von Berlin hervorgerufen worden sind.

Berlin liegt im Zentrum der sowjetischen Besatzungszone und stellt einen Teil dieser Zone dar.[1] Die Interessen der Berliner Bevölkerung lassen keine Lage zu, bei der in Berlin oder nur in den westlichen Sektoren von Berlin eine besondere Währung eingeführt wird, die in der sowjetischen Besatzungszone nicht im Umlauf ist. Indessen brachte die Durchführung der separaten Währungsreform

---

[1] Vom Verfasser hervorgehoben.

in den westlichen Zonen Deutschlands Berlin und gleichzeitig auch die sowjetische Besatzungszone in eine Lage, bei der die ganze Masse der in den westlichen Zonen außer Kraft gesetzten Geldscheine nach Berlin und in die sowjetische Besatzungszone Deutschlands hineinzufluten drohte. Das sowjetische Kommando war deshalb gezwungen, unaufschiebbare Maßnahmen zu ergreifen, um die Interessen der deutschen Bevölkerung sowie der Wirtschaft der sowjetischen Besatzungszone und des Gebiets von Groß-Berlin zu schützen.
Die Gefahr der Verletzung der normalen Wirtschaftstätigkeit der sowjetischen Besatzungszone und Berlins ist auch gegenwärtig nicht beseitigt, da die Vereinigten Staaten, Großbritannien und Frankreich auch weiterhin eine besondere Währung in Berlin aufrechterhalten.
Gleichzeitig zeigte und zeigt das sowjetische Kommando unveränderlich seine Sorge um das Wohlergehen und die Sicherung einer normalen Versorgung der Berliner Bevölkerung mit allem Notwendigen und strebt eine möglichst rasche Beseitigung der Schwierigkeiten an, die in der letzten Zeit bei diesem Werk entstanden sind.. Dabei wird es die sowjetische Regierung, falls erforderlich, nicht ablehnen, eine ausreichende Versorgung für ganz Groß-Berlin aus ihren eigenen Mitteln zu gewährleisten.
Was die Erklärung der Regierung der Vereinigten Staaten anbetrifft, daß sie weder durch Drohungen noch durch Druck oder andere Handlungen veranlaßt werden könne, auf ihr Recht auf Teilnahme an der Besetzung Berlins zu verzichten, so hat die sowjetische Regierung nicht die Absicht, sich auf eine Erörterung dieser Erklärung einzulassen, weil sie keine Politik des Drucks nötig hat, *da die erwähnten Regierungen durch Verletzung vereinbarter Beschlüsse über die Verwaltung Berlins ihr Recht auf Teilnahme an der Besetzung Berlins selbst verwirken.*"[1] [2]

* * *

Durch die Verwirklichung der Pariser Verträge würde auch die Wiederherstellung der deutschen Einheit unmöglich gemacht. Die Bundesrepublik würde unwiderruflich in ein militärisches Bündnissystem einbezogen werden, das nach dem Willen der Regierung der Vereinigten Staaten funktioniert. Durch den Deutschlandvertrag und seine Nebenverträge droht außerdem in zunehmendem Maße eine Umwandlung des Charakters der Bundesrepublik in einen faschistischen Militärstaat.

Diese Entwicklung widerspricht sowohl den Viermächtevereinbarungen über Deutschland wie auch dem Bonner Grundgesetz selbst. Dies insbesondere deshalb, weil einmal eine Wiedervereinigung ohne Verständigung mit der Sowjetunion und der Deutschen Demokratischen Republik ausgeschlossen ist

---

[1] Vom Verfasser hervorgehoben.
[2] A. a. O., S. 121f.

und zum andern das Grundgesetz in seiner Präambel und im Artikel 146 selbst feststellt, daß nur das deutsche Volk in freier Selbstbestimmung ohne Vorbedingungen die Einheit Deutschlands zu vollenden hat. Dem steht Art. 7 (2) des Deutschlandvertrags in der durch die Pariser Verträge abgeänderten Fassung entgegen, wonach das Ziel der Drei Mächte und der Bundesrepublik sein muß „ein wiedervereinigtes Deutschland, das eine freiheitlich-demokratische Verfassung, ähnlich wie die Bundesrepublik, besitzt und das in die Europäische Gemeinschaft integriert ist".

Der Anspruch des deutschen Volkes auf die Wiederherstellung seiner Einheit beruht indessen auf dem Potsdamer Abkommen, in dem es ausdrücklich heißt:

„Es ist nicht die Absicht der Alliierten, das deutsche Volk zu vernichten oder zu versklaven. Die Alliierten wollen dem deutschen Volk die Möglichkeit geben, sich darauf vorzubereiten, sein Leben auf einer demokratischen und friedlichen Grundlage von neuem wiederaufzubauen. Wenn die eigenen Anstrengungen des deutschen Volkes unablässig auf die Erreichung dieses Zieles gerichtet sein werden, wird es ihm möglich sein, zu gegebener Zeit seinen Platz unter den freien und friedliebenden Völkern der Welt einzunehmen."[1]

---

[1] A. a. O., S. 80.

ANHANG

DIE PARISER VERTRÄGE UND DIE KOLLEKTIVE SICHERHEIT IN EUROPA

Die Pariser Verträge sind aber auch unvereinbar mit der Aufrichtung eines Systems kollektiver Sicherheit in Europa. Dies kann nicht treffender zum Ausdruck gebracht werden als durch den Wortlaut der Note der Sowjetregierung vom 13. November 1954. Es heißt dort:

> „Am 23. Oktober 1954 wurden in Paris Abkommen unterzeichnet, die Westdeutschland betreffen. Der Unterzeichnung dieser Abkommen ging die Neunländerkonferenz in London voraus, deren Teilnehmer sich über separate Maßnahmen in der deutschen Frage einigten.
>
> Die Pariser Abkommen sehen, entgegen den bestehenden internationalen Abkommen über Deutschland, die Wiederherstellung des Militarismus in Westdeutschland vor, die Aufstellung westdeutscher Streitkräfte und die Einbeziehung Westdeutschlands in militärische Gruppierungen einiger Staaten, die anderen Staaten Europas gegenübergestellt werden.
>
> In Westdeutschland wird ein Heer aufgestellt, das schon in der nächsten Zeit die Stärke von 500 000 bis 520 000 Mann erreichen soll und über große Flieger- und Panzerverbände wie auch über eigene Militärstäbe verfügen wird. Heute schon machen die deutschen Militaristen kein Hehl daraus, daß sie die laut dem Londoner und den Pariser Abkommen festgelegte zahlenmäßige Stärke des westdeutschen Heeres lediglich als die Grundlage für die Entwicklung noch zahlreicherer Streitkräfte betrachten.
>
> Das westdeutsche Heer wird unter der Leitung der deutschen Generale aufgestellt, die in den Jahren des zweiten Weltkrieges an der Spitze der hitlerischen Wehrmacht standen, an der faschistischen Aggression und an der Einführung der blutigen hitlerischen ‚neuen Ordnung‘ in Europa beteiligt waren.
>
> Die Abkommen von London und Paris lassen den westdeutschen Militaristen und Revanchisten freie Hand auch zur unbegrenzten Waffenproduktion. Die Streitkräfte Westdeutschlands erhalten auch die Möglichkeit, unter ihren Rüstungen Atomwaffen zu haben, was die Gefahr eines verheerenden Atomkrieges in Europa erheblich erhöht.

Die oben erwähnten Abkommen sehen die Einbeziehung eines remilitarisierten Westdeutschland in die neue militärische Gruppierung, die jetzt in Form der sogenannten Westeuropäischen Union zusammengezimmert wird, wie auch in den Nordatlantikblock vor, dessen aggressiven Charakter die Sowjetunion bereits wiederholt festgestellt hat.

All das bezeugt, daß Westdeutschland gegenüber ein Kurs durchgeführt wird, der weder mit der Aufgabe der Festigung des Friedens in Europa noch mit der Aufgabe, die nationale Einheit Deutschlands wiederherzustellen, vereinbar ist. Eine Verwirklichung des Londoner Abkommens und der Pariser Abkommen hätte zu bedeuten, daß die Vereinigung Deutschlands im Wege der Durchführung freier gesamtdeutscher Wahlen den derzeitigen Plänen der Wiederherstellung des deutschen Militarismus, dieses Todfeindes der Völker Europas, darunter auch des deutschen Volkes selbst, geopfert würde.

Bestrebt, die Lösung der Frage der Wiederherstellung der Einheit Deutschlands zu erleichtern, beantragte die Sowjetregierung, die Frage des unverzüglichen Abzuges der Besatzungstruppen aus Ost- und Westdeutschland zu erörtern. Zugleich wurde auch vorgeschlagen, die zahlenmäßige Stärke und jegliche Waffen der deutschen Polizei sowohl in Ost- als auch in Westdeutschland zu bestimmen. Die Sowjetregierung ist nach wie vor der Meinung, daß die Durchführung dieser Maßnahmen zur Minderung der Spannung in Europa beitragen würde.

Das Londoner und die Pariser Abkommen sind unvereinbar mit dem französisch-sowjetischen Bündnis- und Beistandsvertrag von 1944 und mit dem englisch-sowjetischen Vertrag von 1942 über Zusammenarbeit und gegenseitigen Beistand nach dem Krieg — Verträgen, die die Ergreifung gemeinsamer Maßnahmen vorsehen, damit die Möglichkeit einer neuen Aggression von seiten Deutschlands ausgeschlossen wird.

Die Sowjetregierung hat bereits die Staaten, die die Verantwortung für die Regelung des deutschen Problems tragen, auf die ernste Gefahr aufmerksam gemacht, die mit dem Wiedererstehen des Militarismus in Westdeutschland und mit der Einbeziehung Westdeutschlands in militärische Gruppierungen verbunden ist. Die Bildung solcher militärischer Gruppierungen einiger Staaten, die anderen europäischen Staaten gegenübergestellt werden, führt, wie die geschichtliche Erfahrung gezeigt hat, unvermeidlich zur Zuspitzung der Beziehungen zwischen ihnen und letzten Endes zu einem Krieg. So war es vor dem ersten Weltkrieg, als zwei einander gegenüberstehende militärische Staatenkoalitionen geschaffen wurden. So war es auch vor dem zweiten Weltkrieg, als unter dem Schutz und Schirm Hitlerdeutschlands eine aggressive militärische Gruppierung gebildet wurde, die sich anderen Staaten entgegenstellte, welche im Verlauf des Krieges sich gezwungen sahen, ihre Kräfte zu vereinen, um die hitlerische Aggression abzuwehren.

Um zu vermeiden, daß Europa periodisch zum Schauplatz blutiger und verheerender Kriege wird, die den Völkern der europäischen Staaten Millionen Menschenleben und kolossale materielle Zerstörung kosten, wird es notwendig, ein Sicherheitssystem in Europa zu schaffen, an dem alle europäischen Staaten, unabhängig von ihrer Gesellschafts- und Staatsordnung, teilnehmen. Die Schaffung eines solchen Systems der gesamteuropäischen kollektiven Sicherheit würde eine sichere Grundlage für die friedliche Zusammenarbeit aller europäischen Staaten ergeben und ihre nationale Sicherheit garantieren durch die von ihnen übernommenen Verpflichtungen, die zwischen ihnen aufkommenden Differenzen auf friedlichem Wege zu regeln und im Falle des Entstehens einer Gefahr für den Frieden oder eines Friedensbruches vereinte Aktionen, darunter auch militärische, gegen den Aggressor zu unternehmen.

Die Schaffung eines wirksamen Systems der kollektiven Sicherheit in Europa, beruhend auf den vereinten Bemühungen aller europäischen Staaten, würde die Regelung des deutschen Problems erleichtern. Beseitigt wäre damit das heute bestehende Haupthindernis für die Wiederherstellung der deutschen Einheit; dieses Haupthindernis sind die Pläne, Westdeutschland in einen militaristischen Staat zu verwandeln und in aggressive militärische Gruppierungen einzubeziehen.

Um ein dahingehendes Übereinkommen zwischen den interessierten Staaten zu erleichtern, brachte die Sowjetunion Anfang dieses Jahres, während der Berliner Konferenz der Außenminister der UdSSR, der USA, Englands und Frankreichs, Vorschläge über die Grundprinzipien eines ‚gesamteuropäischen Vertrages über kollektive Sicherheit in Europa' ein. Die Vorschläge zur Schaffung eines Systems kollektiver Sicherheit in Europa fanden bei einer Reihe europäischer Staaten eine günstige Aufnahme. Sie fanden auch Unterstützung in breiten Kreisen sowohl jener europäischen Staaten, deren Regierungen noch nicht zum Gedanken der kollektiven Sicherheit in Europa Stellung genommen haben, als auch jener Staaten, deren Regierungen abgelehnt haben, die eingebrachten Vorschläge zu unterstützen.

Seitdem ist es bekanntlich nicht gelungen, das erforderliche Übereinkommen zwischen den beteiligten Staaten über dieses wichtige Problem herbeizuführen. Indes verlangen die Interessen der Sicherheit der europäischen Völker, daß die Entwicklung in Europa nicht den verhängnisvollen Weg der Wiederherstellung des deutschen Militarismus und der Bildung einander entgegengestellter militärischer Staatenblocks in Europa gehe, sondern den Weg der Schaffung eines Systems gesamteuropäischer Sicherheit, das auf der Berücksichtigung der berechtigten Interessen aller Staaten Europas, der großen und der kleinen, basiert.

Die auf der Londoner und der Pariser Konferenz entwickelten Pläne der Wiederherstellung des deutschen Militarismus und der Einbeziehung eines remilitarisierten Westdeutschland in militärische Gruppierungen, komplizieren unweigerlich die Lage in Europa. Die Verwirklichung dieser Pläne würde unvermeidlich eine Zuspitzung der gegenseitigen Beziehungen zwischen den europäischen Staaten, Verschärfung des Rüstungsrennens und eine bedeutend gesteigerte Belastung der Völker Europas mit militärischen Ausgaben herbeiführen. In Anbetracht dessen wird es nur ganz natürlich sein, wenn die friedliebenden europäischen Völker sich gezwungen sehen werden, neue Maßnahmen zur Gewährleistung ihrer Sicherheit zu ergreifen.

Um die erwähnte Komplizierung der Lage in Europa, die die Kriegsgefahr verschärft, zu verhüten, muß man alle Maßnahmen ergreifen, die geeignet sind, zur Herstellung eines Systems der kollektiven Sicherheit in Europa und damit zu einer Entspannung der internationalen Beziehungen beizutragen ...“[1]

---

[1] Das Saarstatut ist zwar ebenfalls ein Teil des Pariser Vertragswerkes. Seine eingehende Behandlung ist jedoch im Rahmen dieser Ausgabe nicht möglich, denn dies erforderte ein Eingehen auf eine Reihe von Problemen, vor allem auf die französisch-saarländischen Vereinbarungen. Sein Wortlaut zeigt, daß eine dauernde Lostrennung des Saargebietes von Deutschland beabsichtigt ist. Wenn behauptet wird, daß es sich hier nur um ein Provisorium handle, so muß dem entgegengehalten werden, daß durch das Saarstatut insbesondere in wirtschaftlicher Hinsicht vollendete Tatsachen geschaffen werden, die eine endgültige Lostrennung des Saargebietes von Deutschland in der Folge unvermeidlich machen. Dies gilt insbesondere von den Bestimmungen des Artikels XII.

Auf die Wünsche der Bevölkerung des Saargebietes wird insofern nicht Rücksicht genommen, als die vorgesehene Volksabstimmung gemäß Artikel I, VI und X nur eine Entscheidung für oder gegen das Statut vorsieht. Die Bevölkerung kann sich also nicht dafür entscheiden, ob sie bei Deutschland bleiben will oder nicht.

Die außenpolitischen Angelegenheiten der Verteidigung und die Überwachung der Einhaltung des Statuts sollen in Zukunft einem Kommissar vorbehalten bleiben, der gemäß Artikel II der Bevölkerung gegenüber nicht rechenschaftspflichtig ist.

Grundsätzlich muß zum Saarstatut aber vor allem gesagt werden, daß es deshalb keine verpflichtende Kraft hat, weil die Bonner Bundesregierung nach Völkerrecht nicht berechtigt ist, über ein Gebiet zu verfügen, das ihrer tatsächlichen Gewalt nicht unterworfen ist. Über das Gebiet kann nur in einem künftigen deutschen Friedensvertrag endgültig entschieden werden.

VERTRAGSTEXTE

PROTOKOLL ÜBER DIE BEENDIGUNG DES BESATZUNGSREGIMES IN DER BUNDESREPUBLIK DEUTSCHLAND

Die Bundesrepublik Deutschland, die Vereinigten Staaten von Amerika, das Vereinigte Königreich von Großbritannien und Nordirland und die Französische Republik kommen wie folgt überein:

Artikel 1

Der Vertrag über die Beziehungen zwischen der Bundesrepublik Deutschland und den Drei Mächten, der Vertrag über die Rechte und Pflichten ausländischer Streitkräfte und ihrer Mitglieder in der Bundesrepublik Deutschland, der Finanzvertrag, der Vertrag zur Regelung aus Krieg und Besatzung entstandener Fragen, die am 26. Mai 1952 in Bonn unterzeichnet wurden, das am 27. Juni 1952 in Bonn unterzeichnete Protokoll zur Berichtigung einiger textlicher Unstimmigkeiten in den vorstehend bezeichneten Verträgen und das am 26. Mai 1952 in Bonn unterzeichnete Abkommen über die steuerliche Behandlung der Streitkräfte und ihrer Mitglieder in der durch das am 26. Juli 1952 in Bonn unterzeichnete Protokoll geänderten Fassung, werden nach Maßgabe der fünf Listen zu diesem Protokoll geändert und treten in der so geänderten Fassung zusammen mit den zwischen den Unterzeichnerstaaten vereinbarten ergänzenden Dokumenten bezüglich der vorstehend erwähnten Vertragstexte und gleichzeitig mit diesem Protokoll in Kraft.

Artikel 2

Bis zum Inkrafttreten der Abmachungen über den deutschen Verteidigungsbeitrag gelten folgende Bestimmungen:

(1) Die bisher den Vereinigten Staaten von Amerika, dem Vereinigten Königreich von Großbritannien und Nordirland und der Französischen Republik zustehenden oder von ihnen ausgeübten Rechte auf den Gebieten der Abrüstung und Entmilitarisierung stehen ihnen weiterhin zu und werden von ihnen ausgeübt, und keine Bestimmung in einem der in Artikel 1 dieses Protokolls erwähnten Vertragstexte gestattet den Erlaß, die Änderung, Aufhebung oder Außerkraftsetzung von Rechtsvorschriften oder, vorbehaltlich der Bestimmungen in Absatz (2) dieses Artikels, Verwaltungsmaßnahmen seitens einer anderen Behörde auf diesen Gebieten.

(2) Mit dem Inkrafttreten dieses Protokolls wird das Militärische Sicherheitsamt aufgelöst (unbeschadet der Gültigkeit der von ihm getroffenen Maßnahmen oder Entscheidungen); die Kontrolle auf den Gebieten der Abrüstung und Entmilitarisierung wird in der Folge durch einen Gemeinsamen Viermächte-Ausschuß ausgeübt, in den jeder der Unterzeichnerstaaten einen Vertreter entsendet und der mit Stimmenmehrheit der vier Mitglieder entscheidet.

(3) Die Regierungen der Unterzeichnerstaaten schließen ein Verwaltungsabkommen, das im Einklang mit den Bestimmungen dieses Artikels die Errichtung des Gemeinsamen Viermächte-Ausschusses, die Ernennung seines Personals und die Organisation seiner Arbeit regelt.

Artikel 3

(1) Dieses Protokoll ist von den Unterzeichnerstaaten in Übereinstimmung mit ihren verfassungsmäßigen Verfahren zu ratifizieren oder zu genehmigen. Die Ratifikations- oder Genehmigungsurkunden sind von den Unterzeichnerstaaten bei der Regierung der Bundesrepublik Deutschland zu hinterlegen.

(2) Dieses Protokoll und die zwischen den Unterzeichnerstaaten vereinbarten ergänzenden Dokumente treten mit der gemäß Absatz (1) dieses Artikels erfolgten Hinterlegung der Ratifikations- oder Genehmigungsurkunden aller Unterzeichnerstaaten in Kraft.

(3) Dieses Protokoll wird in den Archiven der Regierung der Bundesrepublik Deutschland hinterlegt; diese übermittelt allen Unterzeichnerstaaten beglaubigte Abschriften und unterrichtet jeden Staat vom Zeitpunkt des Inkrafttretens dieses Protokolls.

Zu Urkund dessen haben die unterzeichneten, gehörig bevollmächtigten Vertreter dieses Protokoll unterschrieben.

Geschehen zu Paris am dreiundzwanzigsten Tage des Monats Oktober 1954 in deutscher, englischer und französischer Sprache, wobei alle drei Fassungen gleichermaßen verbindlich sind.

Für die Bundesrepublik Deutschland
gezeichnet:
Adenauer

Für die Vereinigten Staaten von Amerika
gezeichnet:
John Foster Dulles

Für das Vereinigte Königreich von Großbritannien und Nordirland
gezeichnet:
Anthony Eden

Für die Französische Republik
gezeichnet:
Pierre Mendès-France

LISTE I

Änderungen zu dem Vertrag über die Beziehungen zwischen der Bundesrepublik Deutschland und den Drei Mächten

Einleitungsformel:

Der bisherige Wortlaut wird wie folgt ersetzt:

„Die Bundesrepublik Deutschland, die Vereinigten Staaten von Amerika, das Vereinigte Königreich von Großbritannien und Nordirland und die Französische Republik haben zur Festlegung der Grundlagen ihres neuen Verhältnisses den folgenden Vertrag geschlossen:“

Präambel:

Die Präambel wird gestrichen.

Artikel 1:

Der bisherige Wortlaut wird wie folgt ersetzt:

„Artikel 1

(1) Mit dem Inkrafttreten dieses Vertrags werden die Vereinigten Staaten von Amerika, das Vereinigte Königreich von Großbritannien und Nordirland und die Französische Republik (in diesem Vertrag und in den Zusatzverträgen auch als „Drei Mächte“ bezeichnet) das Besatzungsregime in der Bundesrepublik beenden, das Besatzungsstatut aufheben und die Alliierte Hohe Kommission sowie die Dienststellen der Landeskommissare in der Bundesrepublik auflösen.

(2) Die Bundesrepublik wird demgemäß die volle Macht eines souveränen Staates über ihre inneren und äußeren Angelegenheiten haben.“

Artikel 2:

Der bisherige Wortlaut wird wie folgt ersetzt:

„Artikel 2

Im Hinblick auf die internationale Lage, die bisher die Wiedervereinigung Deutschlands und den Abschluß eines Friedensvertrags verhindert hat, behalten die Drei Mächte die bisher von ihnen ausgeübten oder innegehabten Rechte und Verantwortlichkeiten in bezug auf Berlin und auf Deutschland als Ganzes einschließlich der Wiedervereinigung Deutschlands und einer friedensvertraglichen Regelung. Die von den Drei Mächten beibehaltenen Rechte und Verantwortlichkeiten in bezug auf die Stationierung von Streitkräften in Deutschland und der Schutz der Sicherheit dieser Streitkräfte bestimmen sich nach den Artikeln 4 und 5 dieses Vertrags.“

Artikel 4:

Der bisherige Wortlaut wird wie folgt ersetzt:

„Artikel 4

(1) Bis zum Inkrafttreten der Abmachungen über den deutschen Verteidigungsbeitrag behalten die Drei Mächte weiterhin ihre bisher ausgeübten oder innegehabten Rechte in bezug auf die Stationierung von Streitkräften in der Bundesrepublik. Die Aufgabe dieser Streitkräfte wird die Verteidigung der freien Welt sein, zu der die Bundesrepublik und Berlin gehören. Vorbehaltlich der Bestimmungen des Artikels 5 Absatz (2) dieses Vertrags bestimmen sich die Rechte und Pflichten dieser Streitkräfte nach dem Vertrag über die Rechte und Pflichten ausländischer Streitkräfte und ihrer Mitglieder in der Bundesrepublik Deutschland (im folgenden als ‚Truppenvertrag' bezeichnet), auf den in Artikel 8 Absatz (1) dieses Vertrags Bezug genommen ist.

(2) Die von den Drei Mächten bisher ausgeübten oder innegehabten und weiterhin beibehaltenen Rechte in bezug auf die Stationierung von Streitkräften in Deutschland werden von den Bestimmungen dieses Artikels nicht berührt, soweit sie für die Ausübung der im ersten Satz des Artikels 2 dieses Vertrags genannten Rechte erforderlich sind. Die Bundesrepublik ist damit einverstanden, daß vom Inkrafttreten der Abmachungen über den deutschen Verteidigungsbeitrag an Streitkräfte der gleichen Nationalität und Effektivstärke wie zur Zeit dieses Inkrafttretens in der Bundesrepublik stationiert werden dürfen. Im Hinblick auf die in Artikel 1 Absatz (2) dieses Vertrags umschriebene Rechtsstellung der Bundesrepublik und im Hinblick darauf, daß die Drei Mächte gewillt sind, ihre Rechte betreffend die Stationierung von Streitkräften in der Bundesrepublik, soweit diese betroffen ist, nur in vollem Einvernehmen mit der Bundesrepublik auszuüben, wird diese Frage in einem besonderen Vertrag geregelt."

Artikel 5:

Der bisherige Wortlaut wird wie folgt ersetzt:

„Artikel 5

(1) Für die in der Bundesrepublik stationierten Streitkräfte gelten bis zum Inkrafttreten der Abmachungen über den deutschen Verteidigungsbeitrag die folgenden Bestimmungen:

(a) Die Drei Mächte werden die Bundesregierung in allen die Stationierung dieser Streitkräfte betreffenden Fragen konsultieren, soweit es die militärische Lage erlaubt. Die Bundesrepublik wird nach Maßgabe dieses Vertrags und der Zusatzverträge im Rahmen ihres Grundgesetzes mitwirken, um diesen Streitkräften ihre Aufgabe zu erleichtern.

(b) Die Drei Mächte werden nur nach vorheriger Einwilligung der Bundesrepublik Truppen eines Staates, der zur Zeit keine Kontingente stellt, als Teil ihrer Streitkräfte im Bundesgebiet stationieren. Jedoch dürfen solche Kontingente im Falle eines Angriffs oder unmittelbar drohenden Angriffs ohne Einwilligung der Bundesrepublik in das Bundesgebiet gebracht werden, dürfen dagegen nach Beseitigung der Gefahr nur mit Einwilligung der Bundesrepublik dort verbleiben.

(2) Die von den Drei Mächten bisher innegehabten oder ausgeübten Rechte in bezug auf den Schutz der Sicherheit von in der Bundesrepublik stationierten Streitkräften, die zeitweilig von den Drei Mächten beibehalten werden, erlöschen, sobald die zuständigen deutschen Behörden entsprechende Vollmachten durch die deutsche Gesetzgebung erhalten haben und dadurch in Stand gesetzt sind, wirksame Maßnahmen zum Schutz der Sicherheit dieser Streitkräfte zu treffen, einschließlich der Fähigkeit, einer ernstlichen Störung der öffentlichen Sicherheit und Ordnung zu begegnen. Soweit diese Rechte weiterhin ausgeübt werden können, werden sie nur nach Konsultation mit der Bundesregierung ausgeübt werden, soweit die militärische Lage eine solche Konsultation nicht ausschließt, und wenn die Bundesregierung darin übereinstimmt, daß die Umstände die Ausübung derartiger Rechte erfordern. Im übrigen bestimmt sich der Schutz der Sicherheit dieser Streitkräfte nach den Vorschriften des Truppenvertrags oder den Vorschriften des Vertrags, welcher den Truppenvertrag ersetzt und nach deutschem Recht, soweit nicht in einem anwendbaren Vertrag etwas anderes bestimmt ist."

Artikel 6 Absatz 2 zweiter Satz:

Der Satz wird gestrichen.

Artikel 7 Absatz 1:

Die Worte „die Bundesrepublik und die Drei Mächte" sind zu ersetzen durch die Worte „die Unterzeichnerstaaten".

Artikel 7 Absatz 2:

Der bisherige Wortlaut wird wie folgt ersetzt:

„(2) Bis zum Abschluß der friedensvertraglichen Regelung werden die Unterzeichnerstaaten zusammenwirken, um mit friedlichen Mitteln ihr gemeinsames Ziel zu verwirklichen: Ein wiedervereinigtes Deutschland, das eine freiheitlich-demokratische Verfassung, ähnlich wie die Bundesrepublik, besitzt, und das in die europäische Gemeinschaft integriert ist."

Artikel 7 Absatz 3:

Der Absatz wird gestrichen.

Artikel 7 Absatz 4:

Das Wort „anderen" wird gestrichen.

Artikel 8:

Der bisherige Wortlaut wird wie folgt ersetzt:

„(1) (a) Die Unterzeichnerstaaten haben die folgenden Zusatzverträge geschlossen:

Vertrag über die Rechte und Pflichten ausländischer Streitkräfte und ihrer Mitglieder in der Bundesrepublik Deutschland;

Finanzvertrag;

Vertrag zur Regelung aus Krieg und Besatzung entstandener Fragen.

(b) Der Vertrag über die Rechte und Pflichten ausländischer Streitkräfte und ihrer Mitglieder in der Bundesrepublik Deutschland und das am 26. Mai 1952 in Bonn unterzeichnete Abkommen über die steuerliche Behandlung der Streitkräfte und ihrer Mitglieder in der durch das Protokoll vom 26. Juli 1952 abgeänderten Fassung bleiben bis zum Inkrafttreten neuer Vereinbarungen über die Rechte und Pflichten der Streitkräfte der Drei Mächte und sonstiger Staaten, die Truppen auf dem Gebiet der Bundesrepublik unterhalten, in Kraft. Die neuen Vereinbarungen werden auf der Grundlage des in London am 19. Juni 1951 zwischen den Parteien des Nordatlantikpakts über den Status ihrer Streitkräfte unterzeichneten Abkommens getroffen, ergänzt durch diejenigen Bestimmungen, die im Hinblick auf die besonderen Verhältnisse in bezug auf die in der Bundesrepublik stationierten Streitkräfte erforderlich sind.

(c) Der Finanzvertrag bleibt bis zum Inkrafttreten neuer Vereinbarungen in Kraft, über die gemäß Artikel 4 Absatz (4) jenes Vertrags mit anderen Mitgliedstaaten der Nordatlantikpakt-Organisation verhandelt wird, die Truppen im Bundesgebiet stationiert haben.

(2) Während der in Artikel 6 Absatz (4) des Ersten Teils des Vertrags zur Regelung aus Krieg und Besatzung entstandener Fragen vorgesehenen Übergangszeit bleiben die in jenem Absatz erwähnten Rechte der drei Unterzeichnerstaaten erhalten."

Artikel 9 Absatz 1:

Der bisherige Wortlaut wird wie folgt ersetzt:

„(1) Es wird ein Schiedsgericht errichtet werden, das gemäß den Bestimmungen der beigefügten Satzung tätig werden wird."

Artikel 9 Absatz 2:

Der bisherige Wortlaut wird wie folgt ersetzt:

„(2) Das Schiedsgericht ist ausschließlich zuständig für alle Streitigkeiten, die sich zwischen der Bundesrepublik und den Drei Mächten aus den Bestimmungen dieses Vertrags oder der beigefügten Satzung oder eines der Zusatzverträge ergeben und welche die Parteien nicht durch Verhandlungen oder auf eine andere zwischen allen Unterzeichnerstaaten vereinbarte Weise beizulegen vermögen, soweit sich nicht aus Absatz (3) dieses Artikels oder aus der beigefügten Satzung oder aus den Zusatzverträgen etwas anderes ergibt."

Artikel 9 Absatz 3:

Die Worte „angeführten Rechte der Drei Mächte oder Maßnahmen auf Grund dieser Rechte oder die Bestimmungen der Absätze (1) bis (7) des Artikels 5" sind zu ersetzen durch die Worte „den ersten beiden Sätzen des Absatzes (1) des Artikels 4, dem ersten Satz des Absatzes (2) des Artikels 4 und den ersten beiden Sätzen des Absatzes (2) des Artikels 5 angeführten Rechte der Drei Mächte oder Maßnahmen auf Grund dieser Rechte".

Artikel 10:

Der bisherige Wortlaut wird wie folgt ersetzt:

„Artikel 10

Die Unterzeichnerstaaten überprüfen die Bestimmungen dieses Vertrags und der Zusatzverträge:

(a) auf Ersuchen eines von ihnen im Falle der Wiedervereinigung Deutschlands oder einer unter Beteiligung oder mit Zustimmung der Staaten, die Mitglieder dieses Vertrags sind, erzielten internationalen Verständigung über Maßnahmen zur Herbeiführung der Wiedervereinigung Deutschlands oder der Bildung einer europäischen Föderation, oder

(b) in jeder Lage, die nach Auffassung aller Unterzeichnerstaaten aus einer Änderung grundlegenden Charakters in den zur Zeit des Inkrafttretens des Vertrags bestehenden Verhältnissen entstanden ist.

In beiden Fällen werden sie in gegenseitigem Einvernehmen diesen Vertrag und die Zusatzverträge in dem Umfang ändern, der durch die grundlegende Änderung der Lage erforderlich oder ratsam geworden ist."

Artikel 11 Absatz 1 und 2:

Die Absätze werden gestrichen.

Anhang A:

Der Anhang wird gestrichen.

Änderungen zu Anhang B
Satzung des Schiedsgerichts

Artikel 1 Absatz 2 (c):

Der bisherige Wortlaut wird wie folgt ersetzt:

„(c) ein Präsident und zwei Vizepräsidenten (im folgenden auch als ‚neutrale Mitglieder' bezeichnet), die weder deutsche Staatsangehörige noch Staatsangehörige einer der Drei Mächte sein dürfen, werden durch Übereinkunft zwischen der Bundesregierung und den Regierungen der Drei Mächte ernannt."

Artikel 1 Absatz 3 zweiter Satz:

Der bisherige Wortlaut wird wie folgt ersetzt:

„Innerhalb derselben Frist werden sich die Bundesregierung und die Regierungen der Drei Mächte über die Namen der drei neutralen Mitglieder einigen, von denen eines zum Präsidenten und die beiden anderen zu Vizepräsidenten zu ernennen sind."

Artikel 1 Absatz 3 dritter Satz:

Der bisherige Wortlaut wird wie folgt ersetzt:

„Ist bei Ablauf dieser Frist eine Einigung bezüglich eines oder mehrerer neutraler Mitglieder nicht erfolgt, so können die Bundesregierung oder die Regierungen der Drei Mächte den Präsidenten des Internationalen Gerichtshofs um deren Bestimmung ersuchen."

Artikel 3:

Der Artikel wird gestrichen.

Artikel 6:

Die folgenden Absätze werden hinzugefügt:

„(3) Nach Eingang des ersten Schriftsatzes gemäß Artikel 14 dieser Satzung benachrichtigt der Sekretär unverzüglich den Präsidenten, der daraufhin, sobald dies durchführbar ist, die erste Plenarsitzung des Schiedsgerichts an dessen Sitz einzuberufen hat, um die Verfahrensordnung festzulegen und sonstige Angelegenheiten zu behandeln. Danach tritt das Schiedsgericht nach Bedarf zusammen.

(4) Die Absätze (3) und (4) des Artikels 2 dieser Satzung treten erst mit der ersten in Absatz (3) dieses Artikels erwähnten Plenarsitzung in Kraft."

Artikel 9 Absatz 1:

Nach dem Wort „Verhandlungen" ist einzufügen „oder auf eine andere zwischen allen Unterzeichnerstaaten vereinbarte Weise".

Artikel 9 Absatz 2 (a):

Die Worte „Zweiten Teil" werden ersetzt durch die Worte „Ersten Teil".

Artikel 9 Absatz 3:

Die Worte „und den Bestimmungen des Unterabsatzes (a) des Absatzes (5) des Artikels 11 dieser Satzung" werden gestrichen.

Artikel 11:

Der bisherige Wortlaut wird wie folgt ersetzt:

„Artikel 11

(1) Die Unterzeichnerstaaten verpflichten sich, den Entscheidungen des Gerichts nachzukommen und die Maßnahmen zu treffen, die ihnen durch diese Entscheidung auferlegt werden oder die notwendig sind, um Abhilfe zu schaffen.

(2) Ist ein Unterzeichnerstaat, der auf Grund einer Entscheidung des Gerichts Maßnahmen zur Ausführung dieser Entscheidungen zu treffen hat, außerstande, diese Maßnahmen innerhalb der vom Gericht festgesetzten Frist oder, wenn eine solche nicht festgesetzt ist, innerhalb angemessener Frist zu treffen, oder unterläßt er diese Maßnahmen innerhalb der genannten Fristen, so kann sich dieser Staat oder jeder andere Unterzeichnerstaat, der an dem Streit beteiligt ist, an das Gericht mit der Bitte um eine weitere Entscheidung bezüglich entsprechender anderweitiger Maßnahmen seitens des säumigen Staates wenden."

LISTE II

Änderungen zu dem Vertrag über die Rechte und Pflichten ausländischer Streitkräfte und ihrer Mitglieder in der Bundesrepublik Deutschland

Inhaltsverzeichnis:

Bezugnahmen auf Artikel 49 und 50 sowie auf Anhang C entfallen.

Einleitungsformel:

Der bisherige Wortlaut wird wie folgt ersetzt:

„Die Bundesrepublik Deutschland, die Vereinigten Staaten von Amerika, das Vereinigte Königreich von Großbritannien und Nordirland und die Französische Republik sind wie folgt übereingekommen:"

Artikel 1 Absatz 3:

Der bisherige Wortlaut wird wie folgt ersetzt:

„3. Anderer Entsendestaat: Jede Macht mit Ausnahme einer der Drei Mächte, die auf Grund einer Vereinbarung mit den Drei Mächten oder mit einer von ihnen bei Inkrafttreten dieses Vertrages Streitkräfte im Bundesgebiet stationiert hat, sowie jede andere Macht, die dort künftig Streitkräfte stationiert, und zwar

(a) in der Zeit bis zum Inkrafttreten der Abmachungen über den deutschen Verteidigungsbeitrag auf Grund einer Vereinbarung mit den Drei Mächten oder einer von ihnen, sofern diese andere Macht nicht mit Zustimmung der Drei Mächte ein besonderes Abkommen mit der Bundesrepublik über die Rechtsstellung ihrer Streitkräfte abschließt;

(b) nach dem Inkrafttreten der Abmachungen über den deutschen Verteidigungsbeitrag auf Grund einer Vereinbarung mit der Bundesrepublik."

Artikel 17 Absatz 8:

Der bisherige Wortlaut wird wie folgt ersetzt:

„(8) Es wird ein Ständiger Ausschuß errichtet, bestehend aus Vertretern der Behörden der Bundesrepublik und Vertretern der zuständigen Behörden der Drei Mächte. Der Ausschuß hat die Aufgabe, eine wirksame Koordinierung zwischen der zivilen und militärischen Luftfahrt sicherzustellen."

Artikel 33 Absatz 1 (c):

Der Unterabsatz wird gestrichen.

Artikel 33 Absatz 3 (a):

Der bisherige Wortlaut wird wie folgt ersetzt:

„(3) (a) Die steuerliche Behandlung der Streitkräfte und ihrer Mitglieder wird, soweit eine Regelung in diesem Vertrage nicht getroffen ist, durch das am 26. Mai 1952 in Bonn unterzeichnete Abkommen über die steuerliche Behandlung der Streitkräfte und ihrer Mitglieder in der durch das Protokoll vom 26. Juli 1952 abgeänderten Fassung festgelegt."

Artikel 33 Absatz 3 (b):

Der Unterabsatz wird gestrichen.

Artikel 36 Absatz 5 (d):

Das Wort „besonderen" wird gestrichen.

Artikel 38 Absatz 1:

Die Worte „; dies gilt auch für Truppen der Europäischen Verteidigungsgemeinschaft, falls diese mit einer Beteiligung an dem Verfahren einverstanden ist" entfallen.

Artikel 38 Absatz 7:

Der bisherige Wortlaut wird wie folgt ersetzt:

„(7) Bei der Durchführung des ersten Liegenschaftsprogramms haben die Streitkräfte, falls im gleichen Bezirk keine anderweitigen vergleichbaren Liegenschaften zur Verfügung stehen, binnen sechs Monaten nach Inkrafttreten dieses Vertrags das erste Anwartschaftsrecht auf diejenigen in öffentlichem Eigentum stehenden Liegenschaften, die zu dem in Artikel 13 des Ersten Teiles des Vertrags zur Regelung aus Krieg und Besatzung entstandener Fragen bezeichneten Eigentum gehören und verfügbar werden. Dies gilt nicht für die Liegenschaften in der Bonner Enklave."

Artikel 39 Absatz 2:

Der bisherige Wortlaut wird wie folgt ersetzt:

„(2) Es wird ein gemeinsamer Versorgungsausschuß errichtet; er besteht aus Vertretern der Bundesrepublik und Vertretern der zuständigen Behörden der Drei Mächte. Der Ausschuß ist dafür verantwortlich, daß die periodischen Programme für die Deckung des Bedarfs der Streitkräfte im Einvernehmen aufgestellt und die Schwierigkeiten geregelt werden, die sich bei der Durchführung dieser Programme ergeben können."

Artikel 42 Absatz 1:

Der bisherige Wortlaut wird wie folgt ersetzt:

„(1) Die öffentlichen Dienste des Post- und Fernmeldewesens der Bundesrepublik stehen den Streitkräften und deren Mitgliedern zur Verfügung. Die Streitkräfte genießen dabei die bevorzugte Behandlung, die für eine befriedigende Erfüllung ihrer Verteidigungsaufgaben erforderlich, und mit einem angemessenen Ausgleich zwischen ihrem daraus sich ergebenden Bedarf und dem wesentlichen zivilen Verteidigungsbedarf der Bundesrepublik vereinbar ist. Die beim Inkrafttreten dieses Vertrages geltenden Leistungsbedingungen bleiben in Kraft. Diese Leistungsbedingungen unterliegen einer Überprüfung und Abänderung auf Antrag eines der Unterzeichnerstaaten, soweit sie dem Grundgedanken dieses Vertrages nicht entsprechen. Im Falle einer solchen Überprüfung müssen die festzulegenden Leistungsbedingungen mit den Bedürfnissen der Streitkräfte und der dienstlichen Stellung ihrer Mitglieder bei der Durchführung der Verteidigungsaufgaben ihrer Streitkräfte vereinbar sein."

Artikel 44 Absatz 2:

Der bisherige Wortlaut wird wie folgt ersetzt:

„(2) Deutsche, die im Dienst der Streitkräfte arbeiten, unterliegen allen Verpflichtungen, die sich aus den Abmachungen über einen deutschen Verteidigungsbeitrag ergeben. Sie werden nur zu Diensten nichtsoldatischer Art, einschließlich ziviler Wachdienste, verwendet."

Artikel 44 Absatz 10 erster Satz:

Der bisherige Wortlaut wird wie folgt ersetzt:

„Die in den Absätzen (3) und (8) dieses Artikels vorgesehenen gemischten Kommissionen bestehen aus einer gleichen Anzahl von Vertretern der Bundesrepublik und Vertretern der zuständigen Behörden der Drei Mächte.“

Artikel 47 Absatz 2:

Der Absatz wird gestrichen.

Artikel 49:

Der Artikel wird gestrichen.

Artikel 50:

Der Artikel wird gestrichen.

Anhang B Absatz 3:

Der bisherige Wortlaut wird wie folgt ersetzt:

„3. Es wird ein Frequenzausschuß gebildet; dieser besteht aus Vertretern der Bundesrepublik und Vertretern der zuständigen Behörden der Drei Mächte. Der Frequenzausschuß faßt seine Beschlüsse einstimmig.“

Anhang C:

Der Anhang wird gestrichen.

LISTE III

Änderungen zu dem Finanzvertrag

Einleitungsformel:

Der bisherige Wortlaut wird wie folgt ersetzt:

„Die Bundesrepublik Deutschland, die Vereinigten Staaten von Amerika, das Vereinigte Königreich von Großbritannien und Nordirland und die Französische Republik sind wie folgt übereingekommen:“

Artikel 1 Absatz 1:

Der Ausdruck „die Streitkräfte;“ ist zwischen den Ausdrücken „die beteiligte Macht;“ und „Behörden der Streitkräfte;“ einzufügen.

Artikel 1 Absatz 2 (b):

Der Unterabsatz wird gestrichen.

Artikel 1 Absatz 2 (c):

Der bisherige Wortlaut wird wie folgt ersetzt.

„(c) Mittel für den Unterhalt der Streitkräfte:

Mittel der Bundesrepublik, die gemäß den Absätzen (1) bis (3) des Artikels 4 dieses Vertrags den beteiligten Mächten als Beitrag zur Deckung der Kosten der im Bundesgebiet stationierten Streitkräfte und ihrer Mitglieder zur Verfügung gestellt werden."

Artikel 3:

Der Artikel wird gestrichen.

Artikel 4:

Der bisherige Wortlaut wird wie folgt ersetzt:

„Artikel 4

(1) (a) Vom Zeitpunkt des Inkrafttretens dieses Vertrages bis zum Inkrafttreten der Abmachungen über den deutschen Verteidigungsbeitrag wird die Bundesrepublik einen monatlichen Durchschnittsbeitrag von 600 Millionen DM als Mittel für den Unterhalt der Streitkräfte zur Verfügung stellen.

(b) Von dem im Unterabsatz (a) dieses Absatzes genannten Betrag von 600 Millionen DM ist ein Betrag von monatlich 100 Millionen DM für besondere zwischen den Drei Mächten und der Bundesrepublik gemeinsam vereinbarte Verteidigungsmaßnahmen bestimmt. Aufwendungen für das NATO-Infrastrukturprogramm sind in diesem Betrag enthalten. Entschädigungszahlungen für Besatzungsschäden können darin einbezogen werden.

(c) Die Bestimmungen der Unterabsätze (a) und (b) dieses Absatzes gelten auf jeden Fall nur bis zum 30. Juni 1955. Treten die Abmachungen über den deutschen Verteidigungsbeitrag nach diesem Zeitpunkt in Kraft, so werden Verhandlungen zwischen der Bundesrepublik und den Drei Mächten über den Beitrag der Bundesrepublik zum Unterhalt der Streitkräfte für den Zeitraum nach dem 30. Juni 1955 und vor dem Inkrafttreten der Abmachungen über den deutschen Verteidigungsbeitrag stattfinden.

(2) Während der ersten zwölf Monate nach dem Inkrafttreten der Abmachungen über den deutschen Verteidigungsbeitrag wird die Bundesrepublik einen Gesamtbetrag von 3200 Millionen DM als Mittel für den Unterhalt der Streitkräfte zur Verfügung stellen. Diese Mittel werden wie folgt bereitgestellt:

400 Millionen DM monatlich für die ersten beiden Monate
300 Millionen DM monatlich für die folgenden vier Monate
200 Millionen DM monatlich für die letzten sechs Monate.

Treten die Abmachungen über den deutschen Verteidigungsbeitrag nach dem 30. Juni 1955 in Kraft, so findet diese Bestimmung keine Anwendung, und es werden Verhandlungen zwischen der Bundesrepublik und den Drei Mächten über den Beitrag der Bundesrepublik zum Unterhalt der Streitkräfte für einen Zeitraum von höchstens zwölf Monaten nach dem Inkrafttreten der Abmachungen über den deutschen Verteidigungsbeitrag stattfinden.

(3) Die Drei Mächte erkennen das Recht der Bundesrepublik an, eine Überprüfung der Bestimmungen des Absatzes (2) dieses Artikels vorzuschlagen, falls sie der Auffassung ist, daß die durch den Aufbau der vereinbarten deutschen Streitkräfte entstehende Belastung eine solche Überprüfung rechtfertigt. In diesem Fall werden die Unterzeichnerstaaten alle einschlägigen Faktoren prüfen und erforderlichenfalls übereinkommen, die vorstehenden Bestimmungen über die Mittel für den Unterhalt der Streitkräfte zu ändern.

(4) Im Geiste des Artikels 3 des Nordatlantikpakts erklärt die Bundesrepublik ihre Bereitschaft, bei Ablauf des in Absatz (2) dieses Artikels genannten Zeitraums mit anderen Mitgliedsregierungen der Nordatlantikpakt-Organisation, die Streitkräfte im Bundesgebiet stationiert haben, in Verhandlungen über Fragen bezüglich des Unterhalts (z. B. Sach- und Werkleistungen) dieser Streitkräfte einzutreten, wobei der Bedarf der Streitkräfte der Bundesrepublik zu berücksichtigen ist.

(5) Mittel, die gemäß den Absätzen (1) bis (3) dieses Artikels für einen bestimmten Zeitraum zur Verfügung gestellt werden, können nach Maßgabe des Absatzes (6) dieses Artikels in anderen Zeiträumen verwendet werden. Die Drei Mächte werden im Benehmen mit der Bundesregierung die gemäß diesem Artikel zur Verfügung gestellten Beträge unter die beteiligten Mächte verteilen oder neu verteilen. Die Bestimmungen des Artikels 5 dieses Vertrags finden auf die Verausgabung dieser Mittel Anwendung, soweit solche Mittel nicht gemäß Unterabsatz (a) des Absatzes (6) dieses Artikels ausgegeben werden.

(6) Auf die nach den Absätzen (1) bis (3) dieses Artikels für den Unterhalt der Streitkräfte zur Verfügung gestellten Mittel sind nur folgende Ausgaben anzurechnen:

(a) Beträge, die gegen Zahlungsermächtigungen verausgabt werden, welche nach Inkrafttreten dieses Vertrags zum Zwecke der Erfüllung von Zahlungsverpflichtungen für die Bereitstellung von Liegenschaften, Gütern, Materialien und sonstigen Leistungen ausgestellt werden, die von den Behörden der beteiligten Mächte im Rahmen der Besatzungskosten- und Auftragsausgaben vor Inkrafttreten dieses Vertrags beschafft oder angefordert waren, soweit nicht diese Beträge aus den nicht verbrauchten Besatzungskosten- und Auftragsausgabenmitteln geleistet werden, die den Drei Mächten nach dem Inkrafttreten dieses Vertrags zu diesem Zweck zur Verfügung bleiben;

(b) Beträge, die gegen Zahlungsermächtigungen verausgabt werden, welche bis zum Ende des in Absatz (2) dieses Artikels erwähnten Zeitraums im Rahmen der gemäß Artikel 5 dieses Vertrags festgestellten Deutschen-Mark-Haushaltspläne der beteiligten Mächte ausgestellt werden. Soweit die im Absatz (1) dieses Artikels genannten Mittel nicht in voller Höhe zur Abdeckung der bis zum Ende des in diesem Absatz genannten Zeitraums ausgestellten Zahlungsermächtigungen verausgabt worden sind, stehen sie den Streitkräften für einen Zeitraum von 18 Monaten zur Begleichung von Verbindlichkeiten zur Verfügung, die zu Lasten der Mittel für den Unterhalt der Streitkräfte gehen und bei Ablauf des im Absatz (1) dieses Artikels genannten Zeitraums nicht erfüllt sind. Entsprechendes gilt für die Mittel, die gemäß Absatz (2) dieses Artikels zur Verfügung gestellt werden, jedoch stehen diese letzteren Mittel den Streitkräften für die Dauer von 12 Monaten nach Ablauf des betreffenden Zeitraums zur Verfügung;

(c) Beträge, die für andere zwischen der Bundesrepublik und den Drei Mächten vereinbarte Zwecke verausgabt werden.

(7) Die Drei Mächte verpflichten sich, ständige Bemühungen zu machen, um sicherzustellen, daß sich der Überhang nicht erhöht und so schnell wie möglich wesentlich vermindert wird. Die Behörden der Drei Mächte und der Bundesrepublik werden in vollem Umfange zu diesem Zweck zusammenarbeiten und einander durch Austausch einschlägiger Auskünfte und in jeder anderen geeigneten Weise unterstützen. Unter ‚Überhang' im Sinne dieses Absatzes ist der nicht verausgabte Teil der von der Bundesrepublik für Besatzungskosten und Auftragsausgaben zur Verfügung gestellten Mittel zusammen mit dem gleichfalls nicht verausgabten Teil der nach Absatz (1) dieses Artikels zur Verfügung gestellten Mittel zu verstehen."

Artikel 5 Absatz 3:

Der Satz „Die im Rahmen ... keine Kontrolle aus." wird gestrichen.

Artikel 6 Absatz 1:

Der bisherige Text wird gestrichen und durch einen neuen Absatz mit folgendem Wortlaut ersetzt:

„(1) Nach Maßgabe der Bestimmungen des Artikels 4 dieses Vertrags trifft die Bundesrepublik alle Maßnahmen, die erforderlich sind, um die Mittel für den Unterhalt der Streitkräfte nach Bedarf zur Verfügung zu stellen."

Artikel 7 Absatz 1 (g) (iii):

Die Worte „dem Verteidigungsbeitrag der Bundesrepublik" werden gestrichen und ersetzt durch die Worte „den Mitteln für den Unterhalt der Streitkräfte".

Artikel 8 Absatz 14:

Der bisherige Text wird gestrichen und durch einen neuen Absatz mit folgendem Wortlaut ersetzt:

„(14) Die auf Grund einer Entscheidung einer Dienststelle der Streitkräfte zugesprochene Entschädigung geht für die in den Absätzen (1) und (2) des Artikels 4 dieses Vertrags genannten Zeiträume zu Lasten der Mittel für den Unterhalt der Streitkräfte der beteiligten Macht, wenn nicht zwischen der Bundesrepublik und der beteiligten Macht etwas anderes vereinbart wird. Ein zwischen der Bundesrepublik und dem Vereinigten Königreich von Großbritannien und Nordirland hierüber und in bezug auf das dazugehörige Verfahren abgeschlossenes Abkommen ist diesem Vertrag als Anhang A beigefügt. Ein entsprechendes Abkommen zwischen der Bundesrepublik und den Vereinigten Staaten von Amerika ist diesem Vertrag als Anhang B beigefügt."

Artikel 8 Absatz 15:

Der bisherige Absatz wird gestrichen und durch einen neuen Absatz mit folgendem Wortlaut ersetzt:

„(15) Ungeachtet der übrigen Bestimmungen dieses Artikels werden Ansprüche wegen Schäden an Liegenschaften oder beweglichen Gegenständen, die den Behörden der beteiligten Macht vor Inkrafttreten dieses Vertrags zur Nutzung überlassen und nach Ablauf des in Absatz (2) des Artikels 4 dieses Vertrags genannten Zeitraums von ihnen freigegeben worden sind, von den deutschen Behörden festgestellt und gehen nicht zu Lasten der Mittel für den Unterhalt der Streitkräfte oder zu Lasten der beteiligten Macht."

Artikel 8 Absatz 18:

Der Absatz wird gestrichen.

Artikel 12 Absatz 6:

Der letzte Satz „Für die Tarife ... abzuschließen." wird gestrichen.

Artikel 13 Absatz 2:

Die Worte „30. Juni 1953" werden gestrichen und durch folgende Worte ersetzt: „Ablauf des in Absatz (2) des Artikels 4 dieses Vertrags genannten Zeitraums".

Artikel 13 Absatz 3:

Der Absatz wird durch einen neuen Absatz mit folgendem Wortlaut ersetzt:

„(3) Während des in Absatz (1) des Artikels 4 dieses Vertrags genannten Zeitraums gehen die Kosten für die in Artikel 20 des Truppenvertrags genannten Einrichtungen und Anlagen zu Lasten der Mittel für den Unterhalt der Streitkräfte. Während des in Absatz (2) des Artikels 4 dieses Vertrags genannten Zeitraums gehen die Kosten für die vorgenannten Einrichtungen und Anlagen insoweit zu Lasten der Mittel für den Unterhalt der Streitkräfte, als die Haushalte der beteiligten Mächte entsprechende Ansätze enthalten. Sollten Einrichtungen und Anlagen erstellt werden, für die in diesen Haushalten keine Ansätze enthalten sind, so wird deren Finanzierung im Einvernehmen zwischen der Bundesrepublik und den beteiligten Mächten vorher geregelt."

Artikel 13 Absatz 4:

Die Worte „30. Juni 1953" werden gestrichen und durch folgende Worte ersetzt: „Ablauf des in Absatz (2) des Artikels 4 dieses Vertrags genannten Zeitraums".

Artikel 13 Absatz 4:

Die Worte „in Absatz (3) des Artikels 4 dieses Vertrags bezeichneten" werden gestrichen.

Artikel 13 Absatz 5:

Der Absatz wird gestrichen.

Artikel 14:

Der letzte Satz „Vertreter ... teilnehmen." wird gestrichen.

Artikel 16:

Der Halbsatz „, insbesondere ... wünschenswert machen" wird gestrichen.

Artikel 18 Absatz 1:

Der Absatz wird gestrichen.

Artikel 18 Absatz 2:

Die Worte „, die nicht Mitglied der Europäischen Verteidigungsgemeinschaft sind," werden gestrichen.

Artikel 19:

Der bisherige Unterabsatz (a) wird gestrichen und durch einen neuen Unterabsatz mit folgendem Wortlaut ersetzt:

„(a) Für Angelegenheiten, für die in den Absätzen (1) bis (4) des Artikels 4 dieses Vertrags besonders vorgesehen ist, daß sie in Verhandlungen zu regeln sind,".

Anhang A:

§ 9 wird gestrichen.

Anhang B:

Ein neuer Anhang B wird hinzugefügt.

Anhang B zum Finanzvertrag

Soweit die Streitkräfte der Vereinigten Staaten von Amerika betroffen sind, wird Artikel 8 des Finanzvertrags nach Maßgabe der folgenden Bestimmungen ausgeführt:

§ 1

Mit Bezug auf diese Streitkräfte wird die Wahrnehmung der in Absatz (9) des Artikels 8 des Finanzvertrags vorgesehenen Aufgaben der zuständigen Dienststelle der Streitkräfte auf die Bundesrepublik übertragen.

§ 2

(1) Ist bei der zuständigen deutschen Behörde ein Entschädigungsantrag eingegangen, so teilt diese umgehend der zuständigen Dienststelle der Streitkräfte den Antrag nebst den Einzelheiten mit, welche diese Dienststelle benötigt.

(2) Nach Eingang dieser Einzelheiten übermittelt die zuständige Dienststelle der Streitkräfte der zuständigen deutschen Behörde sobald wie möglich die im Rahmen ihrer Zuständigkeit verfügbaren, für die Bearbeitung des Schadensfalles erforderlichen einschlägigen Informationen und Beweismittel, soweit dies nach den Vorschriften der Vereinigten Staaten zulässig ist. Die deutsche Behörde wird nur nach vollständiger Würdigung dieser Beweismittel Entschädigungsbeträge für den Schadenfall festsetzen und auszahlen.

§ 3

(1) Die zuständige Dienststelle der Streitkräfte wird in die der zuständigen deutschen Behörde nach § 2 Absatz (2) dieses Anhangs zu übersendenden Informationen und Beweismittel eine Erklärung darüber aufnehmen, ob eine Handlung oder Unterlassung der Streitkräfte im Sinne des Artikels 8 Absatz (2) des Finanzvertrags vorliegt.

(2) Die deutsche Behörde wird eine Entschädigung nur dann festsetzen und eine Auszahlung von Entschädigungsbeträgen nur dann vornehmen, wenn die zuständige Dienststelle der Streitkräfte die Erklärung abgegeben hat, daß eine Handlung oder Unterlassung der Streitkräfte im Sinne des Artikels 8 Absatz (2) des Finanzvertrags vorliegt.

(3) Ergeben sich im Laufe der weiteren Ermittlungen Umstände, die zu einer von dem Inhalt der abgegebenen Erklärung abweichenden Beurteilung führen können, so wird die zuständige Dienststelle auf Ersuchen der zuständigen deutschen Behörde unter Berücksichtigung der Vorstellungen der deutschen Behörde die Erklärung überprüfen.

§ 4

Erhebt der Entschädigungsberechtigte wegen seines Anspruchs gemäß Absatz (10) des Artikels 8 des Finanzvertrags vor einem ordentlichen deutschen Gericht Klage gegen die Bundesrepublik, so wird die deutsche Behörde der zuständigen Stelle der Streitkräfte eine Abschrift der Klageschrift übersenden. Sollte die deutsche Behörde mit Rücksicht auf die Klage es für notwendig halten, von der Dienststelle der Streitkräfte ergänzende Unterlagen und Beweismittel aus deren Zuständigkeitsbereich zwecks Verwendung für die Rechtsverteidigung zu beschaffen, wird die deutsche Behörde die Dienststelle der Streitkräfte so bald wie möglich davon in Kenntnis setzen.

§ 5

Sollte das in einem gemäß Absatz (10) des Artikels 8 des Finanzvertrags angestrengten Prozeß ergangene rechtskräftige Urteil eines Gerichts von der gemäß Paragraph 1 dieses Anhangs getroffenen Entscheidung der deutschen Behörde abweichen, so ist die Entscheidung so abzuändern, daß sie mit dem Urteil übereinstimmt; dies gilt ohne Rücksicht darauf, ob die Behörden der Streitkräfte ihr Recht zur Teilnahme an dem Prozeß gegen die Bundesrepublik gemäß Absatz (12) des Artikels 8 des Finanzvertrags wahrgenommen haben oder nicht.

§ 6

Damit derjenige Teil der von den deutschen Behörden oder Gerichten zugesprochenen Entschädigung, der gemäß Paragraph 7 dieses Anhangs zu Lasten der Mittel für den Unterhalt der Streitkräfte der Vereinigten Staaten gehen soll, in dieser Weise gebucht werden kann, wird die deutsche Behörde bis zum 15. eines jeden Monats der zuständigen Dienststelle der Streitkräfte eine Liste über die im Laufe des vorhergehenden Monats ausgezahlten Entschädigungsbeträge übersenden.

§ 7

Es wird gemäß Absatz (14) des Artikels 8 des Finanzvertrags vereinbart, daß 75 v. H. des von den zuständigen deutschen Behörden oder von dem deutschen Gericht zuerkannten Entschädigungsbetrags zu Lasten der im Rahmen des Finanzvertrags für den Unterhalt der Streitkräfte zur Verfügung gestellten Mittel gehen. Die übrigen 25 v. H. des Entschädigungsbetrags werden von der Bundesrepublik getragen.

§ 8

Die Bestimmungen dieses Anhangs finden keine Anwendung in den Fällen des Absatzes (16) des Artikels 8 des Finanzvertrags.

LISTE IV

Änderungen zu dem Vertrag zur Regelung aus Krieg und Besatzung entstandener Fragen

Einleitungsformel:

Der bisherige Wortlaut wird wie folgt ersetzt:

„Die Bundesrepublik Deutschland, die Vereinigten Staaten von Amerika, das Vereinigte Königreich von Großbritannien und Nordirland und die Französische Republik sind wie folgt übereingekommen:"

ERSTER TEIL

Allgemeine Bestimmungen

Artikel 8 (d):

Die Worte „Absatz (6) des Artikels 4 des Zweiten Teiles dieses Vertrages" sind zu ersetzen durch die Worte „Absatz (1) des Artikels 12 dieses Teiles".

Artikel 8 (e):

Der Unterabsatz wird gestrichen.

Neu hinzukommende Artikel:

„Artikel 9

(1) Die von der Alliierten Hohen Kommission erlassenen Rechtsvorschriften über die Umgestaltung des deutschen Kohlenbergbaus und der deutschen Eisen- und Stahlindustrie bleiben in dem Umfang, in dem sie am Tage des Inkrafttretens dieses Vertrages gelten, in Kraft, soweit und solange vor diesem Zeitpunkt angeordnete Entflechtungsmaßnahmen noch durchzuführen sind oder Berechtigte noch geschützt werden müssen.

(2) Die Bundesregierung wird dafür sorgen, daß die in Durchführungsverordnungen oder Anordnungen der Alliierten Hohen Kommission oder der ihr nachgeord-

neten Dienststellen auf Grund der in Absatz (1) dieses Artikels bezeichneten Rechtsvorschriften angeordneten Maßnahmen, sowie die Maßnahmen, die auf Grund der durch diese Anordnungen gebilligten Pläne zu treffen sind, vollständig durchgeführt werden.

(3) Die Bestimmungen dieses Artikels stehen den auf Grund des Vertrages über die Gründung der Europäischen Gemeinschaft für Kohle und Stahl zulässigen Erweiterungen oder Zusammenschlüssen von Unternehmen des deutschen Kohlenbergbaus und der deutschen Eisen- und Stahlindustrie nicht entgegen.

Artikel 10

(1) Nach Maßgabe der folgenden Vorschriften wird ein Gemischter Ausschuß von sieben Sachverständigen gebildet. Drei seiner Mitglieder hat die Bundesrepublik und je eines jede der Drei Mächte zu bestellen, sobald bei der Bundesregierung erstmalig ein Antrag gemäß Absatz (3) dieses Artikels eingegangen ist und die Bundesregierung dies den Drei Mächten mitgeteilt hat. Innerhalb von sechs Monaten nach dieser Mitteilung wählen die so bestellten Mitglieder mit Stimmenmehrheit ein siebentes Mitglied. Sollte das siebente Mitglied innerhalb dieser Frist nicht gewählt sein, oder die Wahl nicht angenommen haben, so ist der Verwaltungsrat der Bank für Internationalen Zahlungsausgleich zu ersuchen, als siebentes Mitglied einen Sachverständigen zu bestellen, der nicht Staatsangehöriger eines Unterzeichnerstaats ist.

(2) Aufgabe des Gemischten Ausschusses ist es, Anträge auf Verlängerung von Fristen zu prüfen, die für die Veräußerung von Wertpapieren in Durchführungsverordnungen oder Anordnungen der Alliierten Hohen Kommission, oder der ihr nachgeordneten Dienststellen, oder auf Grund der Bestimmungen eines durch eine solche Anordnung gebilligten Planes als äußerste Fristen festgesetzt sind.

(3) Die Anträge sind bei der Bundesregierung spätestens ein Jahr vor Ablauf der für die Veräußerung der Wertpapiere gesetzten Frist zu stellen. Bis zur Entscheidung des Gemischten Ausschusses kann der Antragsteller seinen Antrag durch Einreichung weiterer Schriftsätze ergänzen.

(4) Der Gemischte Ausschuß verlängert die für die Veräußerung der Wertpapiere gesetzte Frist, sofern der Antragsteller dartut, daß die Wertpapiere trotz zumutbarer Bemühungen zu wirtschaftlich tragbaren Bedingungen und auf einer mit dem deutschen Allgemeininteresse zu vereinbarenden Grundlage nicht veräußert werden konnten und eine solche Veräußerung auch innerhalb der restlichen Frist nicht möglich ist, ohne daß eine nachhaltige Störung des deutschen Kapitalmarktes verursacht wird.

(5) Fristverlängerungen gemäß Absatz (4) dieses Artikels werden für einen Zeitraum bis zu einem Jahr gewährt; auf weiteren Antrag ist eine erneute Verlängerung unter den in Absatz (4) bezeichneten Voraussetzungen möglich. Der Gemischte Ausschuß kann jede Verlängerung oder erneute Verlängerung mit zweckdienlichen Auflagen verbinden.

(6) Der Gemischte Ausschuß trifft seine Entscheidungen mit der Mehrheit seiner Stimmen. Er hat sie vor Ablauf der für die Veräußerung der Wertpapiere festgesetzten Frist zu erlassen.

(7) Die Bezüge der Mitglieder des Gemischten Ausschusses tragen die Unterzeichnerstaaten jeweils für die von ihnen bestellten Mitglieder. Die Bezüge des siebenten Mitglieds werden zur Hälfte von der Bundesrepublik und zu je einem Sechstel von jeder der Drei Mächte getragen. Die übrigen Kosten kann der Gemischte Ausschuß den Antragstellern ganz oder teilweise auferlegen.

(8) Der Gemischte Ausschuß bestimmt seine Verfahrens- und Geschäftsordnung selbst.

Artikel 11

(1) Die von der Alliierten Hohen Kommission erlassenen Rechtsvorschriften über den Abschluß der Entflechtung und Liquidation der I. G. Farbenindustrie A. G. i. L. bleiben in dem Umfang, in dem sie im Zeitpunkt des Inkrafttretens dieses Vertrages gelten, in Kraft, bis die Liquidation der I. G. Farbenindustrie A. G. i. L. gemäß den genannten Vorschriften vollständig durchgeführt ist. In Satz 1 dieses Absatzes bezeichnete Rechtsvorschriften, die Rechtsverhältnisse regeln, welche die Beendigung der Liquidation der I. G. Farbenindustrie A. G. i. L. überdauern, bleiben bis zur vollständigen Abwicklung dieser Rechtsverhältnisse in Kraft.

(2) Die Bundesregierung wird dafür sorgen, daß die durch die Durchführungsverordnungen oder Anordnungen der Alliierten Hohen Kommission oder der ihr nachgeordneten Dienststellen auf Grund der in Absatz (1) dieses Artikels bezeichneten Rechtsvorschriften angeordneten Maßnahmen vollständig durchgeführt werden.

Artikel 12

(1) Nach Inkrafttreten dieses Vertrages wird der in Artikel 13 (abgeänderte Fassung) des Gesetzes Nr. 27 der Alliierten Hohen Kommission vorgesehene Prüfungsausschuß aus drei von der Bundesrepublik bestellten Mitgliedern und je einem von jeder der Drei Mächte bestellten Mitglied bestehen. In dieser Besetzung bleibt der Prüfungsausschuß die einzige zuständige Stelle, um auf Antrag eines Beteiligten Anordnungen nachzuprüfen, die auf Grund von Artikel 5 Buchstabe c des Gesetzes Nr. 27 oder auf Grund von Artikel 5 Absatz (1) des Gesetzes Nr. 35 der Alliierten Hohen Kommission erlassen worden sind. Die Unabhängigkeit der Mitglieder des Prüfungsausschusses und ihre Entscheidungsfreiheit dürfen nicht durch Anweisungen oder andere Maßnahmen ihrer Regierungen beeinträchtigt werden. Vor der Entscheidung hat der Prüfungsausschuß dem Antragsteller rechtliches Gehör zu gewähren.

(2) Die Bezüge der Mitglieder des Prüfungsausschusses tragen die Unterzeichnerstaaten jeweils für die von ihnen bestellten Mitglieder. Die übrigen Kosten des Prüfungsausschusses werden zur Hälfte von der Bundesrepublik und zu je einem Sechstel von jeder der Drei Mächte getragen.

Artikel 13

Um einen reibungslosen Übergang von dem Besatzungsregime zu normalen diplomatischen Beziehungen zu erleichtern und die Unterbringung der Botschaften und Konsulate des Vereinigten Königreichs, der Vereinigten Staaten und der Französischen Republik zu ermöglichen, wird den Regierungen des Vereinigten Königreichs, der

Vereinigten Staaten und der Französischen Republik hiermit das Recht gewährt, vorbehaltlich einer Entschädigungszahlung in den in Betracht kommenden Fällen, das im Zeitpunkt des Inkrafttretens dieses Vertrags von ihnen genutzte Eigentum während einer Übergangszeit weiter zu benutzen, vorausgesetzt, daß dieses Eigentum für den Gebrauch der von ihnen zu errichtenden Botschaften und Konsulate benötigt wird."

ZWEITER TEIL

Dekartellierung und Entflechtung

Der Teil wird gestrichen.

DRITTER TEIL

Innere Rückerstattung

Artikel 1 (a) (i):

Die Worte „Gesetz Nr. 59 der Militärregierung, abgeändert oder ergänzt durch die Verordnungen Nr. . . . 240 und 243" sind zu ersetzen durch die Worte „Gesetz Nr. 59 der Militärregierung, abgeändert oder ergänzt durch die Verordnungen Nr. . . . 240, 243, 252 und 255".

Artikel 1 (a) (ii):

Die Worte „Gesetze Nr. . . . 21 (in abgeänderter Fassung) und 30" sind zu ersetzen durch die Worte „Gesetze Nr. . . . 21 (in abgeänderter Fassung), 30 und 42".

Artikel 1 (b) (i):

Das Wort „und" zwischen den Worten „Hohen Kommissars" und „Absatz (3)" wird ersetzt durch ein Komma; nach den Worten „der Militärregierung" werden die Worte eingefügt „und Verordnung Nr. 254 des Britischen Hohen Kommissars".

Artikel 3 Absatz 3:

Der Absatz wird gestrichen.

Artikel 3 Absatz 5:

(a), (b) und (c):
Die Unterabsätze werden gestrichen.

Artikel 6 Absatz 1 (a):

Die Worte „Board of Review" sind zu ersetzen durch die Worte „Oberstes Rückerstattungsgericht".

Anhang Artikel 5 Absatz 5 (c) (i):

Der Unterabsatz wird gestrichen.

Anhang Artikel 9 Absatz 1(b):

Die Worte „durch Durchführungsverordnung Nr. 6 zum Gesetz Nr. 59 der britischen Militärregierung errichteten Board of Review“ sind zu ersetzen durch die Worte „durch Verordnung Nr. 255 des Hohen Kommissars des Vereinigten Königreichs errichteten Obersten Rückerstattungsgerichts“.

Anhang Artikel 9 Absatz 2:

Die Worte „Board of Review“ sind zu ersetzen durch die Worte „Obersten Rückerstattungsgerichts für die britische Zone“.

VIERTER TEIL

Entschädigung für Opfer der nationalsozialistischen Verfolgung

Absatz 4:

Der Absatz wird gestrichen.

FÜNFTER TEIL

Äußere Restitutionen

Artikel 2 Absatz 2:

Die Worte „8. Mai 1955“ sind zu ersetzen durch die Worte „8. Mai 1956“.
Die Worte „8. Mai 1956“ sind zu ersetzen durch die Worte „8. Mai 1957“.

Artikel 3 Absatz 1:

Die Worte „8. Mai 1955“ sind zu ersetzen durch die Worte „8. Mai 1956“.

Artikel 3 Absatz 2:

Die Worte „8. Mai 1955“ sind zu ersetzen durch die Worte „8. Mai 1956“.

SECHSTER TEIL

Reparationen

Artikel 2 erster Satz:

Nach den Worten „Gesetz Nr. 63 der Alliierten Hohen Kommission“ ist einzufügen „(abgeändert durch Entscheidung Nr. 24 der Alliierten Hohen Kommission)“.

SIEBENTER TEIL

Verschleppte Personen und Flüchtlinge

Artikel 1 (a) (b) (c):

Die Unterabsätze werden gestrichen.

Artikel 3:

Der Artikel wird gestrichen.

Artikel 5:

Der Artikel wird gestrichen.

ACHTER TEIL

Ansprüche gegen Deutschland

Der Teil mit Anlage wird gestrichen.

NEUNTER TEIL

Gewisse Ansprüche gegen fremde Nationen und Staatsangehörige

Artikel 3 Absatz 3:

Nach den Worten „Gesetz Nr. 47 der Alliierten Hohen Kommission" ist einzufügen „(abgeändert durch Gesetz Nr. 79 der Alliierten Hohen Kommission)".

ZEHNTER TEIL

Ausländische Interessen in Deutschland

Artikel 2 zweiter Satz:

Der bisherige Wortlaut wird wie folgt ersetzt:

„Diese Rechtsvorschriften sollen von der Bundesrepublik im Einvernehmen mit den anderen Unterzeichnerstaaten auf der Grundlage der Bestimmungen des Londoner Abkommens über deutsche Auslandsschulden vom 27. Februar 1953 einer Nachprüfung unterworfen werden, soweit diese Rechtsvorschriften Ansprüche betreffen, auf die sich das Abkommen bezieht.

Artikel 6 Absatz 2:

Die Worte „die geplante Lastenausgleichsgesetzgebung" sind zu ersetzen durch die Worte „das Gesetz über den Lastenausgleich vom 14. August 1952 (Bundesgesetzblatt Teil I Seite 446)".

Artikel 6 Absatz 3 letzter Halbsatz vor (a):

Das Wort „geplanten“ wird gestrichen.

Artikel 6 Absatz 2 (c) letzter Halbsatz:

Das Wort „geplanten“ wird gestrichen.

Artikel 6 Absatz 7:

Änderung erscheint nur in der englischen Fassung.

Artikel 7 (a) (i):

Der Unterabsatz wird gestrichen

Artikel 7 (a) (ii):

Die Worte „Gesetz Nr. 55 der Alliierten Hohen Kommission über die zweite Änderung der Gesetzgebung über die Währungsreform;“ werden gestrichen.

Artikel 7 (a) (iii), (b) und (c) (i) und (ii):

Die Unterabsätze werden gestrichen.

Artikel 9 Absatz 1:

Die Worte „und auch in Verbindung mit der Aufrechterhaltung des Gesetzes Nr. 55 der Alliierten Hohen Kommission“ werden gestrichen.

Artikel 12 Absatz 1:

Nach Unterabsatz (f) ist einzufügen:

„Beschwerden auf Grund des Artikels 2 letzter Satz und des Artikels 7 Absatz 3 des Gesetzes Nr. 8 der Alliierten Hohen Kommission, die bei Inkrafttreten dieses Vertrages bei dem auf Grund der Durchführungsverordnung Nr. 1 zum Gesetz Nr. 8 (in abgeänderter Fassung) errichteten Beschwerdeausschuß für Patentsachen anhängig sind, gehen hiermit an die Schiedskommission über und werden von ihr in derselben Weise weiterbehandelt, wie Berufungen auf Grund dieses Artikels.“

ELFTER TEIL

Erleichterungen für die Botschaften und Konsulate der Drei Mächte in der Bundesrepublik

Der Teil wird gestrichen.

ZWÖLFTER TEIL

Zivile Luftfahrt

Artikel 1:

Die Worte „Artikel 2 bis 7“ sind zu ersetzen durch „Artikel 2 bis 6“.

Artikel 7:

Der Artikel wird gestrichen.

LISTE V

Änderungen zu dem Abkommen über die steuerliche Behandlung der Streitkräfte und ihrer Mitglieder

Einleitungsformel:

Der bisherige Wortlaut wird wie folgt ersetzt:

„Die Bundesrepublik Deutschland, die Vereinigten Staaten von Amerika, das Vereinigte Königreich von Großbritannien und Nordirland und die Französische Republik sind wie folgt übereingekommen:"

Artikel 5:

Nach dem Wort „Verhandlungen" ist einzufügen „oder auf eine andere zwischen allen Unterzeichnerstaaten vereinbarte Weise".

Artikel 6 Absätze 1, 2 und 3:

Die Absätze werden gestrichen.

VERTRAG ÜBER DIE BEZIEHUNGEN ZWISCHEN DER BUNDESREPUBLIK DEUTSCHLAND UND DEN DREI MÄCHTEN

(in der gemäß Liste I des Protokolls über die Beendigung des Besatzungsregimes abgeänderten Fassung)

Die Bundesrepublik Deutschland, die Vereinigten Staaten von Amerika, das Vereinigte Königreich von Großbritannien und Nordirland und die Französische Republik haben zur Festlegung der Grundlagen ihres neuen Verhältnisses den folgenden Vertrag geschlossen:

Artikel 1

(1) Mit dem Inkrafttreten dieses Vertrags werden die Vereinigten Staaten von Amerika, das Vereinigte Königreich von Großbritannien und Nordirland und die Französische Republik (in diesem Vertrag und in den Zusatzverträgen auch als „Drei Mächte" bezeichnet) das Besatzungsregime in der Bundesrepublik beenden, das Besatzungsstatut aufheben und die Alliierte Hohe Kommission sowie die Dienststellen der Landeskommissare in der Bundesrepublik auflösen.

(2) Die Bundesrepublik wird demgemäß die volle Macht eines souveränen Staates über ihre inneren und äußeren Angelegenheiten haben.

Artikel 2

Im Hinblick auf die internationale Lage, die bisher die Wiedervereinigung Deutschlands und den Abschluß eines Friedensvertrags verhindert hat, behalten die Drei Mächte die bisher von ihnen ausgeübten oder innegehabten Rechte und Verantwortlichkeiten in bezug auf Berlin und auf Deutschland als Ganzes einschließlich der Wiedervereinigung Deutschlands und einer friedensvertraglichen Regelung. Die von den Drei Mächten beibehaltenen Rechte und Verantwortlichkeiten in bezug auf die Stationierung von Streitkräften in Deutschland und der Schutz der Sicherheit dieser Streitkräfte bestimmen sich nach den Artikeln 4 und 5 dieses Vertrags.

Artikel 3

(1) Die Bundesrepublik wird ihre Politik in Einklang mit den Prinzipien der Satzung der Vereinten Nationen und mit den im Statut des Europarates aufgestellten Zielen halten.

(2) Die Bundesrepublik bekräftigt ihre Absicht, sich durch die Mitgliedschaft in internationalen Organisationen, die zur Erreichung der gemeinsamen Ziele der freien Welt beitragen, mit der Gemeinschaft der freien Nationen völlig zu verbinden. Die Drei Mächte werden zu gegebener Zeit Anträge der Bundesrepublik unterstützen, die Mitgliedschaft in solchen Organisationen zu erlangen.

(3) Bei Verhandlungen mit Staaten, mit denen die Bundesrepublik keine Beziehungen unterhält, werden die Drei Mächte die Bundesrepublik in Fragen konsultieren, die deren politische Interessen unmittelbar berühren.

(4) Auf Ersuchen der Bundesregierung werden die Drei Mächte die erforderlichen Vorkehrungen treffen, die Interessen der Bundesrepublik in ihren Beziehungen zu anderen Staaten und in gewissen internationalen Organisationen oder Konferenzen zu vertreten, soweit die Bundesrepublik dazu nicht selbst in der Lage ist.

Artikel 4

(1) Bis zum Inkrafttreten der Abmachungen über den deutschen Verteidigungsbeitrag behalten die Drei Mächte weiterhin ihre bisher ausgeübten oder innegehabten Rechte in bezug auf die Stationierung von Streitkräften in der Bundesrepublik. Die Aufgabe dieser Streitkräfte wird die Verteidigung der freien Welt sein, zu der die Bundesrepublik und Berlin gehören. Vorbehaltlich der Bestimmungen des Artikels 5 Absatz (2) dieses Vertrags bestimmen sich die Rechte und Pflichten dieser Streitkräfte nach dem Vertrag über die Rechte und Pflichten ausländischer Streitkräfte und ihrer Mitglieder in der Bundesrepublik Deutschland (im folgenden als „Truppenvertrag“ bezeichnet), auf den in Artikel 8 Absatz (1) dieses Vertrags Bezug genommen ist.

(2) Die von den Drei Mächten bisher ausgeübten oder innegehabten und weiterhin beizubehaltenden Rechte in bezug auf die Stationierung von Streitkräften in Deutschland werden von den Bestimmungen dieses Artikels nicht berührt, soweit sie für die Ausübung der im ersten Satz des Artikels 2 dieses Vertrags genannten Rechte erforderlich sind. Die Bundesrepublik ist damit einverstanden, daß vom Inkrafttreten der Abmachungen über den deutschen Verteidigungsbeitrag an Streitkräfte der gleichen Nationalität und Effektivstärke wie zur Zeit dieses Inkrafttretens in der Bundesrepublik stationiert werden dürfen. Im Hinblick auf die in Artikel 1 Absatz (2) dieses Vertrags umschriebene Rechtsstellung der Bundesrepublik und im Hinblick darauf, daß die Drei Mächte gewillt sind, ihre Rechte betreffend die Stationierung von Streitkräften in der Bundesrepublik, soweit diese betroffen ist, nur in vollem Einvernehmen mit der Bundesrepublik auszuüben, wird diese Frage in einem besonderen Vertrag geregelt.

Artikel 5

(1) Für die in der Bundesrepublik stationierten Streitkräfte gelten bis zum Inkrafttreten der Abmachungen über den deutschen Verteidigungsbeitrag die folgenden Bestimmungen:

(a) Die Drei Mächte werden die Bundesregierung in allen die Stationierung dieser Streitkräfte betreffenden Fragen konsultieren, soweit es die militärische Lage erlaubt. Die Bundesrepublik wird nach Maßgabe dieses Vertrags und der Zusatzverträge im

Rahmen ihres Grundgesetzes mitwirken, um diesen Streitkräften ihre Aufgabe zu erleichtern.

(b) Die Drei Mächte werden nur nach vorheriger Einwilligung der Bundesrepublik Truppen eines Staates, der zur Zeit keine Kontingente stellt, als Teil ihrer Streitkräfte im Bundesgebiet stationieren. Jedoch dürfen solche Kontingente im Falle eines Angriffs oder unmittelbar drohenden Angriffs ohne Einwilligung der Bundesrepublik in das Bundesgebiet gebracht werden, dürfen dagegen nach Beseitigung der Gefahr nur mit Einwilligung der Bundesrepublik dort verbleiben.

(2) Die von den Drei Mächten bisher innegehabten oder ausgeübten Rechte in bezug auf den Schutz der Sicherheit von in der Bundesrepublik stationierten Streitkräften, die zeitweilig von den Drei Mächten beibehalten werden, erlöschen, sobald die zuständigen deutschen Behörden entsprechende Vollmachten durch die deutsche Gesetzgebung erhalten haben und dadurch in Stand gesetzt sind, wirksame Maßnahmen zum Schutz der Sicherheit dieser Streitkräfte zu treffen, einschließlich der Fähigkeit, einer ernstlichen Störung der öffentlichen Sicherheit und Ordnung zu begegnen. Soweit diese Rechte weiterhin ausgeübt werden können, werden sie nur nach Konsultation mit der Bundesregierung ausgeübt werden, soweit die militärische Lage eine solche Konsultation nicht ausschließt, und wenn die Bundesregierung darin übereinstimmt, daß die Umstände die Ausübung derartiger Rechte erfordern. Im übrigen bestimmt sich der Schutz der Sicherheit dieser Streitkräfte nach den Vorschriften des Truppenvertrags oder den Vorschriften des Vertrags, welcher den Truppenvertrag ersetzt und nach deutschem Recht, soweit nicht in einem anwendbaren Vertrag etwas anderes bestimmt ist.

Artikel 6

(1) Die Drei Mächte werden die Bundesrepublik hinsichtlich der Ausübung ihrer Rechte in bezug auf Berlin konsultieren.

(2) Die Bundesrepublik ihrerseits wird mit den Drei Mächten zusammenwirken, um es ihnen zu erleichtern, ihren Verantwortlichkeiten in bezug auf Berlin zu genügen.

Artikel 7

(1) Die Unterzeichnerstaaten sind darüber einig, daß ein wesentliches Ziel ihrer gemeinsamen Politik eine zwischen Deutschland und seinen ehemaligen Gegnern frei vereinbarte friedensvertragliche Regelung für ganz Deutschland ist, welche die Grundlage für einen dauerhaften Frieden bilden soll. Sie sind weiterhin darüber einig, daß die endgültige Festlegung der Grenzen Deutschlands bis zu dieser Regelung aufgeschoben werden muß.

(2) Bis zum Abschluß der friedensvertraglichen Regelung werden die Unterzeichnerstaaten zusammenwirken, um mit friedlichen Mitteln ihr gemeinsames Ziel zu verwirklichen: Ein wiedervereinigtes Deutschland, das eine freiheitlich-demokratische Verfassung, ähnlich wie die Bundesrepublik, besitzt, und das in die Europäische Gemeinschaft integriert ist.

(3) (gestrichen)

(4) Die Drei Mächte werden die Bundesrepublik in allen Angelegenheiten konsultieren, welche die Ausübung ihrer Rechte in bezug auf Deutschland als Ganzes berühren.

Artikel 8

(1) (a) Die Unterzeichnerstaaten haben die folgenden Zusatzverträge geschlossen: Vertrag über die Rechte und Pflichten ausländischer Streitkräfte und ihrer Mitglieder in der Bundesrepublik Deutschland;

Finanzvertrag;

Vertrag zur Regelung aus Krieg und Besatzung entstandener Fragen.

(b) Der Vertrag über die Rechte und Pflichten ausländischer Streitkräfte und ihrer Mitglieder in der Bundesrepublik Deutschland und das am 26. Mai 1952 in Bonn unterzeichnete Abkommen über die steuerliche Behandlung der Streitkräfte und ihrer Mitglieder in der durch das Protokoll vom 26. Juli 1952 abgeänderten Fassung bleiben bis zum Inkrafttreten neuer Vereinbarungen über die Rechte und Pflichten der Streitkräfte der Drei Mächte und sonstiger Staaten, die Truppen auf dem Gebiet der Bundesrepublik unterhalten, in Kraft. Die neuen Vereinbarungen werden auf der Grundlage des in London am 19. Juni 1951 zwischen den Parteien des Nordatlantikpakts über den Status ihrer Streitkräfte unterzeichneten Abkommens getroffen, ergänzt durch diejenigen Bestimmungen, die im Hinblick auf die besonderen Verhältnisse in bezug auf die in der Bundesrepublik stationierten Streitkräfte erforderlich sind.

(c) Der Finanzvertrag bleibt bis zum Inkrafttreten neuer Vereinbarungen in Kraft, über die gemäß Artikel 4 Absatz (4) jenes Vertrags mit anderen Mitgliedstaaten der Nordatlantikpakt-Organisation verhandelt wird, die Truppen im Bundesgebiet stationiert haben.

(2) Während der in Artikel 6 Absatz (4) des Ersten Teils des Vertrags zur Regelung aus Krieg und Besatzung entstandener Fragen vorgesehenen Übergangszeit bleiben die in jenem Absatz erwähnten Rechte der drei Unterzeichnerstaaten erhalten.

Artikel 9

(1) Es wird ein Schiedsgericht errichtet werden, das gemäß den Bestimmungen der beigefügten Satzung tätig werden wird.

(2) Das Schiedsgericht ist ausschließlich zuständig für alle Streitigkeiten, die sich zwischen der Bundesrepublik und den Drei Mächten aus den Bestimmungen dieses Vertrags oder der beigefügten Satzung oder eines der Zusatzverträge ergeben und welche die Parteien nicht durch Verhandlungen oder auf eine andere zwischen allen Unterzeichnerstaaten vereinbarte Weise beizulegen vermögen, soweit sich nicht aus Absatz (3) dieses Artikels oder aus der beigefügten Satzung oder aus den Zusatzverträgen etwas anderes ergibt.

(3) Streitigkeiten, welche die im Artikel 2, den ersten beiden Sätzen des Absatzes (1) des Artikels 4, dem ersten Satz des Absatzes (2) des Artikels 4 und den ersten beiden Sätzen des Absatzes (2) des Artikels 5 angeführten Rechte der Drei Mächte oder

Maßnahmen auf Grund der Rechte berühren, unterliegen nicht der Gerichtsbarkeit des Schiedsgerichts oder eines anderen Gerichts.

Artikel 10

Die Unterzeichnerstaaten überprüfen die Bestimmungen dieses Vertrags und der Zusatzverträge:

(a) auf Ersuchen eines von ihnen im Falle der Wiedervereinigung Deutschlands oder einer unter Beteiligung oder mit Zustimmung der Staaten, die Mitglieder dieses Vertrages sind, erzielten internationalen Verständigung über Maßnahmen zur Herbeiführung der Wiedervereinigung Deutschlands oder der Bildung einer europäischen Föderation, oder

(b) in jeder Lage, die nach Auffassung aller Unterzeichnerstaaten aus einer Änderung grundlegenden Charakters in den zur Zeit des Inkrafttretens des Vertrags bestehenden Verhältnissen entstanden ist.

In beiden Fällen werden sie in gegenseitigem Einvernehmen diesen Vertrag und die Zusatzverträge in dem Umfang ändern, der durch die grundlegende Änderung der Lage erforderlich oder ratsam geworden ist.

Artikel 11

(1) (gestrichen)

(2) (gestrichen)

(3) Dieser Vertrag und die Zusatzverträge werden in den Archiven der Regierung der Bundesrepublik Deutschland hinterlegt; diese wird jedem Unterzeichnerstaat beglaubigte Ausfertigungen übermitteln und jeden Unterzeichnerstaat vom Zeitpunkt des Inkrafttretens dieses Vertrags und der Zusatzverträge in Kenntnis setzen.

Zu Urkund dessen haben die unterzeichneten von ihren Regierungen gehörig beglaubigten Vertreter diesen Vertrag unterschrieben.

Geschehen zu Bonn am sechsundzwanzigsten Tage des Monats Mai 1952 in deutscher, englischer und französischer Sprache, wobei alle drei Fassungen gleichermaßen authentisch sind.

Für die Bundesrepublik Deutschland
gezeichnet:
Adenauer

Für die Vereinigten Staaten von Amerika
gezeichnet:
Dean Acheson

Für das Vereinigte Königreich von Großbritannien und Nordirland
gezeichnet:
Anthony Eden

Für die Französische Republik
gezeichnet:
Robert Schuman

ANHANG A
(gestrichen)

ANHANG B

zu dem Vertrag über die Beziehungen
zwischen der Bundesrepublik Deutschland und den Drei Mächten

Satzung des Schiedsgerichtes

ABSCHNITT I

Zusammensetzung, Organisation und Sitz des Schiedsgerichtes

Artikel 1

(1) Das Schiedsgericht besteht aus neun Mitgliedern, welche die erforderlichen Voraussetzungen für die Ausübung der obersten richterlichen Ämter in ihrem Lande erfüllen oder Rechtsgelehrte von anerkannter Sachkenntnis auf dem Gebiet des internationalen Rechts sind.

(2) Die neun Mitglieder des Gerichtes werden folgendermaßen bestellt:

(a) drei Mitglieder werden von der Bundesregierung ernannt;

(b) drei Mitglieder werden von den Regierungen der Drei Mächte ernannt, und zwar von jeder der Drei Mächte ein Mitglied;

(c) ein Präsident und zwei Vizepräsidenten (im folgenden auch als „neutrale Mitglieder" bezeichnet), die weder deutsche Staatsangehörige noch Staatsangehörige einer der Drei Mächte sein dürfen, werden durch Übereinkunft zwischen der Bundesregierung und den Regierungen der Drei Mächte ernannt.

(3) Die Bundesregierung und die Regierungen der Drei Mächte werden einander spätestens sechzig Tage nach Inkrafttreten dieser Satzung die Namen der Mitglieder mitteilen, die sie erstmalig zu ernennen haben. Innerhalb derselben Frist werden sich die Bundesregierung und die Regierungen der Drei Mächte über die Namen der drei neutralen Mitglieder einigen, von denen eines zum Präsidenten und die beiden anderen zu Vizepräsidenten zu ernennen sind. Ist bei Ablauf dieser Frist eine Einigung bezüglich eines oder mehrerer neutraler Mitglieder nicht erfolgt, so können die Bundesregierung oder die Regierungen der Drei Mächte den Präsidenten des Internationalen Gerichtshofs um deren Bestimmung ersuchen.

(4) Die Ernennung der Mitglieder für frei werdende Sitze erfolgt nach demselben Verfahren, das für die Ernennung der zu ersetzenden Mitglieder maßgeblich ist. Bleibt jedoch ein Sitz, dessen Inhaber von der Bundesregierung oder einer der Regierungen der Drei Mächte zu ernennen ist, länger als einen Monat unbesetzt, so können

die Bundesregierung oder die Regierungen der Drei Mächte den Präsidenten des Internationalen Gerichtshofes ersuchen, für diesen Sitz vorläufig eine Persönlichkeit zu ernennen, die weder die deutsche noch die Staatsangehörigkeit einer der Drei Mächte besitzt und die für eine Zeit von sechs Monaten oder bis zur Ernennung eines endgültigen Mitgliedes im gewöhnlichen Verfahren im Amte bleibt, falls diese Ernennung nicht innerhalb der genannten Frist erfolgt. Ist das zu ersetzende Mitglied ein neutrales Mitglied, so können die Bundesregierung oder die Regierungen der Drei Mächte den Präsidenten des Internationalen Gerichtshofes um seine Ernennung ersuchen, wenn die in Unterabsatz (c) des Absatzes (2) dieses Artikels vorgesehene Übereinkunft nicht innerhalb eines Monats nach dem Zeitpunkt, in dem der Sitz frei wurde, erzielt werden kann.

(5) Das Gericht kann durch Mehrheitsbeschluß einen Sitz für frei geworden erklären, wenn nach seiner Auffassung ein Mitglied ohne hinreichenden Grund in einer Angelegenheit, an der es mitzuwirken hatte, den Sitzungen ferngeblieben ist oder sich geweigert hat, an ihnen teilzunehmen.

Artikel 2

(1) Die Mitglieder des Gerichtes werden für vier Jahre ernannt. Nach Ablauf ihrer Amtszeit können sie wiederernannt werden.

(2) Ein Mitglied, dessen Amtszeit abgelaufen ist, hat dennoch sein Amt weiterzuführen, bis sein Nachfolger ernannt ist. Auch nach dieser Ernennung hat es, sofern der Präsident nicht anders entscheidet, seine Tätigkeit in den anhängigen Angelegenheiten, mit denen es befaßt war, fortzusetzen, bis eine endgültige Entscheidung in diesen Angelegenheiten ergangen ist.

(3) Die Mitglieder des Gerichtes dürfen keine Tätigkeit ausüben, die mit der normalen Wahrnehmung ihres Amtes unvereinbar ist; sie dürfen an der Erledigung einer bestimmten Angelegenheit nicht mitwirken, mit der sie in anderer Eigenschaft bereits befaßt waren oder an der sie unmittelbar interessiert sind. Bei Meinungsverschiedenheiten über die Anwendung dieses Absatzes entscheidet das Gericht.

(4) (a) Die Mitglieder des Gerichtes genießen während ihrer Amtsdauer und nach deren Ablauf Immunität gegen gerichtliche Verfolgung wegen Handlungen, die sie in Ausübung ihres Amtes vorgenommen haben.

(b) Die Mitglieder des Gerichtes, die nicht deutscher Staatsangehörigkeit sind, genießen im Bundesgebiet außerdem die Vorrechte und Immunitäten, die den Leitern diplomatischer Missionen zustehen. Werden im Gebiet einer der Drei Mächte Sitzungen abgehalten oder Amtshandlungen vorgenommen, so genießen die Mitglieder des Gerichtes, die nicht dem Staate angehören, in dem die Sitzung stattfindet oder die Amtshandlung vorgenommen wird, in diesem Lande die diplomatischen Immunitäten und Vorrechte.

(5) Die Mitglieder des Gerichtes haben sich vor Aufnahme ihrer Tätigkeit in öffentlicher Sitzung zu verpflichten, ihr Amt unparteiisch und gewissenhaft auszuüben.

(6) Unbeschadet der Bestimmungen des Absatzes (5) des Artikels 1 dieser Satzung kann ein Mitglied vor Ablauf seiner Amtszeit oder vor Beendigung seiner Amts-

pflichten gemäß Absatz (2) dieses Artikels nur durch Übereinkunft der Bundesregierung und der Regierungen der Drei Mächte oder, falls es sich um ein von dem Präsidenten des Internationalen Gerichtshofes ernanntes Mitglied handelt, nur durch Übereinkunft der Bundesregierung und der Regierungen der Drei Mächte und mit Zustimmung des Präsidenten des Internationalen Gerichtshofes abberufen werden.

Artikel 3

(gestrichen)

Artikel 4

(1) Das Gericht tagt unter dem Vorsitz des Präsidenten oder eines Vizepräsidenten entweder in Plenarsitzung oder in Kammern von drei Mitgliedern.

(2) Die Plenarsitzung umfaßt grundsätzlich alle Mitglieder des Gerichtes; ein Quorum von fünf Mitgliedern genügt zur Bildung des Plenums; es kann nur bei Anwesenheit einer ungeraden Zahl von Mitgliedern beraten und entscheiden; auf jeden Fall muß die Zahl der von der Bundesregierung ernannten Mitglieder und die Zahl der von den Drei Mächten ernannten Mitglieder gleich sein; ferner muß ihm stets mindestens ein neutrales Mitglied angehören.

(3) Die Kammern bestehen aus je einem von der Bundesregierung ernannten, einem von den Regierungen der Drei Mächte ernannten und einem neutralen Mitglied.

(4) Das Gericht entscheidet in Plenarsitzungen über die Verteilung der Mitglieder auf die Kammern, bestimmt die Arten von Angelegenheiten, die von den einzelnen Kammern zu entscheiden sind, oder weist eine bestimmte Angelegenheit einer Kammer zu.

(5) Jede Entscheidung, die eine Kammer in einer ihr zugewiesenen Angelegenheit gefällt hat, gilt als Entscheidung des Gerichtes.

(6) Die endgültige Entscheidung über eine einer Kammer zugewiesene Angelegenheit muß von dem Gericht in Plenarsitzung gefällt werden, wenn eine der Parteien es beantragt, bevor die Kammer eine endgültige Entscheidung gefällt hat.

Artikel 5

Die Verhandlungen sind öffentlich, sofern das Gericht nicht anders beschließt. Die Beratungen des Gerichtes sind und bleiben geheim. Das gleiche gilt für Tatsachen, von denen das Gericht in nichtöffentlicher Sitzung Kenntnis erhalten hat.

Artikel 6

(1) Die Verwaltungsangelegenheiten des Gerichtes werden einem Sekretär übertragen, dem das erforderliche Personal beigegeben ist. Der Sekretär vermittelt den Schriftverkehr; er führt das Register der bei Gericht eingehenden Anträge und ist für das Archiv und die Rechnungsführung verantwortlich.

(2) Der Sekretär wird erstmalig durch Übereinkunft zwischen der Bundesrepublik und den Drei Mächten bestellt. Der Sekretär ist auf Dauer im Amt und kann nur durch das Gericht entlassen und durch einen Nachfolger ersetzt werden.

(3) Nach Eingang des ersten Schriftsatzes gemäß Artikel 14 dieser Satzung benachrichtigt der Sekretär unverzüglich den Präsidenten, der daraufhin, sobald dies durchführbar ist, die erste Plenarsitzung des Schiedsgerichtes an dessen Sitz einzuberufen hat, um die Verfahrensordnung festzulegen und sonstige Angelegenheiten zu behandeln. Danach tritt das Schiedsgericht nach Bedarf zusammen.

(4) Die Absätze (3) und (4) des Artikels 2 dieser Satzung treten erst mit der ersten in Absatz (3) dieses Artikels erwähnten Plenarsitzung in Kraft.

Artikel 7

Das Gericht hat seinen Sitz an einem Ort des Bundesgebietes, der durch ein ergänzendes Verwaltungsabkommen zwischen der Bundesregierung und den Regierungen der Drei Mächte festgelegt wird. Es kann, wenn es dies für angebracht hält, auch an anderen Orten Sitzungen abhalten und Amtsgeschäfte wahrnehmen.

Artikel 8

Die Bestimmungen über die Kosten für die Unterhaltung des Gerichtes, einschließlich der Bezüge seiner Mitglieder, sowie die notwendigen Maßnahmen, um die Unverletzlichkeit der Räume des Gerichtes sicherzustellen, werden durch das in Artikel 7 dieser Satzung genannte Verwaltungsabkommen getroffen.

ABSCHNITT II

Zuständigkeit und Befugnisse des Schiedsgerichtes

Artikel 9

(1) Das Gericht ist für alle Streitigkeiten zuständig, die sich zwischen der Bundesrepublik und den Drei Mächten aus den Bestimmungen des Vertrages über die Beziehungen zwischen der Bundesrepublik Deutschland und den Drei Mächten (nachstehend als „der Vertrag“ bezeichnet), dieser Satzung oder der in Artikel 8 des Vertrages aufgeführten Zusatzverträge ergeben und deren Beilegung durch Verhandlungen oder auf eine andere zwischen allen Unterzeichnerstaaten vereinbarte Weise den Parteien nicht gelingt, soweit nicht in dem Vertrag, dieser Satzung oder den Zusatzverträgen bestimmte Streitigkeiten ausdrücklich von der Zuständigkeit des Gerichtes ausgenommen sind.

(2) (a) Das Gericht ist ferner zuständig für die Entscheidung über Fragen der Zuständigkeit folgender Instanzen:

Der im Ersten Teil des Vertrages zur Regelung aus Krieg und Besatzung entstandener Fragen bezeichnete Prüfungsausschuß;

das im Dritten Teil desselben Vertrages bezeichnete Oberste Rückerstattungsgericht;

die im Fünften und Zehnten Teil desselben Vertrages bezeichnete Schiedskommission für Güter, Rechte und Interessen in Deutschland.

(b) Die Frage der Zuständigkeit dieser Instanzen kann von der Rechtshängigkeit an jederzeit, auch nach dem Erlaß einer endgültigen Entscheidung, erhoben werden.

(c) In den vorstehenden Fragen sind die Entscheidungen des Gerichtes für die Instanzen, deren Zuständigkeit bestritten war, bindend.

(3) Die Entscheidungen der in Unterabsatz (a) des Absatzes (2) dieses Artikels erwähnten Instanzen unterliegen der Zuständigkeit des Gerichtes nur insoweit, als dies in Unterabsatz (a) des Absatzes (2) dieses Artikels bestimmt ist, falls in einem der Zusatzverträge nicht ausdrücklich etwas anderes bestimmt ist.

(4) Die Zuständigkeits- und Sachentscheidungen der in den Zusatzverträgen vorgesehenen oder bezeichneten Instanzen, die nicht in Unterabsatz (a) des Absatzes (2) dieses Artikels erwähnt sind, unterliegen der Zuständigkeit des Gerichtes nur, soweit dies in Absatz (1) dieses Artikels bestimmt ist, falls in einem der Zusatzverträge nicht ausdrücklich etwas anderes bestimmt ist.

(5) Vor dem Gericht können nur die Bundesregierung einerseits und eine oder mehrere der Regierungen der Drei Mächte andererseits Parteien sein. Erhebt die Bundesregierung eine Klage gegen eine oder zwei Regierungen der Drei Mächte oder erheben eine oder zwei der Regierungen der Drei Mächte eine Klage gegen die Bundesregierung, so können die anderen Regierungen der Drei Mächte das Gericht um Zulassung als Streitgenossen ersuchen.

Artikel 10

Das Gericht fällt seine Entscheidungen in der Form von Urteilen oder Verfügungen, die für die Parteien verbindlich sind.

Artikel 11

(1) Die Unterzeichnerstaaten verpflichten sich, den Entscheidungen des Gerichts nachzukommen und die Maßnahmen zu treffen, die ihnen durch diese Entscheidungen auferlegt werden, oder die notwendig sind, um Abhilfe zu schaffen.

(2) Ist ein Unterzeichnerstaat, der auf Grund einer Entscheidung des Gerichts Maßnahmen zur Ausführung dieser Entscheidungen zu treffen hat, außerstande, diese Maßnahmen innerhalb der vom Gericht festgesetzten Frist oder, wenn eine solche nicht festgesetzt ist, innerhalb angemessener Frist zu treffen, oder unterläßt er diese Maßnahme innerhalb der genannten Fristen, so kann sich dieser Staat oder jeder andere Unterzeichnerstaat, der an dem Streit beteiligt ist, an das Gericht mit der Bitte um eine weitere Entscheidung bezüglich entsprechender anderweitiger Maßnahmen seitens des säumigen Staates wenden.

Artikel 12

(1) Das Gericht, oder in dringenden Fällen der Präsident, kann durch Verfügung die einstweiligen Maßnahmen anordnen, die zur Sicherung der Rechte der Parteien bis zum Erlaß des Urteils des Gerichtes erforderlich sind. Die von dem Präsidenten auf Grund dieses Artikels erlassene Verfügung kann von dem Gericht innerhalb von zweiundsiebzig Stunden nach ihrer Zustellung an die Parteien bestätigt, geändert oder aufgehoben werden.

(2) Bevor das Gericht oder der Präsident auf Grund dieses Artikels eine Verfügung erläßt, ist den Parteien Gelegenheit zur Äußerung zu geben.

(3) Bei Abwesenheit des Präsidenten werden die ihm durch diesen Artikel übertragenen Aufgaben durch einen der Vizepräsidenten wahrgenommen, der von ihm dazu bestimmt ist.

ABSCHNITT III

Verfahren

Artikel 13

Die Gerichtssprachen sind deutsch, französisch und englisch.

Artikel 14

Das Verfahren wird eingeleitet durch Einreichung eines Schriftsatzes, der eine Darlegung der Tatsachen, die dem Streite zugrunde liegen, die Bezeichnung der Bestimmungen des Vertrages, dieser Satzung oder der Zusatzverträge, auf welche die Partei sich beruft, Rechtsausführungen sowie die Anträge enthält.

Artikel 15

(1) Die Parteien werden durch Prozeßbevollmächtigte vertreten. Sie können Rechtsberater hinzuziehen.

(2) Die Prozeßbevollmächtigten und die Rechtsberater genießen Immunität gegen gerichtliche Verfolgung wegen der in Ausübung ihrer Tätigkeit vorgenommenen Handlungen.

Artikel 16

(1) Der Vorsitzende kann die Prozeßbevollmächtigten einladen, um ihre Wünsche über die Fristen und den Gang des Verfahrens entgegenzunehmen.

(2) Der Vorsitzende setzt die Fristen für die Einreichung der Prozeßschriften fest und verfügt alle Maßnahmen, die für den Gang des Verfahrens erforderlich sind.

(3) Jedes Schriftstück, das von einer der Parteien eingereicht wird, ist von dem Sekretär unverzüglich der anderen Partei in beglaubigter Abschrift zu übermitteln.

Artikel 17

Das Verfahren besteht aus einem schriftlichen und einem mündlichen Teil. Auf Antrag beider Parteien kann von dem mündlichen Teil abgesehen werden.

Artikel 18

(1) Das schriftliche Verfahren besteht aus Klageschrift, Klagebeantwortung und, sofern das Gericht nicht anders entscheidet, aus einer Replik und einer Duplik.

(2) Widerklage ist zulässig.

Artikel 19

(1) Das mündliche Verfahren besteht aus den Ausführungen des Klägers, der Beantwortung des Beklagten und, sofern das Gericht nicht anders entscheidet, einer Replik und einer Duplik sowie der Vernehmung von Zeugen und Sachverständigen.

(2) Das Gericht kann die Vorlegung von Urkunden und sonstigen Beweismitteln verlangen; es kann Zeugen vorladen und anordnen, daß Gutachten erstattet und Ermittlungen angestellt werden.

(3) Bringt eine Partei ein Beweismittel nicht bei, über das sie verfügt oder das sie beschaffen kann und das nach Ansicht des Gerichtes auf die Sache Bezug hat, so entscheidet das Gericht trotz des Fehlens dieses Beweismittels.

(4) Der Vorsitzende und jedes andere Mitglied des Gerichtes können an die Parteien, Zeugen und Sachverständigen Fragen stellen.

(5) Über die mündliche Verhandlung wird ein Protokoll aufgenommen, das von dem Vorsitzenden und dem Sekretär unterzeichnet wird.

Artikel 20

Das Gericht fällt seine Entscheidungen auf Grund des Vertrages, dieser Satzung und der Zusatzverträge. Bei der Auslegung dieser Verträge legt das Gericht die im internationalen Recht allgemein angewandten Auslegungsregeln für Verträge zugrunde.

Artikel 21

(1) Das Gericht entscheidet mit Stimmenmehrheit.

(2) Die Urteile sind mit Gründen zu versehen.

(3) Die Urteile werden von dem Vorsitzenden und dem Sekretär unterzeichnet.

(4) Die Urteile sind rechtskräftig und unterliegen keinem Rechtsmittel.

(5) Entstehen Meinungsverschiedenheiten über Sinn und Tragweite eines Urteils, so kann das Gericht auf Antrag einer Partei und nach Anhören beider Parteien die strittigen Punkte durch Urteil auslegen.

Artikel 22

Eine Revision des Urteils kann bei dem Gericht nur auf Grund der Entdeckung einer Tatsache beantragt werden, die geeignet ist, einen entscheidenden Einfluß auf das Urteil auszuüben, und die vor Erlaß des Urteils sowohl dem Gericht wie auch der Partei, welche die Revision beantragt, unbekannt war, ohne daß die Partei wegen der Unkenntnis ein Verschulden trifft.

Artikel 23

(1) Die Parteien tragen ihre Prozeßkosten, sofern das Gericht nicht anders entscheidet.

(2) Das Gericht trägt die Kosten für das Erscheinen der auf sein Verlangen geladenen Zeugen und für die von ihm angeordneten Gutachten und Ermittlungen.

Artikel 24

Das Gericht gibt sich im Rahmen der Bestimmungen dieser Satzung seine Verfahrensordnung.

ABSCHNITT IV

Rechtsgutachten

Artikel 25

(1) Auf gemeinsames Ersuchen der Bundesregierung und der Regierungen der Drei Mächte kann das Gericht Rechtsgutachten erstatten über alle Fragen über die Anwendung des Vertrages, dieser Satzung und der Zusatzverträge mit Ausnahme der Fragen, für deren Entscheidung das Gericht keine Zuständigkeit besitzt, wenn sie ihm im streitigen Verfahren vorgelegt würden.

(2) Das Gericht kann auch auf Ersuchen einer der in Absatz (2) des Artikels 9 dieser Satzung genannten Instanzen oder ihres Präsidenten Rechtsgutachten über die Zuständigkeit dieser Instanz erstatten.

(3) Die Rechtsgutachten haben keine bindende Wirkung.

VERTRAG ÜBER RECHTE UND PFLICHTEN AUSLÄNDISCHER STREITKRÄFTE UND IHRER MITGLIEDER IN DER BUNDESREPUBLIK DEUTSCHLAND

(in der gemäß Liste II des Protokolls über die Beendigung des Besatzungsregimes abgeänderten Fassung)

Die Bundesrepublik Deutschland, die Vereinigten Staaten von Amerika, das Vereinigte Königreich von Großbritannien und Nordirland und die Französische Republik sind wie folgt übereingekommen:

ERSTER TEIL

Allgemeine Bestimmungen

Artikel 1

Begriffsbestimmungen

In diesem Vertrag und seinen Anhängen werden die folgenden Ausdrücke in dem nachstehend umschriebenen Sinn gebraucht:

1. Das Bundesgebiet:
Das Gebiet, in dem die Bundesrepublik die Staatsgewalt ausübt, einschließlich seiner Gewässer und des Luftraumes über diesem Gebiet und den Gewässern.

2. Die Drei Mächte:
Die Vereinigten Staaten von Amerika, das Vereinigte Königreich von Großbritannien und Nordirland und die Französische Republik.

3. Anderer Entsendestaat:
Jede Macht, mit Ausnahme einer der Drei Mächte, die auf Grund einer Vereinbarung mit den Drei Mächten oder mit einer von ihnen bei Inkrafttreten dieses Vertrags Streitkräfte im Bundesgebiet stationiert hat, sowie jede andere Macht, die dort künftig Streitkräfte stationiert, und zwar

(a) in der Zeit bis zum Inkrafttreten der Abmachungen über den deutschen Verteidigungsbeitrag auf Grund einer Vereinbarung mit den Drei Mächten oder einer von ihnen, sofern diese andere Macht nicht mit Zustimmung der Drei Mächte ein besonderes Abkommen mit der Bundesrepublik über die Rechtsstellung ihrer Streitkräfte abschließt;

(b) nach dem Inkrafttreten der Abmachungen über den deutschen Verteidigungsbeitrag auf Grund einer Vereinbarung mit der Bundesrepublik.

4. Die beteiligte Macht:
Diejenige Macht, deren Rechte und Verpflichtungen im konkreten Fall betroffen sind, und zwar

(a) im Falle einer der Drei Mächte — diese Macht;

(b) im Falle eines anderen Entsendestaates —

(i) diejenige der Drei Mächte, die auf Grund einer der Bundesregierung mitzuteilenden Vereinbarung zwischen dem Entsendestaat und den Drei Mächten oder einer von ihnen als beteiligte Macht benannt worden ist, oder

(ii) der Entsendestaat selbst in dem Umfang, in dem er durch eine nach Konsultierung der Bundesregierung geschlossene Vereinbarung mit den Drei Mächten oder einer von ihnen gegenüber der Bundesrepublik alle oder einzelne sich aus diesem Vertrag ergebenden Rechte oder Verpflichtungen übernimmt und der Bundesregierung förmlich davon Mitteilung macht; für die übrigen Rechte und Verpflichtungen, eine der Drei Mächte, die der Bundesrepublik gemäß Unterabsatz (i) mitzuteilen ist.

5. Die Streitkräfte:
Die im Bundesgebiet stationierten Truppen der Drei Mächte und anderer Entsendestaaten.

6. Behörden der Streitkräfte:
Die Behörden der Streitkräfte der beteiligten Macht.

7. Mitglieder der Streitkräfte:

(a) Personen, die auf Grund ihres militärischen Dienstverhältnisses im Dienste der Truppen der Drei Mächte oder anderer Entsendestaaten stehen und sich im Bundesgebiet befinden (militärisches Personal);

(b) andere Personen, die im Dienste dieser Truppen stehen oder ihnen dienstlich zugeteilt sind, mit Ausnahme von Personen, die weder die Staatsangehörigkeit einer der Drei Mächte noch die eines anderen Entsendestaates haben und im Bundesgebiet angeworben sind; ferner mit der Maßgabe, daß solche anderen Personen, die außerhalb des Bundesgebietes oder Berlins stationiert sind, nur dann als Mitglieder der Streitkräfte gelten, wenn sie sich dienstlich im Bundesgebiet befinden (Gefolge).

Als „Mitglieder der Streitkräfte“ gelten: Angehörige, worunter Ehegatten und Kinder von Personen im Sinne der Unterabsätze (a) und (b) oder nahe Verwandte, die von solchen Personen unterhalten werden und für die ihnen materielle Unterstützung seitens der Streitkräfte zusteht, zu verstehen sind. Der Begriff „Mitglieder der Streitkräfte“ umfaßt Deutsche nur dann, wenn sie im Staatsgebiet der beteiligten Macht in deren Truppen eingetreten oder von ihnen eingezogen oder angestellt worden sind und dort zu diesem Zeitpunkt entweder ihren ständigen Wohnsitz gehabt oder sich dort seit mindestens einem Jahr aufgehalten haben.

8. Deutsche:
Deutsche im Sinne des deutschen Rechts.

9. Liegenschaften:
Grundstücke samt allen ständig damit verbundenen Sachen und alle Nutzungsrechte an Grundstücken samt allen ständig damit verbundenen Sachen, soweit diese Grundstücke und Rechte von den Streitkräften im Bundesgebiet benutzt werden oder benutzt werden sollen.

10. Anlagen:
Grundstücke, Gebäude oder Teile davon und alle ständig damit verbundenen Sachen, die gemäß den Bestimmungen dieses Vertrages im ausschließlichen Besitz der Streitkräfte stehen. Diese Begriffsbestimmung gilt nicht für Artikel 20 dieses Vertrags.

Artikel 2

Beachtung des deutschen Rechts. Politische Betätigung

(1) Soweit in diesem Vertrage oder in anderen einschlägigen Verträgen oder Abkommen nichts anderes bestimmt ist, beachten die Mitglieder der Streitkräfte das deutsche Recht, und die Behörden der Streitkräfte übernehmen die Verpflichtung und Verantwortung für die Durchsetzung dieses Rechts gegenüber den Mitgliedern der Streitkräfte.

(2) Die Mitglieder der Streitkräfte enthalten sich jeder Betätigung, die mit dem Geist dieses Vertrags unvereinbar ist, insbesondere jeder politischen Betätigung.

Artikel 3

Allgemeine Verpflichtungen

(1) Die Streitkräfte nehmen bei der Geltendmachung der ihnen in diesem Vertrage eingeräumten Rechte und Immunitäten auf die deutschen öffentlichen und privaten Interessen gebührend Rücksicht, indem sie insbesondere der Leistungsfähigkeit der deutschen Wirtschaft sowie dem wesentlichen innerdeutschen und Ausfuhrbedarf der Bundesrepublik und Berlins Rechnung tragen.

(2) Die deutschen Behörden üben die ihnen nach dem Grundgesetz auf dem Gebiet der Gesetzgebung, Verwaltung und Rechtsprechung zustehenden Befugnisse in einer Weise aus, die den Schutz und die Sicherheit der Streitkräfte und ihrer Mitglieder sowie des Eigentums der Streitkräfte und ihrer Mitglieder und ferner nach Maßgabe dieses Vertrages die Befriedigung des Bedarfs der Streitkräfte und die Erfüllung der Verpflichtungen der Bundesrepublik gewährleistet.

(3) Die Vorschriften des Anhangs A zu diesem Vertrag treten gleichzeitig mit diesem Vertrag in Kraft. Sie finden auch Anwendung auf strafbare Handlungen, die im Bundesgebiet gegen die in Berlin stationierten Truppen der Drei Mächte begangen werden. Die Bundesrepublik wird den durch diesen Anhang gewährleisteten Rechtsschutz nicht vermindern.

(4) Die deutschen Behörden unterwerfen die Streitkräfte und ihre Mitglieder oder das Eigentum der Streitkräfte und ihrer Mitglieder keiner anderen benachteiligenden oder weniger günstigen Behandlung, als für Ausländer, die im Bundesgebiet ihren gewöhnlichen Aufenthalt haben, in Übereinstimmung mit dem Völkerrecht und der

internationalen Praxis gesetzlich festgelegt ist, noch lassen sie im Rahmen ihrer Befugnisse eine derartige Behandlung zu.

Artikel 4

Gegenseitige Unterstützung und Sicherheit

(1) Die deutschen Behörden und die Behörden der Streitkräfte arbeiten in vollem Umfang zusammen und unterstützen sich gegenseitig bei der Förderung und Wahrung der Sicherheit der Bundesrepublik und der beteiligten Mächte, sowie der Sicherheit der im Bundesgebiet stationierten Streitkräfte und deren Mitglieder sowie des Eigentums der Streitkräfte und deren Mitglieder.

(2) Diese Zusammenarbeit und Unterstützung erstrecken sich, in Übereinstimmung mit einem zwischen den zuständigen Behörden zu treffenden Einvernehmen, auf die Sammlung und den Austausch sowie auf den Schutz der Sicherheit aller einschlägigen Nachrichten.

Artikel 5

Verbindung

Die deutschen Behörden und die Behörden der Streitkräfte ergreifen geeignete Maßnahmen, um eine enge gegenseitige Verbindung zu gewährleisten.

ZWEITER TEIL
Gerichtsbarkeit und Verfahren

ABSCHNITT I
Strafverfahren

Artikel 6

Strafbare Handlungen; Gerichtsbarkeit und anwendbares Recht

(1) In Strafsachen üben die Behörden der Streitkräfte die ausschließliche Gerichtsbarkeit über Mitglieder der Streitkräfte aus, soweit in diesem Vertrage nichts anderes bestimmt ist. Die Behörden der Streitkräfte vollstrecken im Bundesgebiet kein Todesurteil, solange das deutsche Recht die Todesstrafe nicht vorsieht.

(2) Soweit die Militärgerichte nach dem Recht der beteiligten Macht zur Ausübung der Strafgerichtsbarkeit über ein Mitglied der Streitkräfte nicht zuständig sind, können die deutschen Gerichte und Behörden die Strafgerichtsbarkeit hinsichtlich einer nach deutschem Recht strafbaren Handlung, die sich gegen deutsche Interessen richtet, nach Maßgabe der folgenden Bestimmungen ausüben:

(a) Die Strafverfolgung, mit Ausnahme der in Artikel 7 dieses Vertrags vorgesehenen oder von dringenden, möglichst nach Konsultation mit den Behörden der Streitkräfte vorzunehmenden Ermittlungen, wird durch die deutschen Gerichte oder Behörden erst dann eingeleitet, wenn die zuständige deutsche Behörde die Behörden der Streitkräfte konsultiert hat und diesen Gelegenheit gegeben worden ist, innerhalb von einundzwanzig Tagen nach dem Empfang der Mitteilung über den Sachverhalt Vorstellungen zu erheben oder Empfehlungen abzugeben über die Auswirkung der Strafverfolgung auf die Sicherheit der Streitkräfte; die deutschen Gerichte oder Behörden legen jeder derartigen Vorstellung oder Empfehlung angemessenes Gewicht bei. Eine solche Konsultation ist jedoch nicht erforderlich, wenn die zur Last gelegte strafbare Handlung nach deutschem Recht nur mit Haft bis zu sechs Wochen oder mit Geldstrafe bis zu 150 DM (Übertretung) bedroht ist, es sei denn, die deutschen Behörden sind der Ansicht, daß in dem betreffenden Fall die Sicherheit der Streitkräfte berührt ist oder sein könnte.

(b) Die deutschen Gerichte und Behörden sehen im Rahmen der ihnen nach deutschem Recht gewährten Ermessensfreiheit von der Strafverfolgung in allen Fällen ab, in denen

(i) dies nach deutschem Recht zulässig ist; oder

(ii) der Täter durch Disziplinarmaßnahmen der Behörden der Streitkräfte angemessen bestraft worden ist.

(c) Die deutschen Gerichte und Behörden entscheiden nach deutschem Recht hinsichtlich Festnahme, Haft sowie Strafvollzug. Die Behörden der Streitkräfte werden jede Anordnung auf Festnahme oder Haft vollziehen. Ein Beschuldigter, der dementsprechend von den Behörden der Streitkräfte in Gewahrsam genommen worden ist, verbleibt in deren Gewahrsam, bis er durch rechtskräftige richterliche Entscheidung freigelassen oder verurteilt ist. Die Behörden der Streitkräfte ergreifen die geeigneten Maßnahmen, um jede Verdunkelungsgefahr zu unterbinden. Sie halten den so in Gewahrsam genommenen Beschuldigten zur Verfügung der deutschen Gerichte und Behörden, gewähren deren Beauftragten jederzeit Zutritt zu ihm und führen ihn auf Antrag den deutschen Gerichten oder Behörden zur Durchführung von Untersuchungshandlungen, der Hauptverhandlung und der Verbüßung einer Freiheitsstrafe, auf die erkannt worden ist, vor. Ist der Beschuldigte nicht in Gewahrsam genommen, so treffen die Behörden der Streitkräfte Maßnahmen, um sicherzustellen, daß er den deutschen Gerichten und Behörden für die genannten Zwecke zur Verfügung steht.

(d) Jede Freiheitsstrafe wird in einer deutschen Strafvollzugsanstalt verbüßt.

Für die Zwecke dieses Absatzes bedeutet der Ausdruck „nach deutschem Recht strafbare Handlung, die sich gegen deutsche Interessen richtet" jede nach deutschem Recht strafbare Handlung, soweit sie sich nicht gegen die Streitkräfte, deren Mitglieder oder das Eigentum der Streitkräfte oder deren Mitglieder richtet.

(3) Die ausschließliche Gerichtsbarkeit der deutschen Behörden über Personen, die der deutschen Strafgerichtsbarkeit unterliegen, umfaßt auch die Fälle, in denen sich die strafbare Handlung gegen die Streitkräfte, deren Mitglieder oder das Eigentum der Streitkräfte oder deren Mitglieder richtet.

(4) Die Behörden der Streitkräfte können mit Zustimmung der deutschen Behörden Gruppen von Strafsachen oder einzelne Strafsachen, für die sie nach Absatz (1) dieses Artikels ausschließlich zuständig sind, den deutschen Gerichten oder Behörden zur Untersuchung, Verhandlung und Entscheidung abgeben.

(5) Die deutschen Behörden können mit Zustimmung der Behörden der Streitkräfte einzelne Strafsachen der in Absatz (3) dieses Artikels bezeichneten Art an die Behörden der Streitkräfte zur Untersuchung, Verhandlung und Entscheidung abgeben, sofern der Täter nicht Deutscher ist.

(6) In den Strafsachen, die unter die Absätze (1) oder (5) dieses Artikels fallen, wenden die Behörden der Streitkräfte ihr eigenes Recht an. Soweit es sich um strafbare Handlungen handelt, die zwar nach deutschem Recht, nicht aber nach dem Recht der beteiligten Macht strafbar sind, ist das deutsche Recht anzuwenden.

(7) In den Fällen der Absätze (3) und (4) dieses Artikels ist deutsches Recht anzuwenden.

Artikel 7

Festnahme, Durchsuchung und Beschlagnahme

(1) Mitglieder der Streitkräfte, die sich durch einen gemäß Artikel 24 dieses Vertrags ausgestellten Personalausweis ordnungsgemäß ausweisen, unterliegen nicht der Festnahme durch deutsche Behörden.

(2) Deutsche Behörden dürfen jedoch ein Mitglied der Streitkräfte, ohne es dem gewöhnlichen Haftverfahren zu unterwerfen, in Gewahrsam nehmen, um es unverzüglich, zusammen mit etwa ihm abgenommenen Waffen oder Gegenständen, den nächstgelegenen zuständigen Behörden der Streitkräfte zu übergeben:

(a) auf Ansuchen der Behörden der Streitkräfte;

(b) in folgenden Fällen, in denen ein rechtzeitiges Eingreifen der Behörden der Streitkräfte nicht möglich ist:

(i) bei Ergreifung auf frischer Tat,

1. wenn eine strafbare Handlung begangen oder versucht worden ist, die ernstliche Schäden an Personen oder Vermögen oder eine ernstliche Beeinträchtigung an anderen Rechtsgütern zur Folge hat oder hätte haben können, oder

2. soweit es zur Beseitigung einer bereits eingetretenen schweren Störung der öffentlichen Ordnung erforderlich erscheint;

(ii) bei Fluchtverdacht, in Fällen der Begehung oder versuchten Begehung von Landesverrat oder Spionage zum Nachteil der Bundesrepublik.

(3) (a) Die deutschen Behörden dürfen ein Mitglied der Streitkräfte oder die von ihm mitgeführten Sachen durchsuchen

(i) auf Ansuchen der Behörden der Streitkräfte;

(ii) wenn es gemäß Absatz (2) dieses Artikels in Gewahrsam genommen worden ist, und soweit dies erforderlich ist, um es zu entwaffnen oder ihm Beweismittel für die strafbare Handlung abzunehmen, derentwegen es in Gewahrsam genommen worden ist.

(b) Die Vorschrift in Satz 4 dieses Absatzes (5) des Artikels 35 dieses Vertrags bleibt unberührt.

(c) Die dienstliche Unterkunft eines Mitgliedes der Streitkräfte oder, in Ermangelung einer solchen, die Wohnung, die er mit Genehmigung der Behörden der Streitkräfte innehat, darf von deutschen Behörden nur auf Ansuchen der Behörden der

Streitkräfte durchsucht werden. Ist eine derartige Wohnung eines Mitgliedes der Streitkräfte keine Anlage, so genügt für die Durchsuchung seine Zustimmung oder die der Behörden der Streitkräfte.

(4) Die deutschen Behörden machen zuständigen Behörden der Streitkräfte von der Festnahme einer im Dienste der Streitkräfte arbeitenden Person Mitteilung.

(5) Die zuständigen Behörden der Streitkräfte dürfen

(a) Mitglieder der Streitkräfte festnehmen;

(b) eine der deutschen Strafgerichtsbarkeit unterliegende Person, ohne sie dem gewöhnlichen Haftbefehl zu unterwerfen, in Gewahrsam nehmen, um sie unverzüglich, zusammen mit etwa ihr abgenommenen Waffen oder Gegenständen, den nächstgelegenen zuständigen deutschen Behörden zu übergeben:

(i) auf Ansuchen der deutschen Behörden;

(ii) in folgenden Fällen, in denen ein rechtzeitiges Eingreifen der deutschen Behörden nicht möglich ist:

1. bei Ergreifung auf frischer Tat, wenn eine strafbare Handlung begangen oder versucht worden ist, die sich gegen die Streitkräfte, ihre Mitglieder oder gegen die Sicherheit, das Eigentum oder andere Rechtsgüter derselben richtet; oder

2. bei Fluchtverdacht, in Fällen der Begehung oder versuchten Begehung einer strafbaren Handlung im Sinne der §§ 1 bis 9 von Anhang A zu diesem Vertrage;

(iii) innerhalb einer Anlage, wenn der dringende Verdacht besteht, daß sie sich dort unbefugt aufgehalten hat oder daß sie eine strafbare Handlung innerhalb der Anlage begangen hat.

(6) Sind die Behörden der Streitkräfte der Auffassung, daß sich eine der deutschen Gerichtsbarkeit unterliegende Person einer strafbaren Handlung im Sinne der §§ 1 bis 11 des Anhanges A zu diesem Vertrag schuldig gemacht hat, so kommen die folgenden besonderen Bestimmungen zur Anwendung:

(a) Wenn der Verdächtige von den deutschen Behörden festgenommen werden soll, so wird dies den Behörden der Streitkräfte, soweit durchführbar, rechtzeitig mitgeteilt, und sie können Untersuchungsführer benennen, um bei der Festnahme des Verdächtigen anwesend zu sein. Diese können auch bei Durchsuchungen und Beschlagnahmen anwesend sein, die im Zusammenhang mit der Untersuchung vorgenommen werden. Die Behörden der Streitkräfte haben das ausschließliche Recht, bis spätestens einundzwanzig Tage nach der Festnahme den Verdächtigen über die ihm zur Last gelegten strafbaren Handlungen und die damit zusammenhängenden Fragen zu vernehmen. Zu diesem Zweck haben ihre Untersuchungsführer jederzeit Zutritt zu dem Verdächtigen. Ein von der deutschen Untersuchungsbehörde benannter Beamter kann bei der Vernehmung anwesend sein, deren Abhaltung den deutschen Untersuchungsbehörden rechtzeitig mitzuteilen ist. Die deutsche Untersuchungsbehörde ergreift die geeigneten Maßnahmen, um jede Verdunkelungsgefahr zu unterbinden, und enthält sich jeder eigenen Ermittlungstätigkeit, falls nicht die Untersuchungsführer der Streitkräfte darum ansuchen. Sie wird während der Vernehmungstätigkeit der Untersuchungsführer der Streitkräfte auf deren Ansuchen die in der deutschen Strafprozeßordnung vorgesehenen Anträge stellen und darauf hinwirken, daß die zur Förderung des Ermittlungsverfahrens geeigneten richterlichen Entscheidungen erlassen und die darin angeordneten Maßnahmen durchgeführt werden. Nach Abschluß der Ermittlungen durch die Untersuchungsführer der Streitkräfte, jedoch spätestens einundzwanzig Tage nach der Festnahme, werden die Vernehmungen und das sonstige Ermittlungsverfahren von der deutschen Untersuchungsbehörde fortgeführt. Die Untersuchungsführer der Streitkräfte händigen der deutschen Untersuchungsbehörde alles während der Ermittlungen angefallene Beweismaterial aus, soweit nicht Sicherheitserwägungen dem entgegenstehen.

(b) Wenn der Verdächtige nicht Deutscher ist, so gelten die Bestimmungen von Unterabsatz (a) dieses Absatzes mit folgender Maßgabe:

Die zuständigen Behörden der Streitkräfte dürfen den Verdächtigen für die Dauer von einundzwanzig Tagen in eigenen Gewahrsam nehmen und selbst alle Vernehmungen und sonstigen Ermittlungen führen. Für die während dieser Zeit erforderlichen richterlichen Maßnahmen wird den zuständigen deutschen Gerichten ein zur Ausübung richterlicher Funktionen ermächtigtes Mitglied der Streitkräfte als nicht stimmberechtigter Beisitzer zugeteilt.

(7) Die Behörden der Streitkräfte dürfen eine der deutschen Gerichtsbarkeit unterliegende Person oder die von ihr mitgeführten Sachen durchsuchen

(a) auf Ansuchen der deutschen Behörden;

(b) wenn sie gemäß Unterabsatz (b) des Absatzes (5) dieses Artikels in Gewahrsam genommen worden ist, und soweit dies erforderlich ist, um sie zu entwaffnen oder ihr Beweismittel für die strafbare Handlung abzunehmen, derentwegen sie in Gewahrsam genommen worden ist.

(8) Die verfassungsmäßig festgelegten Immunitätsrechte des Bundespräsidenten und der Mitglieder der deutschen gesetzgebenden Körperschaften des Bundes und der Länder werden durch die Bestimmungen dieses Artikels nicht berührt.

Artikel 8

Verfahren und Zusammenarbeit in strafrechtlichen Angelegenheiten

(1) Die Behörden der Streitkräfte werden gegen Mitglieder der Streitkräfte, die eine strafbare Handlung gegen deutsche Interessen begangen haben, die gleichen Maßnahmen ergreifen, wie wenn die strafbare Handlung gegen die beteiligte Macht, die Streitkräfte, ihre Mitglieder oder gegen das Eigentum derselben begangen wäre.

(2) Die deutschen Behörden werden gegen Personen, die ihrer Strafgerichtsbarkeit unterliegen, wegen strafbarer Handlungen gegen die Streitkräfte und ihre Mitglieder sowie gegen das Eigentum derselben die gleichen Maßnahmen ergreifen, wie wenn die strafbare Handlung gegen die Bundesrepublik, deren Länder, ihre Staatsangehörigen sowie das Eigentum derselben begangen wäre.

(3) (a) Die Behörden der Streitkräfte werden den deutschen Behörden auf deren Ansuchen die Festnahme einer Person wegen einer strafbaren Handlung im Sinne von Absatz (1) dieses Artikels mitteilen.

(b) Die deutschen Behörden werden den Behörden der Streitkräfte auf deren Ansuchen die Festnahme einer Person wegen einer strafbaren Handlung im Sinne von Absatz (2) dieses Artikels mitteilen.

(4) Die Verhandlung gegen ein Mitglied der Streitkräfte wegen einer im Bundesgebiet begangenen strafbaren Handlung im Sinne von Absatz (1) dieses Artikels findet innerhalb dieses Gebietes statt, soweit nicht militärische Erfordernisse dem entgegenstehen. Wenn militärische Erfordernisse es gebieten, daß die Verhandlung wegen einer solchen strafbaren Handlung außerhalb des Bundesgebietes stattfindet, so werden die Behörden der Streitkräfte den deutschen Behörden dies unter Angabe von Ort und Termin der Hauptverhandlung mitteilen. Die deutschen Behörden sind berechtigt, sich durch Beobachter vertreten zu lassen, soweit nicht Sicherheitserwägungen dem entgegenstehen, und werden von dem Ergebnis der Verhandlung in Kenntnis gesetzt.

(5) Die deutschen Behörden und die Behörden der Streitkräfte werden sich bei der Verfolgung von strafbaren Handlungen der in Absatz (1) und (2) dieses Artikels genannten Art gegenseitig unterstützen. Sie werden, soweit nicht Sicherheitserwägungen dem entgegenstehen, den Vertretern der zuständigen Behörden gestatten, der Hauptverhandlung beizuwohnen, und diesen dabei Gelegenheit geben, im Rahmen der anwendbaren Bestimmungen tatsächliche und rechtliche Ausführungen zu machen. Außer in den sonst im deutschen Strafverfahrensrecht vorgesehenen Fällen können die Streitkräfte oder ihre Mitglieder auch als Nebenkläger vor deutschen Gerichten auftreten, soweit es sich um strafbare Handlungen handelt, die in dem Anhang A zu diesem Vertrage aufgeführt sind, oder die sich gegen die Sicherheit oder das Eigentum der Streitkräfte oder ihrer Mitglieder richten. Auf Ansuchen werden die Behörden der Streitkräfte und die deutschen Behörden sich gegenseitig von ihrer Absicht, ein Straf- oder Disziplinarverfahren in die Wege zu leiten, davon Abstand zu nehmen oder es einzustellen, sowie von der Entscheidung unterrichten.

ABSCHNITT II

Nicht-strafrechtliche Verfahren

Artikel 9

Gerichtsbarkeit und Verfahren in nicht-strafrechtlichen Angelegenheiten

(1) Die deutschen Gerichte und Behörden üben in nicht-strafrechtlichen Angelegenheiten die Gerichtsbarkeit oder ihre sonstigen Befugnisse über die Mitglieder der Streitkräfte unter Berücksichtigung dieses Vertrages und anderer anwendbarer Verträge aus.

(2) In nicht-strafrechtlichen Verfahren stellen die deutschen Gerichte und Behörden dem beteiligten Mitglied der Streitkräfte, sofern dieses nicht selbst die Einleitung des Verfahrens beantragt hat, den einleitenden Schriftsatz oder die einleitende Verfügung auch dann zu, wenn dies nach Vorschriften des deutschen Rechts nicht erforderlich ist.

(3) Die deutschen Gerichte und Behörden werden den Mitgliedern der Streitkräfte ausreichend Gelegenheit zur Wahrnehmung ihrer Rechte einräumen. Ist ein Mitglied der Streitkräfte durch dienstliche Obliegenheiten oder eine rechtmäßige Abwesenheit verhindert, in einem nicht-strafrechtlichen Verfahren, an dem es beteiligt ist, seine Interessen zu wahren, so setzt das deutsche Gericht oder die deutsche Behörde auf seinen Antrag das Verfahren bis zur Beseitigung der Verhinderung, jedoch höchstens auf 6 Monate aus. Das Bestehen der Verhinderung ist von dem Mitglied der Streitkräfte glaubhaft zu machen. Eine von den zuständigen Behörden der beteiligten Macht ausgestellte Bescheinigung über den Grund und die Dauer der Verhinderung wird hierbei vom Gericht oder der Behörde angemessen berücksichtigt. Das Verfahren braucht nicht ausgesetzt zu werden, wenn die Interessen des Mitglieds der Streitkräfte durch einen Prozeßbevollmächtigten oder durch einen sonstigen zur Wahrnehmung seiner Rechte berufenen Vertreter hinreichend wahrgenommen werden können.

(4) Die Mitglieder der Streitkräfte genießen hinsichtlich des Armenrechts die gleiche Behandlung wie Deutsche. Sie sind nicht verpflichtet, Sicherheit für Kosten irgendwelcher Art in denjenigen Fällen zu leisten, in denen ein Deutscher davon befreit ist. Die für die Bewilligung des Armenrechts erforderlichen Bescheinigungen werden von der zuständigen konsularischen Behörde nach Vornahme der erforderlichen Feststellungen ausgestellt.

Artikel 10

Vollstreckung

(1) Die Behörden der Streitkräfte treffen, soweit es die dienstlichen Vorschriften zulassen, alle geeigneten Maßnahmen, um bei Vollstreckungen vollstreckbarer Titel deutscher Gerichte und Behörden in nicht-strafrechtlichen Angelegenheiten Hilfe zu leisten.

(2) Soll die Vollstreckung eines vollstreckbaren Titels deutscher Gerichte und Behörden in nicht-strafrechtlichen Angelegenheiten innerhalb einer Anlage der Streitkräfte erfolgen, so beantragen die deutschen Gerichte oder Behörden bei der für die Verwaltung der Anlage zuständigen Behörde der Streitkräfte, den Titel zu vollstrecken oder die Vollstreckung zu gestatten. Die Behörden der Streitkräfte entsprechen nach Möglichkeit dem Antrag. Die Behörden der Streitkräfte übergeben die von ihnen zur Vollstreckung des vollstreckbaren Titels in Besitz genommenen Gegenstände der zuständigen deutschen Behörde.

(3) Gegenstände, die einem Mitglied der Streitkräfte gehören und von ihm gemäß einer Bescheinigung der zuständigen Behörde der Streitkräfte zur Erfüllung seiner dienstlichen Obliegenheiten benötigt werden, sowie andere Sachen und Rechte, die nach deutschem Recht nicht gepfändet werden können, sind nicht der Pfändung auf Grund eines vollstreckbaren Titels unterworfen.

(4) In nicht-strafrechtlichen Verfahren kann eine Haft gegenüber Mitgliedern der Streitkräfte zur Durchführung einer Zwangsvollstreckung oder zur Erzwingung des Offenbarungseides oder aus anderen Gründen von deutschen Gerichten und Behörden nicht angeordnet werden.

(5) Bezüge, die einem Mitglied der Streitkräfte seitens seiner Regierung zustehen, unterliegen der Pfändung, dem Zahlungsverbot oder einer anderen Form der Zwangsvollstreckung auf Anordnung eines deutschen Gerichts oder einer deutschen Behörde nur insoweit, als die Vorschriften der beteiligten Macht die Zwangsvollstreckung gestatten.

ABSCHNITT III

Gemeinsame Bestimmungen für strafrechtliche und nicht-strafrechtliche Verfahren

Artikel 11

Erscheinen vor Gericht, Zeugen, Zustellungen

(1) Die Behörden der Streitkräfte tragen, sofern nicht militärische Erfordernisse dem entgegenstehen, dafür Sorge, daß Mitglieder der Streitkräfte, die von deutschen Gerichten oder Behörden geladen werden, der Ladung Folge leisten, soweit dies nach deutschem Recht erforderlich ist. Falls militärische Erfordernisse dem Erscheinen entgegenstehen, erteilen die Behörden der Streitkräfte eine Bescheinigung, in der Grund und Dauer der Behinderung anzugeben sind.

(2) Die deutschen Gerichte und Behörden tragen im Einklang mit den Vorschriften des deutschen Rechts dafür Sorge, daß Personen, die von einem Militärgericht oder einer anderen Behörde der Streitkräfte als Zeugen oder Sachverständige geladen werden, der Ladung Folge leisten.

(3) Die Vorschriften der Absätze (1) und (2) dieses Artikels gelten entsprechend für alle Verfahren, in denen Beweismittel vorzulegen sind.

(4) Sofern nicht in diesem Vertrag oder einem anderen anwendbaren Vertrag etwas anderes bestimmt ist, genießen Zeugen und Sachverständige vor deutschen Gerichten oder Behörden und vor Militärgerichten oder Behörden der Streitkräfte diejenigen Rechte und Vorrechte, die ihnen nach dem Recht zustehen, das vor dem betreffenden Gericht oder der betreffenden Behörde gilt. Dabei werden auch die Rechte und Vorrechte angemessen berücksichtigt, welche Zeugen und Sachverständigen, wenn sie nicht Mitglieder der Streitkräfte sind, vor einem deutschen Gericht, und wenn sie Mitglieder der Streitkräfte sind, vor einem Militärgericht der beteiligten Macht haben würden.

(5) Die Behörden der Streitkräfte werden Zustellungen an Personen innerhalb der Anlagen und an Mitglieder der Streitkräfte entweder zulassen oder selbst durchführen. In allen anderen Fällen werden Zustellungen von den zuständigen deutschen Gerichten oder Behörden entweder durchgeführt oder zugelassen.

(6) Die deutschen Gerichte oder Behörden können Zustellungen an Mitglieder der Streitkräfte nicht durch öffentliche Zustellung bewirken.

Artikel 12

Mißachtung des Gerichts

Der Meineid, der Versuch der Behinderung der Rechtspflege, andere strafbare Handlungen oder Ordnungsverstöße vor oder gegenüber deutschen Gerichten oder deutschen Behörden oder Militärgerichten oder Behörden der Streitkräfte, sowie die Nichtbefolgung von Vorladungen oder sonstigen gemäß Artikel 11 dieses Vertrages ordnungsgemäß zugestellten Prozeßanordnungen werden von dem Gericht oder der Behörde geahndet, dessen oder deren Straf- oder Disziplinargewalt der Täter unterliegt; die Gerichte oder Behörden behandeln die Tat nach ihrem Recht so, wie wenn die Tat vor oder gegenüber eigenen Gerichten oder Behörden begangen worden wäre.

Artikel 13

Rechtsanwälte

(1) Staatsangehörige einer beteiligten Macht und deutsche Rechtsanwälte dürfen nicht behindert werden, als Verteidiger vor den Gerichten der Streitkräfte gemäß den für diese Gerichte geltenden Regeln und Bestimmungen aufzutreten.

(2) Wer im Staat einer der beteiligten Mächte als Rechtsanwalt zugelassen ist, darf vor deutschen Gerichten in Verfahren, an denen ein Mitglied der Streitkräfte beteiligt ist, neben einem zur Vertretung des Mitglieds der Streitkräfte in diesem Verfahren bevollmächtigten deutschen Rechtsanwalt auftreten, um Ausführungen zu machen.

(3) Soweit in den Absätzen (1) und (2) dieses Artikels nichts anderes bestimmt ist, dürfen ausländische Staatsangehörige im Bundesgebiet nur nach Maßgabe der Vorschriften des deutschen Rechts eine rechtsberatende Tätigkeit ausüben oder vor deutschen Gerichten auftreten.

Artikel 14

Ausschluß der Öffentlichkeit.
Übertragung von Verfahren

Die Vorschriften des deutschen Gerichtsverfassungsgesetzes (§ 172) über den Ausschluß der Öffentlichkeit von Verhandlungen in strafrechtlichen und nicht-strafrechtlichen Verfahren und die Vorschriften der deutschen Strafprozeßordnung (§ 15) über die Möglichkeit der Übertragung von Strafverfahren an das Gericht eines anderen Bezirks finden in Verfahren vor deutschen Gerichten und Behörden, in denen eine Gefährdung der Sicherheit der Streitkräfte oder ihrer Mitglieder zu besorgen ist, entsprechende Anwendung.

Artikel 15

Aussagegenehmigung

(1) Vorbehaltlich der Bestimmungen des Absatzes (3) dieses Artikels dürfen

(a) deutsche Gerichte oder Behörden in Verfahren, die bei ihnen anhängig sind, keine Person über Informationen, deren Preisgabe die Sicherheit der Streitkräfte oder der beteiligten Macht gefährden würde oder könnte, vernehmen oder eine Aussage darüber zulassen, es sei denn, daß eine Genehmigung der zuständigen Behörde der Streitkräfte oder der beteiligten Macht vorliegt;

(b) Gerichte oder Behörden der Streitkräfte in Verfahren, die bei ihnen anhängig sind, keine Person über deutsche Staats- oder Amtsgeheimnisse vernehmen oder eine Aussage darüber zulassen, es sei denn, daß eine Genehmigung der zuständigen deutschen Behörde vorliegt.

(2) Ergibt sich in einem Verfahren, daß die Preisgabe derartiger Informationen oder Geheimnisse eintreten könnte, so holt das Gericht oder die Behörde, falls nicht auf die Preisgabe verzichtet wird, vor einer Anhörung oder Verhandlung über die Information oder das Geheimnis eine schriftliche Entscheidung der zuständigen Behörde darüber ein, ob die nach Absatz (1) dieses Artikels erforderliche Genehmigung erteilt wird. Die Genehmigung wird nicht versagt, wenn nach den Bestimmungen dieses oder eines anderen zwischen den Parteien abgeschlossenen Vertrages eine Auskunftspflicht gegenüber den zuständigen Gerichten oder Behörden besteht.

(3) Die Bestimmungen dieses Artikels finden insoweit keine Anwendung, als sie eine an einem Verfahren beteiligte Partei in ihren verfassungsmäßigen Rechten, tatsächliche oder rechtliche Ausführungen zu machen, beschränken würden.

Artikel 16

Amtshandlungen

(1) Wenn in einem strafrechtlichen oder nicht-strafrechtlichen Verfahren vor einem deutschen Gericht oder einer deutschen Behörde über die Frage zu entscheiden ist, ob die Handlung oder Unterlassung, die den Gegenstand des Verfahrens bildet, von der betreffenden Person in Ausübung ihrer Dienstpflichten gegenüber den Streitkräften begangen wurde, so ist das Verfahren auszusetzen und der zuständigen Behörde der Streitkräfte unter Darlegung des Sachverhalts unverzüglich Mitteilung zu machen. Die zuständige Behörde der Streitkräfte wird den Fall untersuchen und innerhalb von einundzwanzig Tagen nach Zugang der Mitteilung dem deutschen Gericht oder der deutschen Behörde eine Bescheinigung über den Umfang des dienstlichen Auftrages zuleiten, den die betreffende Person an dem in Frage stehenden Zeitpunkt und Ort wahrzunehmen hatte. Die Bescheinigung wird von dem rangältesten Vertreter der Streitkräfte, der persönlich Kenntnis von der Angelegenheit hat, unterzeichnet. Die Behörden der Streitkräfte werden alle in Betracht kommenden Maßnahmen ergreifen, um sicherzustellen, daß die Bescheinigung in Form und Inhalt gewissenhaft ausgestellt wird. Nach Zugang der Bescheinigung, spätestens jedoch nach Ablauf von einundzwanzig Tagen, nachdem die Mitteilung bei den Behörden der Streitkräfte eingegangen ist, wird das Verfahren fortgesetzt.

(2) Die Behörden der Streitkräfte können die genannte Bescheinigung den deutschen Gerichten oder Behörden auch zuleiten, ohne eine Mitteilung erhalten zu haben.

(3) Die Bescheinigung gilt nur als Beweismittel für den Umfang des dienstlichen Auftrages der betreffenden Person und ist insoweit endgültig. Jedoch darf der Aussteller der Bescheinigung als Zeuge geladen werden, um ihren Inhalt zu erläutern oder zu ergänzen; auch finden die Bestimmungen dieses Absatzes insoweit keine

Anwendung, als sie eine an einem Verfahren beteiligte Partei in ihren verfassungsmäßigen Rechten, tatsächliche oder rechtliche Ausführungen zu machen, beschränken würden. Deutsche Gerichte oder deutsche Behörden erkennen der Tatsache, daß die Handlung oder Unterlassung in Ausübung eines dienstlichen Auftrages erfolgt ist, insoweit rechtliches Gewicht und rechtliche Wirkung zu, als sie hierzu nach deutschem Recht berechtigt sind.

(4) Die Bestimmungen dieses Artikels finden in den in Artikel 8 des Finanzvertrages geregelten Fällen keine Anwendung.

DRITTER TEIL

Verwaltung und Versorgung

ABSCHNITT I

Einzelne Verwaltungsgebiete

Artikel 17

Verkehr

(1) Die Streitkräfte und ihre Mitglieder sind berechtigt, mit Kraftfahrzeugen, Schiffen und Luftfahrzeugen, deren Eigentümer sie sind oder die von ihnen oder in ihrem Namen betrieben werden, in das Bundesgebiet einzufahren und einzufliegen, sich darin oder darüber zu bewegen und es zu verlassen, ohne anderen als den in diesem Vertrage enthaltenen Beschränkungen unterworfen zu sein. Die Bundesrepublik sichert den Streitkräften und ihren Mitgliedern die Benutzung aller deutschen öffentlichen Verkehrswege und Wasserstraßen und das Recht zu, das Bundesgebiet zu überfliegen und von den den Streitkräften zur Verfügung stehenden Flugplätzen zu starten, auf ihnen zu landen und sie zu benutzen. Die Streitkräfte haben, soweit es für die Sicherheit der Streitkräfte oder zu Übungszwecken erforderlich ist, Anspruch auf Benutzung des Luftraumes und der Flugplätze im Bundesgebiet mit der Maßgabe, daß die Benutzung ziviler Flugplätze zu Übungszwecken bei den deutschen Behörden zu beantragen ist; dieser Antrag bedarf der vorherigen Genehmigung der obersten Luftkommandostelle der beteiligten Streitkräfte.

(2) Die Betriebsrechte der deutschen Eisenbahnen bleiben unberührt. Rollendes Material, das Eigentum der Streitkräfte ist oder von ihnen gemietet oder ausschließlich benutzt wird, kann in das Bundesgebiet herein- und aus ihm hinausgebracht werden. Es ist zur Beförderung durch die deutschen Eisenbahnen zugelassen, wenn es im allgemeinen mit deren Betriebsmethoden vereinbar ist.

(3) Soweit in diesem Vertrage oder in anderen einschlägigen Abkommen nichts anderes bestimmt ist, gelten die deutschen Verkehrsgesetze, -verordnungen und -vorschriften für die Streitkräfte und ihre Mitglieder. Abweichungen von deutschen Verkehrsvorschriften sind den Streitkräften in Fällen dringender militärischer Erforder-

nisse unter gebührender Berücksichtigung der öffentlichen Sicherheit und Ordnung gestattet. Derartige Abweichungen sind jedoch für den Eisenbahnverkehr nur im Einvernehmen zwischen den Streitkräften und der zuständigen Eisenbahnverwaltung statthaft.

(4) Kraftfahrzeuge, Seeschiffe und Luftfahrzeuge der Streitkräfte oder ihrer Mitglieder können von den Behörden der Streitkräfte zugelassen oder registriert werden und sind von ihnen mit Nummernschildern oder anderen geeigneten Erkennungszeichen zu versehen. Vorbehaltlich der jeweils anwendbaren internationalen Vorschriften gelten dieselben Bestimmungen für Binnenschiffe der Streitkräfte oder ihrer Mitglieder, jedoch unter Ausschluß von Schiffen mit fünfzehn oder mehr Tonnen Tragfähigkeit, die Eigentum von Mitgliedern der Streitkräfte sind. Im Falle einer Zulassung durch die deutschen Behörden dürfen diese die übliche Zulassungsgebühr erheben, die keine Form der Besteuerung einschließt. Die Behörden der beteiligten Macht treffen die angemessenen Sicherheitsmaßnahmen, gewährleisten die technische Überwachung der von ihnen zugelassenen Kraftfahrzeuge, Schiffe und Luftfahrzeuge und teilen erforderlichenfalls auf Ansuchen der deutschen Behörde Namen und Anschrift des Eigentümers eines von ihnen zugelassenen Kraftfahrzeuges, Schiffes oder Luftfahrzeuges mit.

(5) Die Streitkräfte sind in bezug auf ihre Kraftfahrzeuge von allen deutschen Vorschriften befreit, welche die Achslast oder das Gesamtgewicht der Kraftfahrzeuge beschränken. Kraftfahrzeuge, die Eigentum der Streitkräfte oder ihrer Mitglieder sind oder von ihnen betrieben werden, sind von deutschen Gesetzen, Vorschriften oder polizeilichen Maßnahmen befreit, die Änderungen oder Ergänzungen in dem Bau, der Ausführung oder Ausrüstung der Fahrzeuge erfordern würden, wie z. B. bei Erkennungszeichen, Warnsignalen, Bremsen, Beleuchtung und Richtungsanzeigern.

(6) Von den zuständigen Behörden der beteiligten Macht ausgestellte Urkunden, die Mitglieder der Streitkräfte zum Führen von Kraftfahrzeugen, Seeschiffen oder Luftfahrzeugen berechtigen, sind im Bundesgebiet gültig. Die Berechtigung zum Führen von Binnenschiffen, die durch die Streitkräfte zugelassen sind, richtet sich nach den Vorschriften der Streitkräfte, in denen die deutschen und, soweit anwendbar, die internationalen Binnenschiffahrtsvorschriften gebührend berücksichtigt werden.

(7) Die Mitglieder der Streitkräfte dürfen ihnen gehörende private Kraftfahrzeuge und Luftfahrzeuge im Bundesgebiet nur benutzen oder ihre Benutzung gestatten, wenn sie gegen die Haftung aus dieser Benutzung versichert sind. Art und Höhe des erforderlichen Versicherungsschutzes bestimmen sich nach deutschem Recht. Die Versicherung kann auch bei Versicherungsunternehmen abgeschlossen werden, die zur Ausübung dieser Tätigkeit im Gebiet der beteiligten Macht berechtigt und im Rahmen der Bestimmungen über Devisenkontrolle nach Erklärung der beteiligten Macht in der Lage sind, Schadenersatzansprüche im Bundesgebiet und in der Währung der Bundesrepublik zu befriedigen.

(8) Es wird ein Ständiger Ausschuß errichtet, bestehend aus Vertretern der Behörden der Bundesrepublik und Vertretern der zuständigen Behörden der Drei Mächte.

Der Ausschuß hat die Aufgabe, eine wirksame Koordinierung zwischen der zivilen und militärischen Luftfahrt sicherzustellen.

(9) Alle von den Bundesbehörden und den Streitkräften errichteten und betriebenen Kontrollsysteme für Luftverkehr und die dazugehörigen Fernmeldesysteme werden technisch und verwaltungsmäßig koordiniert, soweit es erforderlich ist, um die Sicherheit des Luftverkehrs und die gemeinsame Verteidigung zu gewährleisten.

(10) Die Genehmigung zu Luftaufnahmen durch Privatpersonen oder zivile Stellen und zur Herstellung und Verteilung von Abzügen und Negativen hiervon erteilen die deutschen Behörden vorbehaltlich der Sicherheitsüberprüfung durch die Behörden der Streitkräfte. Der Ständige Ausschuß bestimmt das Verfahren für die Sicherheitsüberprüfung.

Artikel 18

Post- und Fernmeldewesen

(1) Die Streitkräfte haben das Recht, Militärpostämter zur Behandlung der Postsachen und Telegramme der Streitkräfte und ihrer Mitglieder untereinander, mit Militärpostämtern in anderen Ländern und mit ihren Heimatstaaten einzurichten und zu betreiben. Austauschämter zwischen den Militärpostämtern und den Bundespostämtern können eingerichtet werden. Der Ort dieser Ämter wird im Einvernehmen zwischen den zuständigen Behörden der Bundesrepublik und der Streitkräfte festgelegt.

(2) Die Streitkräfte haben ferner das Recht, innerhalb ihrer Anlagen und in ihren militärischen Land-, Luft- und Wasserfahrzeugen ihre eigenen Fernmeldeanlagen, einschließlich Rundfunksender, für Mitglieder der Streitkräfte zu errichten, zu betreiben und zu unterhalten, soweit diese für militärische Zwecke erforderlich sind.

(3) Außerhalb ihrer Anlagen benutzen die Streitkräfte im Regelfall die deutschen öffentlichen Fernmeldeeinrichtungen. Die Streitkräfte können jedoch eigene Fernmeldeeinrichtungen außerhalb ihrer Anlagen errichten, betreiben und unterhalten,

(a) soweit es Gründe der militärischen Sicherheit zwingend erfordern;

(b) soweit und solange die deutschen Behörden nicht in der Lage sind oder im Einvernehmen mit den Streitkräften darauf verzichten, die erforderlichen Einrichtungen zu errichten;

(c) zeitweilig für militärische Übungen.

Die Behörden der Streitkräfte werden von den ihnen nach Satz 2 dieses Absatzes zustehenden Rechten in den Fällen von (a) nur nach angemessener Konsultation, in den Fällen von (b) nur im Einvernehmen mit den deutschen Behörden Gebrauch machen.

(4) Die von den Streitkräften selbst errichteten und betriebenen Einrichtungen können an das öffentliche Fernmeldenetz der Bundesrepublik angeschlossen werden, wenn sie mit diesem technisch und betrieblich vereinbar sind. Die Übergangsstellen werden jeweils im gegenseitigen Einvernehmen festgelegt.

(5) Die im Anhang B zu diesem Vertrag enthaltenen Bestimmungen gelten für Funkfrequenzen, die von Funkstationen benutzt werden, die durch die Streitkräfte

betrieben oder benutzt werden. Diese Bestimmungen treten gleichzeitig mit diesem Vertrag in Kraft.

(6) Die Mitglieder der Streitkräfte können gebührenfrei und ohne Einzelgenehmigung Rundfunkempfangsgeräte aufstellen und benutzen.

(7) Die Behörden der beteiligten Macht üben die vollständige Kontrolle über die im Bundesgebiet liegenden, als FK 12 und FK 41 bezeichneten Kabel einschließlich der zugehörigen Ausrüstung aus.

Artikel 19

Manöver und Übungen

(1) Die Streitkräfte sind berechtigt, im Bundesgebiet Manöver und sonstige Übungen abzuhalten. Werden solche Manöver oder andere Übungen außerhalb ihrer Anlagen durchgeführt, so benachrichtigen die Streitkräfte die zuständigen deutschen Behörden rechtzeitig vor Beginn derartiger Manöver oder Übungen davon. Die für die zufriedenstellende Durchführung dieser Manöver oder Übungen erforderlichen Verwaltungsmaßnahmen werden auf Antrag der Streitkräfte von den deutschen Behörden nach angemessener vorheriger Konsultation getroffen; dies gilt jedoch mit der Maßgabe, daß die Streitkräfte an der Durchführung dieser Maßnahmen mitwirken können.

(2) Die von den deutschen Behörden getroffenen Verwaltungsmaßnahmen werden genügend weit gehalten sein, daß sie den Streitkräften selbst gestatten, die Einzelmaßnahmen zu treffen, die gegebenenfalls zur Erreichung des militärischen Zweckes des Manövers oder der Übung erforderlich sind.

Artikel 20

Verteidigungsanlagen und Schutzmaßnahmen

(1) Unmittelbar der Verteidigung dienende Anlagen und Werke sowie Sicherheitsvorrichtungen errichtet und ändert die Bundesrepublik in dem Ausmaße, den Gegenden und der Ausführungsart, wie sie für die gemeinsame Verteidigung erforderlich sind. Sofern ein besonderes Geheimhaltungs- oder Sicherheitserfordernis vorliegt, können die Streitkräfte nach vorheriger Konsultation der Bundesregierung derartige Anlagen und Werke selbst errichten oder ändern.

(2) Die Bundesregierung arbeitet mit den Streitkräften zusammen, um zu gewährleisten, daß die aus besonderen Sicherheitsgründen erforderlichen militärischen und zivilen Schutzmaßnahmen von den deutschen Behörden und den Streitkräften unverzüglich wirksam durchgeführt werden können. Sie wird dafür Sorge tragen, daß die zur Durchführung dieser Schutzmaßnahmen erforderlichen Vorbereitungen rechtzeitig und in ausreichendem Maße getroffen werden.

(3) Maßnahmen auf Grund dieses Artikels unterliegen der Zuständigkeit des in Artikel 9 des Vertrags über die Beziehungen zwischen der Bundesrepublik Deutschland und den Drei Mächten angeführten Schiedsgerichts, falls im öffentlichen oder privaten Eigentum stehende Vermögenswerte ernstlich dadurch geschädigt worden sind oder geschädigt werden können. Artikel 12 der Satzung des Schiedsgerichts

findet auf derartige Maßnahmen Anwendung, falls dadurch wesentlichen Werten nicht wiedergutzumachender Schaden zugefügt werden würde.

Artikel 21

Rechte der Streitkräfte in bezug auf Anlagen

(1) Innerhalb ihrer Anlagen und über ihnen können die Behörden der Streitkräfte alle im Interesse der Durchführung ihrer Aufgabe notwendigen Maßnahmen unter der Voraussetzung treffen, daß sie die deutschen Vorschriften auf den Gebieten der öffentlichen Gesundheit und Sicherheit befolgen, soweit nicht ihre eigenen Vorschriften auf diesen Gebieten gleichwertige oder höhere Anforderungen stellen. Soweit ihre eigenen Vorschriften auf den Gebieten der öffentlichen Gesundheit und Sicherheit solche Anforderungen nicht stellen, sowie auf anderen Gebieten, sofern nicht in diesem Vertrage oder in einem anderen einschlägigen Abkommen eine besondere Regelung getroffen worden ist, können die Behörden der Streitkräfte ihre eigenen Vorschriften unter der Voraussetzung anwenden, daß sie hierdurch nicht die öffentliche Gesundheit, Sicherheit und Ordnung außerhalb der Anlagen gefährden. Sie teilen den deutschen Behörden rechtzeitig mit, in welchem Umfange sie von den deutschen Vorschriften auf den Gebieten der öffentlichen Gesundheit und Sicherheit abzuweichen beabsichtigen.

(2) Soweit die Behörden der Streitkräfte die einschlägigen deutschen Vorschriften innerhalb ihrer Anlagen nicht selbst zu vollziehen beabsichtigen, treffen sie mit den zuständigen deutschen Behörden entsprechende Vereinbarungen, welche die militärischen Erfordernisse und die Erfordernisse der deutschen Verwaltung gleichmäßig berücksichtigen.

(3) Soweit Gebäude sich nur teilweise im Besitz der Streitkräfte befinden, gelten diese Teile für die Zwecke dieses Artikels nicht als Anlagen, wenn sie Mitgliedern der Streitkräfte als Wohnungen dienen.

(4) Auf Antrag der Streitkräfte überwachen oder beschränken die deutschen Behörden in der Umgebung von Anlagen die Bautätigkeit sowie den Verkehr von Personen, Tieren, Land-, Wasser- und Luftfahrzeugen und Ballonen in dem Ausmaß, das im Interesse der gemeinsamen Verteidigung zum wirksamen Betrieb und zur Sicherung der Anlagen erforderlich ist.

Artikel 22

Anlagen, Archive, Dokumente, Eigentum und Postsendungen

Anlagen, Archive, Dokumente und, unbeschadet der Bestimmungen der Absätze (2) und (3) des Artikels 7 dieses Vertrags, Eigentum der Streitkräfte sowie als solche erkennbare Postsendungen der Streitkräfte und durch die Postdienste der Streitkräfte beförderte Postsendungen von Mitgliedern der Streitkräfte unterliegen nicht dem Zutritt, der Durchsuchung, der Beschlagnahme oder der Zensur durch deutsche Behörden; diese Bestimmung findet keine Anwendung, soweit die Behörden der Streitkräfte im Einzelfall oder für bestimmte Gruppen von Fällen auf diese Immunität verzichten.

Artikel 23

Polizei der Streitkräfte

(1) Die zuständigen Dienststellen der Streitkräfte haben das Recht, innerhalb des Bundesgebietes auf öffentlichen Straßen, in öffentlichen Lokalen und öffentlichen Verkehrsmitteln Streife zu gehen und gegenüber Mitgliedern der Streitkräfte tätig zu werden, um Ordnung und Manneszucht aufrechtzuerhalten.

(2) Ihre Befugnisse gegenüber Personen, die der deutschen Gerichtsbarkeit unterliegen, bestimmen sich nach Artikel 7 dieses Vertrags.

Artikel 24

Identifizierung von Mitgliedern der Streitkräfte

(1) Die Mitglieder der Streitkräfte sind durch die zuständigen Behörden der beteiligten Macht mit Personalausweisen auszustatten, die Namen, Geburtsdatum und Dienstgrad des Inhabers und eine Nummer enthalten und, falls der Inhaber keine Uniform trägt, mit einem Lichtbild versehen sind.

(2) Angehörige sind in ihren Personalausweisen als solche zu bezeichnen.

(3) Mitglieder der Streitkräfte haben sich auf Ansuchen der zuständigen deutschen Behörden über ihre Person auszuweisen.

(4) Soweit nicht in Artikel 25 dieses Vertrags etwas anderes bestimmt ist, gelten die gemäß Absatz (1) dieses Artikels ausgestellten Personalausweise als endgültiger Identitätsnachweis.

(5) Mitglieder der Streitkräfte, die auf Grund eines Marschbefehls in Gruppen unter militärischer Führung reisen, werden durch ihre Uniform endgültig ausgewiesen.

(6) Soweit erforderlich, gilt eine Bescheinigung der zuständigen Behörden der beteiligten Macht, daß eine Person ein Mitglied der Streitkräfte im Sinne des Artikels 1 dieses Vertrags ist, als endgültiger Beweis dieser Tatsache.

Artikel 25

Grenz- und Ausländerkontrolle

(1) Mitglieder der Streitkräfte, außer Angehörigen, die sich gemäß Artikel 24 dieses Vertrags ordnungsgemäß ausweisen, sind zur unbeschränkten Einreise in das Bundesgebiet und Ausreise aus ihm berechtigt. Angehörige sind hierzu bei Vorlage eines gültigen Passes berechtigt, aus dem ihre Eigenschaft als Angehörige hervorgeht.

(2) Die Behörden der beteiligten Macht können an von ihnen besonders bezeichneten Grenzstellen an der Kontrolle der Reiseausweise von Mitgliedern der Streitkräfte mitwirken.

(3) Mitglieder der Streitkräfte unterliegen nicht den Bestimmungen des deutschen Rechts über die Registrierung und Kontrolle von Ausländern.

(4) Mitglieder der Streitkräfte erwerben kein Recht auf ständigen Aufenthalt oder Wohnsitz im Bundesgebiet. Verliert ein Mitglied der Streitkräfte diese seine Eigenschaft im Sinne des Artikels 1 dieses Vertrags, verbleibt es aber im Bundesgebiet,

so haben die zuständigen Behörden der Streitkräfte dies den deutschen Behörden unverzüglich mitzuteilen. Auf eine solche Person sind die allgemeinen ausländerpolizeilichen Vorschriften anzuwenden.

Artikel 26

Ein- und Ausreise

Die deutschen Behörden arbeiten im Rahmen der Bestimmungen des Grundgesetzes und im Rahmen der internationalen Abkommen über den Reiseverkehr mit den Behörden der Drei Mächte zusammen, um zu verhindern, daß Personen in das Bundesgebiet einreisen oder von dort ausreisen, deren Einreise oder Ausreise von den Behörden einer oder mehrerer der Drei Mächte als der Sicherheit der Streitkräfte abträglich erachtet wird. Unter der Sicherheit der Bundesrepublik im Sinne der deutschen Bestimmungen über Einreise in das Bundesgebiet und Ausreise aus demselben ist auch die Sicherheit der Streitkräfte zu verstehen.

Artikel 27

Auslieferung

(1) Über Ersuchen um Auslieferung von Mitgliedern der Streitkräfte entscheidet die beteiligte Macht.

(2) Die deutschen Behörden teilen den zuständigen Behörden der Drei Mächte schriftlich mit, wenn sie ein Auslieferungsersuchen von einer anderen Regierung als derjenigen einer der Drei Mächte erhalten, es sei denn, daß eine solche Auslieferung nach deutschem Recht unzulässig ist.

(3) Innerhalb von einundzwanzig Tagen nach dem Eingang der Mitteilung gemäß Absatz (2) dieses Artikels können die Behörden einer oder mehrerer der Drei Mächte den deutschen Behörden mitteilen, daß sie aus Sicherheitsgründen Einwendungen gegen die Auslieferung erheben.

(4) Beabsichtigen die deutschen Behörden dennoch, die Auslieferung zu bewilligen, so wird die Sache zur Entscheidung über die Berechtigung der auf Grund von Absatz (3) dieses Artikels erhobenen Einwendungen einem Schiedsrichter unterbreitet, der nicht die Staatsangehörigkeit einer der Parteien des Streitfalles oder des ersuchenden Staates besitzt und von dem Präsidenten oder einem Vizepräsidenten des im Artikel 9 des Vertrags über die Beziehungen zwischen der Bundesrepublik Deutschland und den Drei Mächten bezeichneten Schiedsgerichtes ernannt wird. Seine Entscheidung ist für alle Parteien verbindlich und unanfechtbar.

(5) Bis zum Ablauf der in Absatz (3) dieses Artikels genannten Frist von einundzwanzig Tagen und bis zur Entscheidung des Streitfalles durch den Schiedsrichter führen die deutschen Behörden ohne Zustimmung der Behörden der die Einwendungen erhebenden Macht oder Mächte die Auslieferung nicht durch.

Artikel 28

Aufenthaltsrecht im Bundesgebiet

(1) Die beteiligte Macht hat das alleinige Recht, Mitglieder der Streitkräfte aus dem Bundesgebiet zu entfernen.

(2) Sind die Behörden der Drei Mächte der Auffassung, daß der Aufenthalt einer Person im Bundesgebiet ihre Sicherheit gefährdet, so können sie den deutschen Behörden die nach dem Grundgesetz zulässigen Maßnahmen hinsichtlich des Aufenthaltes dieser Person empfehlen.

Artikel 29

Tragen von Waffen

(1) Die Behörden der Streitkräfte haben das Recht, die Voraussetzungen zu regeln, unter denen Personen, die bei den Streitkräften beschäftigt sind, innerhalb von Anlagen oder soweit ihr Dienst das Tragen von Waffen erfordert, Waffen besitzen und gebrauchen dürfen. Die Bestimmungen über den Waffengebrauch werden sich im Rahmen des deutschen Notwehrrechts halten.

(2) Die in Absatz (1) dieses Artikels bezeichneten Personen müssen im Besitz eines von den Behörden der Streitkräfte ausgestellten Waffenscheins sein. Waffenscheine dürfen nur für Personen ausgestellt werden, gegen deren Zuverlässigkeit keine begründeten Bedenken bestehen. Als Waffenschein gilt auch ein Dienstausweis, der mit einer entsprechenden Eintragung versehen ist.

Artikel 30

Gesundheitswesen

(1) Die deutschen Behörden und die Behörden der Streitkräfte arbeiten in Fragen des Gesundheitswesens und der sanitären Maßnahmen in vollem Umfange zusammen, insbesondere im Hinblick auf die Kontrolle ansteckender Krankheiten; die Zusammenarbeit erstreckt sich auch auf den Austausch von Informationen und statistischem Material.

(2) Auf Antrag der Behörden der Streitkräfte treffen die deutschen Behörden in der Umgebung von Anlagen der Streitkräfte diejenigen gesundheitlichen und sanitären Maßnahmen, die zum Schutz der Gesundheit der Streitkräfte erforderlich sind. Sind die deutschen Behörden nicht in der Lage, hinsichtlich der Müllabfuhr, der Ungezieferbekämpfung oder der Wasserreinigung in Gebieten außerhalb von Städten angemessene Maßnahmen zur Erfüllung der militärischen Erfordernisse zu treffen, so können die Streitkräfte selbst diese Maßnahmen ergreifen. In Städten, in denen Streitkräfte stationiert sind, treffen die städtischen Behörden und die Behörden der Streitkräfte Vereinbarungen über die Normen für die Wasserreinigung, um eine von Ansteckungskeimen freie Wasserversorgung der Streitkräfte sicherzustellen.

Artikel 31

Todesfälle und Bestattungswesen

(1) Vorbehaltlich der Bestimmungen eines besonderen Abkommens sind die Behörden der Streitkräfte berechtigt, Friedhöfe anzulegen und zu unterhalten sowie unter Beachtung angemessener, von ihnen selbst zu bestimmender hygienischer Vorschriften Maßnahmen für die Bestattung, Exhumierung und Überführung von Leichen von Mitgliedern der Streitkräfte zu treffen.

(2) Die Behörden der beteiligten Macht können den Leichnam eines im Bundesgebiet verstorbenen Mitglieds der Streitkräfte in ihre Obhut nehmen und darüber verfügen; sie können ferner über seine persönliche Habe verfügen, nachdem die im Bundesgebiet entstandenen Schulden des Verstorbenen gegenüber Personen, die nicht Mitglieder der Streitkräfte sind, geregelt worden sind. Dies gilt nicht, wenn der Verstorbene seinen gewöhnlichen Aufenthalt in dem Bundesgebiet hatte.

Artikel 32

Devisenverkehr

(1) Die Behörden der beteiligten Macht sind berechtigt, Zahlungsmittel nichtdeutscher Währung sowie Zahlungsanweisungen oder Militärgutscheine, die auf die Währung einer beteiligten Macht lauten, einzuführen, auszuführen, zu besitzen und unter Beachtung der Bestimmungen von Absatz (2) dieses Artikels an die Mitglieder der Streitkräfte auszugeben.

(2) Die Behörden der beteiligten Macht können ihre Mitglieder mit Zahlungsanweisungen und Militärgutscheinen, die auf die Währung der beteiligten Macht lauten, oder in deutscher Währung oder in der Währung ihres Landes bezahlen; sie führen jedoch ein System der Bezahlung in der Währung ihres Landes nur im Benehmen mit der Bundesregierung ein.

(3) Um eine Gefährdung der deutschen devisenwirtschaftlichen Interessen zu vermeiden, treffen die Behörden der beteiligten Macht im Zusammenwirken mit der Bundesregierung geeignete Maßnahmen gegen einen Mißbrauch der Bestimmungen von Absatz (1) und (2) dieses Artikels.

(4) Die Mitglieder der Streitkräfte unterliegen so lange nicht der deutschen Devisengesetzgebung, als die Behörden der Streitkräfte im Zusammenwirken mit den deutschen Behörden und in Anlehnung an das jeweils geltende deutsche Devisenrecht geeignete Maßnahmen zur Wahrung der deutschen devisenwirtschaftlichen Interessen ergreifen.

Artikel 33

Steuern

(1) (a) Waren, die einer Verbrauchssteuer unterliegen, sind von der Verbrauchssteuer befreit, wenn sie von den Streitkräften unmittelbar aus einem inländischen Herstellungsbetrieb bezogen werden. Das gilt nicht für die Verbrauchssteuern auf Tabak, Kaffee, Tee, Zucker, Branntwein, Schaumwein und Benzin sowie für die zur Förderung des Bergarbeiterwohnungsbaues erhobenen Abgaben von der Kohle. Die Steuerbefreiung gilt nur für Einkäufe durch die amtlichen Beschaffungsstellen der Streitkräfte zum Gebrauch oder Verbrauch durch die Streitkräfte oder ihre Mitglieder.

(b) Die Streitkräfte stellen bei jedem Bezug verbrauchssteuerbarer Waren, für die Steuerbefreiung gemäß Unterabsatz (a) dieses Absatzes beansprucht wird, eine Bescheinigung aus, in der bestätigt wird, daß die Waren, die nach Gattung und Menge genau zu bezeichnen sind, ausschließlich für den Gebrauch oder Verbrauch durch die Streitkräfte oder ihre Mitglieder bestimmt sind.

(c) (gestrichen)

(2) (a) Lieferungen und sonstige Leistungen an die Streitkräfte, die von einer amtlichen Beschaffungsstelle der Streitkräfte in Auftrag gegeben worden sind, sind von der Umsatzsteuer befreit, vorausgesetzt, daß sich die Lieferung über die sonstige Leistung auf Gegenstände bezieht, die für den Gebrauch oder den Verbrauch durch die Streitkräfte oder ihre Mitglieder bestimmt sind. Der Unternehmer ist verpflichtet, bei Berechnung des Entgelts für die Lieferung oder sonstige Leistung die Umsatzsteuer außer Ansatz zu lassen.

(b) Wird bei Lieferungen der in Unterabsatz (a) dieses Absatzes genannten Art das Entgelt in der Währung der beteiligten Macht entrichtet, so hat der Lieferer neben der Befreiung nach Unterabsatz (a) dieses Absatzes auf Antrag Anspruch auf Vergütung der Umsatzsteuervorbelastung in Höhe der Ausfuhrvergütung nach § 16 Absatz (2) des Umsatzsteuergesetzes in der Fassung vom 1. September 1951. Die Vergütung ist vom Entgelt für die Lieferungen abzusetzen.

(c) Wird die Befreiung von der Steuer gemäß Unterabsatz (a) oder die Vergütung gemäß Unterabsatz (b) dieses Absatzes in Anspruch genommen, so bescheinigt die amtliche Beschaffungsstelle der Streitkräfte dem Lieferer, daß der Gegenstand der Lieferung oder sonstigen Leistung ausschließlich für den Gebrauch oder Verbrauch der Streitkräfte oder ihrer Mitglieder bestimmt ist.

(d) Lieferungen an die Streitkräfte gelten als Lieferungen im Großhandel.

(3) (a) Die steuerliche Behandlung der Streitkräfte und ihrer Mitglieder wird, soweit eine Regelung in diesem Vertrage nicht getroffen ist, durch das am 26. Mai 1952 in Bonn unterzeichnete Abkommen über die steuerliche Behandlung der Streitkräfte und ihrer Mitglieder in der durch das Protokoll vom 26. Juli 1952 abgeänderten Fassung festgelegt.

(b) (gestrichen)

Artikel 34

Zollrechtliche Behandlung der Streitkräfte

(1) Nach Maßgabe der Bestimmungen dieses Vertrages und jedes anderen Abkommens zwischen der Bundesrepublik und den Drei Mächten oder einer von ihnen sind die Streitkräfte grundsätzlich von der deutschen Zollgesetzgebung und -kontrolle und von den deutschen Bestimmungen befreit, die für das Verbringen von Sachen in das oder aus dem Bundesgebiet gelten.

(2) Die Streitkräfte dürfen die in ihrem Eigentum stehenden oder für ihren eigenen Gebrauch oder den ihrer Mitglieder bestimmten Sachen frei von Zöllen und sonstigen Bundesabgaben und von Beschränkungen und Verboten in das oder aus dem Bundesgebiet verbringen. Die von den Streitkräften im Bundesgebiet gegen Zahlung in der Währung ihres Heimatlandes erworbenen Waren werden im Sinne dieses Artikels als aus dem Bundesgebiet ausgeführt und durch die Streitkräfte eingeführt behandelt. Die Streitkräfte befolgen die deutschen Bestimmungen zum Schutze der Gesundheit von Menschen, Tieren und Pflanzen.

(3) Die Streitkräfte erteilen amtliche Bescheinigungen für ihre Ein- und Ausfuhren. Die Form dieser Bescheinigungen wird im Benehmen mit der Bundesregierung festgelegt.

(4) Sendungen der Streitkräfte, die mit ihren dienstlichen Transportmitteln befördert werden, unterliegen der Zollkontrolle durch die Behörden der Streitkräfte. Diese stellen die Durchführung und die Wirksamkeit dieser Kontrolle sicher und gewährleisten die sichere Ankunft dieser Sendungen bei der Bestimmungsstelle. Die Behörden der Streitkräfte unterrichten die deutschen Zollbehörden über die zur Durchführung der Bestimmungen dieses Absatzes getroffenen Maßnahmen.

(5) Sendungen der Streitkräfte, die auf andere Weise als mit ihren dienstlichen Transportmitteln befördert werden, unterliegen der normalen deutschen Zollabfertigung, sollen jedoch hierdurch nicht verzögert werden. Sendungen, die von den Behörden der Streitkräfte oder einer Zollverwaltung versiegelt worden sind, unterliegen jedoch nicht der inneren Beschau, wohl aber können die deutschen Zollbediensteten diese Verschlüsse prüfen und erforderlichenfalls durch deutsche Zollverschlüsse ergänzen. Unstimmigkeiten, die bei diesen Kontrollen festgestellt werden, werden den Behörden der Streitkräfte mitgeteilt.

(6) Zusätzlich zu den in Artikel 35 dieses Vertrags enthaltenen Befreiungen sind amtliche Kuriere der Streitkräfte hinsichtlich ihres Kuriergepäcks von der Kontrolle durch die deutschen Zollbehörden befreit. Es wird ihnen eine bevorzugte Behandlung gewährt, um sicherzustellen, daß sie nicht aufgehalten werden.

(7) Militärische Einheiten, die dienstlich auf Grund eines Befehls die Grenzen des Bundesgebietes überschreiten, sind von der Kontrolle durch die deutschen Zollbehörden befreit, wenn der verantwortliche Führer schriftlich erklärt, daß alle praktisch möglichen Maßnahmen getroffen sind, um sicherzustellen, daß weder die Einheit noch deren Mitglieder Waren im Widerspruch zu den Bestimmungen dieses Artikels oder des Artikels 35 dieses Vertrags mit sich führen. Soweit es durchführbar ist, werden Truppenbewegungen den deutschen Zollbehörden von den Behörden der Streitkräfte vorher mitgeteilt. Diese Bestimmungen gelten nicht für Grenzüberschreitungen während militärischer Übungen oder Manöver.

(8) Ein- und Ausfuhren von Waren in Luftfahrzeugen, die den Streitkräften gehören oder von ihnen oder in ihrem Namen betrieben werden und auf einem Militärflugplatz landen oder starten, unterliegen der Zollkontrolle durch die Behörden der Streitkräfte. Falls ein solches Flugzeug auf einem Zivilflugplatz landet, unterliegt es der Zollkontrolle durch die Behörden der Streitkräfte; die deutschen Zollbehörden benachrichtigen unverzüglich die Behörden der Streitkräfte. Falls ein Handelsluftfahrzeug auf einem Militärflugplatz landen sollte, so wird die deutsche Zollverwaltung durch die Behörden der Streitkräfte benachrichtigt, die alle notwendigen Maßnahmen treffen, um sicherzustellen, daß die mit dem Luftfahrzeug beförderten Waren nicht in die deutsche Wirtschaft gelangen, bevor die deutschen Zollbehörden Gelegenheit zur Zollabfertigung hatten.

(9) Mit Ausnahme der in Absatz (11) des Artikels 39 dieses Vertrags angeführten Sachen können die Behörden der Streitkräfte im Bundesgebiet bewegliche Sachen

der Streitkräfte veräußern. Sachen, die an einen nicht im Bundesgebiet ansässigen Erwerber zur Ausfuhr veräußert werden, unterliegen nicht den deutschen Ausfuhrbeschränkungen oder Ausfuhrabgaben. Die Bedingungen, unter denen die Veräußerung der in diesem Absatz genannten Sachen durchgeführt wird, werden zwischen den zuständigen deutschen Behörden und den zuständigen Behörden der Streitkräfte gegenseitig vereinbart.

Artikel 35

Zollrechtliche Behandlung der Mitglieder der Streitkräfte

(1) Nach Maßgabe der Bestimmungen dieses Vertrags und jedes anderen einschlägigen Abkommens zwischen der Bundesrepublik und den Drei Mächten oder einer von ihnen, unterliegen die Mitglieder der Streitkräfte grundsätzlich der deutschen Zollgesetzgebung.

(2) Die Strafverfolgung von Zollzuwiderhandlungen einschließlich des Rechts zur Einziehung von Waren unterliegt ausschließlich der Strafgerichtsbarkeit der Behörden der Streitkräfte. Das deutsche Verwaltungsstrafverfahren in Zollsachen findet auf die Mitglieder der Streitkräfte keine Anwendung. Die deutschen Zollbehörden haben auf Waren, die von den Streitkräften als Folge einer Zollzuwiderhandlung ihrer Mitglieder eingezogen worden sind, Anspruch, soweit dies erforderlich ist, um die auf den Waren ruhenden Abgaben im Steuerverfahren einzuziehen.

(3) Gegenüber Mitgliedern der Streitkräfte sind die deutschen Bestimmungen über den Gebrauch von Schußwaffen durch Zollbeamte nicht anwendbar.

(4) Die Mitglieder der Streitkräfte sind von den deutschen Ein- und Ausfuhrbeschränkungen und -verboten und von der Entrichtung von Zöllen und anderen Bundesabgaben für Waren befreit, die von ihnen für ihren persönlichen oder häuslichen Ge- oder Verbrauch in das oder aus dem Bundesgebiet verbracht werden mit folgender Maßgabe:

(a) Das Recht der Mitglieder der Streitkräfte zur Einfuhr von Waren im Wege der Versendung gilt nicht für solche rationierte Waren, wie sie von den Streitkräften an ihre Mitglieder verkauft oder verteilt werden.

(b) Die Behörden der Streitkräfte beschränken die Einfuhr solcher rationierter Waren, wie sie von ihnen an ihre Mitglieder verkauft oder verteilt werden, in dem von ihren Mitgliedern mitgeführten Gepäck mengenmäßig.

(c) Die Einfuhr von nichtrationierten Waren im mitgeführten Gepäck und im Wege der Versendung wird von den Behörden der Streitkräfte mengenmäßig beschränkt, wenn sie nach Erwägung der Empfehlungen der deutschen Behörden zu dem Ergebnis kommen, daß derartige Waren in besonderem Maße den Gegenstand von Zollzuwiderhandlungen bilden.

(d) Zum Nachweis gegenüber den deutschen Zollbehörden, daß von den Mitgliedern der Streitkräfte auf dem Handelswege oder durch die deutsche Post oder in ihrem mitgeführten Gepäck eingeführte, nichtrationierte Waren für ihren persönlichen oder häuslichen Ge- oder Verbrauch bestimmt sind, können die Mitglieder der Streitkräfte von den Behörden der Streitkräfte Bescheinigungen erhalten, die als

Genehmigung zur Einfuhr nach den Bestimmungen dieses Artikels anerkannt werden.

(e) Die deutschen Bestimmungen zum Schutze der Gesundheit von Menschen, Tieren und Pflanzen sind von den Mitgliedern der Streitkräfte zu befolgen.

(5) Für die Zollkontrolle über die Mitglieder der Streitkräfte können die Behörden der Streitkräfte Bedienstete bei solchen Grenzübergängen einsetzen, über die eine erhebliche Anzahl von Mitgliedern der Streitkräfte verkehrt. Die Behörden der Streitkräfte legen diese Übergänge im Benehmen mit der Bundesregierung fest. An diesen Übergängen führen die Bediensteten der Streitkräfte in Zusammenarbeit mit den deutschen Zollbehörden die Zollabfertigung der Mitglieder der Streitkräfte und ihrer Waren durch. An allen anderen Übergängen unterliegen die Mitglieder der Streitkräfte der normalen Zollabfertigung durch die deutschen Behörden. Die Bestimmungen dieses Absatzes finden auch auf den Verkehr von Mitgliedern der Streitkräfte zwischen dem Bundesgebiet und Berlin Anwendung.

(6) Die Zollkontrolle von Warensendungen an oder durch Mitglieder der Streitkräfte auf dem amtlichen Post- oder Frachtwege der Streitkräfte wird durch die Behörden der Streitkräfte an den von ihnen eingerichteten Stellen ausgeübt. Deutsche Zollbeamte können bei diesen Kontrollen anwesend sein.

(7) Über die nach den Bestimmungen dieses Vertrages abgabefrei eingeführten Waren darf durch Mitglieder der Streitkräfte im Bundesgebiet zugunsten anderer Personen als Mitglieder der Streitkräfte nur nach vorheriger Benachrichtigung und mit Genehmigung der zuständigen deutschen Behörden verfügt werden; dies gilt nicht für übliche Geschenke persönlicher oder häuslicher Art in nicht zum Handel geeigneten Mengen.

(8) Die Behörden der Streitkräfte treffen im Rahmen dieses Vertrags geeignete Maßnahmen, um ihre Mitglieder von Verstößen gegen die Steuer-, Zoll- und Ein- und Ausfuhrbestimmungen der Bundesrepublik abzuhalten. Sie berücksichtigen diese Gesichtspunkte bei der Festsetzung der Rationen für Waren, die vornehmlich den Gegenstand solcher Zuwiderhandlungen bilden und berücksichtigen dabei die Empfehlungen der Bundesregierung. Die von den Behörden der Streitkräfte festgesetzten Rationen sollen nicht über das Maß dessen hinausgehen, was vernünftigerweise für den persönlichen Gebrauch erforderlich ist. Die Behörden der Streitkräfte arbeiten bei der Bekämpfung von Zollzuwiderhandlungen eng mit den deutschen Zollbediensteten und Strafverfolgungsbehörden zusammen.

(9) Die Behörden der Streitkräfte benachrichtigen die deutschen Zollbehörden von allen Zuwiderhandlungen, um erforderlichenfalls steuerrechtliche Maßnahmen gegen die Täter zu ermöglichen. In gleicher Weise benachrichtigen die deutschen Zollbehörden die Behörden der Streitkräfte von allen Zollzuwiderhandlungen, an denen Mitglieder der Streitkräfte beteiligt sind. Die deutschen Zollbehörden benachrichtigen die Behörden der Streitkräfte von der Beschlagnahme von Sachen oder Zahlungsmitteln bei Mitgliedern der Streitkräfte; derartige Sachen oder Zahlungsmittel sind den Behörden der Streitkräfte zu übergeben. Die deutschen Zollbehörden erteilen den Mitgliedern der Streitkräfte über alle einbehaltenen Sachen oder Zahlungsmittel Empfangsbescheinigungen.

(10) Kraftfahrzeuge von Mitgliedern der Streitkräfte, die zu ihrem persönlichen Gebrauch bestimmt sind, können ohne Zollentrichtung und ohne Beschränkung in das Bundesgebiet einfahren oder ausfahren gegen Vorlage von Registrierbescheinigungen oder anderen Bescheinigungen der Behörden der Streitkräfte, durch die bestätigt wird, daß das Kraftfahrzeug Eigentum eines Mitglieds der Streitkräfte und für seinen persönlichen Gebrauch bestimmt ist. Die Behörden der Streitkräfte geben auf Ansuchen deutscher Zollbehörden über derartige Fahrzeuge Auskunft. Fahrzeuge für gewerbliche Zwecke sind von dieser Vergünstigung ausgeschlossen.

(11) Die Einfuhr von Waren durch Mitglieder der Streitkräfte zur Verwendung für karitative Zwecke im Bundesgebiet wird durch gegenseitige Vereinbarung zwischen den zuständigen deutschen Behörden und den Behörden der Streitkräfte geregelt.

Artikel 36

Organisationen und Unternehmen im Dienste der Streitkräfte

(1) Vorbehaltlich der Bestimmungen dieses Artikels

(a) können nichtdeutsche Organisationen nichtwirtschaftlichen Charakters, die von den Streitkräften oder der beteiligten Macht zum Nutzen der Mitglieder der Streitkräfte eingerichtet worden sind, oder die der Truppenbetreuung dienen, den Streitkräften nach Mitteilung an die deutschen Behörden, daß diese Organisationen im Dienste der Streitkräfte stehen, ganz oder zum Teil gleichgestellt werden;

(b) kann eine solche Organisation, falls sie ein Klub ist, nur insoweit gleichgestellt werden, als sie einen Teil der Verpflegungs- oder Sporteinrichtungen der Streitkräfte darstellt.

(2) Die Streitkräfte können sich nichtdeutscher wirtschaftlicher Unternehmen bedienen, soweit ihre militärischen Bedürfnisse nicht durch deutsche Unternehmen befriedigt werden können. Diese Unternehmen können den Streitkräften gleichgestellt werden,

(a) soweit sie technische Dienste in einem Vertragsverhältnis für die Streitkräfte leisten, nach Mitteilung an die deutschen Behörden, und

(b) in allen anderen Fällen nach Konsultation mit den deutschen Behörden.

(3) Angestellte der in Absatz (1) dieses Artikels aufgeführten Organisationen und der in Unterabsatz (a) des Absatzes (2) dieses Artikels aufgeführten Unternehmen (mit Ausnahme von Deutschen und Personen, die im Bundesgebiet eingestellt worden sind und weder die Staatsangehörigkeit einer der Drei Mächte noch die eines anderen Entsendestaates besitzen), können ebenfalls den Mitgliedern der Streitkräfte gleichgestellt werden.

(4) Die Gleichstellung mit den Streitkräften oder ihren Mitgliedern ist nur insoweit zulässig, als die Organisationen, Unternehmen oder Angestellten ausschließlich im Dienste der Streitkräfte stehen, und nur, soweit ihre Gleichstellung für ihren Beitrag zur Erfüllung der Verteidigungsaufgabe der Streitkräfte notwendig ist. Das Ausmaß der Gleichstellung wird in der Mitteilung oder bei der Konsultation festgestellt. Es kann durch weitere Vereinbarungen auf das erforderliche Maß beschränkt werden.

Die Organisationen, Unternehmen und Angestellten haben sich jeder privaten wirtschaftlichen Tätigkeit zu enthalten. Die Behörden der Streitkräfte treffen im Zusammenwirken mit der Bundesregierung geeignete Maßnahmen gegen einen Mißbrauch dieser Rechte.

(5) Die Gleichstellung der in Unterabsatz (b) des Absatzes (2) dieses Artikels aufgeführten wirtschaftlichen Unternehmen beschränkt sich auf

(a) die Zulassung und Registrierung von Kraftfahrzeugen gemäß Artikel 17 dieses Vertrags:

(b) die Versorgung mit Liegenschaften gemäß Artikel 38 dieses Vertrags:

(c) das Recht, im Rahmen des Artikels 34 dieses Vertrags Waren, die an die Streitkräfte weiter veräußert oder ihnen zur Verfügung gestellt werden, frei von Zöllen und sonstigen Bundesabgaben in das Bundesgebiet zu verbringen;

(d) die Steuerbefreiung gemäß den Absätzen (1) und (2) des Artikels 33 dieses Vertrags, soweit es sich um Lieferungen und sonstige Leistungen der wirtschaftlichen Unternehmen an die Streitkräfte handelt; in jeder anderen Hinsicht bleibt die steuerliche Behandlung der wirtschaftlichen Unternehmen dem in Artikel 33 dieses Vertrags erwähnten Abkommen vorbehalten;

(e) die Benutzung von Verkehrs-, Post- und Fernmeldeeinrichtungen der Streitkräfte gemäß Artikel 17 und 18 dieses Vertrags:

(f) die Befreiung von den Vorschriften des deutschen Rechts über Gewerbegenehmigungen und ausländische Gesellschaften bezüglich ihrer Leistungen für die Streitkräfte;

(g) die Erteilung der zur Erfüllung ihrer Aufgaben erforderlichen Devisengenehmigungen sowie das Recht zum Besitz und. zur Verwendung von Militärzahlungsmitteln.

(6) Sind Angestellte der in Absatz (1) und (2) dieses Artikels aufgeführten Organisationen und Unternehmen außerdem Mitglieder der Streitkräfte gemäß Unterabsatz (b) der Ziffer 7 des Artikels 1, so können die Streitkräfte das Ausmaß begrenzen, in dem die Bestimmungen dieses Vertrages auf diese Angestellten anwendbar sind. Sie berücksichtigen dabei die Empfehlungen der deutschen Behörden.

(7) Die Zahl der Angestellten von Organisationen und Unternehmen im Dienste der Streitkräfte kann nur im Einvernehmen mit den deutschen Behörden über das Doppelte der bei Inkrafttreten dieses Vertrags vorhandenen Zahl hinaus vermehrt werden.

ABSCHNITT II

Versorgung

Artikel 37

Art und Umfang der Leistungsverpflichtung

(1) Die Bundesrepublik übernimmt es, nach Maßgabe der Bestimmungen dieses Vertrags oder anderer Zusatzverträge sicherzustellen, daß der sich im Bundesgebiet

ergebende Bedarf der Streitkräfte und ihrer Mitglieder auf den folgenden Gebieten insoweit befriedigt wird, als dies für die Erfüllung ihrer Verteidigungsaufgabe erforderlich ist:

(a) Liegenschaften (Artikel 38)

(b) Sach- und Werkleistungen einschließlich der öffentlichen Versorgung (Artikel 39 und 40)

(c) Verkehrsleistungen (Artikel 41)

(d) Post- und Fernmeldeleistungen (Artikel 42)

(e) sonstige öffentliche Dienste (Artikel 43).

(2) Die Bundesrepublik trägt dafür Sorge, daß den Streitkräften die für ihren Bedarf im Einklang mit den militärischen Erfordernissen benötigten geeigneten zivilen Arbeitskräfte durch die zuständigen deutschen Stellen vermittelt werden (Artikel 44).

(3) Die Bundesrepublik erläßt zur Erfüllung der von ihr in Absatz (1) dieses Artikels übernommenen Verpflichtungen geeignete Gesetze über die Inanspruchnahme von Sachleistungen, die Beschaffung von Land und die Errichtung von Schutzbereichen.

(4) Bis zum Inkrafttreten der in Absatz (3) dieses Artikels vorgesehenen Bundesgesetze werden diese Verpflichtungen unter Beachtung der Bestimmungen des Grundgesetzes durch angemessene Anwendung der folgenden Gesetzesbestimmungen erfüllt, soweit sie sich auf die Ermächtigung zur Inanspruchnahme von Sachleistungen, die Beschaffung von Land und die Errichtung von Schutzbereichen beziehen: Gesetz über Sachleistungen für Reichsaufgaben (Reichsleistungsgesetz) vom 1. September 1939; Gesetz über die Landbeschaffung für Zwecke der Wehrmacht vom 29. März 1935, und Gesetz über die Beschränkung von Grundeigentum aus Gründen der Reichsverteidigung (Schutzbereichgesetz) vom 24. Januar 1935. Die Anwendung der in Satz 1 erwähnten Reichsgesetze erstreckt sich nicht auf die Bemessung der Vergütungs- und Entschädigungsansprüche, die gemäß Absatz (3) des Artikels 12 des Finanzvertrages erfolgt.

Artikel 38

Liegenschaften

(1) Die Behörden der Streitkräfte melden bei der zuständigen deutschen Bundesbehörde ihren Bedarf an Liegenschaften in Form von periodischen und, falls erforderlich, von zusätzlichen Programmen an. Wenn sich der Liegenschaftsbedarf von Streitkräften zweier oder mehrerer Mächte, die am gleichen Ort stationiert sind oder stationiert werden sollen, überschneidet, so werden gemeinsame Beratungen zwischen ihnen abgehalten, mit dem Ziel, gemeinsame Liegenschaftsprogramme aufzustellen. Einzelanforderungen werden auf ein Mindestmaß beschränkt.

(2) Programme und Einzelanforderungen, über die sich die Bundesbehörde und die Behörden der Streitkräfte geeinigt haben, werden durch die zuständigen deutschen Behörden nach Konsultation mit den Behörden der Streitkräfte und unter besonderer Berücksichtigung von Lage, Normen und Zeitpunkt der Bereitstellung durchgeführt. In diesen Programmen wird besondere Vorsorge getroffen, um den Schwierigkeiten

zu begegnen, die für die Streitkräfte aus der Anwendung der Bestimmungen von Absatz (5) Satz 2 dieses Artikels entstehen können. Einzelanforderungen kleineren Ausmaßes können unmittelbar zwischen den zuständigen deutschen regionalen Behörden und den Behörden der Streitkräfte geregelt werden.

(3) Kommt zwischen den regionalen deutschen Behörden und den nachgeordneten Behörden der Streitkräfte eine Einigung nicht zustande, so wird die Angelegenheit an die Bundesbehörde zur weiteren Konsultation mit den Behörden der Streitkräfte verwiesen.

(4) Die Streitkräfte überprüfen laufend ihren Bedarf an Liegenschaften, um sicherzustellen, daß dieser Bedarf auf das Mindestmaß beschränkt bleibt, das mit dem Umfang und den Pflichten der Streitkräfte vereinbar ist. Liegenschaften, die nicht mehr benötigt werden oder für die den Streitkräften befriedigende Ersatzliegenschaften verfügbar gemacht werden, werden von den Streitkräften freigegeben.

(5) Auf die Rückgabe von Liegenschaften an Privatpersonen wird besonders geachtet. Privatwohnungen werden zurückgegeben, wenn sie während einer zusammenhängenden Zeitdauer von sechs Monaten von den Streitkräften nicht benutzt werden. Die deutschen Behörden sind berechtigt, bei den Streitkräften zu beantragen, daß die Freigabe bestimmter Liegenschaften mit den Behörden der Streitkräfte erörtert wird.

(6) Gleichzeitig mit der Freigabe in Anspruch genommener Wohnungen oder Hotels werden alle darin befindlichen beweglichen Sachen, für die eine Nutzungsvergütung gezahlt wird, freigegeben. Bei der Freigabe anderer in Anspruch genommener Liegenschaften werden die Streitkräfte gleichzeitig die darin befindlichen beweglichen Sachen, für die eine Nutzungsvergütung gezahlt wird, freigeben, außer in Fällen, in denen die weitere Benutzung solcher beweglicher Sachen für die Erfüllung der Verteidigungsaufgabe der Streitkräfte erforderlich ist. In diesen Fällen konsultieren die Behörden der Streitkräfte die deutschen Behörden. Derartige bewegliche Sachen werden auch schon vor der Freigabe der Liegenschaften freigegeben, wenn sie für den Bedarf der Streitkräfte nicht mehr erforderlich sind, oder wenn durch die deutschen Behörden ein für die Streitkräfte befriedigender Ersatz zur Verfügung gestellt wird. Kunstgegenstände und Antiquitäten werden von den Streitkräften nach einem zu vereinbarenden Verfahren freigegeben.

(7) Bei der Durchführung des ersten Liegenschaftsprogramms haben die Streitkräfte, falls im gleichen Bezirk keine anderweitigen vergleichbaren Liegenschaften zur Verfügung stehen, binnen sechs Monaten nach Inkrafttreten dieses Vertrags das erste Anwartschaftsrecht auf diejenigen in öffentlichem Eigentum stehenden Liegenschaften, die zu dem in Artikel 13 des Ersten Teils des Vertrags zur Regelung aus Krieg und Besatzung entstandener Fragen bezeichneten Eigentum gehören und verfügbar werden. Dies gilt nicht für die Liegenschaften in der Bonner Enklave.

(8) Werden von den Streitkräften in Anspruch genommene Liegenschaften wie Schießplätze, Übungsplätze und Flugplätze vorübergehend von den Streitkräften nicht benutzt, so können sie der Bundesrepublik auf deren Ansuchen zeitweilig mit

der Maßgabe zur Verfügung gestellt werden, daß die Wiederbenutzung durch die Streitkräfte dadurch nicht beeinträchtigt werden darf.

Artikel 39

Sach- und Werkleistungen

(1) Die Beschaffung von Sach- und Werkleistungen im Bundesgebiet für die Streitkräfte und deren Mitglieder gegen Deutsche Mark oder andere Währungen erfolgt im Rahmen periodischer Programme, wobei die so beschafften Mengen die in diesem Programme festgelegten Mengen nur mit Zustimmung der deutschen Behörden um mehr als 10 vom Hundert übersteigen dürfen. Die periodischen Programme berücksichtigen den Bedarf an Baumaterialien, wie er in Durchführung der Bestimmungen von Artikel 40 dieses Vertrages entsteht. Nicht unter die Programme fallen kleinere Beschaffungen, die in Übereinstimmung mit den einschlägigen Vorschriften der Streitkräfte erfolgen.

(2) Es wird ein gemeinsamer Versorgungsausschuß errichtet; er besteht aus Vertretern der Bundesrepublik und Vertretern der zuständigen Behörden der Drei Mächte. Der Ausschuß ist dafür verantwortlich, daß die periodischen Programme für die Deckung des Bedarfs der Streitkräfte im Einvernehmen aufgestellt und die Schwierigkeiten geregelt werden, die sich bei der Durchführung dieser Programme ergeben können.

(3) Der in die periodischen Programme aufzunehmende Bedarf der Streitkräfte wird dem Gemeinsamen Versorgungsausschuß so früh wie möglich, spätestens jedoch zwei Monate vor Beginn des betreffenden Zeitraums bekanntgegeben. Größere Änderungen des Bedarfs an Leistungen der öffentlichen Versorgung (Gas, Wasser, Elektrizität, Abwässerbeseitigung) teilen die Behörden der Streitkräfte den deutschen Behörden so früh wie möglich im voraus mit.

(4) Bei Aufstellung der Programme berücksichtigt der Gemeinsame Versorgungsausschuß den wesentlichen Verteidigungs-, Ausfuhr- und zivilen Bedarf. Der Ausschuß bestimmt unter Aufstellung entsprechender Listen diejenigen Sach- und Werkleistungen, für welche Beschaffungsengpässe bestehen. Der Ausschuß kann eine ins einzelne gehende Spezifizierung bei solchen Gütern verlangen, die ins Gewicht fallende Mengen der in den genannten Listen aufgeführten Sach- und Werkleistungen erfordern.

(5) Die Beschaffung von Sach- und Werkleistungen einschließlich Bauleistungen im Rahmen von Absatz (1) dieses Artikels wird entweder unmittelbar durch die Behörden der beteiligten Macht in Übereinstimmung mit ihrem normalen Vertragsverfahren oder auf Antrag der Behörden der beteiligten Macht durch die deutschen Behörden durchgeführt. Die Bundesrepublik erklärt sich bereit, geeignete Maßnahmen zu ergreifen, um zu gewährleisten, daß dem Bedarf der Streitkräfte derjenige Vorrang vor dem nicht der Verteidigung dienenden innerdeutschen und Ausfuhrbedarf gewährt wird, der notwendig und geeignet ist, um die rechtzeitige Belieferung der Streitkräfte sicherzustellen.

(6) Beabsichtigen die Behörden der beteiligten Macht im Rahmen der vereinbarten Programme, Aufträge zur Beschaffung von Sach- oder Werkleistungen, die in den Listen über Beschaffungsengpässe enthalten sind, unmittelbar zu vergeben, so unterrichten sie hiervon die deutschen Behörden. Sind die deutschen Behörden der Ansicht, daß aus Gründen der Versorgung oder Kapazität bestimmte Firmen zur Vorlage von Angeboten aufgefordert werden sollten, so benennen sie solche Firmen spätestens innerhalb von zwei Wochen. Die Behörden der beteiligten Macht berücksichtigen bei der endgültigen Auswahl der Lieferer diese Empfehlungen in gebührender Weise.

(7) Abschriften aller von den Behörden der beteiligten Macht im Rahmen der vereinbarten Programme unmittelbar vergebenen Aufträge werden den deutschen Behörden zur Kenntnisnahme übermittelt.

(8) Wenn der Bedarf der Streitkräfte an Sach- und Werkleistungen im Wege der Beschaffung durch die deutschen Behörden befriedigt wird, so sind die Behörden der beteiligten Macht berechtigt, ihren Bedarf in jeder Beziehung einschließlich der Herstellungsvorschriften, der Lieferzeiten und anderer wesentlicher Bedingungen zu spezifizieren. Die deutschen Behörden sorgen in Zusammenarbeit mit den Behörden der beteiligten Macht dafür, daß diese Bedingungen zur Zufriedenheit der Streitkräfte erfüllt werden. Die Behörden der beteiligten Macht können Angebote aus guten und zwingenden Gründen, über welche die deutschen Behörden zu unterrichten sind, zurückweisen. Die Fertigung wird durch die deutschen Behörden überwacht; Vertreter der beteiligten Macht sind berechtigt, an Fertigungsüberprüfungen teilzunehmen. Die Abnahme von dem Lieferer erfolgt durch die deutschen Behörden, jedoch nur nach schriftlicher Zustimmung der Behörden der beteiligten Macht.

(9) Sach- und Werkleistungen können von den Streitkräften nach Maßgabe der Bestimmungen von Absatz (1) dieses Artikels und von ihren Mitgliedern für ihren eigenen Gebrauch örtlich zu Bedingungen erworben werden, die nicht ungünstiger sind als die für die Bewohner der Bundesrepublik allgemein geltenden Bedingungen.

(10) Alle periodischen Bedarfsprogramme für die Versorgung der Streitkräfte mit Sach- und Werkleistungen, deren Durchführung bereits vor dem Inkrafttreten dieses Vertrags von den Behörden der beteiligten Macht eingeleitet worden war und für die Leistungen zu diesem Zeitpunkt noch ausstehen, bleiben in Kraft und gelten als von dem Gemeinsamen Versorgungsausschuß aufgestellte Programme.

(11) Bewegliche Sachen, die aus RM- oder DM-Besatzungskosten oder Auftragsausgaben oder aus demjenigen Teil des Verteidigungsbeitrages der Bundesrepublik beschafft wurden, der zur Versorgung der Streitkräfte dient, werden aus dem Bundesgebiet nur entfernt, wenn dies zur Versorgung der Streitkräfte aus militärischen Gründen erforderlich ist oder wenn es sich um militärische Ausrüstungen handelt, deren Mitnahme bei Verlegung militärischer Einheiten üblich ist. Sofern die Behörden der Streitkräfte feststellen, daß sie solche beweglichen Sachen nicht mehr benötigen, werden diese Sachen den deutschen Behörden übergeben, falls hinsichtlich der Verfügung über diese beweglichen Sachen zwischen den deutschen Behörden und den Behörden der Streitkräfte nichts anderes vereinbart wird.

Artikel 40

Bauleistungen

(1) Sofern vereinbart wird, daß ein Teil des Liegenschaftsprogramms, wie es gemäß Artikel 38 dieses Vertrages vorgelegt wird, durch Neubauten zu decken ist, unterrichten die Behörden der Streitkräfte die deutschen Behörden in Zeitabständen, die mit der Programmaufstellung gemäß Artikel 39 dieses Vertrags abgestimmt sind, über ihre Bauprogramme, möglichst mit Einzelheiten über Art, Ausmaß, Lage und den erforderlichen Zeitpunkt der Fertigstellung für jedes einzelne Bauvorhaben und, soweit es notwendig wird, über ergänzende Einzelheiten und Änderungen. Die deutschen Behörden teilen den Behörden der Streitkräfte unverzüglich ihre Stellungnahme mit. Erforderlichenfalls finden gemeinsame Beratungen mit dem Ziele statt, ein Einvernehmen herbeizuführen, das den Streitkräften die Erfüllung ihrer Verteidigungsaufgabe ermöglicht.

(2) Die Durchführung der Bauvorhaben, die aus dem deutschen Verteidigungsbeitrag bezahlt werden, erfolgt durch die deutschen Baubehörden gemäß den deutschen Rechtsvorschriften und den für das Bauwesen geltenden Bestimmungen. Die Behörden der Streitkräfte stellen ihre spezifizierten Einzelanforderungen auf und teilen sie den deutschen Behörden mit; sie beteiligen sich an der Aufstellung der Pläne, der Ausschreibung, der Angebotseröffnung und der Vergebung der Aufträge; sie können Angebote aus guten und zwingenden Gründen, über welche die deutschen Behörden zu unterrichten sind, zurückweisen. Die Behörden der Streitkräfte können sich jederzeit über den Fortgang der Bauarbeiten unterrichten, die Bauunterlagen einsehen und Auskünfte verlangen. Die Behörden der Streitkräfte können zu jeder Zeit die Bauarbeiten besichtigen, üben jedoch die Überwachung des Bauvorhabens durch die deutschen Baubehörden aus. Soweit die Behörden der Streitkräfte nachträgliche Abweichungen von Verträgen verlangen, teilen sie den deutschen Behörden ihren Bedarf schriftlich mit. Die Abnahme der Bauleistung von dem Bauunternehmer erfolgt durch die deutschen Behörden, jedoch nur nach schriftlicher Zustimmung der Behörden der Streitkräfte.

(3) Reparaturen und Instandhaltungsarbeiten werden von den deutschen Behörden durchgeführt, wenn dies von den Behörden der Streitkräfte in Übereinstimmung mit beiderseitigen Vereinbarungen beantragt wird. Die Bestimmungen des Absatzes (2) dieses Artikels finden entsprechende Anwendung.

(4) Nicht unter diesen Artikel fallen kleinere Bauvorhaben, Bauaufträge, die vor Inkrafttreten dieses Vertrags erteilt worden sind, oder Bauaufträge, über die besondere Absprachen getroffen worden sind. Der Begriff „kleinere Bauvorhaben“ wird durch zweiseitige Vereinbarungen festgelegt.

Artikel 41

Verkehrsleistungen

(1) Die Streitkräfte sind berechtigt, die deutschen Verkehrsmittel auf Straßen, Eisenbahnen, Wasserstraßen und in der Luft für die Beförderung von Personen, Tieren und Material in das Bundesgebiet hinein, in ihm und aus ihm hinaus zu benutzen.

Die Streitkräfte genießen dabei die bevorzugte Behandlung, die für eine befriedigende Erfüllung ihrer Verteidigungsaufgabe erforderlich und mit einem angemessenen Ausgleich zwischen ihrem sich daraus ergebenden Bedarf und dem wesentlichen zivilen und Verteidigungsbedarf der Bundesrepublik vereinbar ist. Sie sind berechtigt, Verträge über Verkehrsleistungen mit Verkehrsunternehmen abzuschließen.

(2) Verkehrsleistungen der öffentlichen Verkehrsunternehmungen, die über den Rahmen der unter allgemein geltenden Verkehrsvorschriften freierhältlichen Leistungen hinausgehen, werden von den Transportbehörden der Streitkräfte, die für einen größeren Bereich zuständig sind, bei den deutschen Behörden beantragt. Das gleiche gilt für Verkehrsleistungen nicht-öffentlicher Verkehrsunternehmungen, wenn sie den Rahmen der alltäglichen Leistungen überschreiten oder in Zeiten einer Verknappung von Transportmitteln fallen; eine Verknappung gilt als erwiesen, wenn die Transportleistungen für die zivile Wirtschaft Einschränkungen unterliegen. Einzelheiten und Verfahren werden durch besondere Vereinbarungen geregelt.

(3) Die Vorschriften der folgenden, zwischen den Streitkräften und den deutschen Verkehrsbehörden vereinbarten technischen Abkommen und Arbeitsvereinbarungen, einschließlich des Abfertigungsverfahrens, mit den gegenseitig vereinbarten Nachträgen bleiben bis zum Zeitpunkt ihres Ablaufs in Kraft:

(a) die drei Tarif- und Arbeitsvereinbarungen zwischen der deutschen Bundesbahn und den amerikanischen, britischen und französischen Streitkräften vom 31. März 1950, 1. April 1950 und 1. September 1950;

(b) die beiden Abkommen zwischen dem amerikanischen und dem britischen Heer und der Deutschen Schlafwagen- und Speisewagen-Gesellschaft vom 30. April 1950 und 19. Dezember 1950;

(c) die Abkommen der alliierten Streitkräfte mit der Vereinigten Tanklager- und Transportmittel G. m. b. H., dem Bundesministerium für Verkehr und dem Bundesministerium für Finanzen vom 13. September 1951, 17. Dezember 1951 und 27. Februar 1952.

Die vorstehenden Abkommen unterliegen auf Antrag der Bundesrepublik oder der Drei Mächte vor dem Ablauf ihrer Gültigkeit einer Überprüfung und Änderung, soweit sie dem Grundgedanken dieses Vertrages nicht entsprechen. Falls sie nicht durch gegenseitige Vereinbarung über ihre zur Zeit laufende Geltungsfrist hinaus erneuert werden, werden rechtzeitig entsprechende Abkommen über die nach ihrem Ablauf geltenden Leistungsbedingungen geschlossen, die mit den Bedürfnissen der Streitkräfte und der dienstlichen Stellung ihrer Mitglieder bei der Durchführung der Verteidigungsaufgabe der Streitkräfte vereinbar sind.

(4) Die Streitkräfte machen den deutschen Behörden so frühzeitig wie möglich Mitteilung über den Bedarf ihres Militärverkehrs.

(5) Die Streitkräfte sind berechtigt, bei Inkrafttreten dieses Vertrags alle Verkehrsmittel und -einrichtungen zu behalten, die bisher ihrem Gebrauch vorbehalten waren, vorbehaltlich einer gemeinsamen Überprüfung dieser Benutzung gemäß den Grundsätzen dieses Vertrags.

(6) Die Mitglieder der Streitkräfte sind berechtigt, die deutschen Verkehrsmittel im Rahmen der allgemein geltenden Verkehrsvorschriften zu benutzen.

(7) Reichen die vorhandenen Verkehrsmittel und -einrichtungen zur Befriedigung des Bedarfs der Streitkräfte nicht aus, so erweitern die deutschen Behörden auf einen durch die obersten Kommandostellen der betreffenden Streitkräfte genehmigten Antrag in dem erforderlichen Umfang die vorhandenen Verkehrsmittel und -einrichtungen, ändern sie oder errichten neue. Absatz (4) dieses Artikels findet entsprechende Anwendung.

(8) Die Streitkräfte sind berechtigt, innerhalb ihrer Anlagen Verkehrseinrichtungen zu errichten, soweit dadurch die öffentliche Sicherheit und Ordnung außerhalb der Anlagen nicht beeinträchtigt wird. Vor Durchführung solcher Bauvorhaben werden die deutschen Behörden in angemessener Weise konsultiert.

(9) Die Streitkräfte können mit der zuständigen obersten Bundesbehörde Vereinbarungen treffen für den dienstlichen Gebrauch der besonderen deutschen Fernsprechnetze durch die Behörden der Streitkräfte, die für die Durchführung des Militärverkehrs verantwortlich sind, vorausgesetzt, daß dieser Gebrauch den Betrieb dieser Netze nicht beeinträchtigt.

Artikel 42

Post- und Fernmeldeleistungen

(1) Die öffentlichen Dienste des Post- und Fernmeldewesens der Bundesrepublik stehen den Streitkräften und deren Mitgliedern zur Verfügung. Die Streitkräfte genießen dabei die bevorzugte Behandlung, die für eine befriedigende Erfüllung ihrer Verteidigungsaufgaben erforderlich und mit einem angemessenen Ausgleich zwischen ihrem daraus sich ergebenden Bedarf und dem wesentlichen zivilen und Verteidigungsbedarf der Bundesrepublik vereinbar ist. Die beim Inkraftsetzen dieses Vertrags geltenden Leistungsbedingungen bleiben in Kraft. Diese Leistungsbedingungen unterliegen einer Überprüfung und Abänderung auf Antrag eines der Unterzeichnerstaaten, soweit sie dem Grundgedanken dieses Vertrags nicht entsprechen. Im Falle einer solchen Überprüfung müssen die festzulegenden Leistungsbedingungen mit den Bedürfnissen der Streitkräfte und der dienstlichen Stellung ihrer Mitglieder bei der Durchführung der Verteidigungsaufgaben ihrer Streitkräfte vereinbar sein.

(2) Auf Antrag werden den Streitkräften für dauernde oder vorübergehende Zwecke Fernmeldestromkreise unter den in Absatz (1) dieses Artikels genannten Bedingungen zur ausschließlichen Benutzung überlassen.

(3) Reichen die deutschen öffentlichen Post- und Fernmeldeeinrichtungen zur Befriedigung des Bedarfs der Streitkräfte nicht aus, so erweitern die deutschen Behörden auf Antrag bevollmächtigter Vertreter der höchsten Kommandoinhaber der Streitkräfte in dem erforderlichen Umfang die vorhandenen Einrichtungen oder errichten neue. Die Streitkräfte machen den deutschen Behörden so frühzeitig wie möglich Mitteilung über diesen Bedarf. Der Betrieb derartiger Einrichtungen ist Sache der Bundesrepublik, soweit nichts anderes vereinbart wird.

(4) Die Bestimmungen des Artikels 48 dieses Vertrags finden auf die bisher von den Streitkräften benutzten Fernmeldeeinrichtungen und -ausrüstungen entsprechende Anwendung.

(5) Fernmeldeeinrichtungen innerhalb Deutschlands, die den Streitkräften gehören, können der Bundesrepublik zur Verfügung gestellt werden, soweit die Streitkräfte bestimmen, daß diese Einrichtungen verfügbar sind. Die im Absatz (1) dieses Artikels erwähnten Leistungsbedingungen finden auf diese Einrichtungen entsprechende Anwendung.

Artikel 43

Sonstige öffentliche Dienste

(1) Die Streitkräfte und ihre Mitglieder sind berechtigt, deutsche öffentliche und Verwaltungsdienste, die an keiner anderen Stelle dieses Vertrags besonders erwähnt sind, in dem Ausmaße zu benutzen oder zu erhalten, in dem dies für die Verteidigungsaufgabe der Streitkräfte erforderlich ist oder in dem die Bewohner der Bundesrepublik diese gewöhnlich erhalten.

(2) Auf dem Gebiet der Meteorologie und Kartographie arbeiten die deutschen Behörden und die Behörden der Streitkräfte zusammen, um die Verteidigungserfordernisse der Streitkräfte zu befriedigen.

Artikel 44

Arbeitskräfte

(1) Die Streitkräfte melden möglichst frühzeitig ihren Bedarf an zivilen Arbeitskräften bei den zuständigen deutschen Behörden an und erhalten im Regelfall die Arbeitskräfte durch deren Vermittlung. Den Mitgliedern der Streitkräfte stehen für die Beschaffung geeigneter ziviler Arbeitskräfte die Dienste der zuständigen deutschen Behörden zur Verfügung.

(2) Deutsche, die im Dienst der Streitkräfte arbeiten, unterliegen allen Verpflichtungen, die sich aus den Abmachungen über einen deutschen Verteidigungsbeitrag ergeben. Sie werden nur zu Diensten nichtsoldatischer Art, einschließlich ziviler Wachdienste, verwendet.

(3) Die für die deutschen Bundesbehörden maßgebenden arbeitsrechtlichen Vorschriften mit Ausnahme der tariflichen Bestimmungen gelten für die Beschäftigung bei den Streitkräften, soweit nicht dieser Artikel etwas anderes bestimmt. Erforderlichenfalls überprüft eine gemäß Absatz (10) dieses Artikels errichtete gemischte Kommission auf Antrag der höchsten Behörden der Streitkräfte, ob und inwieweit einzelne Vorschriften des deutschen Arbeitsrechts mit den militärischen Erfordernissen der Streitkräfte unvereinbar sind. Die Feststellungen dieser Kommission sind gemäß Artikel 3 dieses Vertrags durch die zuständigen deutschen Behörden in angemessener Weise zu berücksichtigen.

(4) Die Tätigkeit bei den Streitkräften gilt nicht als Tätigkeit im deutschen öffentlichen Dienst.

(5) Den deutschen Behörden obliegt im Einvernehmen mit den Behörden der Streitkräfte

(a) die Festlegung der den einzelnen Arbeitsverhältnissen zugrundezulegenden Arbeitsbedingungen einschließlich der Löhne, der Gehälter und der Einordnung der einzelnen Tätigkeitsarten in Lohn- und Gehaltsgruppen, sowie gegebenenfalls der Abschluß von Tarifverträgen,

(b) die Regelung des Entlohnungsverfahrens.

(6) Die Behörden der Streitkräfte haben gegenüber den Arbeitskräften die Befugnis zur Einstellung, Zuweisung des Arbeitsplatzes, Ausbildung, Versetzung im Einvernehmen mit dem Arbeitnehmer, Kündigung und Entgegennahme von Kündigungen.

(7) Die Behörden der Streitkräfte bestimmen die Zahl und Art der benötigten Arbeitsplätze gemäß der Einordnung der Tätigkeitsarten im Sinne des Unterabsatzes (a) des Absatzes (5) dieses Artikels. Der einzelne Arbeitnehmer wird durch die Behörden der Streitkräfte in vorläufiger Weise in die entsprechende Lohn- oder Gehaltsgruppe eingestuft. Diese Einstufung unterliegt der Zustimmung der zuständigen deutschen Behörden. Die Zustimmung gilt als gegeben, wenn die deutsche Behörde nicht innerhalb von zwei Wochen nach Zugang der vorläufigen Einstufung widerspricht. In derartigen Fällen wird die entsprechende Einstufung im Benehmen zwischen den Behörden der Streitkräfte und den deutschen Behörden entschieden. Das Arbeitsentgelt für die Zeit der vorläufigen Einstufung wird gemäß der endgültigen Einstufung gezahlt. Der Arbeitnehmer wird bei der vorläufigen Einstufung darauf hingewiesen.

(8) Ansprüche der einzelnen Arbeitnehmer aus der Beschäftigung bei den Streitkräften richten sich gegen die Bundesrepublik. Sie unterliegen der deutschen Arbeitsgerichtsbarkeit. In Rechtsstreitigkeiten wegen Kündigungen aus Sicherheitsgründen entscheidet jedoch auf Antrag der hierfür bestimmten Behörden der Streitkräfte eine gemäß Absatz (10) dieses Artikels errichtete gemischte Kommission mit bindender Wirkung für die deutschen Arbeitsgerichte über die Frage, ob die Kündigung als fristlose oder fristgemäße gerechtfertigt ist. Der Antrag ist unverzüglich zu stellen, spätestens jedoch innerhalb eines Monats, nachdem die Mitteilung über die Klageerhebung bei den Behörden der Streitkräfte eingegangen ist. Der Beteiligte hat Anspruch darauf, vor der Kommission tatsächliche und rechtliche Ausführungen zu machen.

(9) Die bei den Streitkräften Beschäftigten können zur Wahrnehmung ihrer Interessen Betriebsräte bilden, deren Aufgabe es ist, Vorschläge zu machen und Anliegen oder Beschwerden bei den zuständigen Behörden der Streitkräfte vorzubringen. Die Betriebsräte haben Anspruch darauf, von den zuständigen Behörden der Streitkräfte gehört zu werden. Anliegen und Beschwerden, die auf diese Weise nicht behoben werden, können den zuständigen deutschen Behörden zur weiteren Beratung mit den Behörden der Streitkräfte zugeleitet werden.

(10) Die in den Absätzen (3) und (8) dieses Artikels vorgesehenen gemischten Kommissionen bestehen aus einer gleichen Anzahl von Vertretern der Bundesrepublik

und Vertretern der zuständigen Behörden der Drei Mächte. Die Kommissionen entscheiden mit Stimmenmehrheit; sie geben sich ihre eigenen Verfahrensordnungen, die auch Bestimmungen über die Tätigkeit von Unterausschüssen enthalten können. Falls eine Kommission oder ein Unterausschuß keine Entscheidung durch Mehrheitsbeschluß erzielen kann, ernennen die Bundesrepublik und die beteiligte Macht oder die beteiligten Mächte ein weiteres Mitglied, das an der Entscheidung teilnimmt.

Artikel 45

Zivile Dienstgruppen

(1) Die Streitkräfte sind berechtigt, Dienstgruppen zu unterhalten, die sich aus nichtdeutschen Staatsangehörigen zusammensetzen.

(2) Bestehende zivile Dienstgruppen, die sich aus Deutschen zusammensetzen, werden

(a) im Benehmen mit den zuständigen Behörden der Bundesrepublik spätestens vierundzwanzig Monate nach Inkrafttreten dieses Vertrags aufgelöst. Die Bundesrepublik und die Drei Mächte treten vor dem Ende der Übergangsperiode in Verhandlungen ein, um Maßnahmen zu treffen, die gewährleisten sollen, daß die Stärke und die Schlagkraft der Streitkräfte infolge dieser Auflösung nicht beeinträchtigt werden;

(b) nicht zu Diensten außerhalb des Bundesgebietes verwendet.

(3) Artikel 44 dieses Vertrags findet Anwendung, soweit in diesem Artikel nicht etwas anderes vorgesehen ist.

(4) Den Mitgliedern der zivilen Dienstgruppen kann als Teil des Arbeitsentgelts Kost und Unterkunft gewährt werden. Es kann von ihnen verlangt werden, daß sie während der Arbeitszeit, soweit es angebracht ist, einheitliche Arbeitskleidung tragen.

(5) Die bei Inkrafttreten dieses Vertrags geltenden Arbeitsbedingungen im Sinne des Unterabsatzes (a) des Absatzes (5) des Artikels 44 werden alsbald im Einvernehmen zwischen den deutschen Behörden und den Behörden der Streitkräfte überprüft und im wesentlichen einheitlich festgelegt.

(6) Die Behörden der Streitkräfte führen die Einstufung der Mitglieder der Dienstgruppen durch, teilen die Einstufung den zuständigen deutschen Behörden mit und berücksichtigen deren Änderungsvorschläge in angemessener Weise.

Artikel 46

Jagd und Fischerei

(1) Die Bundesrepublik unternimmt im Rahmen ihrer Zuständigkeit Schritte, um den Mitgliedern der Streitkräfte besondere Jagd- und Fischereiprivilegien auf bundeseigenem Land zu gewähren und gewähren zu lassen. Sie verwendet ihre guten Dienste bei den Ländern, den deutschen Behörden und den Gebietskörperschaften dafür, daß diese hinsichtlich anderen Landes in öffentlichem Eigentum das gleiche tun. Bei der Gewährung dieser besonderen Privilegien werden die folgenden allgemeinen Richtlinien beachtet:

(2) Die Mitglieder der Streitkräfte

(a) befolgen die deutschen Jagd- und Fischereivorschriften insbesondere in bezug auf Weidgerechtigkeit beim Jagen und Fischen;

(b) richten sich nach deutschen Abschußplänen;

(c) werden beim Jagen auf Schalenwild stets von einem zugelassenen Jäger oder Förster begleitet sein, für dessen Dienste angemessene Gebühren zu entrichten sind;

(d) zahlen eine pauschale Jahresgebühr für die Jagd, deren Höhe im Einvernehmen mit den zuständigen Bundes- oder Landesbehörden festgesetzt wird. Diese Gebühr tritt an die Stelle aller anderen einschlägigen Steuern, Gebühren, Kosten und Abgaben. Bei der Festsetzung dieser Gebühr sind die Umstände, unter denen die Mitglieder der Streitkräfte im Bundesgebiet leben, gebührend zu berücksichtigen;

(e) entrichten in gleicher Weise eine angemessene Gebühr für Fischereiprivilegien.

(3) Die Streitkräfte sind berechtigt, Jagd- und Fischereischeine auszugeben, jedoch nur an Mitglieder der Streitkräfte, die mit den deutschen Jagd- und Fischereigesetzen und, im Falle der Jagd, mit dem Gebrauch von Jagdwaffen vertraut sind. Die Mitglieder der Streitkräfte respektieren private Vermögensrechte.

(4) Soweit private Vermögensrechte berührt werden, unternehmen die Bundesbehörden alles, was in ihren Kräften steht, um freiwillige Abmachungen mit den Mitgliedern der Streitkräfte anzuregen; sie wirken darauf hin, daß seitens der Eigentümer oder Pächter privater Jagden und Fischereibezirke oder seitens der Inhaber entsprechender Rechte Einladungen an Mitglieder der Streitkräfte ergehen.

(5) Privatrechtliche Verträge, die Jagd- und Fischereirechte zum Gegenstand haben und bei Inkrafttreten dieses Vertrages wirksam sind, gelten fort, sofern sie nach deutschem Recht freiwillig geschlossen wurden und die Zahlung des jeweiligen Marktpreises für derartige Rechte vorsehen. Alle anderen bisher in Anspruch genommenen oder vorbehaltenen Rechte in bezug auf Jagd und Fischerei erlöschen spätestens einen Monat nach Inkrafttreten dieses Vertrags.

(6) Die Rechte und Pflichten der Streitkräfte auf diesem Gebiet werden gegebenenfalls durch besondere Vereinbarungen zwischen den Streitkräften und den Bundes- oder Länderbehörden näher bestimmt.

Artikel 47

Berlin

(1) Auf Grund dieses Vertrags zur Verfügung gestellte Sach- und Werkleistungen können von den in Berlin stationierten Truppen der beteiligten Mächte genutzt und verwendet werden.

(2) (gestrichen)

Artikel 48

Überleitung der bestehenden Versorgung

(1) Sind Sachen, Werkleistungen oder Liegenschaften vor Inkrafttreten dieses Vertrags durch die Behörden der beteiligten Macht in Anspruch genommen oder zu Lasten des Besatzungskosten- oder Auftragsausgabenhaushalts beschafft worden und

dauert die Inanspruchnahme durch die Streitkräfte danach noch an, so gelten diese Sachen, Werkleistungen und Liegenschaften von diesem Zeitpunkt an für die Dauer eines Jahres als nach den gemäß Absatz (3) und (4) von Artikel 37 dieses Vertrags anzuwendenden Gesetzesbestimmungen unanfechtbar in Anspruch genommen.

(2) Sofern die Inanspruchnahme von Sachen, Werkleistungen oder Liegenschaften für Zwecke der Streitkräfte oder ihrer Mitglieder über die in Absatz (1) dieses Artikels genannte Frist hinaus erforderlich ist, gewährleistet die Bundesrepublik die weitere Zurverfügungstellung nach Maßgabe des Verfahrens der einschlägigen Bundesgesetze.

VIERTER TEIL

Übergangs- und Schlußbestimmungen

Artikel 49

(gestrichen)

Artikel 50

(gestrichen)

Artikel 51

Überprüfung

Unbeschadet der Bestimmungen des Artikels 10 des Vertrags über die Beziehungen zwischen der Bundesrepublik Deutschland und den Drei Mächten kann dieser Vertrag auf Antrag eines der Unterzeichnerstaaten nach Ablauf von zwei Jahren nach seinem Inkrafttreten jederzeit überprüft werden.

Zu Urkund dessen haben die unterzeichneten, von ihren Regierungen gehörig beglaubigten Vertreter diesen Vertrag, einen der in Artikel 8 des Vertrags über die Beziehungen zwischen der Bundesrepublik Deutschland und den Drei Mächten aufgeführten Verträge, unterschrieben.

Geschehen zu Bonn am sechsundzwanzigsten Tage des Monats Mai 1952 in deutscher, englischer und französischer Sprache, wobei alle drei Fassungen gleichermaßen authentisch sind.

Für die Bundesrepublik Deutschland
gezeichnet:
Adenauer

Für die Vereinigten Staaten von Amerika
gezeichnet:
Dean Acheson

Für das Vereinigte Königreich von Großbritannien und Nordirland
gezeichnet:
Anthony Eden

Für die Französische Republik
gezeichnet:
Robert Schuman

ANHANG A

zum Vertrag über die Rechte und Pflichten ausländischer Streitkräfte und ihrer Mitglieder in der Bundesrepublik Deutschland

(Artikel 3 Absatz (3))

Strafvorschriften zum Schutze der Drei Mächte, der Streitkräfte und ihrer Mitglieder

ABSCHNITT I

Verrat in militärischen Angelegenheiten

§ 1

(1) Militärische Geheimnisse im Sinne dieses Abschnitts sind Tatsachen, Gegenstände oder Erkenntnisse, insbesondere Schriften, Zeichnungen, Modelle oder Formeln einschließlich Schlüsselbücher, oder Nachrichten darüber, die mit Rücksicht auf die Sicherheit einer der Drei Mächte oder der Streitkräfte (im Sinne von Artikel 1 des Vertrags über die Rechte und Pflichten ausländischer Streitkräfte und ihrer Mitglieder in der Bundesrepublik Deutschland) geheimgehalten werden.

(2) Verrat im Sinne dieses Abschnittes begeht, wer vorsätzlich ein militärisches Geheimnis an einen Unbefugten gelangen läßt oder es öffentlich bekanntmacht und dadurch die Sicherheit einer der Drei Mächte oder der Streitkräfte gefährdet.

§ 2

(1) Wer ein militärisches Geheimnis verrät, wird mit Zuchthaus bestraft.

(2) Wer sich ein militärisches Geheimnis verschafft, um es zu verraten, wird mit Zuchthaus bis zu zehn Jahren bestraft.

(3) Wer es unbefugt unternimmt, sich ein militärisches Geheimnis zu verschaffen, oder wer, wenn er sonst unbefugt in den Besitz eines solchen Geheimnisses gelangt, es unterläßt, der zuständigen Dienststelle der Streitkräfte unverzüglich Anzeige zu erstatten, oder das Geheimnis, soweit es sich um einen Gegenstand handelt, auf Verlangen herauszugeben, wird mit Gefängnis bestraft.

(4) § 100 Absatz 3 des Strafgesetzbuchs in der Fassung vom 30. August 1951 (Bundesgesetzblatt Teil I Seite 739) findet auf militärische Geheimnisse keine Anwendung.

§ 3

(1) Wer vorsätzlich ein militärisches Geheimnis an einen Unbefugten gelangen läßt oder es öffentlich bekanntmacht und dadurch fahrlässig die Sicherheit einer der Drei Mächte oder der Streitkräfte gefährdet, wird mit Gefängnis bestraft.

(2) Wer fahrlässig ein militärisches Geheimnis, das ihm kraft seines Amtes oder seiner dienstlichen Stellung oder eines von einer Dienststelle erteilten Auftrags zugänglich war, an einen Unbefugten gelangen läßt und dadurch die Sicherheit einer

der Drei Mächte oder der Streitkräfte gefährdet, wird mit Gefängnis bis zu zwei Jahren bestraft. Die Tat wird nur mit Ermächtigung der beteiligten Macht oder der Streitkräfte verfolgt, deren Sicherheit gefährdet worden ist.

§ 4

(1) Wer in der Absicht, die Sicherheit einer der Drei Mächte oder der Streitkräfte zu beeinträchtigen, Nachrichten über militärische Angelegenheiten der Streitkräfte sich verschafft, sammelt, veröffentlicht oder einem anderen mitteilt oder zu diesem Zwecke einen Nachrichtendienst betreibt, für eine solche Tätigkeit anwirbt oder sie unterstützt, wird mit Gefängnis bestraft. Der Versuch ist strafbar.

(2) In besonders schweren Fällen ist die Strafe Zuchthaus bis zu fünf Jahren.

§ 5

(1) Wer in der Absicht, sich unbefugt ein militärisches Geheimnis zu verschaffen oder zum Zwecke der Beeinträchtigung der Sicherheit einer der Drei Mächte oder der Streitkräfte Nachrichten über militärische Angelegenheiten zu sammeln (§ 2 Absätze (2) und (3), § 4), eine militärische Anlage, ein Kriegsschiff oder ein Luftfahrzeug der Streitkräfte betritt oder sich in deren Nähe aufhält, wird mit Gefängnis bestraft.

(2) Als militärische Anlagen gelten auch die amtlich bekanntgemachten Sicherungsbereiche sowie gewerbliche Anlagen, in denen Gegenstände des Bedarfs der Streitkräfte hergestellt, ausgebessert oder aufbewahrt werden.

§ 6

Wer ohne Erlaubnis der zuständigen Behörde innerhalb eines amtlich bekanntgemachten Sicherungsbereichs oder von einem Gebäude, in dem Waffen oder andere Gegenstände des Bedarfs der Streitkräfte hergestellt oder gelagert werden, oder von einer anderen militärischen Anlage Aufnahmen macht oder von solchen Gegenständen Skizzen anfertigt oder solche Aufnahmen oder Skizzen in Verkehr bringt, wird mit Gefängnis und mit Geldstrafe oder mit einer von beiden Strafen bestraft.

§ 7

(1) Wer zu einer Regierung, einer Partei, einer anderen Vereinigung oder einer Einrichtung außerhalb des Bundesgebiets und von Berlin (West) oder zu einer Person, die für eine solche Regierung, Partei, Vereinigung oder Einrichtung tätig ist, Beziehungen aufnimmt oder unterhält, welche auf Mitteilungen im Sinne von § 1 oder § 4 gerichtet sind, wird mit Gefängnis bestraft.

(2) Ebenso wird bestraft, wer für eine Regierung, eine Partei, eine andere Vereinigung oder eine Einrichtung außerhalb des Bundesgebiets und von Berlin (West) tätig ist und Beziehungen der in Absatz (1) bezeichneten Art zu einem anderen aufnimmt oder unterhält.

§ 8

(1) Wer in der Absicht, einen Krieg, ein bewaffnetes Unternehmen oder Zwangsmaßregeln gegen eine der Drei Mächte oder die Streitkräfte herbeizuführen oder

zu fördern, zu einer Regierung, einer Partei, einer anderen Vereinigung oder einer Einrichtung außerhalb des Bundesgebietes und von Berlin (West) oder zu einer Person, die für eine solche Regierung, Partei, Vereinigung oder Einrichtung tätig ist, Beziehungen aufnimmt oder unterhält, wird mit Zuchthaus bestraft.

(2) Handelt der Täter in der Absicht, sonstige Maßregeln oder Bestrebungen einer Regierung, einer Partei, einer anderen Vereinigung oder einer Einrichtung außerhalb des Bundesgebiets und von Berlin (West) herbeizuführen oder zu fördern, die darauf gerichtet sind, die Sicherheit einer der Drei Mächte oder der Streitkräfte zu beeinträchtigen, so ist die Strafe Gefängnis. Der Versuch ist strafbar.

(3) Wer in der Absicht, eine der in den vorstehenden Absätzen (1) und (2) bezeichneten Maßnahmen oder Bestrebungen herbeizuführen oder zu fördern, unwahre oder gröblich entstellte Behauptungen tatsächlicher Art aufstellt oder verbreitet, wird mit Gefängnis bestraft. Der Versuch ist strafbar.

(4) In besonders schweren Fällen des Absatzes (1) kann auf lebenslanges Zuchthaus, in besonders schweren Fällen der Absätze (2) und (3) auf Zuchthaus erkannt werden.

§ 9

(1) Wegen der in diesem Abschnitt mit Strafe bedrohten Handlungen kann erkannt werden neben

den Strafen aus den §§ 2 und 8 Absatz (1)

auf Geldstrafe von unbegrenzter Höhe;

den Strafen aus den §§ 3, 4, 7 und 8 Absatz (2) und (3)

auf Geldstrafe;

einer wegen einer vorsätzlichen Tat verhängten Gefängnisstrafe von mindestens drei Monaten

für die Dauer von einem bis zu fünf Jahren auf die Unfähigkeit zur Bekleidung öffentlicher Ämter und den Verlust des Wahl- und Stimmrechts und der Wählbarkeit sowie auf den Verlust der aus öffentlichen Wahlen hervorgegangenen Rechte;

jeder Freiheitsstrafe aus den §§ 2, 4, 5, 7 und 8

auf Zulässigkeit von Polizeiaufsicht.

(2) § 86 des Strafgesetzbuchs in der Fassung vom 30. August 1951 gilt entsprechend.

ABSCHNITT II

Sabotage

§ 10

(1) Wer vorsätzlich ein Wehrmittel der Streitkräfte oder eine Einrichtung, die der Verteidigung im Sinne von Artikel 4 des Vertrags über die Beziehungen zwischen der Bundesrepublik Deutschland und den Drei Mächten dient, beschädigt, zerstört, unbrauchbar macht oder beiseite schafft und dadurch vorsätzlich die Sicherheit oder Schlagkraft der Streitkräfte gefährdet, wird mit Gefängnis nicht unter drei Monaten bestraft. In schweren Fällen ist auf Zuchthaus zu erkennen.

(2) Ebenso wird bestraft, wer vorsätzlich ein Wehrmittel oder eine Verteidigungseinrichtung oder den dafür bestimmten Werkstoff fehlerhaft herstellt oder liefert und dadurch vorsätzlich die Sicherheit oder Schlagkraft der Streitkräfte gefährdet.

(3) Der Versuch ist strafbar.

(4) Wer leichtfertig handelt und dadurch fahrlässig die Sicherheit oder Schlagkraft der Streitkräfte gefährdet, wird mit Gefängnis bestraft.

§ 11

Wer die Streitkräfte oder einzelne Mitglieder der Streitkräfte rechtswidrig in der Ausübung ihrer Dienstpflichten behindert oder stört und dadurch vorsätzlich die Sicherheit oder Schlagkraft der Streitkräfte gefährdet, wird, soweit die Tat nicht in anderen Vorschriften mit schwererer Strafe bedroht ist, mit Gefängnis bestraft.

ABSCHNITT III

Untergrabung der Dienstbereitschaft und Manneszucht der Streitkräfte

§ 12

(1) Wer auf Mitglieder der Streitkräfte in der Absicht einwirkt, die pflichtmäßige Bereitschaft zum Dienst in den Streitkräften zu untergraben, wird mit Gefängnis bestraft.

(2) Der Versuch ist strafbar.

(3) In besonders schweren Fällen kann auf Zuchthaus bis zu fünf Jahren erkannt werden.

§ 13

(1) Wer ein Mitglied der Streitkräfte zur Fahnenflucht verleitet oder die Fahnenflucht eines Mitglieds der Streitkräfte erleichtert, wird mit Gefängnis nicht unter drei Monaten bestraft.

(2) Der Versuch ist strafbar.

(3) In besonders schweren Fällen kann auf Zuchthaus bis zu zehn Jahren erkannt werden.

§ 14

Wer ein Mitglied der Streitkräfte auffordert oder anreizt, dem Befehl des Vorgesetzten nicht zu gehorchen, wird mit Gefängnis bis zu zwei Jahren bestraft.

ABSCHNITT IV

Beschimpfung der Streitkräfte

§ 15

Wer öffentlich die Streitkräfte beschimpft oder böswillig und mit Überlegung verächtlich macht, wird mit Gefängnis bestraft.

ABSCHNITT V

Anwendung von Vorschriften des Strafgesetzbuchs zugunsten der Streitkräfte

§ 16

Folgende Vorschriften des Strafgesetzbuchs sind zugunsten der Streitkräfte entsprechend anzuwenden:

(a) § 96 Absatz 1 Nr. 2 und Absatz 2 auf Taten gegen die nationalen Symbole der Streitkräfte;

(b) §§ 113, 115 und 116 auf den Widerstand, Aufruhr oder Auflauf gegen die Streitkräfte, ihre Soldaten, Beamten oder die von ihnen zur Unterstützung zugezogenen Angestellten;

(c) § 115 auf Nötigungen, die gegen die Streitkräfte, ihre Soldaten oder Beamten gerichtet sind;

(d) §§ 120, 121, 122b und 347 auf Taten gegen den Gewahrsam der Gefangenen der Streitkräfte oder der auf ihre Anordnung in einer Anstalt untergebrachten Personen;

(e) §§ 123 und 124 auf Taten gegen den Hausfrieden der zum öffentlichen Dienst oder Verkehr bestimmten Räume der Streitkräfte;

(f) § 132 auf die Anmaßung der Dienststellung eines Soldaten oder Beamten der Streitkräfte und auf die unbefugte Ausübung dienstlicher Befugnisse einer solchen Person;

(g) § 333 auf die Bestechung von Soldaten, Beamten oder solchen Angestellten der Streitkräfte, die auf Grund einer allgemeinen oder besonderen Anweisung einer höheren Dienststelle zur gewissenhaften Erfüllung ihrer Obliegenheiten förmlich verpflichtet worden sind.

ANHANG B

zum Vertrag über die Rechte und Pflichten ausländischer Streitkräfte
und ihrer Mitglieder in der Bundesrepublik Deutschland
(Artikel 18 Absatz 5)

Bestimmungen über Funkfrequenzen

1. Im Sinne der Bestimmungen

(a) wird der Begriff „Funkstelle“ durch Artikel 1 Abschnitt II der Vollzugsordnungen für den Funkdienst, Anhang zum Internationalen Fernmeldeabkommen, Atlantic City 1947, bestimmt;

(b) sind „Sicherheitsfrequenzen“ Funkfrequenzen, die nur von den Streitkräften für militärische und verwandte Zwecke einschließlich Rundfunk für die Mitglieder der Streitkräfte, aber nicht für Propagandazwecke benutzt werden;

(c) sind „Sperrbereiche“ Frequenzbereiche des Funkspektrums, die nur von den Streitkräften für militärische und verwandte Zwecke einschließlich Rundfunk für die Mitglieder der Streitkräfte, aber nicht für Propagandazwecke benutzt werden;

(d) sind „gemischte Sperrbereiche“ Frequenzbereiche des Funkspektrums, die von den Streitkräften für militärische und verwandte Zwecke einschließlich Rundfunk für die Mitglieder der Streitkräfte, aber nicht für Propagandazwecke benutzt werden und in denen zivile Funkstellen zugleich unter bestimmten Bedingungen betrieben werden können.

2. Die Funkstellen der Streitkräfte werden nur auf den in Ziffer 1 (b) bis (d) dieser Bestimmungen festgelegten Frequenzen und in Übereinstimmung mit den Bestimmungen des Artikels 47 des Internationalen Fernmeldeabkommens, Atlantic City 1947, oder den an dessen Stelle tretenden Bestimmungen betrieben.

3. Es wird ein Frequenzausschuß gebildet; dieser besteht aus Vertretern der Bundesrepublik und Vertretern der zuständigen Behörden der Drei Mächte. Der Frequenzausschuß faßt seine Beschlüsse einstimmig.

4. Die für die Funkstellen der Streitkräfte benötigten Sicherheitsfrequenzen, Sperrbereiche und gemischten Sperrbereiche, einschließlich der in den gemischten Sperrbereichen gemäß Ziffer 1 (d) dieser Bestimmungen festzulegenden technischen Bedingungen und die Änderungen in den bei Inkrafttreten dieses Vertrags den Streitkräften zugewiesenen oder zugeteilten Frequenzen werden von dem Frequenzausschuß festgelegt. Die Mitglieder des Frequenzausschusses koordinieren alle Frequenzzuweisungen, soweit es zur Vermeidung von Störungen notwendig ist. Dem Frequenzausschuß stehen die Funküberwachungsdienste zur Verfügung. Funküberwachungsberichte mit Auskünften über Frequenzen, wie sie in Ziffer 1 (b) bis (d) dieser Bestimmungen festgelegt worden sind, werden internationalen Organisationen nur mit Zustimmung des Frequenzausschusses zugeleitet. Auskünfte über zivile Frequenzen sind dem Frequenzausschuß zugänglich. Es werden keine Frequenzzuweisungen vorgenommen und keine Funkberichte zugelassen, durch die entweder die bei Inkrafttreten des Vertrages gültigen oder die entsprechend dieser Ziffer vom Ausschuß vorgenommenen Frequenzzuweisungen beeinträchtigt werden.

5. Werden bei internationalen Konferenzen Fragen berührt, für die der Frequenzausschuß zuständig ist, so werden die deutschen Vertreter die etwaigen Beschlüsse des Frequenzausschusses in angemessener Weise berücksichtigen und sich für den Schutz der in die Zuständigkeit des Frequenzausschusses fallenden Frequenzbereiche und Frequenzen einsetzen.

FINANZVERTRAG

(in der gemäß Liste III des Protokolls über die Beendigung des Besatzungsregimes abgeänderten Fassung)

Die Bundesrepublik Deutschland, die Vereinigten Staaten von Amerika, das Vereinigte Königreich von Großbritannien und Nordirland und die Französische Republik sind wie folgt übereingekommen:

Artikel 1

(1) Soweit sich aus dem Zusammenhang nichts anderes ergibt, haben im vorliegenden Vertrage die folgenden Ausdrücke dieselbe Bedeutung, die ihnen in Artikel 1 des Vertrags über die Rechte und Pflichten ausländischer Streitkräfte und ihrer Mitglieder in der Bundesrepublik Deutschland (im folgenden als „Der Truppenvertrag" bezeichnet) beigelegt sind:

das Bundesgebiet;
die Drei Mächte;
anderer Entsendestaat;
die beteiligte Macht;
die Streitkräfte;
Behörden der Streitkräfte;
Mitglieder der Streitkräfte;
Liegenschaften.

(2) Im vorliegenden Vertrag haben folgende weitere Ausdrücke die ihnen nachstehend jeweils beigelegte Bedeutung:

(a) Behörden der beteiligten Macht:
Die Behörden der beteiligten Macht, einschließlich der Behörden ihrer Streitkräfte.

(b) (gestrichen)

(c) Mittel für den Unterhalt der Streitkräfte:
Mittel der Bundesrepublik, die gemäß den Absätzen (1) bis (3) des Artikels 4 dieses Vertrags den beteiligten Mächten als Beitrag zur Deckung der Kosten der im Bundesgebiet stationierten Streitkräfte und ihrer Mitglieder zur Verfügung gestellt werden.

Artikel 2

Die deutschen Behörden und die Behörden der beteiligten Mächte haben zur Förderung der Zwecke dieses Vertrags uneingeschränkt zusammenzuarbeiten und sich gegenseitig zu unterstützen; sie haben die für die Durchführung dieses Vertrags erforderlichen, ihnen jeweils zur Verfügung stehenden Informationen auszutauschen und haben einander zur Förderung der zufriedenstellenden Durchführung dieses Vertrags die Dienste ihrer jeweiligen Dienststellen zur Verfügung zu stellen.

Artikel 3

(gestrichen)

Artikel 4

(1) (a) Vom Zeitpunkt des Inkrafttretens dieses Vertrags bis zum Inkrafttreten der Abmachungen über den deutschen Verteidigungsbeitrag wird die Bundesrepublik einen monatlichen Durchschnittsbeitrag von 600 Millionen DM als Mittel für den Unterhalt der Streitkräfte zur Verfügung stellen.

(b) Von dem im Unterabsatz (a) dieses Absatzes genannten Betrag von 600 Millionen DM ist ein Betrag von monatlich 100 Millionen DM für besondere, zwischen den Drei Mächten und der Bundesrepublik gemeinsam vereinbarte Verteidigungsmaßnahmen bestimmt. Aufwendungen für das NATO-Infrastrukturprogramm sind in diesem Betrag enthalten. Entschädigungszahlungen für Besatzungsschäden können darin einbezogen werden.

(c) Die Bestimmungen der Unterabsätze (a) und (b) dieses Absatzes gelten auf jeden Fall nur bis zum 30. Juni 1955. Treten die Abmachungen über den deutschen Verteidigungsbeitrag nach diesem Zeitpunkt in Kraft, so werden Verhandlungen zwischen der Bundesrepublik und den Drei Mächten über den Beitrag der Bundesrepublik zum Unterhalt der Streitkräfte für den Zeitraum nach dem 30. Juni 1955 und vor dem Inkrafttreten der Abmachungen über den deutschen Verteidigungsbeitrag stattfinden.

(2) Während der ersten zwölf Monate nach dem Inkrafttreten der Abmachungen über den deutschen Verteidigungsbeitrag wird die Bundesrepublik einen Gesamtbetrag von 3200 Millionen DM als Mittel für den Unterhalt der Streitkräfte zur Verfügung stellen. Diese Mittel werden wie folgt bereitgestellt:

400 Millionen DM monatlich für die ersten beiden Monate
300 Millionen DM monatlich für die folgenden vier Monate
200 Millionen DM monatlich für die letzten sechs Monate.

Treten die Abmachungen über den deutschen Verteidigungsbeitrag nach dem 30. Juni 1955 in Kraft, so findet diese Bestimmung keine Anwendung, und es werden Verhandlungen zwischen der Bundesrepublik und den Drei Mächten über den Beitrag der Bundesrepublik zum Unterhalt der Streitkräfte für einen Zeitraum von höchstens 12 Monaten nach dem Inkrafttreten der Abmachungen über den deutschen Verteidigungsbeitrag stattfinden.

(3) Die Drei Mächte erkennen das Recht der Bundesrepublik an, eine Überprüfung der Bestimmungen des Absatzes (2) dieses Artikels vorzuschlagen, falls sie der Auffassung ist, daß die durch den Aufbau der vereinbarten deutschen Streitkräfte entstehende Belastung eine solche Überprüfung rechtfertigt. In diesem Fall werden

die Unterzeichnerstaaten alle einschlägigen Faktoren prüfen und erforderlichenfalls übereinkommen, die vorstehenden Bestimmungen über die Mittel für den Unterhalt der Streitkräfte zu ändern.

(4) Im Geiste des Artikels 3 des Nordatlantikpakts erklärt die Bundesrepublik ihre Bereitschaft, bei Ablauf des in Absatz (2) dieses Artikels genannten Zeitraums mit anderen Mitgliedsregierungen der Nordatlantikpakt-Organisation, die Streitkräfte im Bundesgebiet stationiert haben, in Verhandlungen über Fragen bezüglich des Unterhalts (z. B. Sach- und Werkleistungen) dieser Streitkräfte einzutreten, wobei der Bedarf der Streitkräfte der Bundesrepublik zu berücksichtigen ist.

(5) Mittel, die gemäß den Absätzen (1) bis (3) dieses Artikels für einen bestimmten Zeitraum zur Verfügung gestellt werden, können nach Maßgabe des Absatzes (6) dieses Artikels in anderen Zeiträumen verwendet werden. Die Drei Mächte werden im Benehmen mit der Bundesregierung die gemäß diesem Artikel zur Verfügung gestellten Beträge unter die beteiligten Mächte verteilen oder neu verteilen. Die Bestimmungen des Artikels 5 dieses Vertrags finden auf die Verausgabung dieser Mittel Anwendung, soweit solche Mittel nicht gemäß Unterabsatz (a) des Absatzes (6) dieses Artikels ausgegeben werden.

(6) Auf die nach den Absätzen (1) bis (3) dieses Artikels für den Unterhalt der Streitkräfte zur Verfügung gestellten Mittel sind nur folgende Ausgaben anzurechnen:

(a) Beträge, die gegen Zahlungsermächtigungen verausgabt werden, welche nach Inkrafttreten dieses Vertrags zum Zwecke der Erfüllung von Zahlungsverpflichtungen für die Bereitstellung von Liegenschaften, Gütern, Materialien und sonstigen Leistungen ausgestellt werden, die von den Behörden der beteiligten Mächte im Rahmen der Besatzungskosten und Auftragsausgaben vor Inkrafttreten dieses Vertrags beschafft oder angefordert waren, soweit nicht diese Beträge aus den nicht verbrauchten Besatzungskosten und Auftragsausgabemitteln geleistet werden, die den Drei Mächten nach dem Inkrafttreten dieses Vertrags zu diesem Zweck zur Verfügung bleiben;

(b) Beträge, die gegen Zahlungsermächtigungen verausgabt werden, welche bis zum Ende des in Absatz (2) dieses Artikels erwähnten Zeitraums im Rahmen der gemäß Artikel 5 dieses Vertrags festgestellten Deutschen-Mark-Haushaltspläne der beteiligten Mächte ausgestellt werden. Soweit die im Absatz (1) dieses Artikels genannten Mittel nicht in voller Höhe zur Abdeckung der bis zum Ende des in diesem Absatz genannten Zeitraums ausgestellten Zahlungsermächtigungen verausgabt worden sind, stehen sie den Streitkräften für einen Zeitraum von 18 Monaten zur Begleichung von Verbindlichkeiten zur Verfügung, die zu Lasten der Mittel für den Unterhalt der Streitkräfte gehen und bei Ablauf des in Absatz (1) dieses Artikels genannten Zeitraums nicht erfüllt sind. Entsprechendes gilt für die Mittel, die gemäß Absatz (2) dieses Artikels zur Verfügung gestellt werden, jedoch stehen diese letzteren Mittel den Streitkräften für die Dauer von 12 Monaten nach Ablauf des betreffenden Zeitraums zur Verfügung;

(c) Beträge, die für andere zwischen der Bundesrepublik und den Drei Mächten vereinbarte Zwecke verausgabt werden.

(7) Die Drei Mächte verpflichten sich, ständige Bemühungen zu machen, um sicherzustellen, daß sich der Überhang nicht erhöht und so schnell wie möglich wesentlich vermindert wird. Die Behörden der Drei Mächte und der Bundesrepublik werden in vollem Umfange zu diesem Zweck zusammenarbeiten und einander durch Austausch einschlägiger Auskünfte und in jeder anderen geeigneten Weise unterstützen. Unter „Überhang" im Sinne dieses Absatzes ist der nicht verausgabte Teil der von der Bundesrepublik für Besatzungskosten und Auftragsausgaben zur Verfügung gestellten Mittel zusammen mit dem gleichfalls nicht verausgabten Teil der nach Absatz (1) dieses Artikels zur Verfügung gestellten Mittel zu verstehen.

Artikel 5

(1) Die Mittel für den Unterhalt der Streitkräfte sind ausschließlich für diesen Zweck zu verausgaben. Die Drei Mächte verpflichten sich, die zu Lasten dieser Mittel gehenden Aufwendungen in dem mit der militärischen Leistungsfähigkeit der Streitkräfte der beteiligten Mächte vereinbarten Mindestrahmen zu halten und die Mittel wirtschaftlich und sparsam zu verwenden.

(2) Jede der beteiligten Mächte hat Haushaltspläne aufzustellen. Die Verausgabung der Mittel für den Unterhalt der Streitkräfte hat gemäß den Haushaltspositionen und im Rahmen der Höchstbeträge zu erfolgen, wie sie in den von den beteiligten Mächten zum Zeitpunkt der Übereinkunft über den im Rahmen des vorliegenden Vertrags zur Verfügung zu stellenden Betrag aufgestellten Haushaltsvoranschlägen angesetzt werden. Jeder der beteiligten Mächte ist es freigestellt, Übertragungen zwischen den einzelnen Positionen ihres Haushalts vorzunehmen, jedoch dürfen derartige Übertragungen bei keiner Hauptposition eine Abweichung von mehr als 10 vom Hundert gegenüber dem ursprünglich veranschlagten Betrag ergeben. Die Bundesrepublik wird im voraus von derartigen Übertragungen in Kenntnis gesetzt werden, damit sie Empfehlungen aussprechen kann. Übertragungen, die Veränderungen von mehr als 10 vom Hundert bewirken, können im Einvernehmen zwischen den Drei Mächten und der Bundesrepublik vorgenommen werden.

(3) Die Bundesrepublik und die beteiligten Mächte können nach besonderer Übereinkunft die Ausgaben für den Bau von

(a) Liegenschaften für die Streitkräfte der beteiligten Mächte oder für die Streitkräfte deutschen Ursprungs,

(b) den in Artikel 20 des Truppenvertrags erwähnten Einrichtungen und Anlagen im Bundesgebiet sowie die Ausgaben für den Grunderwerb hierfür in einem besonderen Haushalt zusammenfassen.

Artikel 6

(1) Nach Maßgabe der Bestimmungen des Artikels 4 dieses Vertrags trifft die Bundesrepublik alle Maßnahmen, die erforderlich sind, um die Mittel für den Unterhalt der Streitkräfte nach Bedarf zur Verfügung zu stellen.

(2) Mit Ausnahme der Fälle des Absatzes (4) dieses Artikels sind derartige Mittel durch die zuständigen deutschen Zahlstellen auf Grund von Zahlungsermächtigungen, die von den zuständigen Behörden der Streitkräfte ausgestellt werden, auszuzahlen.

Durch diese Zahlungsermächtigungen wird bescheinigt, daß die Zahlung im Rahmen der einschlägigen Haushaltsposition der beteiligten Macht gemäß den Bestimmungen dieses Vertrags genehmigt ist; entsprechende Belege über bewirkte Leistungen sind beizufügen. Die zuständigen deutschen Zahlstellen haben nach Vorlage der Zahlungsermächtigung die auf diese Weise bescheinigte Zahlung in Höhe des in der Zahlungsermächtigung ausgewiesenen Betrages vorzunehmen. Die bevollmächtigten Vertreter der beteiligten Macht können die deutschen Unterlagen über die von den zuständigen deutschen Zahlstellen geleisteten Zahlungen prüfen.

(3) Bücher über Ausgaben und Einnahmen sind von der Bundesrepublik einerseits und von jeder beteiligten Macht andererseits zu führen; die Verbuchung hat gemäß der von der Bundesrepublik und den Drei Mächten vereinbarten einheitlichen Nomenklatur zu erfolgen. Falls die Bücher der Bundesrepublik mit denen einer der beteiligten Mächte nicht übereinstimmen sollten, nachdem sie jeweils gemäß den nach deutschen Rechts- und Verwaltungsvorschriften oder nach Rechts- und Verwaltungsvorschriften der beteiligten Macht anwendbaren Verfahren geprüft worden sind, so erfolgt die Abstimmung gemäß einem Verfahren, das von dem nach Artikel 14 dieses Vertrags zu bildenden Koordinierungsausschuß festzulegen ist. Dem Koordinierungsausschuß sind in regelmäßigen Zeitabständen Berichte über Ausgaben und Einnahmen zu erstatten.

(4) Die beteiligten Mächte können von den deutschen Zahlstellen Mittel erhalten, um Zahlungen durch ihre eigenen Stellen vorzunehmen für

(a) kleinere Ausgaben gemäß den Vorschriften der beteiligten Macht oder

(b) alle anderen Ausgaben, für die vereinbarungsgemäß ein solches Verfahren anzuwenden ist.

Diese Ausgaben sind gemäß Absatz (2) dieses Artikels zu bescheinigen und zu belegen.

Artikel 7

(1) Die folgenden Arten von Einrichtungen und Leistungen werden von den Streitkräften für eigene Zwecke und für Zwecke ihrer Mitglieder unentgeltlich benutzt oder in Anspruch genommen:

(a) Verwaltungsleistungen oder Verwaltungshilfe deutscher öffentlicher Dienststellen, sofern nicht Einverständnis darüber besteht, daß es sich um Leistungen besonderer Art handelt, für die eine Bezahlung gerechtfertigt ist;

(b) Wege, Straßen, Brücken;

(c) schiffbare Gewässer, sofern nicht nach deutschen für militärische Benutzer jeweils geltenden Vorschriften für geleistete Dienste Gebühren zu entrichten sind;

(d) die Leistungen der deutschen Polizei, des deutschen öffentlichen Gesundheitswesens und des deutschen Feuerschutzes, sofern nicht Einverständnis darüber besteht, daß es sich um Leistungen besonderer Art handelt, für die eine Bezahlung gerechtfertigt ist;

(e) andere öffentliche Leistungen und Einrichtungen, die normalerweise von den Bewohnern des Bundesgebiets ohne Entrichtung einer besonderen Gebühr in Anspruch genommen werden;

(f) meteorologische, topographische und kartographische Einrichtungen und Leistungen, sofern nicht Einverständnis darüber besteht, daß es sich um Leistungen besonderer Art handelt, für die eine Bezahlung gerechtfertigt ist;

(g) Vermögensgegenstände der folgenden Art — außer in bezug auf Instandsetzung und Instandhaltung —:

(i) Vermögenswerte, die im Eigentum der Bundesrepublik stehen, es sei denn, daß sie der Verwaltung der Deutschen Bundesbahn oder der Deutschen Bundespost unterliegen, sofern nicht vereinbart wird, daß für Vermögenswerte, die nach Inkrafttreten dieses Vertrags für andere als Verteidigungszwecke erworben werden, eine Ausnahme zu machen ist;

(ii) Vermögenswerte, die im Eigentum des früheren Deutschen Reiches standen und auf Grund des Bundesgesetzes zur vorläufigen Regelung der Rechtsverhältnisse des Reichsvermögens und der preußischen Beteiligungen vom 21. Juli 1951 (Bundesgesetzblatt I Seite 467) und der Verordnung zur Durchführung des § 6 dieses Gesetzes vom 26. Juli 1951 (Bundesgesetzblatt II Seite 471) der Verwaltung des Bundes unterliegen, es sei denn, daß sie der Verwaltung der Deutschen Bundesbahn oder der Deutschen Bundespost unterliegen;

(iii) Vermögenswerte, die aus Besatzungskosten oder Auftragsausgaben oder aus den Mitteln für den Unterhalt der Streitkräfte erbaut oder beschafft worden sind, mit folgenden Ausnahmen:

1. Sind Vermögenswerte, die nicht nach (i) und (ii) unentgeltlich in Anspruch genommen werden können, aus den zuvor genannten Mitteln wieder aufgebaut worden, so ist eine Nutzungsvergütung zu zahlen, die sich entsprechend dem Anteil der Wiederaufbaukosten an dem Gesamtwert mindert.

2. Für Grund und Boden, der nicht der Bundesrepublik gehört, ist eine Nutzungsvergütung zu zahlen.

(2) Werden Vermögenswerte der Länder von den Streitkräften für eigene Zwecke oder für Zwecke ihrer Mitglieder in Anspruch genommen, so verpflichtet sich die Bundesrepublik sicherzustellen, daß die Streitkräfte von der Haftung für alle dem betreffenden Land auf Grund deutschen Rechts etwa zustehenden Ansprüche auf Nutzungsvergütung befreit werden.

(3) In bezug auf die gemäß Unterabsatz (g) des Absatzes (1) unentgeltlich in Anspruch genommenen Vermögenswerte und die in Absatz (2) dieses Artikels bezeichneten Vermögenswerte wird die Bundesrepublik die nach deutschem Recht etwa bestehende Verpflichtung des Eigentümers zur Entrichtung von Grundsteuern erfüllen.

(4) Mitglieder der Streitkräfte dürfen kraft eigenen Rechts Einrichtungen und Leistungen unentgeltlich in Anspruch nehmen, die normalerweise von anderen Personen im Bundesgebiet unentgeltlich in Anspruch genommen werden.

(5) Für militärische Luftfahrzeuge jeder beteiligten Macht (einschließlich der von den Streitkräften einer solchen Macht eingesetzten Luftfahrzeuge) ist keine Gebühr für das Landen auf Zivilflugplätzen im Bundesgebiet oder den Abflug von solchen

Zivilflugplätzen zu entrichten, es sei denn, daß bei Flugplätzen, die nicht im Eigentum der Bundesrepublik stehen oder von ihr verwaltet werden, nach deutschen für militärische Benutzer jeweils geltenden Vorschriften Gebühren zu entrichten sind. Bei Notlandungen derartiger Luftfahrzeuge ist keine Gebühr zu entrichten.

(6) In der Regel gehen die Kosten des Baues, der Instandsetzung und Instandhaltung von sowohl für zivile als auch militärische Zwecke genutzten Verkehrsmitteln, -anlagen und -einrichtungen, Fernmeldeanlagen, -einrichtungen und -ausrüstungen und öffentlichen Versorgungseinrichtungen nicht zu Lasten des Verteidigungsbeitrages der Bundesrepublik. Wenn jedoch diese Einrichtungen keinen Ertrag abwerfen und die Inanspruchnahme für zivile Zwecke gering ist oder wenn andere Sonderumstände eine Abweichung von der allgemeinen Regel rechtfertigen, werden die auf die militärischen Bedürfnisse entfallenden Sonderkosten auf Grund vorheriger besonderer Abmachungen von den Streitkräften je nach Lage des Falles teilweise oder ganz getragen.

Artikel 8

(1) Vorbehaltlich der Vorschriften des Artikels 9 dieses Vertrags sind Ansprüche wegen Verlustes oder Schäden, die nach Inkrafttreten des Vertrags im Bundesgebiet infolge von Handlungen oder Unterlassungen der Streitkräfte entstehen, gemäß den Vorschriften dieses Artikels zu behandeln und dürfen nur gemäß diesen Vorschriften geltend gemacht werden.

(2) Als Handlungen oder Unterlassungen der Streitkräfte sind anzusehen:

(a) Handlungen oder Unterlassungen von Mitgliedern oder Bediensteten der Streitkräfte oder von Personen, die bei den Streitkräften gemäß Artikel 44 oder 45 des Truppenvertrags beschäftigt sind, bei der Erfüllung ihrer dienstlichen Verpflichtungen;

(b) Tätigkeiten der Streitkräfte;

(c) Handlungen oder Unterlassungen, welche Schäden an Liegenschaften oder beweglichen Gegenständen, die den Streitkräften gemäß dem Truppenvertrag zur Nutzung überlassen sind, während der Dauer dieser Nutzung verursachen, soweit die Schäden über das Maß normaler Abnutzung hinausgehen;

(d) Handlungen oder Unterlassungen von an Manövern der Streitkräfte teilnehmenden Mitgliedern der Streitkräfte, die Schäden an Grundstücken verursachen.

(3) Schäden an Liegenschaften oder beweglichen Gegenständen, die den Streitkräften zur Nutzung überlassen sind, gelten als im Zeitpunkt der Freigabe durch die Streitkräfte eingetreten; Entschädigungsansprüche wegen solcher Schäden gelten als erst in diesem Zeitpunkt entstanden.

(4) Bei der Entscheidung, ob und inwieweit für Verluste oder Schäden, die durch Handlungen oder Unterlassungen der Streitkräfte verursacht worden sind, Entschädigung zu zahlen ist, haben die zuständigen Dienststellen der Streitkräfte die Vorschriften des deutschen Rechts zu berücksichtigen, nach denen sich die Haftung der Bundesrepublik unter sonst gleichen Umständen bestimmen würde. Soweit die Streitkräfte nach Absatz (3) und (5) des Artikels 17 des Truppenvertrags von

deutschen Verkehrsvorschriften befreit sind, wird über die Ansprüche ohne Rücksicht auf diese Befreiung entschieden.

(5) Im Rahmen dieses Artikels werden nicht berücksichtigt Ansprüche wegen

(a) Beschädigungen öffentlicher Wege, Straßen, Brücken, schiffbarer Wasserstraßen und anderer Verkehrsanlagen infolge ihrer Benutzung durch die Streitkräfte, deren Mitglieder oder Bedienstete für normale Verkehrszwecke;

(b) Verlust oder Beschädigung der von den Streitkräften nach Unterabsatz (g) (iii) des Absatzes (1) des Artikels 7 dieses Vertrags unentgeltlich in Anspruch genommenen Vermögensgegenstände;

(c) Verluste oder Schäden aus Verträgen oder vertragsähnlichen Rechtsverhältnissen.

(6) Macht ein Anspruchsberechtigter innerhalb von neunzig Tagen von dem Zeitpunkt an, in welchem er von dem Verlust oder Schaden Kenntnis erlangt hat, seinen Anspruch gegen die Streitkräfte nicht geltend, so gilt dies als Verzicht auf den Anspruch, es sei denn, daß ein triftiger Grund für die nicht fristgerechte Geltendmachung vorliegt, insbesondere, wenn ihm nicht bekannt war, gegen wen sich der Anspruch richtet. Ein Entschädigungsantrag, der nicht innerhalb eines Jahres vom Zeitpunkt des schädigenden Ereignisses oder im Falle eines Verlustes oder Schadens im Sinne des Unterabsatzes (c) des Absatzes (2) dieses Artikels innerhalb eines Jahres vom Zeitpunkt der Freigabe der Vermögensgegenstände ab bei der Dienststelle der Streitkräfte eingegangen ist, wird nicht berücksichtigt.

(7) Die Ansprüche sind bei der zuständigen deutschen Behörde in der zwischen den deutschen Behörden und den Streitkräften der beteiligten Macht zu vereinbarenden Form geltend zu machen.

(8) Die deutsche Behörde hat

(a) der zuständigen Dienststelle der Streitkräfte der beteiligten Macht unverzüglich alle diejenigen Angaben über den Anspruch zukommen zu lassen, welche diese Dienststelle benötigt;

(b) in angemessener Frist Ermittlungen über den Anspruch anzustellen und der Dienststelle der Streitkräfte einen mit Gründen versehenen Vorschlag darüber zu unterbreiten.

(9) Die Dienststelle der Streitkräfte hat zu prüfen, ob und inwieweit eine Entschädigung für den erlittenen Verlust zu leisten ist. Sie hat dem Anspruchsberechtigten und der deutschen Behörde ihre Entscheidung mitzuteilen. Nimmt der Anspruchsberechtigte den von der Dienststelle der Streitkräfte zuerkannten Entschädigungsbetrag als volle Abgeltung seines Anspruches an, so erfolgt die Zahlung gemäß dem zwischen den Bundesbehörden und den Streitkräften der beteiligten Macht zu vereinbarenden Verfahren.

(10) Falls der Anspruchsberechtigte den angebotenen Entschädigungsbetrag nicht annimmt oder mit der Abweisung seines Anspruchs nicht einverstanden ist, so kann er bei den ordentlichen deutschen Gerichten gegen die Bundesrepublik wegen seines Anspruchs innerhalb von zwei Monaten nach Mitteilung der Entscheidung Klage erheben.

(11) Die zuständigen Dienststellen der Streitkräfte stellen den deutschen Behörden auf deren Ersuchen die zur Rechtsverteidigung dienlichen Unterlagen und Beweismittel, welche sich in ihrem Besitz befinden, zur Verfügung, soweit dies nach den Vorschriften der betreffenden Macht zulässig ist.

(12) Es steht der zuständigen Dienststelle der Streitkräfte frei, an einem derartigen Prozeß gegen die Bundesrepublik teilzunehmen, indem sie

(a) von der Bundesrepublik fordert, gewisse Einwendungen zu erheben oder Rechtsmittel einzulegen, oder

(b) als Nebenintervenient gemäß den Vorschriften der deutschen Zivilprozeßordnung auftritt.

(13) Die zuständige deutsche Behörde legt der Dienststelle der Streitkräfte das in einem solchen Prozeß ergangene Urteil nebst Begründung vor. Weicht das Urteil des Gerichts von der Entscheidung der Dienststelle ab, so gilt folgendes:

(a) Haben die Behörden der Streitkräfte an dem Prozeß gegen die Bundesrepublik gemäß Absatz (12) dieses Artikels teilgenommen, so ist die Entscheidung der Dienststelle der Streitkräfte so abzuändern, daß sie mit dem Urteil im Einklang steht.

(b) Haben die Behörden der Streitkräfte nicht an dem Prozeß teilgenommen, so überprüft die Dienststelle der Streitkräfte auf Ersuchen der deutschen Behörde ihre Entscheidung über den Anspruch unter Berücksichtigung des Urteils des Gerichts. Beabsichtigt die Dienststelle nach einer solchen Überprüfung bei ihrer ursprünglichen Entscheidung zu verbleiben, so setzt sie die deutschen Behörden von dieser Absicht in Kenntnis und gibt ihnen Gelegenheit zur Stellungnahme.

Die auf Grund einer endgültigen gemäß diesem Absatz getroffenen Entscheidung zu gewährende Entschädigung ist nach dem in Absatz (9) dieses Artikels festgelegten Verfahren auszuzahlen.

(14) Die auf Grund einer Entscheidung einer Dienststelle der Streitkräfte zugesprochene Entschädigung geht für die in den Absätzen (1) und (2) des Artikels 4 dieses Vertrags genannten Zeiträume zu Lasten der Mittel für den Unterhalt der Streitkräfte der beteiligten Macht, wenn nicht zwischen der Bundesrepublik und der beteiligten Macht etwas anderes vereinbart wird. Ein zwischen der Bundesrepublik und dem Vereinigten Königreich von Großbritannien und Nordirland hierüber und in bezug auf das dazugehörige Verfahren abgeschlossenes Abkommen ist diesem Vertrag als Anhang A beigefügt. Ein entsprechendes Abkommen zwischen der Bundesrepublik und den Vereinigten Staaten von Amerika ist diesem Vertrag als Anhang B beigefügt.

(15) Ungeachtet der übrigen Bestimmungen dieses Artikels werden Ansprüche wegen Schäden an Liegenschaften oder beweglichen Gegenständen, die den Behörden der beteiligten Macht vor Inkrafttreten dieses Vertrags zur Nutzung überlassen und nach Ablauf des in Absatz (2) des Artikels 4 dieses Vertrags genannten Zeitraumes von ihnen freigegeben worden sind, von den deutschen Behörden festgestellt und gehen nicht zu Lasten der Mittel für den Unterhalt der Streitkräfte oder zu Lasten der beteiligten Macht.

(16) Bestehen gegen Personen, die auf Grund ihres Militärdienstverhältnisses Mitglieder der Streitkräfte sind, oder gegen Bedienstete der Streitkräfte, die Staatsangehörige der beteiligten Macht sind, Ansprüche von Bewohnern des Bundesgebietes, die aus Handlungen oder Unterlassungen außerhalb der Erfüllung dienstlicher Verpflichtungen für die Streitkräfte entstehen, so können sie gemäß Absatz (6), (7), (8), (9) und (14) dieses Artikels geltend gemacht, festgestellt und abgegolten werden. Die normalen Rechtsbehelfe des Anspruchsberechtigten gegen die Person, die den Verlust oder Schaden verursacht hat, bleiben unberührt, es sei denn, daß der Anspruchsberechtigte die Zahlung einer von einer Dienststelle der Streitkräfte festgestellten Entschädigung als Abgeltung des Anspruchs annimmt. Die Bestimmungen des Satzes 1 dieses Absatzes gelten nicht für Ansprüche, für die die Person, welche den Verlust oder Schaden verursacht hat, durch einen Haftpflichtversicherungsvertrag gedeckt ist oder Entschädigung aus eigenen Mitteln zahlt.

(17) Ergibt sich in einem Zivilprozeß vor einem deutschen Gericht über einen unter diesen Artikel fallenden Anspruch die Notwendigkeit, zu entscheiden, ob eine Handlung oder Unterlassung bei der Erfüllung dienstlicher Verpflichtungen erfolgt ist, so ist eine Bescheinigung über diese Frage von der zuständigen Dienststelle der Streitkräfte einzuholen. Im Einzelfall wird die Dienststelle der Streitkräfte auf Ersuchen des Gerichts oder der deutschen Behörden die Bescheinigung überprüfen. Eine solche Bescheinigung ist in bezug auf die betreffende Frage endgültig.

Artikel 9

(1) Die Bundesrepublik einerseits und jede der beteiligten Mächte andererseits verzichten gegenseitig auf alle Ansprüche wegen Verlusten oder Schäden, die an ihnen gehörenden Vermögensgegenständen im Bundesgebiet nach dem Inkrafttreten dieses Vertrages durch Tätigkeiten, Handlungen oder Unterlassungen von Behörden oder Personen, für deren Handlungen oder Unterlassungen der andere Vertragsteil rechtlich verantwortlich ist, bei der Erfüllung ihrer dienstlichen Verpflichtungen verursacht werden. Dieser Verzicht gilt nicht für Verlust oder Beschädigung von Eigentum der Deutschen Bundesbahn oder der Deutschen Bundespost oder für Verluste oder Beschädigungen, für die diese Sonderverwaltungen verantwortlich sind.

(2) In Anwendung des Grundsatzes des Absatzes (1) dieses Artikels gelten Ansprüche wegen Verlustes oder Beschädigung von Vermögensgegenständen, die von den Streitkräften gemäß Unterabsatz (g), (i) und (ii) des Absatzes (1) des Artikels 7 dieses Vertrags unentgeltlich benutzt werden, und Ansprüche aus Werterhöhungen solcher Vermögensgegenstände als gegeneinander ausgeglichen.

(3) Die Bundesrepublik verpflichtet sich, die beteiligten Mächte von der Haftung für Ansprüche zu befreien, die den Ländern aus den in Absatz (2) des Artikels 8 dieses Vertrags aufgeführten Handlungen oder Unterlassungen der Streitkräfte erwachsen. Jede der beteiligten Mächte verpflichtet sich, entsprechende Ansprüche, die ihr gegen die Länder erwachsen, an die Bundesrepublik abzutreten. Jede der beteiligten Mächte verpflichtet sich ferner, Ansprüche aus Werterhöhungen an den in Absatz (2) des Artikels 7 dieses Vertrags aufgeführten Vermögensgegenständen an die Bundesrepublik abzutreten.

Artikel 10

(1) Zahlungen der Bundesrepublik zur Abgeltung der im Artikel 3 des Neunten Teils des Vertrags zur Regelung aus Krieg und Besatzung entstandener Fragen genannten Ansprüche dürfen nur in dem zwischen der Bundesrepublik und den beteiligten Mächten vereinbarten Umfang zu Lasten der Mittel für den Unterhalt der Streitkräfte gehen.

(2) In Absatz (1) dieses Artikels erwähnte Ansprüche, die von den Dienststellen der beteiligten Macht vor Inkrafttreten des vorliegenden Vertrags nicht festgestellt worden sind, werden den zuständigen Behörden der Bundesrepublik unterbreitet.

Artikel 11

(1) Einnahmen aus den folgenden Quellen fließen der Bundesrepublik zu und sind ordnungsgemäß abzurechnen:

(a) Veräußerung von beweglichem Eigentum, das, soweit feststellbar, mit Mitteln des Reichsmark- oder Deutsche Mark-Besatzungskosten- oder Auftragsausgabenhaushalts beschafft worden ist;

(b) Zahlungen von Dritten zum Ausgleich von Werterhöhungen an ihren Vermögensgegenständen durch Verwendung von Reichsmark- oder Deutsche Mark-Mitteln des Besatzungskosten- oder Auftragsausgabenhaushalts;

(c) Rückzahlungsansprüche gegen Dritte aus Überzahlungen von Mitteln des Reichsmark- oder Deutsche Mark-Besatzungskosten- oder Auftragsausgabenhaushalts.

(2) Der Deutsche Mark-Wert von Einnahmen aus den folgenden Quellen fließt der beteiligten Macht zu und ist gemäß den Vorschriften der Artikel 5 und 6 dieses Vertrags auf Grund von Deutsche Mark-Ergänzungshaushaltsvoranschlägen zu verwenden, die zwischen der beteiligten Macht und der Bundesrepublik zu vereinbaren sind.

(a) Veräußerung von beweglichem Eigentum, das mit Mitteln für den Unterhalt der Streitkräfte beschafft worden ist. Die auf Grund dieses Unterabsatzes anfallenden Beträge entsprechen im Falle eines Verkaufs dem Verkaufspreis des betreffenden Eigentums abzüglich der Veräußerungskosten oder, falls das Eigentum nicht verkauft wird, dem Wert, der durch unparteiische Wertfestsetzung gemäß den zwischen der Bundesrepublik und der beteiligten Macht zu vereinbarenden Bedingungen festgestellt wird.

(b) Alle Deutsche Mark-Einnahmen oder Naturaleinnahmen, die auf Grund der Nutzung der im Rahmen dieses Vertrags oder des Truppenvertrags zur Verfügung gestellten Liegenschaften, Güter, Materialien und sonstigen Leistungen durch die Streitkräfte anfallen, mit der Maßgabe, daß alle Deutsche Mark-Beträge, die von Personen oder Dienststellen, die nicht Mitglieder der Streitkräfte sind, als Nutzungsvergütung für Liegenschaften im Zusammenhang mit Leistungen zugunsten der Streitkräfte und deren Mitglieder eingenommen werden, der Bundesrepublik zufließen.

(c) Zahlungen von Dritten zum Ausgleich von Werterhöhungen an ihren Vermögensgegenständen durch Verwendung von Mitteln für den Unterhalt der Streitkräfte. Werden jedoch derartige Zahlungen durch die Länder geleistet, so fließen sie der Bundesrepublik zu.

(d) Rückzahlungsansprüche gegen Dritte aus Überzahlungen mit Mitteln für den Unterhalt der Streitkräfte.

(3) Die Bundesrepublik hat mit der gebotenen Sorgfalt diejenigen Ansprüche geltend zu machen und einzuklagen, die gemäß Unterabsatz (c) und (d) des Absatzes (2) dieses Artikels zu erheben sind. Die Behörden der beteiligten Macht können verlangen, daß sie rechtzeitig von der Geltendmachung eines Anspruchs gemäß Unterabsatz (c) des Absatzes (1) oder Unterabsatz (d) des Absatzes (2) gehört werden.

Artikel 12

(1) Auf Zahlungen für die Bereitstellung von Liegenschaften, Gütern, Materialien und sonstigen Leistungen für die Streitkräfte und deren Mitglieder finden die Vorschriften dieses Artikels Anwendung.

(2) Vorbehaltlich der Auswirkungen der im Truppenvertrag oder einem sonstigen anwendbaren Abkommen vorgesehenen Steuer- und Zollbefreiungen haben die zur Deckung des Bedarfs der Streitkräfte gezahlten Entgelte grundsätzlich dem jeweiligen Preis- und Lohnniveau im Bundesgebiet zu entsprechen; es dürfen jedoch den Behörden der beteiligten Mächte keine ungünstigeren Bedingungen gestellt werden, als sie vergleichbaren Käufern eingeräumt werden. Wenn der Bedarf der Streitkräfte im Wege der Beschaffung durch deutsche Behörden gedeckt wird oder andere zu Lasten der Mittel für den Unterhalt der Streitkräfte gehende Ausgaben von den deutschen Behörden geleistet werden, so erfolgt die Festsetzung des zu zahlenden Betrages im Einvernehmen mit den Behörden der beteiligten Macht. Soweit es sich nicht um Waren handelt, die zum Verbrauch durch Personen beschafft werden, die normalerweise im Bundesgebiet wohnhaft sind, darf die beteiligte Macht nicht in den Genuß von Subventionen kommen, die seitens der Bundesrepublik zur Herabsetzung von Preisen im Interesse des deutschen Einzelverbrauchers gewährt werden. Das Verfahren zur Durchführung der in vorstehendem Satz enthaltenen Vorschrift ist durch die in Artikel 17 dieses Vertrags vorgesehenen ergänzenden Abkommen festzulegen.

(3) Die Vergütung für die Bereitstellung von Liegenschaften, Gütern, Materialien oder sonstigen Leistungen, die für die Streitkräfte gemäß den in Absatz 3 des Artikels 37 des Truppenvertrags bezeichneten Bundesgesetzen im Wege der Anforderung beschafft werden, ist von den zuständigen deutschen Behörden im Benehmen mit den Behörden der beteiligten Macht gemäß den Vorschriften dieser Gesetze und den im ersten Satz des Absatzes (2) dieses Artikels festgelegten Grundsätzen festzusetzen. Bis zum Inkrafttreten dieser Bundesgesetze gilt die bisherige Grundlage für die Bemessung der Vergütung für die durch die Streitkräfte im Wege der Anforderung beschafften Liegenschaften, Güter, Materialien und sonstigen Leistungen weiter.

(4) Die Lohn- und Gehaltstarife für Zivilarbeitskräfte im Sinne des Artikels 44 des Truppenvertrags sind gemäß Absatz (5) jenes Artikels festzusetzen. Die Beträge, die zu Lasten der Mittel für den Unterhalt der Streitkräfte gehen, schließen die Arbeitgeberanteile zur Sozialversicherung und die nach deutschem Recht zu zahlenden Prämien zur gesetzlichen Unfallversicherung ein.

(5) Die Vergütung für die Inanspruchnahme der Verkehrseinrichtungen und -leistungen, die gemäß den in Absatz (3) des Artikels 41 des Truppenvertrags genannten Abkommen den Streitkräften und ihren Mitgliedern zur Verfügung gestellt werden, bemißt sich nach den in diesen Abkommen festgesetzten Tarifen. Vor Ablauf der genannten Abkommen sind andere den Grundsätzen des Absatzes (2) dieses Artikels und denen des Artikels 41 des Truppenvertrags entsprechende Tarifabkommen abzuschließen, wie dies in dem letztgenannten Artikel vorgesehen ist.

(6) Die Vergütung für die Inanspruchnahme der Einrichtungen und Leistungen des öffentlichen deutschen Post- und Fernmeldewesens, die den Streitkräften und ihren Mitgliedern gemäß Artikel 42 des Truppenvertrags zur Verfügung gestellt werden, und die Vergütung für die Inanspruchnahme aller Einrichtungen, die den deutschen Behörden gemäß Absatz (5) jenes Artikels von den Streitkräften zur Verfügung gestellt werden, bemißt sich nach den Tarifen, die gemäß Absatz (1) jenes Artikels festgesetzt sind.

Artikel 13

(1) Abgesehen von besonderen Fällen, die zum Gegenstand einer Vereinbarung zwischen der Bundesrepublik und den beteiligten Mächten gemacht werden können, erfolgt die Verausgabung von Mitteln für Bauten gemäß den Bestimmungen dieses Artikels.

(2) Bis zum Ablauf des in Absatz (2) des Artikels 4 dieses Vertrags genannten Zeitraums gehen folgende Kosten für den Bau von Liegenschaften zu Lasten der Mittel für den Unterhalt der Streitkräfte:

(a) Sämtliche Kosten für Material und Arbeitskräfte sowie alle anderen Baukosten einschließlich der Aufschließungskosten;

(b) die Kosten für den Bau von auf dem Baugelände befindlichen oder zum Baugelände führenden Verkehrs-, Fernmelde- und Versorgungseinrichtungen und -anlagen, vorausgesetzt, daß diese Einrichtungen und Anlagen ausschließlich zur Versorgung der betreffenden Liegenschaft erstellt werden;

(c) die Kosten des Ersatzes oder der Umlegung von Verkehrs-, Fernmelde- oder Versorgungseinrichtungen und -anlagen, die wegen des Baues der betreffenden Liegenschaft für die öffentliche Benutzung nicht mehr zur Verfügung stehen, bis zur Höhe des bisherigen Standards.

Im Falle der im Unterabsatz (b) und (c) dieses Absatzes bezeichneten Kosten, die den deutschen Behörden für die Streitkräfte entstehen, wird die Höhe der zu Lasten der Mittel für den Unterhalt der Streitkräfte gehenden Ausgaben im Einvernehmen mit den Behörden der Streitkräfte bestimmt. Werfen die in den Buchstaben (b) und (c) dieser Ziffer erwähnten Einrichtungen und Anlagen einen Ertrag ab oder handelt es sich bei diesen Einrichtungen und Anlagen ganz oder teilweise um Baulichkeiten, die Teil eines deutschen Entwicklungsplans sein können, so gehen deren Kosten in dem zwischen den beteiligten Mächten und der Bundesrepublik vereinbarten Umfang zu Lasten der Mittel für den Unterhalt der Streitkräfte.

(3) Während des in Absatz (1) des Artikels 4 dieses Vertrags genannten Zeitraums gehen die Kosten für die in Artikel 20 des Truppenvertrags genannten Einrichtungen

und Anlagen zu Lasten der Mittel für den Unterhalt der Streitkräfte. Während des in Absatz (2) des Artikels 4 dieses Vertrags genannten Zeitraums gehen die Kosten für die vorgenannten Einrichtungen und Anlagen insoweit zu Lasten der Mittel für den Unterhalt der Streitkräfte, als die Haushalte der beteiligten Mächte entsprechende Ansätze enthalten. Sollten Einrichtungen und Anlagen erstellt werden, für die in diesen Haushalten keine Ansätze enthalten sind, so wird deren Finanzierung im Einvernehmen zwischen der Bundesrepublik und den beteiligten Mächten vorher geregelt.

(4) Soweit es sich nicht um die in Absatz (2) dieses Artikels vorgesehenen Ausgaben handelt, gehen Ausgaben, die vor dem Ablauf des in Absatz (2) des Artikels 4 dieses Vertrags genannten Zeitraums geleistet werden und mit dem Erwerb und der Räumung von Liegenschaften für die Streitkräfte zusammenhängen, nicht zu Lasten der Mittel für den Unterhalt der Streitkräfte oder zu Lasten der beteiligten Mächte.

Artikel 14

Es wird ein ständiger Koordinierungsausschuß aus Vertretern der Bundesrepublik und der Drei Mächte zu dem Zwecke gebildet, die ihm durch diesen Vertrag übertragenen Aufgaben auszuführen, die Durchführung des Vertrags zu koordinieren und sich mit der Beseitigung etwaiger im Zusammenhang hiermit auftretender Zweifel oder Schwierigkeiten zu befassen, die nicht unmittelbar im Benehmen zwischen den zuständigen Behörden und Dienststellen gelöst werden können, sowie den Signatarmächten hierzu Vorschläge zu machen.

Artikel 15

Die beteiligten Mächte können auch in Berlin die Mittel verausgaben, die ihnen im Rahmen des vorliegenden Vertrags für die in Absatz (1) des Artikels 5 genannten Zwecke zur Verfügung gestellt werden.

Artikel 16

Auf Ersuchen eines der Unterzeichnerstaaten können Verhandlungen zum Zwecke der Änderung oder Aufhebung von Artikeln des vorliegenden Vertrags eingeleitet werden.

Artikel 17

(1) Die Bundesrepublik einerseits und die Drei Mächte oder eine der beteiligten Mächte andererseits werden, falls es erwünscht oder erforderlich ist, ergänzende Abkommen über die Durchführung dieses Vertrags, insbesondere der Vorschriften des Artikels 6, abschließen.

(2) Der gemäß Artikel 14 dieses Vertrags zu bildende Koordinierungsausschuß hat die Verhandlungen über diese ergänzenden Abkommen und ihre Durchführung zu koordinieren.

Artikel 18

(1) (gestrichen)

(2) Die Bestimmungen dieses Vertrags finden auf die Streitkräfte anderer Ent-

sendestaaten und auf die Mitglieder dieser Streitkräfte Anwendung, sofern sie nicht durch etwaige zwischen der Bundesrepublik und einem solchen Entsendestaat geschlossene Abkommen für nicht anwendbar erklärt oder abgeändert werden.

Artikel 19

Das im Rahmen des Vertrags über die Beziehungen zwischen der Bundesrepublik Deutschland und den Drei Mächten errichtete Schiedsgericht ist nicht zuständig

(a) für Angelegenheiten, für die in den Absätzen (1) bis (4) des Artikels 4 dieses Vertrags besonders vorgesehen ist, daß sie in Verhandlungen zu regeln sind,

(b) zur Entscheidung von Fragen über die Zuständigkeit der in Artikel 8 dieses Vertrags bezeichneten deutschen Dienststellen und Dienststellen der Streitkräfte oder des nach Artikel 14 dieses Vertrags zu bildenden Koordinierungsausschusses oder zur Überprüfung der Entscheidungen dieser Stellen.

Zu Urkund dessen haben die unterzeichneten, von ihren Regierungen gehörig beglaubigten Vertreter diesen Vertrag, einen der in Artikel 8 des Vertrags über die Beziehungen zwischen der Bundesrepublik Deutschland und den Drei Mächten aufgeführten Verträge, unterschrieben.

Geschehen zu Bonn am sechsundzwanzigsten Tage des Monats Mai 1952 in deutscher, englischer und französischer Sprache, wobei alle drei Fassungen gleichermaßen authentisch sind.

Für die Bundesrepublik Deutschland
gezeichnet:
Adenauer

Für die Vereinigten Staaten von Amerika
gezeichnet:
Dean Acheson

Für das Vereinigte Königreich von Großbritannien und Nordirland
gezeichnet:
Anthony Eden

Für die Französische Republik
gezeichnet:
Robert Schuman

ANHANG A

zum Finanzvertrag

Soweit die Streitkräfte des Vereinigten Königreichs von Großbritannien und Nordirland, Belgiens, Dänemarks und Norwegens betroffen sind, wird Artikel 8 des Finanzvertrags nach Maßgabe der folgenden Bestimmungen ausgeführt:

§ 1

Mit Bezug auf diese Streitkräfte wird die Wahrnehmung der in Absatz (9) des Artikels 8 des Finanzvertrags vorgesehenen Aufgaben der zuständigen Dienststelle der Streitkräfte auf die Bundesrepublik übertragen.

§ 2

(1) Ist bei der zuständigen deutschen Behörde ein Entschädigungsantrag eingegangen, so teilt diese der zuständigen Dienststelle der Streitkräfte den Antrag nebst den Einzelheiten mit, welche die letztere Dienststelle benötigt.

(2) Nach Eingang dieser Einzelheiten übermittelt die zuständige Dienststelle der Streitkräfte der zuständigen deutschen Behörde sobald als möglich die in ihrem Besitz befindlichen, für die Bearbeitung des Schadensfalles erforderlichen Informationen und Beweismittel, soweit dies nach den Vorschriften der beteiligten Macht zulässig ist.

(3) Insbesondere hat bei Entschädigungsansprüchen, auf die Unterabsatz (c) und (d) des Absatzes (2) des Artikels 8 des Finanzvertrags Anwendung finden, die zuständige Dienststelle der Streitkräfte innerhalb von 21 Tagen nach Eingang der Mitteilung gemäß Absatz (1) dieses Paragraphen alle diejenigen in ihrem Besitz befindlichen Informationen und Beweismittel zur Verfügung zu stellen, die eine völlige oder teilweise Ablehnung des Entschädigungsanspruches begründen würden. In diesen Fällen wird die deutsche Behörde nur nach vollständiger Würdigung solcher Informationen und Beweismittel einen Entschädigungsbetrag festsetzen und auszahlen und wird sich im Zweifelsfall vor Auszahlung irgendwelcher Beträge mit der Dienststelle der Streitkräfte ins Benehmen setzen.

§ 3

(1) Wird ein Entschädigungsanspruch darauf gestützt, daß ein Verlust oder Schaden durch eine Handlung oder Unterlassung eines Mitglieds oder eines Bediensteten der Streitkräfte oder einer Person, die bei den Streitkräften gemäß Artikel 44 oder 45 des Truppenvertrags beschäftigt ist, bei der Erfüllung ihrer dienstlichen Verpflichtungen oder durch eine Tätigkeit der Streitkräfte verursacht worden sei, so erteilt die zuständige Dienststelle der Streitkräfte eine Bescheinigung darüber, ob die Handlung oder Unterlassung bei der Erfüllung dienstlicher Verpflichtungen der betreffenden Personen begangen worden ist oder ob eine Tätigkeit der Streitkräfte vorliegt.

(2) Die deutsche Behörde wird eine Entschädigung nur dann festsetzen und eine Auszahlung von Entschädigungsbeträgen nur dann vornehmen, wenn von der zuständigen Dienststelle der Streitkräfte eine Bescheinigung darüber erteilt worden ist, daß die für den Verlust oder Schaden ursächliche Handlung oder Unterlassung bei der Erfüllung dienstlicher Verpflichtungen begangen worden ist oder daß der Verlust oder Schaden durch eine Tätigkeit der Streitkräfte verursacht worden ist.

(3) Ergeben sich im Laufe der weiteren Ermittlungen Umstände, die zu einer von dem Inhalt der erteilten Bescheinigung abweichenden Beurteilung der Frage, ob eine

Handlung oder Unterlassung bei der Erfüllung dienstlicher Verpflichtungen begangen worden ist oder ob eine Tätigkeit der Streitkräfte vorliegt, führen können, so wird die zuständige Dienststelle der Streitkräfte auf Ersuchen der zuständigen deutschen Behörden unter Berücksichtigung der Vorstellungen der deutschen Behörde die Bescheinigung überprüfen.

§ 4

Erhebt der Entschädigungsberechtigte wegen seines Anspruchs gemäß Absatz (10) des Artikels 8 des Finanzvertrags vor einem ordentlichen deutschen Gericht Klage gegen die Bundesrepublik, so wird die deutsche Behörde der zuständigen Stelle der Streitkräfte eine Abschrift der Klageschrift übersenden. Sollte die deutsche Behörde mit Rücksicht auf die Klage eine Ergänzung der zur Rechtsverteidigung zu verwendenden Unterlagen und Beweismittel durch die Dienststelle der Streitkräfte für notwendig halten, wird sie die Dienststelle der Streitkräfte so bald als möglich davon in Kenntnis setzen.

§ 5

Sollte das in einem gemäß Absatz (10) des Artikels 8 des Finanzvertrags angestrengten Prozeß ergangene rechtskräftige Urteil eines Gerichtes von der gemäß Paragraph 1 dieses Anhangs getroffenen Entscheidung der deutschen Behörde abweichen, so ist die Entscheidung so abzuändern, daß sie mit dem Urteil übereinstimmt; dies gilt ohne Rücksicht darauf, ob die Behörden der Streitkräfte ihr Recht zur Teilnahme an dem Prozeß gegen die Bundesrepublik gemäß Absatz (12) des Artikels 8 des Finanzvertrags wahrgenommen haben oder nicht.

§ 6

Damit derjenige Teil der von den deutschen Behörden oder Gerichten zugesprochenen Entschädigung, der gemäß Paragraph 7 dieses Anhangs zu Lasten der Mittel für den Unterhalt der Streitkräfte der beteiligten Macht gehen soll, in dieser Weise gebucht werden kann, wird die deutsche Behörde bis zum 15. eines jeden Monats der zuständigen Dienststelle der Streitkräfte eine Liste über die im Laufe des vorhergehenden Monats ausgezahlten Entschädigungsbeträge übersenden.

§ 7

Es wird gemäß Absatz (14) des Artikels 8 des Finanzvertrags vereinbart, daß 75 vom Hundert des von den zuständigen deutschen Behörden oder von dem deutschen Gericht zuerkannten Entschädigungsbetrages zu Lasten der im Rahmen des Finanzvertrags für den Unterhalt der Streitkräfte zur Verfügung gestellten Mittel geht. Die übrigen 25 vom Hundert des Entschädigungsbetrages werden von der Bundesrepublik getragen.

§ 8

Die Bestimmungen dieses Anhangs finden keine Anwendung in den Fällen des Absatzes (16) des Artikels 8 des Finanzvertrags.

ANHANG B

zum Finanzvertrag

Soweit die Streitkräfte der Vereinigten Staaten von Amerika betroffen sind, wird Artikel 8 des Finanzvertrags nach Maßgabe der folgenden Bestimmungen ausgeführt:

§ 1

Mit Bezug auf diese Streitkräfte wird die Wahrnehmung der in Absatz (9) des Artikel 8 des Finanzvertrags vorgesehenen Aufgaben der zuständigen Dienststelle der Streitkräfte auf die Bundesrepublik übertragen.

§ 2

(1) Ist bei der zuständigen deutschen Behörde ein Entschädigungsantrag eingegangen, so teilt diese umgehend der zuständigen Dienststelle der Streitkräfte den Antrag nebst den Einzelheiten mit, welche diese Dienststelle benötigt.

(2) Nach Eingang dieser Einzelheiten übermittelt die zuständige Dienststelle der Streitkräfte der zuständigen deutschen Behörde sobald wie möglich die im Rahmen ihrer Zuständigkeit verfügbaren, für die Bearbeitung des Schadensfalles erforderlichen einschlägigen Informationen und Beweismittel, soweit dies nach den Vorschriften der Vereinigten Staaten zulässig ist. Die deutsche Behörde wird nur nach vollständiger Würdigung dieser Beweismittel Entschädigungsbeträge für den Schadensfall festsetzen und auszahlen.

§ 3

(1) Die zuständige Dienststelle der Streitkräfte wird in die der zuständigen deutschen Behörde nach § 2 Absatz (2) dieses Anhangs zu übersendenden Informationen und Beweismittel eine Erklärung darüber aufnehmen, ob eine Handlung oder Unterlassung der Streitkräfte im Sinne des Artikels 8 Absatz (2) des Finanzvertrags vorliegt.

(2) Die deutsche Behörde wird eine Entschädigung nur dann festsetzen und eine Auszahlung von Entschädigungsbeträgen nur dann vornehmen, wenn die zuständige Dienststelle der Streitkräfte die Erklärung abgegeben hat, daß eine Handlung oder Unterlassung der Streitkräfte im Sinne des Artikels 8 Absatz (2) des Finanzvertrags vorliegt.

(3) Ergeben sich im Laufe der weiteren Ermittlungen Umstände, die zu einer von dem Inhalt der abgegebenen Erklärung abweichenden Beurteilung führen können, so wird die zuständige Dienststelle auf Ersuchen der zuständigen deutschen Behörde unter Berücksichtigung der Vorstellungen der deutschen Behörde die Erklärung überprüfen.

§ 4

Erhebt der Entschädigungsberechtigte wegen seines Anspruchs gemäß Absatz (10) des Artikels 8 des Finanzvertrags vor einem ordentlichen deutschen Gericht Klage gegen die Bundesrepublik, so wird die deutsche Behörde der zuständigen Stelle der Streitkräfte eine Abschrift der Klageschrift übersenden. Sollte die deutsche Behörde mit Rücksicht auf die Klage es für notwendig halten, von der Dienststelle der Streitkräfte ergänzende Unterlagen und Beweismittel aus deren Zuständigkeitsbereich zwecks Verwendung für die Rechtsverteidigung zu beschaffen, wird die deutsche Behörde die Dienststelle der Streitkräfte sobald wie möglich davon in Kenntnis setzen.

§ 5

Sollte das in einem gemäß Absatz (10) des Artikels 8 des Finanzvertrags angestrengten Prozeß ergangene rechtskräftige Urteil eines Gerichts von der gemäß § 1 dieses Anhangs getroffenen Entscheidung der deutschen Behörde abweichen, so ist die Entscheidung so abzuändern, daß sie mit dem Urteil übereinstimmt; dies gilt ohne Rücksicht darauf, ob die Behörden der Streitkräfte ihr Recht zur Teilnahme an dem Prozeß gegen die Bundesrepublik gemäß Absatz (12) des Artikels 8 des Finanzvertrags wahrgenommen haben oder nicht.

§ 6

Damit derjenige Teil der von den deutschen Behörden oder Gerichten zugesprochenen Entschädigung, der gemäß § 7 dieses Anhangs zu Lasten der Mittel für den Unterhalt der Streitkräfte der Vereinigten Staaten gehen soll, in dieser Weise gebucht werden kann, wird die deutsche Behörde bis zum 15. eines jeden Monats der zuständigen Dienststelle der Streitkräfte eine Liste über die im Laufe des vorhergehenden Monats ausgezahlten Entschädigungsbeträge übersenden.

§ 7

Es wird gemäß Absatz (14) des Artikels 8 des Finanzvertrags vereinbart, daß 75 v. H. des von den zuständigen deutschen Behörden oder von dem deutschen Gericht zuerkannten Entschädigungsbetrags zu Lasten der im Rahmen des Finanzvertrags für den Unterhalt der Streitkräfte zur Verfügung gestellten Mittel gehen. Die übrigen 25 v. H. des Entschädigungsbetrags werden von der Bundesrepublik getragen.

§ 8

Die Bestimmungen dieses Anhangs finden keine Anwendung in den Fällen des Absatzes (16) des Artikels 8 des Finanzvertrags.

VERTRAG ZUR REGELUNG AUS KRIEG UND BESATZUNG ENTSTANDENER FRAGEN

(in der gemäß Liste IV des Protokolls über die Beendigung des Besatzungsregimes abgeänderten Fassung)

Die Bundesrepublik Deutschland, die Vereinigten Staaten von Amerika, das Vereinigte Königreich von Großbritannien und Nordirland und die Französische Republik sind wie folgt übereingekommen:

ERSTER TEIL

Allgemeine Bestimmungen

Artikel 1

(1) Die Organe der Bundesrepublik und der Länder sind gemäß ihrer im Grundgesetz festgelegten Zuständigkeit befugt, von den Besatzungsbehörden erlassene Rechtsvorschriften aufzuheben oder zu ändern, sofern im Vertrag über die Beziehungen zwischen der Bundesrepublik Deutschland und den Drei Mächten oder in den in dessen Artikel 8 aufgeführten Zusatzverträgen nichts anderes bestimmt ist. Bis zu einer solchen Aufhebung oder Änderung bleiben von den Besatzungsbehörden erlassene Rechtsvorschriften in Kraft. Vom Kontrollrat erlassene Rechtsvorschriften dürfen weder aufgehoben noch geändert werden. Rechtsvorschriften, durch welche die vorläufigen Grenzen der Bundesrepublik festgelegt worden sind, oder die nach anderen Bestimmungen des Vertrags über die Beziehungen zwischen der Bundesrepublik Deutschland und den Drei Mächten oder der Zusatzverträge in Kraft bleiben, dürfen nur mit Zustimmung der Drei Mächte geändert oder aufgehoben werden.

(2) Die Drei Mächte übertragen hiermit auf die Bundesrepublik das Recht, nach jeweiliger Konsultation mit den Drei Mächten die Rechtsvorschriften des Kontrollrats innerhalb des Bundesgebietes außer Wirksamkeit zu setzen, die nicht nach anderen Bestimmungen des Vertrags über die Beziehungen zwischen der Bundesrepublik Deutschland und den Drei Mächten oder der Zusatzverträge oder auf Verlangen der Drei Mächte in Ausübung ihrer Rechte hinsichtlich Berlins und Deutschlands als Ganzem, einschließlich der Wiedervereinigung Deutschlands und einer Friedensregelung, auf die im Vertrage über die Beziehungen zwischen der Bundesrepublik Deutschland und den Drei Mächten Bezug genommen ist, in Kraft bleiben, und die in einer Mitteilung im Namen der Regierungen der Drei Mächte an den Bundeskanzler vom Tage der Unterzeichnung dieses Vertrags aufgeführt sind.

(3) Der in diesem Vertrag verwendete Ausdruck „Rechtsvorschriften" umfaßt Proklamationen, Gesetze, Verordnungen, Entscheidungen (mit Ausnahme gerichtlicher Entscheidungen), Direktiven, Durchführungsbestimmungen, Anordnungen, Genehmigungen oder sonstige Vorschriften ähnlicher Art, die amtlich veröffentlicht worden sind. Die Bezugnahme auf eine einzelne Rechtsvorschrift schließt alle und jeden ihrer Teile, einschließlich der Präambel, ein, sofern nicht ausdrücklich etwas anderes bestimmt ist.

(4) Die amtlichen Texte der in diesem Artikel erwähnten Rechtsvorschriften sind diejenigen Texte, die zur Zeit des Erlasses maßgebend waren.

(5) Der Ausdruck „Besatzungsbehörden", wie er in diesem Teil verwendet wird, bedeutet den Kontrollrat, die Alliierte Hohe Kommission, die Hohen Kommissare der Drei Mächte, die Militärgouverneure der Drei Mächte, die Streitkräfte der Drei Mächte in Deutschland, sowie Organisationen und Personen, die in deren Namen Befugnisse ausüben oder — im Falle von internationalen Organisationen und Organisationen anderer Mächte (und der Mitglieder solcher Organisationen) — mit deren Ermächtigung handeln, schließlich die bei den Streitkräften der Drei Mächte dienenden Hilfsverbände anderer Mächte.

Artikel 2

(1) Alle Rechte und Verpflichtungen, die durch gesetzgeberische, gerichtliche oder Verwaltungsmaßnahmen der Besatzungsbehörden oder auf Grund solcher Maßnahmen begründet oder festgestellt worden sind, sind und bleiben in jeder Hinsicht nach deutschem Recht in Kraft, ohne Rücksicht darauf, ob sie in Übereinstimmung mit anderen Rechtsvorschriften begründet oder festgestellt worden sind. Diese Rechte und Verpflichtungen unterliegen ohne Diskriminierung denselben künftigen gesetzgeberischen, gerichtlichen und Verwaltungsmaßnahmen, wie gleichartige nach innerstaatlichem deutschem Recht begründete oder festgestellte Rechte und Verpflichtungen.

(2) Alle Rechte und Verpflichtungen, die aus den Verträgen und internationalen Abkommen herrühren, die von den Besatzungsbehörden oder von einer oder mehreren der Regierungen der Drei Mächte vor Inkrafttreten dieses Vertrags für eine oder mehrere der drei westlichen Besatzungszonen abgeschlossen wurden und die in der Anlage zu der Mitteilung der Alliierten Hohen Kommissare im Namen der Regierungen der Drei Mächte an den Bundeskanzler vom Tage der Unterzeichnung dieses Vertrags aufgeführt sind, sind und bleiben in Kraft, als ob sie aus gültigen, von der Bundesrepublik abgeschlossenen Verträgen und internationalen Abkommen herrührten.

Artikel 3

(1) Niemand darf allein deswegen unter Anklage gestellt oder durch Maßnahmen deutscher Gerichte oder Behörden in seinen Bürgerrechten oder seiner wirtschaftlichen Stellung nur deswegen beeinträchtigt werden, weil er vor Inkrafttreten dieses Vertrags mit der Sache der Drei Mächte sympathisiert, sie oder ihre Politik oder Interessen unterstützt oder den Streitkräften, Behörden oder Dienststellen einer oder mehrerer der Drei Mächte oder einem Beauftragten einer dieser Mächte Nachrichten

geliefert oder Dienste geleistet hat. Das gleiche gilt zugunsten von Personen, die den Verbündeten der Drei Mächte bei ihren gemeinsamen Bestrebungen vor Inkrafttreten dieses Vertrags Sympathien bezeigt, Unterstützung gewährt, Nachrichten geliefert oder Dienste geleistet haben. Die deutschen Behörden haben alle ihnen zur Verfügung stehenden Mittel anzuwenden, um sicherzustellen, daß der Zweck dieses Absatzes erreicht wird.

(2) Soweit nicht in Absatz (3) dieses Artikels oder durch besondere Vereinbarung zwischen der Bundesregierung und den Regierungen der Drei Mächte oder der betreffenden Macht etwas anderes bestimmt ist, sind deutsche Gerichte und Behörden nicht zuständig in strafrechtlichen oder nichtstrafrechtlichen Verfahren, die sich auf eine vor Inkrafttreten dieses Vertrags begangene Handlung oder Unterlassung beziehen, wenn unmittelbar vor Inkrafttreten dieses Vertrags die deutschen Gerichte und Behörden hinsichtlich solcher Handlungen oder Unterlassungen nicht zuständig waren, ohne Rücksicht darauf, ob sich diese Unzuständigkeit aus der Sache oder aus der Person ergibt.

(3) Vorbehaltlich der Bestimmungen des Absatzes (1) dieses Artikels und jeder anderen einschlägigen Bestimmungen des Vertrags über die Beziehungen zwischen der Bundesrepublik Deutschland und den Drei Mächten oder der in seinem Artikel 8 aufgeführten Zusatzverträge dürfen deutsche Gerichte die ihnen nach deutschem Recht zustehende Gerichtsbarkeit ausüben:

(a) in nichtstrafrechtlichen Verfahren, für die das Privatrecht maßgebend ist,

(i) gegen juristische Personen, wenn die Gerichtsbarkeit der deutschen Gerichte vorher allein deswegen ausgeschlossen war, weil diese juristischen Personen der Kontrolle der Besatzungsbehörden nach den Gesetzen Nr. 52 des SHAEF und der Militärregierung, betreffend Sperre und Kontrolle von Vermögen, nach dem Kontrollratsgesetz Nr. 9, betreffend Beschlagnahme und Kontrolle des Vermögens der IG. Farbenindustrie, oder nach dem Gesetz Nr. 35 der Alliierten Hohen Kommission, betreffend Aufspaltung des Vermögens der IG. Farbenindustrie AG., unterworfen waren;

(ii) gegen natürliche Personen, es sei denn, daß solche Verfahren aus Pflichten oder Diensten für die Besatzungsbehörden entstehen oder Handlungen oder Unterlassungen im Zuge der Erfüllung solcher Pflichten oder der Leistung solcher Dienste betreffen oder aus Ansprüchen entstehen, auf die in Artikel 3 des Neunten Teiles dieses Vertrags Bezug genommen wird. Für Unterhaltsklagen sind deutsche Gerichte jedoch nur zuständig, soweit Unterhalt für die Zeit nach Inkrafttreten dieses Vertrags verlangt wird;

(b) in Strafverfahren gegen natürliche Personen, es sei denn, daß die Untersuchung wegen der angeblichen Straftat von den Strafverfolgungsbehörden der betreffenden Macht oder Mächte endgültig abgeschlossen war oder diese Straftat in Erfüllung von Pflichten oder Leistung von Diensten für die Besatzungsbehörden begangen wurde.

Entsteht in einem strafrechtlichen oder nichtstrafrechtlichen Verfahren, auf das in diesem Absatz Bezug genommen wird, die Frage, ob jemand in Erfüllung von Pflichten oder Leistung von Diensten für die Besatzungsbehörden gehandelt hat, oder ob die Strafverfolgungsbehörden der betreffenden Macht oder Mächte die Untersuchung wegen der angeblichen Straftat endgültig abgeschlossen haben, so wird das deutsche Gericht eine Bescheinigung des Botschafters oder in seiner Abwesenheit des Geschäftsträgers der betreffenden Macht als schlüssigen Beweis für diese Frage in dem in der Bescheinigung angegebenen Umfang anerkennen.

Artikel 4

(1) Die Drei Mächte werden im Bundesgebiet keine Gerichte unterhalten, die in diesem Vertrag nicht ausdrücklich vorgesehen sind oder eine Gerichtsbarkeit entsprechend den Vorschriften des Vertrags über die Beziehungen zwischen der Bundesrepublik Deutschland und den Drei Mächten oder den Zusatzverträgen ausüben.

(2) Für die in Absatz (3) dieses Artikels erwähnte Übergangszeit üben das Amerikanische Gericht und das Amerikanische Berufungsgericht der Alliierten Hohen Kommission für Deutschland, die durch das Gesetz Nr. 20 des Hohen Kommissars der Vereinigten Staaten eingesetzt sind, ferner die durch die Verordnung Nr. 68 der Militärregierung (zweite abgeänderte Fassung) und die Verordnungen Nr. 222 und 244 des britischen Hohen Kommissars eingesetzten Gerichte der Alliierten Hohen Kommission für Deutschland in der britischen Zone sowie die unter die Verordnung Nr. 242 des französischen Hohen Kommissars fallenden Französischen Gerichte der Alliierten Hohen Kommission in Deutschland weiterhin Gerichtsbarkeit auf Grund von Rechtsvorschriften der Alliierten Hohen Kommission und der Hohen Kommissare aus, soweit dies erforderlich ist

(a) zur Erledigung aller Angelegenheiten, die bei ihnen bei Inkrafttreten dieses Vertrags anhängig sind;

(b) zur Entscheidung von strafrechtlichen oder nichtstrafrechtlichen Verfahren, außer Strafverfahren gegen Deutsche (im Sinne des deutschen Rechts), denen eine Handlung oder Unterlassung vor Inkrafttreten dieses Vertrags zugrunde liegt und die unmittelbar vor diesem Zeitpunkt nicht der Gerichtsbarkeit der deutschen Gerichte unterlagen, falls ein solches Verfahren innerhalb von neunzig Tagen nach Inkrafttreten dieses Vertrags eingeleitet wird;

sie wenden weiterhin das unmittelbar vor Inkrafttreten dieses Vertrags gültige einschlägige Recht an. Die Bundesrepublik verpflichtet sich, auf Verlangen einer der Drei Mächte Ermittlungen durch die zuständigen deutschen Behörden wegen angeblicher Verstöße von Deutschen (im Sinne des deutschen Rechts) gegen Rechtsvorschriften der Besatzungsbehörden vorzunehmen und Strafverfahren einzuleiten, falls nach dem Ergebnis der Ermittlungen solche Verfahren gerechtfertigt erscheinen.

(3) Die in Absatz (2) dieses Artikels erwähnte Gerichtsbarkeit endet für Berufungsgerichte zehn Monate nach Inkrafttreten dieses Vertrags und für andere Gerichte sechs Monate nach diesem Zeitpunkt, jedoch mit der Ausnahme, daß diese Gerichte Verfahren, die bei Ablauf dieser Fristen anhängig sind, beenden können, falls dies im Hinblick auf den Stand des Verfahrens und die Interessen der beteiligten Personen ratsam erscheint. Die in Absatz (2) dieses Artikels erwähnten Gerichte können,

um alle unter ihre Zuständigkeit fallenden Angelegenheiten soweit wie möglich innerhalb des vorgeschriebenen Zeitraumes zu beenden, jedes bei ihnen anhängige Verfahren an die zuständigen deutschen Gerichte verweisen, wenn der Stand des Verfahrens und die Interessen der beteiligten Personen es erlauben. Die Gerichte haben insbesondere die Möglichkeit einer solchen Verweisung in allen bei Inkrafttreten dieses Vertrags schwebenden Strafverfahren in Betracht zu ziehen, in denen ein Deutscher (im Sinne des deutschen Rechts) angeklagt ist. Das deutsche Gericht, an das diese Verweisung erfolgt, hat das in Absatz (2) dieses Artikels erwähnte einschlägige materielle Recht anzuwenden.

(4) Die in Absatz (2) dieses Artikels genannten Rechtsvorschriften bleiben so lange in Kraft, wie es zur Erreichung der Zwecke des Absatzes (2) erforderlich ist.

Artikel 5

(1) Alle Urteile und Entscheidungen in nichtstrafrechtlichen Angelegenheiten, die von einem Gericht oder einer gerichtlichen Behörde der Drei Mächte oder einer derselben bisher in Deutschland erlassen worden sind oder später erlassen werden, bleiben in jeder Hinsicht nach deutschem Recht rechtskräftig und rechtswirksam und sind von den deutschen Gerichten und Behörden demgemäß zu behandeln und auf Antrag einer Partei von diesen in der gleichen Weise wie Urteile und Entscheidungen deutscher Gerichte und Behörden zu vollstrecken.

(2) Die Rechtskraft wird, soweit sie sich nicht bereits aus der Ausfertigung des Urteils ergibt, durch eine Bescheinigung der zuständigen Behörden der betreffenden Macht schlüssig nachgewiesen.

(3) Im Zusammenhang mit der Vollstreckung von Urteilen können Einwendungen gegen einen durch Urteil festgestellten Anspruch durch ein Verfahren nach § 767 der deutschen Zivilprozeßordnung vor dem zuständigen deutschen Gericht geltend gemacht werden.

Artikel 6

(1) Hiermit wird ein Gemischter Ausschuß (in diesem Artikel als „der Ausschuß" bezeichnet) errichtet. Aufgabe dieses Ausschusses wird es sein, ohne die Gültigkeit der Urteile in Frage zu stellen, Empfehlungen für die Beendigung oder Herabsetzung der Strafe oder für die Entlassung auf Ehrenwort auszusprechen in bezug auf Personen, die wegen Verbrechen gegen die Menschlichkeit oder gegen das Kriegsrecht und den Kriegsbrauch oder wegen während des Krieges begangener Verbrechen — gemeinhin als Kriegsverbrechen bezeichnet — von einem Gericht einer alliierten Macht verurteilt worden sind und von den Drei Mächten zur Zeit des Inkrafttretens dieses Vertrages in Haftanstalten der Bundesrepublik in Haft gehalten werden.

(2) Der Ausschuß besteht aus sechs Mitgliedern, von denen drei von der Bundesregierung und je eines von der Regierung der Drei Mächte ernannt werden. Die Mitglieder des Ausschusses müssen unabhängige Personen sein, die keine andere amtliche Tätigkeit außer der eines Richters oder eines Universitätslehrers ausüben und die bei Abfassung ihrer Empfehlungen nicht an Weisungen der Regierungen, die sie

ernennen, gebunden sind. Niemand, der in irgendeiner Weise an irgendeinem Verfahren wegen Kriegsverbrechen beteiligt war, darf ernannt werden.

(3) (a) Das Recht, die Strafe für die in Absatz (1) dieses Artikels genannten Personen zu erlassen oder herabzusetzen sowie diese auf Ehrenwort zu entlassen, wird von der Macht ausgeübt, welche die Strafe verhängt hat.

(b) Dieses Recht darf nur ausgeübt werden, wenn der Ausschuß vorher eine Empfehlung ausgesprochen hat. Eine einstimmige Empfehlung des Ausschusses ist für die Macht bindend, welche die Strafe verhängt hat.

(c) Außer in den in Absatz (5) und (8) dieses Artikels behandelten Angelegenheiten wird der Ausschuß nur auf Ersuchen einer der vier Regierungen, das sich auf einen bestimmten Fall bezieht, oder auf Grund eines Gesuchs tätig werden, das von einer oder namens einer der in Absatz (1) genannten Personen eingereicht wird.

(4) Die Drei Mächte behalten sich hinsichtlich des Gewahrsams und der Vollstreckung der Strafen der in Absatz (1) dieses Artikels genannten Personen die Rechte vor, die sie bisher besessen und ausgeübt haben, und werden diese Rechte weiterhin ausüben, bis die Bundesrepublik in der Lage ist, den Gewahrsam dieser Personen zu übernehmen.

(5) Die Bundesrepublik verpflichtet sich, daß sie zu der Zeit, wenn die Drei Mächte ihr den Gewahrsam über die in Absatz (1) dieses Artikels bezeichneten Personen übertragen, diese Personen für den Rest ihrer Strafen, wie sie zu dieser Zeit bestehen oder später nach dem in diesem Artikel vorgesehenen Verfahren geändert werden, unter denselben Bedingungen, wie sie für ihre Haft im Zeitpunkt einer solchen Übertragung des Gewahrsams gelten, in Haft halten wird. Änderungen dieser Bedingungen nach diesem Zeitpunkt dürfen nur in Übereinstimmung mit Entscheidungen des Ausschusses vorgenommen werden. In diesen Angelegenheiten sind die Entscheidungen des Ausschusses endgültig.

(6) Nach Errichtung des Ausschusses werden seine Mitglieder freien Zugang zu den Haftanstalten haben, in denen die in Absatz (1) dieses Artikels genannten Personen in Haft gehalten werden, und zu diesen Personen selbst.

(7) Der Ausschuß entscheidet durch Mehrheitsbeschluß seiner sechs Mitglieder.

(8) Der Ausschuß hat die ausschließliche Befugnis, im Einklang mit Grundsätzen und Verfahrensvorschriften, die er selbst aufstellt, über Fragen der Aussetzung der Strafe aus persönlichen Rücksichten oder aus anderen Gründen ohne Einholung von Weisungen der Regierungen zu entscheiden. Bis zur Aufstellung solcher Grundsätze und Vorschriften wird der Ausschuß weiter die in dieser Hinsicht bestehende Übung jeder der Drei Mächte auf die im Gewahrsam der betreffenden Macht befindlichen Personen anwenden.

(9) Bis der Ausschuß seine Tätigkeit aufgenommen hat, kann, ungeachtet der Bestimmungen in Absatz (3) und (8) dieses Artikels, jede der Drei Mächte ohne eine Empfehlung des Ausschusses weiterhin nach den bestehenden Verfahren die Strafe herabsetzen, Entlassungen vornehmen und die Strafe aus persönlichen Rücksichten oder aus anderen Gründen aussetzen.

(10) Die in Unterabsatz (a) des Absatzes (3) und in Absatz (4) dieses Artikels erwähnten Rechte der Drei Mächte und — unbeschadet der Bestimmungen des Unterabsatzes (b) des Absatzes (3) und der Absätze (6) und (8) — auf Grund dieser Rechte getroffenen Maßnahmen sind nicht der Gerichtsbarkeit des Schiedsgerichtes oder irgendeines anderen Gerichtes unterworfen.

(11) Auf die in diesem Artikel behandelten Angelegenheiten finden die Bestimmungen des Artikels 7 keine Anwendung.

Artikel 7

(1) Alle Urteile und Entscheidungen in Strafsachen, die von einem Gericht oder einer gerichtlichen Behörde der Drei Mächte oder einer derselben bisher in Deutschland gefällt worden sind oder später gefällt werden, bleiben in jeder Hinsicht nach deutschem Recht rechtskräftig und rechtswirksam und sind von den deutschen Gerichten und Behörden demgemäß zu behandeln.

(2) Die deutschen Behörden werden Personen — mit Ausnahme der Mitglieder der Streitkräfte (nach der Definition im Vertrag über die Rechte und Pflichten ausländischer Streitkräfte und ihrer Mitglieder in der Bundesrepublik Deutschland) —, die von einem der in Absatz (1) dieses Artikels erwähnten Gerichte verurteilt sind oder künftig verurteilt werden oder in Untersuchungshaft gehalten werden, bis zur Beendigung ihrer Strafe in deutschen Haftanstalten in Haft halten.

(3) Die deutschen Behörden werden die gemäß Absatz (2) dieses Artikels in deutschen Haftanstalten in Haft gehaltenen Personen nach den Grundsätzen eines humanen Strafvollzuges und nach den gleichen Vorschriften behandeln wie Personen, die von deutschen Gerichten verurteilt sind oder in Untersuchungshaft gehalten werden. Die Behörden der Drei Mächte haben Zugang zu den deutschen Haftanstalten, in denen solche Personen in Haft gehalten werden, und zu diesen Personen selbst.

(4) Die Kosten der nach diesem Artikel in deutschen Haftanstalten verbüßten Haft werden von den deutschen Behörden getragen.

(5) Innerhalb von dreißig Tagen nach Inkrafttreten dieses Vertrags ist ein Gemischter Beratender Gnadenausschuß zu bilden, der paritätisch aus mindestens drei von der Bundesregierung ernannten Mitgliedern und mindestens je einem von der Regierung jeder der Drei Mächte ernannten Mitglied besteht. Der Ausschuß wird in Unterausschüssen, jeweils bestehend aus einem der von der Bundesregierung ernannten Mitglieder und einem von der Regierung der betreffenden Macht ernannten Mitglied tagen, um der Bundesrepublik oder der betreffenden Macht gemäß Absatz (6) und (7) dieses Artikels in Angelegenheiten der Beendigung oder Herabsetzung der Strafe, der Entlassung auf Ehrenwort, der Begnadigung und sonstiger Gnadenmaßnahmen für Personen, die nach den Bestimmungen des Absatzes (2) dieses Artikels in deutschen Haftanstalten in Haft gehalten werden, Empfehlungen auszusprechen.

(6) Die Bundesrepublik hat hinsichtlich von Deutschen (im Sinne des deutschen Rechts), die nach Absatz (2) dieses Artikels in deutschen Haftanstalten unter deutscher Kontrolle in Haft gehalten werden, das ausschließliche Recht, in allen An-

gelegenheiten der Beendigung oder Herabsetzung der Strafe, der Entlassung auf Ehrenwort, der Benadigung und sonstiger Gnadenmaßnahmen endgültig zu entscheiden. Die Empfehlung des nach Absatz (5) dieses Artikels errichteten Gemischten Beratenden Gnadenausschusses ist vor jeder solchen Entscheidung einzuholen. Handelt es sich um Personen, die wegen strafbarer Handlungen gegen alliiertes Personal oder Vermögen oder gegen die alliierte Verwaltung in Deutschland verurteilt worden sind, so wird die Bundesrepublik Entscheidungen zugunsten solcher Personen nur in Übereinstimmung mit der Empfehlung des zuständigen Unterausschusses treffen.

(7) Jede der Drei Mächte hat hinsichtlich aller Personen, die von ihren Gerichten verurteilt sind und nach Absatz (2) dieses Artikels in deutschen Haftanstalten unter deutscher Kontrolle in Haft gehalten werden — jedoch mit Ausnahme der in Absatz (6) dieses Artikels bezeichneten Personen — das ausschließliche Recht, in allen Angelegenheiten der Beendigung oder Herabsetzung der Strafe, der Entlassung auf Ehrenwort, der Begnadigung und sonstiger Gnadenmaßnahmen endgültig zu entscheiden. Die Empfehlung des nach Absatz (5) dieses Artikels errichteten Gemischten Beratenden Gnadenausschusses ist vor jeder solchen Entscheidung einzuholen.

Artikel 8

Folgende Personen genießen in bezug auf Handlungen, die sie in Ausübung ihres Amtes vorgenommen haben, während ihrer Amtsdauer und nach deren Ablauf Immunität gegen gerichtliche Verfolgung im Bundesgebiet:

(a) Mitglieder der in Absatz (2) des Artikels 4 dieses Teiles bezeichneten Gerichte;

(b) Mitglieder der in Absatz (1) des Artikels 6 des Dritten Teiles dieses Vertrags bezeichneten Gerichte, an deren Stelle das Oberste Rückerstattungsgericht tritt;

(c) von einer der Drei Mächte ernannte Mitglieder des gemäß Absatz (1) des Artikels 6 dieses Teils errichteten Gemischten Ausschusses und des in Absatz (5) des Artikels 7 dieses Teils bezeichneten Gemischten Beratenden Gnadenausschusses;

(d) von einer der Drei Mächte ernannte Mitglieder des in Absatz (1) des Artikels 12 dieses Teils bezeichneten Prüfungsausschusses; während ihrer Amtsdauer genießen diese Personen im Bundesgebiet ferner die gleichen Vorrechte und Immunitäten, die Mitgliedern diplomatischer Missionen gewährt werden.

Artikel 9

(1) Die von der Alliierten Hohen Kommission erlassenen Rechtsvorschriften über die Umgestaltung des deutschen Kohlenbergbaus und der deutschen Eisen- und Stahlindustrie bleiben in dem Umfang, in dem sie am Tage des Inkrafttretens dieses Vertrags gelten, in Kraft, soweit und solange vor diesem Zeitpunkt angeordnete Entflechtungsmaßnahmen noch durchzuführen sind oder Berechtigte noch geschützt werden müssen.

(2) Die Bundesregierung wird dafür sorgen, daß die in Durchführungsverordnungen oder Anordnungen der Alliierten Hohen Kommission oder der ihr nachgeordneten Dienststellen auf Grund der in Absatz (1) dieses Artikels bezeichneten Rechtsvorschriften angeordneten Maßnahmen sowie die Maßnahmen, die auf Grund der durch

diese Anordnungen gebilligten Pläne zu treffen sind, vollständig durchgeführt werden.

(3) Die Bestimmungen dieses Artikels stehen den auf Grund des Vertrags über die Gründung der Europäischen Gemeinschaft für Kohle und Stahl zulässigen Erweiterungen oder Zusammenschlüssen von Unternehmen des deutschen Kohlenbergbaus und der deutschen Eisen- und Stahlindustrie nicht entgegen.

Artikel 10

(1) Nach Maßgabe der folgenden Vorschriften wird ein Gemischter Ausschuß von sieben Sachverständigen gebildet. Drei seiner Mitglieder hat die Bundesrepublik und je eines jede der Drei Mächte zu bestellen, sobald bei der Bundesregierung erstmalig ein Antrag gemäß Absatz (3) dieses Artikels eingegangen ist und die Bundesregierung dies den Drei Mächten mitgeteilt hat. Innerhalb von sechs Monaten nach dieser Mitteilung wählen die so bestellten Mitglieder mit Stimmenmehrheit ein siebentes Mitglied. Sollte das siebente Mitglied innerhalb dieser Frist nicht gewählt sein oder die Wahl nicht angenommen haben, so ist der Verwaltungsrat der Bank für Internationalen Zahlungsausgleich zu ersuchen, als siebentes Mitglied einen Sachverständigen zu bestellen, der nicht Staatsangehöriger eines Unterzeichnerstaates ist.

(2) Aufgabe des Gemischten Ausschusses ist es, Anträge auf Verlängerung von Fristen zu prüfen, die für die Veräußerung von Wertpapieren in Durchführungsverordnungen oder Anordnungen der Alliierten Hohen Kommission oder der ihr nachgeordneten Dienststellen oder auf Grund der Bestimmungen eines durch eine solche Anordnung gebilligten Planes als äußerste Fristen festgesetzt sind.

(3) Die Anträge sind bei der Bundesregierung spätestens ein Jahr vor Ablauf der für die Veräußerung der Wertpapiere gesetzten Frist zu stellen. Bis zur Entscheidung des Gemischten Ausschusses kann der Antragsteller seinen Antrag durch Einreichung weiterer Schriftsätze ergänzen.

(4) Der Gemischte Ausschuß verlängert die für die Veräußerung der Wertpapiere gesetzte Frist, sofern der Antragsteller dartut, daß die Wertpapiere trotz zumutbarer Bemühungen zu wirtschaftlich tragbaren Bedingungen und auf einer mit dem deutschen Allgemeininteresse zu vereinbarenden Grundlage nicht veräußert werden konnten und eine solche Veräußerung auch innerhalb der restlichen Frist nicht möglich ist, ohne daß eine nachhaltige Störung des deutschen Kapitalmarktes verursacht wird.

(5) Fristverlängerungen gemäß Absatz (4) dieses Artikels werden für einen Zeitraum bis zu einem Jahr gewährt; auf weiteren Antrag ist eine erneute Verlängerung unter den in Absatz (4) bezeichneten Voraussetzungen möglich. Der Gemischte Ausschuß kann jede Verlängerung oder erneute Verlängerung mit zweckdienlichen Auflagen verbinden.

(6) Der Gemischte Ausschuß trifft seine Entscheidungen mit der Mehrheit seiner Stimmen. Er hat sie vor Ablauf der für die Veräußerung der Wertpapiere festgesetzten Frist zu erlassen.

(7) Die Bezüge der Mitglieder des Gemischten Ausschusses tragen die Unterzeichnerstaaten jeweils für die von ihnen bestellten Mitglieder. Die Bezüge des siebenten Mitglieds werden zur Hälfte von der Bundesrepublik und zu je einem Sechstel von jeder der Drei Mächte getragen. Die übrigen Kosten kann der Gemischte Ausschuß den Antragstellern ganz oder teilweise auferlegen.

(8) Der Gemischte Ausschuß bestimmt seine Verfahrens- und Geschäftsordnung selbst.

Artikel 11

(1) Die von der Alliierten Hohen Kommission erlassenen Rechtsvorschriften über den Abschluß der Entflechtung und Liquidation der IG. Farbenindustrie AG. i. L. bleiben in dem Umfang, in dem sie im Zeitpunkt des Inkrafttretens dieses Vertrags gelten, in Kraft, bis die Liquidation der IG. Farbenindustrie AG. i. L. gemäß den genannten Vorschriften vollständig durchgeführt ist. In Satz 1 dieses Absatzes bezeichnete Rechtsvorschriften, die Rechtsverhältnisse regeln, welche die Beendigung der Liquidation der IG. Farbenindustrie AG. i. L. überdauern, bleiben bis zur vollständigen Abwicklung dieser Rechtsverhältnisse in Kraft.

(2) Die Bundesregierung wird dafür sorgen, daß die durch die Durchführungsverordnungen oder Anordnungen der Alliierten Hohen Kommission oder der ihr nachgeordneten Dienststellen auf Grund der in Absatz (1) dieses Artikels bezeichneten Rechtsvorschriften angeordneten Maßnahmen vollständig durchgeführt werden.

Artikel 12

(1) Nach Inkrafttreten dieses Vertrags wird der in Artikel 13 (abgeänderte Fassung) des Gesetzes Nr. 27 der Alliierten Hohen Kommission vorgesehene Prüfungsausschuß aus drei von der Bundesrepublik bestellten Mitgliedern und je einem von jeder der Drei Mächte bestellten Mitglied bestehen. In dieser Besetzung bleibt der Prüfungsausschuß die einzige zuständige Stelle, um auf Antrag eines Beteiligten Anordnungen nachzuprüfen, die auf Grund von Artikel 5 Buchstabe c des Gesetzes Nr. 27 oder auf Grund von Artikel 5 Absatz (1) des Gesetzes Nr. 35 der Alliierten Hohen Kommission erlassen worden sind. Die Unabhängigkeit der Mitglieder des Prüfungsausschusses und ihre Entscheidungsfreiheit dürfen nicht durch Anweisungen oder andere Maßnahmen ihrer Regierungen beeinträchtigt werden. Vor der Entscheidung hat der Prüfungsausschuß dem Antragsteller rechtliches Gehör zu gewähren.

(2) Die Bezüge der Mitglieder des Prüfungsausschusses tragen die Unterzeichnerstaaten jeweils für die von ihnen bestellten Mitglieder. Die übrigen Kosten des Prüfungsausschusses werden zur Hälfte von der Bundesrepublik und zu je einem Sechstel von jeder der Drei Mächte getragen.

Artikel 13

Um einen reibungslosen Übergang von dem Besatzungsregime zu normalen diplomatischen Beziehungen zu erleichtern und die Unterbringung der Botschaften und Konsulate des Vereinigten Königreichs, der Vereinigten Staaten und der Französischen Republik zu ermöglichen, wird den Regierungen des Vereinigten Königreichs, der Vereinigten Staaten und der Französischen Republik hiermit das Recht gewährt, vorbehaltlich einer Entschädigungszahlung in den in Betracht kommenden Fällen, das im Zeitpunkt des Inkrafttretens dieses Vertrags von ihnen genutzte Eigentum während einer Übergangszeit weiter zu benutzen, vorausgesetzt, daß dieses Eigentum für den Gebrauch der von ihnen zu errichtenden Botschaften und Konsulate benötigt wird.

ZWEITER TEIL

Dekartellierung und Entflechtung

(gestrichen)

DRITTER TEIL

Innere Rückerstattung

Artikel 1

Dieser Teil bezieht sich auf

(a) die Rückerstattung feststellbarer Vermögenswerte an Opfer der nationalsozialistischen Verfolgung auf Grund folgender Rechtsvorschriften:

(i) für die britische Besatzungszone
Gesetz Nr. 59 der Militärregierung, abgeändert oder ergänzt durch die Verordnungen Nr. 205, 212, 225, 232, 233, 237, 240, 243, 252 und 255 des britischen Hohen Kommissars durch die Bekanntmachung Nr. 1 zur Verordnung Nr. 233, sowie die Durchführungsverordnungen Nr. 1 bis 13 in den letzten Fassungen;

(ii) für die amerikanische Besatzungszone
Gesetz Nr. 59 der Militärregierung, abgeändert oder ergänzt durch die Änderungen Nr. 1 und 2, durch die Gesetze Nr. 3, 4, 5, 12, 13, 14, 21 (in abgeänderter Fassung), 30 und 42 des amerikanischen Hohen Kommissars sowie durch die hierzu erlassenen Durchführungsverordnungen;

(iii) für die französische Besatzungszone
Verordnung Nr. 120 des französischen Oberkommandierenden, abgeändert oder ergänzt durch die Verordnungen Nr. 156, 186 und 213 des französischen Oberkommandierenden und durch die Verordnungen Nr. 268 und 274 des französischen Hohen Kommissars, die Verfügung Nr. 177, erlassen auf Grund der Verordnung Nr. 120 (in abgeänderter Fassung), und die Verordnung Nr. 252 des französischen Hohen Kommissars, abgeändert durch die Verordnung Nr. 255;

(b) die Rückerstattung oder Übertragung von Vermögenswerten, die unter dem nationalsozialistischen Regime bei Genossenschaften, Gewerkschaften, Wohltätigkeitsorganisationen und anderen demokratischen Organisationen beschlagnahmt wurden, auf Grund der Direktive Nr. 50 des Kontrollrats und folgender Rechtsvorschriften:

(i) f ü r d i e b r i t i s c h e Z o n e
Verordnungen Nr. 150 und 159 der Militärregierung, abgeändert durch die Verordnungen Nr. 208 und 227 des britischen Hohen Kommissars, Absatz (3) des Artikels 4 der Verordnung Nr. 202 der Militärregierung und der Verordnung Nr. 254 des britischen Hohen Kommissars;

(ii) f ü r d i e a m e r i k a n i s c h e Z o n e
Gesetz Nr. 58 der Militärregierung, abgeändert oder ergänzt durch den Nachtrag Nr. 1 zu den Durchführungsanweisungen des Gesetzes Nr. 58 der Militärregierung und der Direktive Nr. 50 des Kontrollrats, sowie durch die Durchführungsverordnung Nr. 1 zum Gesetz Nr. 58 der Militärregierung und durch Artikel 2 des Gesetzes Nr. A — 14 der Alliierten Hohen Kommission;

(iii) f ü r d i e f r a n z ö s i s c h e Z o n e
Verordnung Nr. 141 des französischen Oberkommandierenden;

(c) die Sperre, Kontrolle, Verwaltung und endgültige Verfügung, im Einklang mit den in den Unterabsätzen (a) und (b) dieses Artikels erwähnten Rechtsvorschriften, bezüglich der in diesen Unterabsätzen ebenfalls erwähnten Vermögenswerte auf Grund der Gesetze Nr. 52 des SHAEF und der Militärregierungen (in den abgeänderten Fassungen), sowie der hierzu erlassenen Durchführungsverordnungen, Anordnungen, Genehmigungen und Anweisungen, soweit sie auf die erwähnten Vermögenswerte oder auf den Ertrag bzw. Erlös aus diesen Vermögenswerten anwendbar sind.

A r t i k e l 2

Die Bundesrepublik erkennt hiermit die Notwendigkeit an und übernimmt die Verpflichtung, die in Artikel 1 dieses Teils erwähnten Rechtsvorschriften und die dafür vorgesehenen Programme für die Rückerstattung und Übertragung in vollem Umfange und mit allen ihr zur Verfügung stehenden Mitteln beschleunigt durchzuführen. Die Bundesrepublik wird eine Bundesdienststelle damit betrauen, die Erfüllung der in diesem Artikel übernommenen Verpflichtung unter Beachtung der Vorschriften des Grundgesetzes sicherzustellen. Die nachstehenden Artikel dieses Teils sind nicht so auszulegen, als beschränkten sie die auf Grund dieses Artikels übernommene Verpflichtung auf die darin bezeichneten Maßnahmen.

A r t i k e l 3

(1) Vorbehaltlich der Bestimmungen des Artikels 6 dieses Teils bleiben die in Artikel 1 dieses Teils bezeichneten Rechtsvorschriften in der durch Absatz (2) des Artikels 4 abgeänderten Fassung aufrechterhalten, bis alle Verfahren über Ansprüche auf Grund dieser Vorschriften vollständig erledigt sind. Außerdem bleibt der Teil dieser Rechtsvorschriften, der sich auf die Errichtung, die Rechte und den Fortbestand von Nachfolgeorganisationen und Treuhandkörperschaften bezieht, so lange in Kraft, bis alle diese Organisationen und Körperschaften die Aufgaben erfüllt haben, für die sie geschaffen wurden.

(2) Die Bundesrepublik kann alle Rechtssetzungsbefugnisse, die auf Grund solcher Rechtsvorschriften den Drei Mächten oder einer von ihnen zustehen, im Einklang mit

diesen Rechtsvorschriften durch ihre Gesetzgebung und durch Verordnungen der Bundesregierung ausüben.

(3) (gestrichen)

(4) Die Bundesrepublik verpflichtet sich hiermit, in den verschiedenen Besatzungszonen der Drei Mächte, soweit dies zur wirksamen Durchführung der in Artikel 2 dieses Teils bezeichneten Programme notwendig ist, die bestehenden Verwaltungs- und richterlichen Behörden und Organisationen beizubehalten und auszubauen oder zu ergänzen, die zuständig sind für

(a) die Sperre, Kontrolle, Verwaltung, Freigabe von Vermögenswerten, auf die Ansprüche auf Grund der in Artikel 1 dieses Teils bezeichneten Rechtsvorschriften erhoben werden können, sowie die Verfügung über diese Vermögenswerte;

(b) die Anmeldung, Prüfung, wertmäßige Feststellung, Entscheidung und endgültige Regelung in bezug auf Ansprüche gemäß diesen Rechtsvorschriften.

(5) Die Bundesrepublik verpflichtet sich ferner,

(a) (gestrichen)

(b) (gestrichen)

(c) (gestrichen)

(d) jederzeit nach Inkrafttreten dieses Vertrags auf die nicht im Ausland ansässigen Personen, die mit Erfolg Ansprüche nach den in Artikel 1 dieses Teils bezeichneten Rechtsvorschriften geltend gemacht haben, Bestimmungen und Bedingungen bezüglich folgender Geschäfte

(i) Verwendung und Verfügung (einschließlich der Verbringung aus dem Gebiet der Bundesrepublik) hinsichtlich ihnen rückerstatteter oder solcher Vermögenswerte, die als Ersatz aus dem Ertrag bzw. Erlös rückerstatteter Werte erworben worden sind, und

(ii) Verwendung und Verfügung hinsichtlich von Beträgen in Deutscher Mark, die aus der Befriedigung von Rückerstattungsansprüchen und aus der Verwertung rückerstatteter Vermögenswerte herrühren, einschließlich der Umwandlung solcher Beträge in Devisen und deren Ausfuhr

anzuwenden, die nicht ungünstiger sein dürfen als diejenigen, die unmittelbar vor Inkrafttreten dieses Vertrags anwendbar waren oder als die, welche zur Zeit der Vornahme des Geschäfts auf die Eigentümer anderer Vermögenswerte anwendbar sind, die ihren gewöhnlichen Wohnsitz im Bundesgebiet aufgeben, je nachdem, welche Bedingungen günstiger sind.

(6) Die Verpflichtungen der Bundesrepublik auf Grund dieses Artikels und des Artikels 2 sollen keine unmittelbaren Bindungen hinsichtlich der Einrichtung und der Verwaltungsverfahren von Rückerstattungsbehörden der Länder und von Behörden der Länder, die, mit Maßnahmen gemäß Unterabsatz (c) des Artikels 1 befaßt sind, einschließen. Jedoch dürfen die bestehenden Einrichtungen und Verwaltungsverfahren nicht so abgeändert werden, daß dadurch in irgendeiner Weise die volle und beschleunigte Durchführung der in Artikel 2 dieses Teils erwähnten Rückerstattungsprogramme verhindert oder gefährdet werden könnte.

Artikel 4

(1) Die Bundesrepublik verpflichtet sich hiermit:

(a) die Zahlung an Rückerstattungsberechtigte aus allen Urteilen und Entscheidungen nach Maßgabe des Absatzes (3) zu gewährleisten, die gegen das frühere Deutsche Reich auf Grund der in Artikel 1 dieses Teils bezeichneten Rechtsvorschriften ergangen sind oder ergehen werden;

(b) alsbald durch geeignete Abmachungen mit Berlin die Haftung für die Zahlung aus allen Urteilen und Entscheidungen gegen das frühere Deutsche Reich gemäß dem geltenden inneren Rückerstattungsrecht der Westsektoren Berlins zu den in diesem Artikel festgesetzten Bedingungen zu übernehmen.

(2) Die in Unterabsatz (a) und (b) des Artikels 1 bezeichneten Rechtsvorschriften gelten als dahin ergänzt, daß Urteile und Entscheidungen, die sich auf Reichsmarkverpflichtungen des früheren Reiches gründen und Geldsummenansprüche betreffen, in einem Verhältnis von zehn Reichsmark zu einer Deutschen Mark in Deutsche Mark umzustellen sind. Urteile und Entscheidungen auf Schadenersatz gegen das frühere Reich gemäß den in Unterabsatz (a) und (b) des Artikels 1 bezeichneten Rechtsvorschriften sollen in Deutscher Mark ergehen und in Übereinstimmung mit den allgemeinen Grundsätzen des deutschen Rechts, die für die Bemessung von Schadenersatz gelten, wie sie im deutschen bürgerlichen Gesetzbuch festgelegt sind, bemessen werden.

(3) Die Verpflichtung der Bundesrepublik gegenüber den Drei Mächten hinsichtlich von Geldurteilen und -entscheidungen gemäß Absatz (1) dieses Artikels ist erfüllt, wenn diese Urteile und Entscheidungen bezahlt sind, oder wird, wenn die Bundesrepublik dies wünscht, als erfüllt angesehen, wenn die Bundesrepublik hierfür eine Gesamtsumme von 1,5 Milliarden DM gezahlt hat. Die Bundesrepublik kann bei der Festsetzung der Zeit und Methode der Zahlung auf Grund solcher Urteile und Entscheidungen ihre Zahlungsfähigkeit berücksichtigen.

Artikel 5

Nachfolgeorganisationen und Treuhandkörperschaften, die auf Grund der in Unterabsatz (a) des Artikels 1 dieses Teils bezeichneten Rechtsvorschriften bestellt worden sind, ohne Rücksicht darauf, ob sie nach deutschem Recht errichtet sind, genießen gegenwärtig Steuerfreiheit in der Bundesrepublik. Soweit die Steuern ausschließlich dem Bund zufließen, genießen die Organisationen und Körperschaften diese Steuerfreiheit auch weiterhin. Sie sind ferner von allen Sondersteuern, -abgaben und -auflagen befreit, die sich tatsächlich auf das Kapital auswirken und ganz oder zum Teil zu dem besonderen Zweck auferlegt werden, Lasten zu decken, die aus dem Kriege oder aus Reparationen oder Restitutionen an eine der Vereinten Nationen herrühren. Hinsichtlich der Steuern, die ganz oder teilweise den Ländern oder Gemeinden (Gemeindeverbänden) zufließen, wird die Bundesregierung eine Sondervereinbarung treffen, die die gemeinnützigen Zwecke dieser Organisationen und Körperschaften berücksichtigt.

Artikel 6

(1) Es wird hiermit ein Oberstes Rückerstattungsgericht errichtet, das in Durchführung der in Unterabsatz (a) des Artikels 1 dieses Teils bezeichneten Rechtsvorschriften die Nachfolge übernimmt

(a) des Obersten Rückerstattungsgerichtes für die britische Zone;

(b) des Amerikanischen Rückerstattungsberufungsgerichtes (Court of Restitution Appeals) für die amerikanische Zone;

(c) des Obergerichtes für Rückerstattungssachen (Cour Supérieure pour les Restitutions) in der französischen Zone.

Zusammensetzung, Zuständigkeit, Befugnisse und Obliegenheiten des Obersten Rückerstattungsgerichtes richten sich nach der als Anhang beigefügten Satzung des Obersten Rückerstattungsgerichtes.

(2) Jedes Gericht, dessen Nachfolge das Oberste Rückerstattungsgericht übernimmt, hat binnen drei Monaten über die bei Inkrafttreten dieses Vertrags im Stadium der endgültigen Erledigung befindlichen Fälle zu entscheiden und alle Fälle, die in diesem Zeitpunkt noch nicht entschieden sind, auf das Oberste Rückerstattungsgericht überzuleiten. Für die Zwecke dieses Vertrags gelten Fälle, die ein Gericht bei Inkrafttreten dieses Vertrags noch nicht zu untersuchen und richterlich zu würdigen begonnen hat oder lediglich in bezug auf das Verfahren untersucht und richterlich gewürdigt hat, nicht als Fälle, die bei Inkrafttreten dieses Vertrags sich im Stadium der endgültigen Erledigung befinden.

ANHANG ZUM DRITTEN TEIL

Satzung des Obersten Rückerstattungsgerichtes

Artikel 1

(1) Das Gericht besteht aus

(a) dem Präsidenten des Gerichtes,

(b) dem Präsidium (Presidential Council),

(c) drei Senaten (Divisions).

(2) Jeder Senat besteht aus mindestens fünf Richtern, einem Geschäftsstellenleiter und einer Geschäftsstelle und ausreichendem Personal, um seine Aufgaben wirksam zu erfüllen.

(3) Staatsvertreter können bei jedem der Senate in der Weise ernannt werden, wie die Bundesregierung und die Regierungen der Drei Mächte dies gegebenenfalls beschließen. Absatz (3), (4) und (5) des Artikels 2, Absatz (1), (4), (5) und (6) des Artikels 3 gelten entsprechend.

(4) Ein Senat wird aufgelöst, wenn keine Fälle mehr zu bearbeiten sind. Damit endet die Amtszeit aller seiner Richter. Das Gericht wird mit Auflösung des letzten Senats aufgelöst.

(5) Das Gericht hat seinen Sitz in Herford. Der erste Senat des Gerichtes hat seinen Sitz in Rastatt, der zweite in Herford und der dritte in Nürnberg.

(6) Das Präsidium kann jeweils mit Zustimmung der Bundesregierung und den Regierungen der Drei Mächte bestimmen

(a) einen neuen Sitz für das Gericht oder einen seiner Senate;

(b) die Zahl der Richter, die von jedem Senat zusätzlich zu den gemäß Artikel 2 ernannten Richtern benötigt werden;

(c) den Zeitpunkt der Auflösung eines jeden Senats;

(d) die Aufstellung von Verwaltungs- und anderem nichtrichterlichen Personal, das das Gericht oder ein Senat benötigt, soweit dies nicht durch diese Satzung bestimmt ist.

(7) Unbeschadet des Absatzes (6) dieses Artikels reicht das Präsidium bei der Bundesregierung und den Regierungen der Drei Mächte jährlich Berichte ein, worin sein Bedarf an richterlichem und anderem Personal für die auf den Zeitpunkt des Berichtes folgenden zwölf Monate angegeben wird. Der erste Bericht wird zwischen dem vierzehnten und siebzehnten Monat nach Inkrafttreten dieser Satzung unterbreitet.

Artikel 2

(1) Die fünf in Absatz (2) des Artikels 1 dieses Teils bezeichneten Richter werden wie folgt ernannt:

(a) zwei Richter von der Bundesregierung;

(b) zwei Richter von der Regierung der Französischen Republik im Falle des ersten Senats, zwei von der Regierung des Vereinigten Königreichs im Falle des zweiten Senats und zwei von der Regierung der Vereinigten Staaten im Falle des dritten Senats;

(c) ein Richter, der weder deutscher Staatsangehöriger noch Staatsangehöriger einer der Drei Mächte sein darf, durch Vereinbarung zwischen der Bundesregierung und der Regierung der in Unterabsatz (b) dieses Absatzes zur Ernennung von Richtern für den betreffenden Senat bezeichneten Macht (nachfolgend als „die beteiligte Macht“ bezeichnet) oder in Ermangelung einer solchen Vereinbarung, vom Präsidenten des Internationalen Gerichtshofes.

(2) Die Bundesregierung und die Regierungen der Drei Mächte geben ihre gemäß Absatz (1) dieses Artikels erforderlichen ersten Ernennungen spätestens bei Inkrafttreten dieser Satzung bekannt. Zum gleichen Zeitpunkt einigen sich die Bundesregierung und die beteiligte Macht auf den in Unterabsatz (c) des Absatzes (1) dieses Artikels genannten Richter. Ist innerhalb eines Monats nach diesem Zeitpunkt dieser Richter nicht ernannt worden, so können entweder die Bundesregierung oder die beteiligte Macht den Präsidenten des Internationalen Gerichtshofes um eine solche Ernennung ersuchen. Wenn die Bundesregierung und die beteiligte Macht innerhalb eines Monats nach der Genehmigung eines Beschlusses des Präsidiums gemäß Unterabsatz (b) des Absatzes (6) des Artikels 1, daß ein zusätzlicher Richter notwendig ist, hinsichtlich der Ernennung eines Richters, der nicht einseitig von der Bundes-

regierung oder der beteiligten Macht zu ernennen ist, keine Einigung erzielen können, finden die Bestimmungen des vorstehenden Satzes Anwendung.

(3) Die von den Regierungen der Drei Mächte ernannten Richter müssen die Befähigung nach Maßgabe der in Artikel 1 des vorstehenden Teils dieses Vertrags bezeichneten Rechtsvorschriften besitzen. Die von der Bundesregierung ernannten Richter müssen zum Richteramt in einem Lande der Bundesrepublik befähigt sein. Die anderen Richter müssen die in dem Lande ihrer Staatsangehörigkeit oder ihres Wohnsitzes für die Ernennung zum Richteramt erforderlichen oder gleichwertige Befähigungen besitzen.

(4) Das Präsidium kann den Sitz eines Richters für frei geworden erklären, wenn nach seiner Auffassung der Richter ohne hinreichenden Grund

(a) einer Sitzung ferngeblieben ist, für die er ordnungsgemäß bestimmt war, oder

(b) seine Obliegenheiten in sonstiger Weise gewissenhaft zu erfüllen unterlassen hat.

(5) Die Ernennung zur Besetzung einer Stelle, die durch den Ablauf der Dienstzeit eines Richters, seinen Tod, seinen Rücktritt oder seine Amtsenthebung gemäß dem vorstehenden Absatz frei geworden ist, erfolgt in gleicher Weise wie die Ernennung des zu ersetzenden Mitgliedes innerhalb eines Monats nach Freiwerden der Stelle.

Artikel 3

(1) Unbeschadet der Vorschriften des Absatzes (4) des Artikels 1 werden alle Richter erstmalig für eine Amtszeit von zwei Jahren ernannt, und ihre Amtszeit verlängert sich danach für jeweils ein Jahr. Ein Richter ist mindestens sechs Monate im voraus schriftlich davon zu benachrichtigen, wenn seine Amtszeit nach Ablauf nicht verlängert wird. Diese Benachrichtigung erfolgt im Falle eines von der Bundesregierung ernannten Richters durch diese, im Falle eines von der Regierung einer der Drei Mächte ernannten Richters durch die beteiligte Macht, und im Falle eines von der Bundesregierung und der Regierung einer der Drei Mächte gemeinsam oder von dem Präsidenten des Internationalen Gerichtshofes ernannten Richters durch die Bundesregierung und die beteiligte Macht. Unterbleibt diese Benachrichtigung, so verbleibt er für ein weiteres Jahr im Amt.

(2) Ein Richter kann jederzeit auf eigenen Wunsch aus seinem Amt ausscheiden. Er hat sein Amt bis zum Amtsantritt seines Nachfolgers fortzuführen.

(3) Außer in den Fällen des Absatzes (4) des Artikels 2 darf kein Richter während seiner Amtszeit seines Amtes enthoben werden.

(4) Den Richtern dürfen keine nichtrichterlichen Aufgaben übertragen werden; sie dürfen keine Tätigkeit ausüben, die mit der Wahrnehmung ihres Amtes unvereinbar ist, noch bei der Entscheidung in einer Sache mitwirken, mit der sie in irgendeiner Eigenschaft, es sei denn als Mitglied eines Gerichtes, dessen Nachfolge das Oberste Gericht übernommen hat, vorher befaßt waren, oder an der sie unmittelbar interessiert sind. In Zweifelsfällen über die Anwendung der Bestimmungen dieses Absatzes entscheidet der Senat gemäß Artikel 8.

(5) (a) Die Richter haben während ihrer Amtszeit den Rang der entsprechenden Mitglieder des Bundesgerichtshofes und genießen während ihrer Amtszeit und nach deren Ablauf Immunität gegenüber gerichtlicher Verfolgung für Handlungen, die sie in Ausübung ihres Amtes vorgenommen haben.

(b) Die nichtdeutschen Richter genießen im Bundesgebiet während ihrer Amtszeit die Vorrechte und Immunitäten, die den Mitgliedern diplomatischer Missionen zustehen.

(6) Die Richter haben sich vor Aufnahme ihrer Tätigkeit in öffentlicher Sitzung zu verpflichten, ihr Amt unparteiisch und gewissenhaft auszuüben.

Artikel 4

(1) Den Vorsitz in jedem Senat führt der gemäß Unterabsatz (c) des Absatzes (1) des Artikels 2 ernannte Richter (Senatspräsident). Falls er verhindert ist, wird er von einem Richter vertreten, der vom Präsidium aus dem Kreise der anderen Richter, die nicht einseitig von der Bundesregierung oder der beteiligten Macht ernannt worden sind, auszuwählen ist.

(2) Der Senatspräsident oder sein Stellvertreter führt bei allen Sitzungen seines Senats den Vorsitz; er verteilt die Geschäfte unter den Mitgliedern des Senats, bestimmt die Sitzungstermine und ist allgemein für die Verwaltung seines Senats verantwortlich.

Artikel 5

(1) Der Präsident des ersten Senats führt für den Rest des Kalendermonats, in dem diese Satzung in Kraft tritt, und für die nächsten vier folgenden vollen Kalendermonate das Amt des Präsidenten des Gerichtes. Danach führen es die Senatspräsidenten abwechselnd jeweils für die Dauer von vier Kalendermonaten.

(2) Das Präsidium besteht aus den folgenden neun Mitgliedern:

(a) dem Präsidenten des Gerichtes und den beiden anderen Senatspräsidenten oder ihren Stellvertretern,

(b) einem von der Bundesregierung bestimmten Richter aus jedem Senat oder seinem Stellvertreter,

(c) einem von der beteiligten Macht bestimmten Richter aus jedem Senat oder seinem Stellvertreter.

(3) Das Präsidium entscheidet mit Stimmenmehrheit der neun Mitglieder, im Falle des Absatzes (4) des Artikels 2 mit Zweidrittelmehrheit.

(4) Das Präsidium tritt am Sitze des Gerichtes jeweils zusammen, wenn der Präsident dies bestimmt.

(5) Das Präsidium ist zuständig,

(a) auf Verlangen eines seiner Mitglieder Fragen zu prüfen, die von gemeinsamem Interesse für mehr als einen Senat sind, und die Senatspräsidenten entsprechend zu unterrichten,

(b) über die Auslegung oder Anwendung dieser Satzung und über alle sonstigen Angelegenheiten, die ihm diese Satzung überträgt, zu entscheiden,

(c) die folgenden Befugnisse auszuüben, die durch die in Artikel 1 des vorstehenden Teils bezeichneten Rechtsvorschriften verliehen sind:

(i) (gestrichen)

(ii) die Befugnisse des britischen Hohen Kommissars gemäß Artikel 2 Ziffer 8 und Artikel 3 Ziffer 4 der Durchführungsverordnung Nr. 8 in der Fassung der Durchführungsverordnung Nr. 11 zum Gesetz Nr. 59 der britischen Militärregierung, Verfahrensvorschriften zu genehmigen, und gemäß Verordnung Nr. 233 des britischen Hohen Kommissars, Organisationen durch Bekanntmachung zuzulassen.

(6) Das Präsidium ernennt die Geschäftsstellenleiter des Gerichtes gemäß den Vorschlägen nach Absatz (1) des Artikels 6; diese sind jedoch unmittelbar und ausschließlich dem Präsidenten ihres Senats verantwortlich. Das Präsidium kann auch sein eigenes Verwaltungspersonal ernennen; dieses ist der Aufsicht des Präsidenten des Gerichtes unterworfen und kann von der Bundesregierung vorgeschlagen werden, falls das Präsidium dies wünscht.

(7) Das Präsidium kann seine eigenen Verfahrensvorschriften bestimmen.

Artikel 6

(1) Die Geschäftsstellenleiter des Gerichtes werden wie folgt vorgeschlagen:

(a) der Geschäftsstellenleiter des ersten Senats von der Regierung der Französischen Republik,

(b) der Geschäftsstellenleiter des zweiten Senats von der Regierung des Vereinigten Königreichs,

(c) der Geschäftsstellenleiter des dritten Senats von der Regierung der Vereinigten Staaten von Amerika.

(2) Jeder Geschäftsstellenleiter hat die gleichen Befugnisse und Obliegenheiten wie der Geschäftsstellenleiter oder Sekretär des Gerichtes, dessen Nachfolge sein Senat übernimmt, sowie diejenigen zusätzlichen Obliegenheiten, die ihm von seinem Senatspräsidenten zugewiesen werden.

(3) Absatz (3), (4) und (5) des Artikels 2 und Absatz (4) und (5) des Artikels 3 dieser Satzung finden auf die Geschäftsstellenleiter des Gerichtes entsprechende Anwendung.

Artikel 7

(1) Die Bundesrepublik unterhält auf ihre Kosten die gegenwärtig bestehenden Einrichtungen und Räumlichkeiten, die von den Gerichten benutzt werden, deren Nachfolge das Gericht übernimmt, und erstellt diejenigen zusätzlichen Einrichtungen und Räumlichkeiten, die das Gericht auf Beschluß des Präsidiums jeweils anfordert.

(2) (a) Die Gehälter und Vergütungen des richterlichen, Verwaltungs- und sonstigen Personals des Gerichtes, das von der Regierung einer der Drei Mächte vorgeschlagen, ernannt oder beschäftigt wird, werden von der beteiligten Macht nach Beratung mit der Bundesregierung festgesetzt und bezahlt und von der Bundesrepublik der beteiligten Macht erstattet.

(b) Die Gehälter und Vergütungen des richterlichen, Verwaltungs- und sonstigen Personals des Gerichtes, das von der Bundesregierung vorgeschlagen, ernannt oder beschäftigt wird, werden von der Bundesregierung nach Beratung mit der beteiligten Macht festgesetzt und von der Bundesrepublik bezahlt.

(c) Die Gehälter und Vergütungen der Richter, die nicht einseitig von der Bundesregierung oder der beteiligten Macht ernannt werden, werden im Einvernehmen zwischen der Bundesregierung und den Regierungen der Drei Mächte festgesetzt und von der Bundesrepublik bezahlt.

(3) Alle in Unterabsatz (a) und (b) des Absatzes (2) genannten Personen unterstehen jeweils der verwaltungsmäßigen und dienststrafrechtlichen Aufsicht der vorschlagenden, ernennenden oder beschäftigenden Regierung, soweit eine solche Aufsicht mit den Bestimmungen dieser Satzung vereinbar ist.

Artikel 8

(1) Alle Angelegenheiten sind von fünf Richtern des zuständigen Senats zu entscheiden, von denen einer der Präsident oder sein Stellvertreter ist, während zwei von der Bundesregierung ernannte Richter und zwei von der beteiligten Macht ernannte Richter sind.

(2) Die Entscheidungen des Senats ergehen mit Stimmenmehrheit und sind endgültig, vorbehaltlich der Bestimmungen des Absatzes (3) des Artikels 9.

(3) Die Öffentlichkeit ist zu allen mündlichen Verhandlungen zugelassen.

(4) Die Beratungen des Präsidiums und der Senate sind geheim.

Artikel 9

(1) Das Gericht übt seine Gerichtsbarkeit und sonstigen Befugnisse durch seine Senate wie folgt aus:

(a) Der erste Senat übt die Gerichtsbarkeit und sonstigen Befugnisse des durch Verordnung Nr. 252 des französischen Hohen Kommissars errichteten Obergerichtes für Rückerstattungssachen aus;

(b) der zweite Senat übt die Gerichtsbarkeit und sonstigen Befugnisse des durch Verordnung Nr. 255 des Hohen Kommissars des Vereinigten Königreichs errichteten Obersten Rückerstattungsgerichtes aus;

(c) der dritte Senat übt die Gerichtsbarkeit und sonstigen Befugnisse des durch Gesetz Nr. 21 (in abgeänderter Fassung) des amerikanischen Hohen Kommissars errichteten Court of Restitution Appeals aus.

(2) Die in Artikel 1 des vorstehenden Teils bezeichneten Rechtsvorschriften sind demgemäß so auszulegen und anzuwenden, daß bei den in der französischen Zone geltenden Rechtsvorschriften an die Stelle des Obergerichtes für Rückerstattungssachen der erste Senat, bei den in der britischen Zone geltenden Rechtsvorschriften an die Stelle des Obersten Rückerstattungsgerichtes für die britische Zone der zweite Senat und bei den in der amerikanischen Zone geltenden Rechtsvorschriften an die Stelle des Court of Restitution Appeals der dritte Senat tritt.

(3) Die Entscheidungen des Schiedsgerichtes auf Grund des Absatzes (2) des Artikels 9 der Satzung des in Artikel 9 des Vertrags über die Beziehungen zwischen der Bundesrepublik Deutschland und den Drei Mächten bezeichneten Schiedsgerichtes und die Bestimmungen des Artikels 10 jener Satzung sind für das Gericht und alle deutschen Gerichte und Behörden bindend, soweit diese Entscheidungen und Bestimmungen die Zuständigkeit des Gerichtes betreffen.

Artikel 10

(1) Die Amtssprachen des Präsidiums sind deutsch, französisch und englisch.

(2) Im übrigen sind die Amtssprachen des Gerichtes:

(a) in dem ersten Senat deutsch und französisch,

(b) in dem zweiten und dritten Senat deutsch und englisch.

VIERTER TEIL

Entschädigung für Opfer der nationalsozialistischen Verfolgung

(1) Die Bundesrepublik erkennt die Verpflichtung an, Personen, die wegen ihrer politischen Überzeugung, ihrer Rasse, ihres Glaubens oder ihrer Weltanschauung verfolgt wurden und hierdurch Schaden an Leben, Körper, Gesundheit, Freiheit, Eigentum, Vermögen oder in ihrem wirtschaftlichen Fortkommen erlitten haben (mit Ausschluß feststellbaren Vermögens, das der Rückerstattung unterliegt), eine angemessene Entschädigung nach Maßgabe der Bestimmungen der Absätze (2) und (3) dieses Teils sicherzustellen. Ferner werden Personen, die aus Gründen der Nationalität unter Mißachtung der Menschenrechte verfolgt wurden und gegenwärtig politische Flüchtlinge sind, die den Schutz ihres früheren Heimatlandes nicht mehr genießen, eine angemessene Entschädigung erhalten, soweit ihnen ein dauernder Gesundheitsschaden zugefügt worden ist.

(2) In Erfüllung dieser Verpflichtung übernimmt es die Bundesrepublik:

(a) in Zukunft die einschlägigen Rechtsvorschriften im Bundesgebiet für die Anspruchsberechtigten nicht ungünstiger zu gestalten als die gegenwärtig geltenden Rechtsvorschriften;

(b) ferner beschleunigt Rechtsvorschriften zu erlassen, welche die gegenwärtig in den verschiedenen Ländern geltenden Rechtsvorschriften ergänzen und abändern und welche, vorbehaltlich der Bestimmungen des vorstehenden Unterabsatzes (a), im gesamten Bundesgebiet eine nicht weniger günstige Grundlage für die Entschädigung bilden als die gegenwärtig in den Ländern der amerikanischen Zone geltenden Rechtsvorschriften;

(c) dafür Sorge zu tragen, daß die in Unterabsatz (b) bezeichneten Rechtsvorschriften den besonderen, auf die Verfolgung selbst zurückzuführenden Verhältnissen in billiger Weise Rechnung tragen, einschließlich des durch die Verfolgung oder durch Handlungen der verfolgenden Stellen bedingten Verlustes und der hierdurch herbeigeführten Vernichtung von Akten und Schriftstücken, sowie des durch die Verfolgung verursachten Todes oder Verschwindens von Zeugen und verfolgten Personen;

(d) die wirksame und beschleunigte Verhandlung und Entscheidung über einschlägige Entschädigungsansprüche und ihre Befriedigung ohne Diskriminierung irgendwelcher Gruppen oder Klassen verfolgter Personen sicherzustellen;

(e) in allen Fällen, in denen ein bei den zuständigen Behörden erhobener Entschädigungsanspruch nach den damals geltenden Rechtsvorschriften abgewiesen wurde, in denen aber ein solcher Anspruch auf Grund ergänzender oder an ihre Stelle getretener gemäß Unterabsatz (b) erlassener Rechtsvorschriften begründet wäre, dem Verfolgten die Möglichkeit zu gewähren, seinen Anspruch trotz der früher erfolgten Abweisung erneut geltend zu machen;

(f) die Bereitstellung ausreichender Mittel durch die Bundesrepublik zur Befriedigung aller Ansprüche auf Grund der in Unterabsatz (a) und (b) bezeichneten Rechtsvorschriften nach Maßgabe des Absatzes (3) dieses Artikels sicherzustellen.

(3) Die Zahlungsfähigkeit der Bundesrepublik kann bei der Festsetzung der Zeit und Methode für Entschädigungszahlungen gemäß Absatz (1) dieses Teils sowie bei der Bereitstellung ausreichender Mittel gemäß Unterabsatz (f) des Absatzes (2) dieses Teils berücksichtigt werden.

FÜNFTER TEIL

Äußere Restitutionen

Artikel 1

(1) Mit Inkrafttreten dieses Vertrags wird die Bundesrepublik eine Verwaltungsdienststelle errichten und ausstatten, die nach den in diesem Teil und dem Anhang dazu enthaltenen Bestimmungen nach Schmucksachen, Silberwaren und antiken Möbeln (sofern die einzelnen Gegenstände einen erheblichen Wert haben) sowie nach Kulturgütern zu forschen, sie zu erfassen und zu restituieren hat, falls diese Gegenstände und Kulturgüter während der Besetzung eines Gebiets von den Truppen oder Behörden Deutschlands oder seiner Verbündeten oder von deren einzelnen Mitgliedern (auf Befehl oder ohne Befehl) durch Zwang (mit oder ohne Anwendung von Gewalt), durch Diebstahl, Requisition oder andere Formen erzwungener Besitzentziehung erlangt und aus diesem Gebiete entfernt worden waren.

(2) Bei Kulturgütern, die sich vor dem in Artikel 5 dieses Teils jeweils genannten Zeitpunkt in dem betreffenden Land befanden, ist die Restitution auch durchzuführen,

(a) wenn diese Gegenstände durch Schenkung, sei es unter direktem oder indirektem Druck, sei es mit Rücksicht auf die amtliche Stellung des Beschenkten erworben waren;

(b) wenn sie durch Kauf erworben waren, es sei denn, sie seien zum Zweck des Verkaufs in das betreffende Land gebracht worden.

(3) Bei Schmucksachen, Silberwaren und antiken Möbeln kann die Restitution verweigert werden, wenn nachgewiesen wird, daß die betreffenden Sachen entfernt

wurden, nachdem sie von dem ursprünglichen Eigentümer gegen Entgelt auf Grund eines gewöhnlichen Handelsgeschäftes erworben waren, selbst wenn die Bezahlung in Besatzungswährung erfolgt war.

(4) Der Ausdruck „Kulturgüter" umfaßt bewegliche Sachen von religiösem, künstlerischem, urkundlichem, wissenschaftlichem oder historischem Wert oder von entsprechender Bedeutung, einschließlich von Gegenständen, die sich üblicherweise in Museen, öffentlichen oder privaten Sammlungen, Bibliotheken oder historischen Archiven befinden. Der Ausdruck „antik" bezieht sich auf Sachen, die bei Inkrafttreten dieses Vertrags mindestens einhundert Jahre alt sind. Der Ausdruck „erheblicher Wert" bedeutet einen Wert von mindestens 200 000 französischen Franken der Kaufkraft vom 1. Januar 1951.

(5) Die in Absatz (1) dieses Artikels genannte Dienststelle wird den Drei Mächten oder ihren Beauftragten über die von ihr behandelten Angelegenheiten auf Antrag Auskunft erteilen und über ihre Tätigkeit vierteljährlich berichten. Die Unterlagen der Dienststelle sind solange aufzubewahren, bis etwas anderes vereinbart wird.

Artikel 2

(1) Restitution gemäß Artikel 1 dieses Teils kann bei der Bundesregierung nur von der Regierung des Staates beantragt werden, aus dessen Gebiet die Sache entfernt wurde. Die Bundesregierung kann einen Restitutionsantrag ablehnen, wenn dieser bereits von der zuständigen Dienststelle einer der Drei Mächte als unbegründet abgewiesen worden ist, es sei denn, daß Beweismaterial beigebracht wird, das früher nicht vorgelegt werden konnte.

(2) Eine Restitution von Schmucksachen, Silberwaren und antiken Möbeln kann bei der Bundesregierung nur beantragt werden, wenn ein entsprechender Antrag bereits vor Inkrafttreten dieses Vertrags bei einer Dienststelle einer der Drei Mächte gestellt worden war. Bei Kulturgütern kann ein neuer Restitutionsantrag nach dem 8. Mai 1956 nicht mehr gestellt werden. Sind die Nachforschungen der in Artikel 1 dieses Teils genannten deutschen Dienststelle nach herausverlangten Sachen ohne Erfolg geblieben oder haben sie bis zum 8. Mai 1957 nicht zur Auffindung der herausverlangten Sache geführt und bieten weitere Ermittlungen keine Aussicht auf Erfolg, so hat die Dienststelle das Verfahren einzustellen. Gegen diese Entscheidung kann die beteiligte Partei die Schiedskommission für Güter, Rechte und Interessen in Deutschland gemäß Artikel 7 anrufen. Wird die herausverlangte Sache nach der Einstellung des Verfahrens identifiziert, so kann das Verfahren wieder eröffnet werden.

(3) Die bei einer Dienststelle einer der Drei Mächte gestellten, aber vor Inkrafttreten dieses Vertrags noch nicht erledigten Anträge, die unter die Bestimmungen der Artikel 1 und 2 dieses Teils fallen, sind von der beteiligten Macht an die in Artikel 1 genannte deutsche Dienststelle zu verweisen. Sie sind von dieser Stelle so zu behandeln, als seien sie von der antragstellenden Regierung unmittelbar bei ihr gestellt worden.

(4) Die Stellung eines Restitutionsantrags gemäß Artikel 1 dieses Teils zugunsten einer natürlichen oder juristischen Person schließt die Stellung eines Restitutions-

antrags gemäß Artikel 3 dieses Teils aus; ebenso schließt die Erhebung einer Restitutionsklage gemäß Artikel 3 einen Restitutionsantrag gemäß Artikel 1 aus.

Artikel 3

(1) Abweichend von den Bestimmungen des deutschen Rechts kann eine Person, der oder deren Rechtsvorgänger während der Besetzung eines Gebiets eine Sache durch Diebstahl oder Zwang (mit oder ohne Anwendung von Gewalt) von den Streitkräften oder Behörden Deutschlands oder seiner Verbündeten oder von deren einzelnen Mitgliedern (auf Befehl oder ohne Befehl) entzogen worden ist, von dem gegenwärtigen Besitzer dieser Sache Restitution verlangen: der Kläger hat jedoch

(a) dem Beklagten die wertsteigernden Aufwendungen zu erstatten, die dieser nach dem Erwerb der Sache gemacht hat;

(b) den Wert des Entgelts zu erstatten, das der Kläger oder sein Rechtsvorgänger erhalten hat; der Wert ist ebenso zu behandeln wie deutsche Werte, die sich zur Zeit der Entfernung der Sache in dem Lande befanden, aus dem die Sache entfernt wurde.

Der Anspruch besteht nicht, wenn der gegenwärtige Besitzer die Sache zehn Jahre oder mindestens bis zum 8. Mai 1956 gutgläubig in Besitz gehabt hat.

(2) Der Restitutionsanspruch gemäß Absatz (1) dieses Artikels kann bis zum 8. Mai 1956 oder bis zum Ablauf von zehn Jahren, während derer der Besitzer die Sache gutgläubig in Besitz gehabt hat, je nachdem welcher Zeitpunkt später liegt, von jedem Angehörigen oder Einwohner eines Staates, welcher der Satzung der Schiedskommission für Güter, Rechte und Interessen in Deutschland beigetreten ist, bei einem deutschen Gericht geltend gemacht werden.

(3) Ein Restitutionsanspruch kann nicht geltend gemacht werden, wenn ein dieselbe Sache betreffender Restitutionsantrag einer Regierung zugunsten eines Antragstellers vor Inkrafttreten dieses Vertrags von einer Dienststelle der Drei Mächte als unbegründet abgewiesen worden war, es sei denn, daß Beweismaterial beigebracht wird, das früher nicht vorgelegt werden konnte.

Artikel 4

(1) Ist eine zu restituierende Sache nach ihrer Identifizierung in Deutschland, aber vor Rückgabe an den Restitutionsberechtigten entweder in Deutschland verwendet oder verbraucht worden, oder vor ihrem Eingang bei der den Anspruch erhebenden Regierung oder bei einer zuständigen Dienststelle einer der Drei Mächte zwecks Ablieferung an den Restitutionsberechtigten zerstört oder gestohlen worden oder abhanden gekommen, so wird die Bundesrepublik die Personen entschädigen, die sonst gemäß Artikel 1 und 3 dieses Teils restitutionsberechtigt wären oder deren Restitutionsansprüche bei Inkrafttreten dieses Vertrags durch eine der Drei Mächte bereits gebilligt waren.

(2) Die in Artikel 1 dieses Teils genannte deutsche Dienststelle entscheidet auf Antrag des Restitutionsberechtigten, der sonst Anspruch auf Restitution hätte, über seinen Entschädigungsanspruch für Sachen, deren Restitution gemäß Artikel 1 und 2 beantragt werden kann. Das in Artikel 3 dieses Teils vorgesehene Gericht entscheidet

auf Klage des Restitutionsberechtigten, der sonst Anspruch auf Restitution hätte, über den Anspruch auf Entschädigung für Sachen, deren Restitution gemäß Artikel 3 beantragt werden kann, sofern der Kläger Angehöriger oder Einwohner eines Staates ist, welcher der Satzung der Schiedskommission für Güter, Rechte und Interessen in Deutschland beigetreten ist. Die Einreichung des Antrags und die Erhebung der Klage hat spätestens ein Jahr nach Inkrafttreten dieses Vertrags oder nach der Mitteilung an den Restitutionsberechtigten zu erfolgen, daß die Sache zur Restitution nicht zur Verfügung steht — je nachdem, welcher Zeitpunkt später liegt.

(3) Unbeschadet der Bestimmungen von Absatz (2) dieses Artikels sind Ansprüche gemäß Absatz (1), die bei einer Dienststelle einer der Drei Mächte vor Inkrafttreten dieses Vertrags geltend gemacht wurden, entweder von dieser Macht der in Artikel 1 dieses Teils genannten deutschen Dienststelle zu überweisen oder von der den Anspruch erhebenden Regierung selbst bei dieser Dienststelle geltend zu machen. Alle Ansprüche auf Grund dieses Absatzes sind der Dienststelle spätestens sechs Monate nach Inkrafttreten dieses Vertrags zu überweisen oder bei ihr geltend zu machen; sie hat über diese zu entscheiden.

(4) Die in Artikel 1 dieses Teils genannte deutsche Dienststelle hat Restitutionsansprüche anzuerkennen, die von einer der Drei Mächte vor Inkrafttreten dieses Vertrags gebilligt worden sind. Die Dienststelle hat auch eine Bescheinigung einer der Drei Mächte als beweiskräftig anzusehen, nach der die mit dem Antrag herausverlangten Sachen bei einer zuständigen Dienststelle dieser Macht zwecks Ablieferung an den Restitutionsberechtigten nicht eingegangen sind.

(5) Die in diesem Artikel vorgesehene Entschädigung ist in der Höhe des Wiederbeschaffungswertes der Sachen zur Zeit der Entscheidung darüber zu leisten.

Artikel 5

(1) Die Bestimmungen dieses Teils finden auf folgende Länder und von den folgenden Zeitpunkten ab Anwendung:

Land	Zeitpunkt
Österreich	12. März 1938
Tschechoslowakei	1. April 1939
Polen	1. September 1939
Dänemark	9. April 1940
Norwegen	9. April 1940
Belgien	10. Mai 1940
Luxemburg	10. Mai 1940
Niederlande	10. Mai 1940
Frankreich	17. Mai 1940
Griechenland	28. Oktober 1940
Jugoslawien	6. April 1941
Union der Sozialistischen Sowjetrepubliken	22. Juni 1941
Italien	3. September 1943
Rumänien	12. September 1944
Finnland	19. September 1944
Bulgarien	28. Oktober 1944
Ungarn	20. Januar 1945

(2) Unter die Bestimmungen dieses Teils fällt sowohl privates wie öffentliches Eigentum, das aus den in Absatz (1) dieses Artikels genannten Gebieten entfernt wurde.

Artikel 6

Schließt die Bundesrepublik mit einer anderen Macht in Angelegenheiten, die unter diesen Teil fallen, Vereinbarungen, die für diese andere Macht günstiger sind als die entsprechenden Bestimmungen dieses Teils, so sind die Vorteile dieser neuen Vereinbarungen ohne weiteres auf alle Mächte auszudehnen, denen die entsprechenden Bestimmungen dieses Teils zugute kommen.

Artikel 7

(1) Die Unterzeichnerstaaten errichten hiermit eine Schiedskommission für Güter, Rechte und Interessen in Deutschland, die ihre Tätigkeit im Einklang mit den Bestimmungen ihrer Satzung ausübt, die diesem Vertrag als Anhang beigefügt ist.

(2) Auf Antrag der beteiligten Partei unterliegen die Endentscheidungen der deutschen Dienststelle gemäß Artikel 1, 2 und 4 dieses Teils sowie die der deutschen Gerichte gemäß Artikel 3 und 4 der Nachprüfung durch die Schiedskommission.

(3) Der Antrag an die Kommission ist von der beteiligten Partei innerhalb von dreißig Tagen nach Zustellung der Endentscheidung zu stellen. Entscheidet die deutsche Dienststelle oder das deutsche Gericht nicht innerhalb eines Jahres nach Stellung des Antrages, so kann der Berechtigte den Anspruch innerhalb von dreißig Tagen nach Ablauf der Jahresfrist der Kommission unmittelbar unterbreiten.

(4) Die Kommission kann über jeden ihr unterbreiteten Fall entweder selbst eine Endentscheidung fällen oder ihn an die deutsche Dienststelle oder das deutsche Gericht mit den Weisungen, die sie für erforderlich oder angebracht hält, zurückverweisen.

(5) Die Urteile der Kommission sind endgültig und für die Behörden und Gerichte der Unterzeichnerstaaten und anderer Staaten, die ihrer Satzung beitreten, bindend.

ANHANG ZUM FÜNFTEN TEIL

§ 1

(1) Die Bundesregierung wird die in Absatz (1) des Artikels 1 des vorstehenden Teils vorgesehene Verwaltungsdienststelle als Bundesoberbehörde errichten.

(2) Alle deutschen Gerichte und Behörden haben dieser Bundesoberbehörde Rechts- und Amtshilfe gemäß Artikel 35 des Grundgesetzes zu leisten.

§ 2

(1) Anträge auf Restitution gemäß Artikel 1 und 2 des vorstehenden Teils, mit Ausnahme der in Absatz (3) des Artikels 2 bezeichneten, müssen enthalten

(a) eine Bezeichnung der Sache, deren Restitution begehrt wird;

(b) soweit möglich, eine Bezeichnung der Person, in deren Händen sich diese Sache zur Zeit der Antragstellung befindet;

(c) eine Schilderung des Sachverhalts, der den Restitutionsanspruch begründet.

(2) Dem Antrag sind die den Restitutionsanspruch begründenden Unterlagen in beglaubigter Abschrift beizufügen oder nachzureichen.

§ 3

(1) Anträge auf Entschädigung gemäß Artikel 4 des vorstehenden Teils, mit Ausnahme der in Absatz (3) dieses Artikels bezeichneten, müssen enthalten

(a) eine Bezeichnung der Sache, für die Entschädigung begehrt wird;

(b) Angaben über die Indentifizierung dieser Sache in Deutschland;

(c) Angaben bezüglich der Verwendung, des Verbrauchs, der Zerstörung, des Diebstahls oder des Abhandenkommens dieser Sache;

(d) Angaben des beanspruchten Betrages;

(e) Angaben über alle anderen Umstände, die den Anspruch begründen.

(2) Dem Antrag sind die den Entschädigungsanspruch begründenden Unterlagen in beglaubigter Abschrift beizufügen oder nachzureichen.

§ 4

Das Verfahren vor der Bundesoberbehörde ist gebührenfrei.

§ 5

(1) Die Bundesoberbehörde führt die erforderlichen Ermittlungen durch. Sie kann zu diesem Zweck von Amts wegen beschleunigt Beweise erheben, insbesondere Zeugen, Sachverständige und Personen, deren Rechte betroffen würden, vernehmen oder durch ein Gericht vernehmen lassen. Falls eine Beeidigung erforderlich erscheint, ist der Eid vor einem Gericht zu leisten. Die Bundesoberbehörde ist zuständig für die Abnahme eidesstattlicher Versicherungen.

(2) Als Beteiligte gelten außer der antragstellenden Regierung alle Personen, deren Rechte durch die Restitution betroffen würden.

(3) Den Beteiligten ist Gelegenheit zur Stellungnahme zu geben. Sie können sich durch Prozeßbevollmächtigte oder Rechtsanwälte vertreten lassen. Von den zum Zwecke von Vernehmungen gemäß Absatz (1) Satz 2 dieses Paragraphen anberaumten Terminen sind sie zu benachrichtigen; sie können diesen Vernehmungen beiwohnen. Schriftsätze eines Beteiligten sind den übrigen Beteiligten mitzuteilen.

§ 6

Die Bundesoberbehörde hat, wenn die Verwirklichung des Anspruchs auf Restitution gefährdet erscheint, die zur Sicherstellung der Sache erforderlichen vorläufigen Maßnahmen anzuordnen.

§ 7

Die Entscheidungen der Bundesoberbehörde sind schriftlich zu begründen und den Beteiligten zuzustellen.

§ 8

(1) Die Bundesoberbehörde trifft alle Maßnahmen, die für die Restitution erforderlich sind. Sie ordnet, falls notwendig, die Enteignung der zu restituierenden Sache zugunsten der Bundesrepublik an, welche die enteigneten Sachen dem Restitutionsberechtigten zuleiten wird.

(2) Art und Höhe der Entschädigung der durch die Enteignung Betroffenen regelt ein Bundesgesetz.

(3) Erkennt die Bundesoberbehörde einen Anspruch gemäß Artikel 4 des vorstehenden Teils an, so hat sie den von der Bundesrepublik zu zahlenden Entschädigungsbeitrag festzusetzen.

SECHSTER TEIL

Reparationen

Artikel 1

(1) Die Frage der Reparationen wird durch den Friedensvertrag zwischen Deutschland und seinen ehemaligen Gegnern oder vorher durch diese Frage betreffende Abkommen geregelt werden. Die Drei Mächte verpflichten sich, zu keiner Zeit Forderungen auf Reparationen aus der laufenden Produktion der Bundesrepublik geltend zu machen.

(2) Bis zu der in Absatz (1) dieses Artikels vorgesehenen endgültigen Regelung gelten die folgenden Bestimmungen.

Artikel 2

Das Kontrollratsgesetz Nr. 5 verliert, außer für die in dem Verzeichnis zum Gesetz Nr. 63 der Alliierten Hohen Kommission (abgeändert durch Entscheidung Nr. 24 der Alliierten Hohen Kommission) genannten Länder, im Bundesgebiet seine Wirksamkeit, darf aber ohne Zustimmung der Drei Mächte nicht weiter außer Wirksamkeit gesetzt oder geändert werden. Die Bundesrepublik wird das Gesetz Nr. 63 der Alliierten Hohen Kommission nur mit Zustimmung der Drei Mächte aufheben oder ändern. Jedoch gilt Artikel 6 Absatz 1 des Gesetzes Nr. 63 als aufgehoben und Absatz 2 als dahin geändert, daß die danach der Alliierten Hohen Kommission zustehenden Befugnisse von der Bundesregierung ausgeübt werden. Die Bundesrepublik verpflichtet sich, die dieser Änderung des Artikels 6 des Gesetzes Nr. 63 entsprechenden geeigneten Entscheidungen zur Streichung der im Verzeichnis zum Gesetz Nr. 63 genannten Länder nach Zustimmung der Drei Mächte zu erlassen.

Artikel 3

(1) Die Bundesrepublik wird in Zukunft keine Einwendungen gegen die Maßnahmen erheben, die gegen das deutsche Auslands- oder sonstige Vermögen durchgeführt worden sind oder werden sollen, das beschlagnahmt worden ist für Zwecke der Reparation oder Restitution oder auf Grund des Kriegszustandes oder auf Grund von Abkommen, die die Drei Mächte mit anderen alliierten Staaten, neutralen Staaten

oder ehemaligen Bundesgenossen Deutschlands geschlossen haben oder schließen werden.

(2) Die Bundesrepublik wird die Bestimmungen über die Behandlung des deutschen Auslandsvermögens in Österreich hinnehmen, die in einem Abkommen enthalten sind, bei dem die gegenwärtigen Besatzungsmächte Österreichs Parteien sind, oder die in dem zukünftigen Staatsvertrag mit Österreich getroffen werden.

(3) Ansprüche und Klagen gegen Personen, die auf Grund der in Absatz (1) und (2) dieses Artikels bezeichneten Maßnahmen Eigentum erworben oder übertragen haben, sowie Ansprüche und Klagen gegen internationale Organisationen, ausländische Regierungen oder Personen, die auf Anweisung dieser Organisationen oder Regierungen gehandelt haben, werden nicht zugelassen.

Artikel 4

(1) Soweit deutsche Auslandswerte noch nicht übertragen oder liquidiert worden sind oder über die Liquidationserlöse noch nicht verfügt ist, kann die Bundesrepublik über diese Werte Vereinbarungen mit allen Staaten schließen, mit denen sich Deutschland seit dem 1. September 1939 im Kriegszustand befunden hat, die aber nicht Mitglieder der Interalliierten Reparationsagentur (IARA) sind.

(2) Die Bundesrepublik kann ferner mit den Mitgliedsstaaten der IARA Vereinbarungen schließen, die sich jedoch nur beziehen dürfen auf:

(a) Vermögensarten, welche die Mitgliedstaaten der IARA gemäß Teil III der Verrechnungsregeln der IARA freiwillig von der Buchung zu ihren Lasten gemäß Teil II dieser Regeln ausschließen können,

(b) auf Reichsmark lautende in Deutschland ausgegebene Wertpapiere,

(c) Ruhegehälter und Renten,

(d) einen Endtermin für die Beschlagnahme deutschen Eigentums in Ländern, in denen ein solcher noch nicht festgesetzt ist.

(3) Bezüglich des in Portugal, Spanien, Schweden und der Schweiz in Anspruch genommenen deutschen Auslandsvermögens, über das von den Drei Mächten geschlossene Abkommen in Kraft sind oder sein werden, kann die Bundesrepublik zur Durchführung dieser Abkommen mit den genannten Staaten Vereinbarungen über Art und Umfang der Entschädigung schließen, die an die früheren deutschen Eigentümer der Werte in diesen Ländern zu zahlen ist. Die Drei Mächte sind berechtigt, an den Verhandlungen darüber teilzunehmen.

(4) Abgesehen von den in den vorangehenden Absätzen dieses Artikels genannten Fragen ist die Bundesrepublik befugt, nach entsprechender Mitteilung an die Drei Mächte mit jedem Lande auch über andere die deutschen Auslandswerte betreffende Fragen Vereinbarungen zu schließen, es sei denn, daß die Drei Mächte dem ausdrücklich widersprechen.

Artikel 5

Die Bundesrepublik wird Vorsorge treffen, daß die früheren Eigentümer der Werte, die auf Grund der in Artikel 2 und 3 dieses Teils bezeichneten Maßnahmen beschlagnahmt worden sind, entschädigt werden.

SIEBENTER TEIL

Verschleppte Personen und Flüchtlinge

Artikel 1

Die Bundesrepublik verpflichtet sich:

(a) (gestrichen)

(b) (gestrichen)

(c) (gestrichen)

(d) die Fortführung der Arbeiten zu gewährleisten, die gegenwärtig vom Internationalen Suchdienst durchgeführt werden;

(e) die ordnungsgemäße Betreuung und Instandhaltung der Gräber alliierter ziviler Kriegsopfer (falls von den beteiligten Staaten nicht anderweitig vorgesehen), verschleppter Personen und nichtdeutscher Flüchtlinge im Bundesgebiet zu übernehmen und Pilgerfahrten von Angehörigen zu diesen Gräbern zu erleichtern;

(f) den Behörden der Drei Mächte und anderer beteiligter alliierter Staaten bei der Exhumierung und Überführung der Leichen von Kriegsopfern die gleichen Möglichkeiten wie bisher zu gewähren.

Artikel 2

Die Bundesrepublik wird für die ordnungsgemäße Betreuung und Instandhaltung der Gräber alliierter Soldaten im Bundesgebiet (falls von den beteiligten Staaten oder den diesen Zwecken dienenden Organisationen dieser Staaten nicht anderweitig vorgesehen) Sorge tragen und die Tätigkeit dieser Organisationen erleichtern. Jede der Drei Mächte wird in ihrem Mutterland für die ordnungsgemäße Betreuung und Instandhaltung der Gräber deutscher Soldaten Sorge tragen und die Tätigkeit von Organisationen erleichtern, die diesen Zwecken dienen.

Artikel 3

(gestrichen)

Artikel 4

Die Drei Mächte erklären sich bereit, nötigenfalls Verhandlungen über die Übersiedlung von Flüchtlingen in das Bundesgebiet mit den Regierungen der Staaten zu führen, in denen die Bundesrepublik keine diplomatischen Vertretungen unterhält.

ACHTER TEIL

Ansprüche gegen Deutschland

(gestrichen einschließlich Anhang)

NEUNTER TEIL

Gewisse Ansprüche gegen fremde Nationen und Staatsangehörige

Artikel 1

Vorbehaltlich der Bestimmungen einer Friedensregelung mit Deutschland dürfen deutsche Staatsangehörige, die der Herrschaftsgewalt der Bundesrepublik unterliegen, gegen die Staaten, welche die Erklärung der Vereinten Nationen vom 1. Januar 1942 unterzeichnet haben oder ihr beigetreten sind oder mit Deutschland im Kriegszustand waren oder in Artikel 5 des Fünften Teils dieses Vertrags genannt sind, sowie gegen deren Staatsangehörige keine Ansprüche irgendwelcher Art erheben wegen Maßnahmen, welche von den Regierungen dieser Staaten oder mit ihrer Ermächtigung in der Zeit zwischen dem 1. September 1939 und dem 5. Juni 1945 wegen des in Europa bestehenden Kriegszustandes getroffen worden sind; auch darf niemand derartige Ansprüche vor einem Gericht in der Bundesrepublik geltend machen.

Artikel 2

Vorbehaltlich der Bestimmungen einer Friedensregelung mit Deutschland bestätigt die Bundesrepublik, daß keine Regierungsansprüche im Namen Deutschlands wegen Maßnahmen, welche von den Regierungen der in Artikel 1 dieses Teils bezeichneten Staaten oder mit ihrer Ermächtigung zwischen dem 1. September 1939 und dem 5. Juni 1945 wegen des in Europa bestehenden Kriegszustandes getroffen worden sind, vor den Verhandlungen über die Friedensregelung erhoben werden können.

Artikel 3

(1) Die Bestimmungen dieses Artikels gelten bis zum Inkrafttreten einer Friedensregelung mit Deutschland.

(2) Die Bundesrepublik erkennt an, daß sie oder die ihrer Herrschaftsgewalt unterliegenden Personen keine Ansprüche irgendwelcher Art gegen die Drei Mächte oder eine von ihnen oder gegen Organisationen oder Personen, die in ihrem Namen oder unter ihrer Autorität tätig waren, geltend machen werden wegen Handlungen oder Unterlassungen, welche die Drei Mächte oder eine von ihnen oder Organisationen oder Personen, die in ihrem Namen oder unter ihrer Autorität tätig waren, zwischen dem 5. Juni 1945 und dem Inkrafttreten dieses Vertrags mit Bezug auf Deutschland, deutsche Staatsangehörige, deutsches Eigentum oder in Deutschland begangen haben.

(3) Die Bundesrepublik übernimmt die Verantwortlichkeit für die Entscheidung über Entschädigungsansprüche für Besatzungsschäden, die zwischen dem 1. August 1945 und dem Inkrafttreten dieses Vertrags entstanden sind und für die nach den Bestimmungen des Gesetzes Nr. 47 der Alliierten Hohen Kommission (abgeändert durch Gesetz Nr. 79 der Alliierten Hohen Kommission) Entschädigung zu leisten ist, und für die Befriedigung dieser Ansprüche. Die Bundesrepublik wird bestimmen, welche weiteren der in Absatz (2) dieses Artikels genannten und im Bundesgebiet

entstandenen Ansprüche zu befriedigen angemessen ist und wird die zur Bestimmung und Befriedigung dieser Ansprüche erforderlichen Maßnahmen treffen.

(4) Die Bestimmungen dieses Artikels gelten nicht für Ansprüche aus Verträgen, die Zahlungen aus den nationalen Fonds einer der Drei Mächte vorsehen.

(5) Die Bundesregierung wird alle Entscheidungen, die in bezug auf Ansprüche der in Absatz (3) dieses Artikels bezeichneten Art von den Behörden der Drei Mächte oder einer von ihnen vor Inkrafttreten dieses Vertrags getroffen worden sind, durchführen, soweit sie nicht bereits durchgeführt sind.

Artikel 4

(1) Gemäß der durch den Briefwechsel vom 19. und 21. Mai 1952 zwischen dem Bundeskanzler der Bundesrepublik Deutschland und dem Geschäftsführenden Vorsitzenden der Alliierten Hohen Kommission getroffenen Vereinbarung sind Vermögenswerte der Joint Export-Import Agency auf die Bundesrepublik übertragen worden oder werden solche Vermögenswerte übertragen werden; gemäß dieser Vereinbarung hat die Bundesrepublik gewisse Verbindlichkeiten übernommen.

(2) Die Bundesrepublik bestätigt ihre Verpflichtung, in Übereinstimmung mit diesem Briefwechsel die Drei Mächte und jede von ihnen von allen bestehenden oder zukünftig erwachsenden Verbindlichkeiten freizustellen, die sich aus den Transaktionen der Joint Export-Import Agency oder einer Dienststelle, deren Funktionen von der Joint Export-Import Agency übernommen worden sind oder aus anderen Außenhandels- oder Devisen-Transaktionen ergeben, welche von den Drei Mächten oder einer von ihnen vorgenommen worden und in dem Briefwechsel bezeichnet sind.

(3) Vom Austausch des in Absatz (1) dieses Artikels erwähnten Briefwechsels an unterliegen seine Bestimmungen in gleicher Weise wie dieser Vertrag im Falle von Streitigkeiten der Entscheidung durch das Schiedsgericht.

ZEHNTER TEIL

Ausländische Interessen in Deutschland

Artikel 1

(1) Die Bundesrepublik wird, soweit dies nicht schon geschehen ist, alle erforderlichen Maßnahmen treffen, um sicherzustellen, daß die in Absatz (3) dieses Artikels genannten Staaten, Personen und Gesellschaften die Rückgabe ihres Eigentums in seinem jetzigen Zustand und die Wiederherstellung ihrer Rechte und Interessen im Bundesgebiet erlangen, soweit diese Güter, Rechte oder Interessen einer diskriminierenden Behandlung unterworfen waren. Diese Güter, Rechte und Interessen der in Absatz (3) genannten Staaten, Personen und Gesellschaften sind durch die Bundesrepublik von allen Beschränkungen und Belastungen jeder Art, denen sie infolge der diskriminierenden Behandlung unterworfen wurden, zu befreien. Bei der Rückgabe oder Wiederherstellung sowie bei der Beseitigung der Beschränkungen oder Belastungen dürfen keine Kosten erhoben werden. Um jedoch eine ungerechtfertigte Bereiche-

rung der im Absatz (3) genannten Staaten, Personen und Gesellschaften zu verhindern, können der Billigkeit entsprechende Bedingungen auferlegt werden.

(2) Mit Inkrafttreten dieses Vertrags wird die Bundesrepublik das im Anhang zu diesem Teile geregelte Verfahren für die Anmeldung und Bearbeitung von Ansprüchen auf Grund dieses Artikels und für die Befriedigung von auf solchen Ansprüchen beruhenden Entscheidungen einrichten und die Bestimmungen dieses Verfahrens in geeigneter Weise bekanntmachen. Derartige Ansprüche sind binnen zwölf Monaten nach Einrichtung dieses Verfahrens anzumelden. Die Bundesrepublik wird den Beteiligten auf deren Ersuchen, soweit möglich, alle Auskünfte über die Treuhandverwaltung der Güter, Rechte und Interessen zur Verfügung stellen.

(3) Anspruchsberechtigt auf Grund dieses Artikels sind:

(a) die Vereinten Nationen und ihre Staatsangehörigen,

(b) die Rechtsnachfolger dieser Staatsangehörigen und

(c) die Gesellschaften deutschen Rechts, an denen Staatsangehörige der Vereinten Nationen beteiligt sind,

unter der Voraussetzung, daß diese Staatsangehörigen oder ihre Rechtsnachfolger, abgesehen von unmittelbaren Rechtsnachfolgern kraft gesetzlicher Erbfolge oder testamentarischer Verfügung, zur Zeit der diskriminierenden Behandlung Staatsangehörige der Vereinten Nationen waren.

(4) Im Sinne dieses Artikels umfaßt der Ausdruck „diskriminierende Behandlung" Maßnahmen aller Art, die zwischen dem 1. September 1939 und dem 8. Mai 1945 auf Güter, Rechte und Interessen auf Grund außerordentlicher, nicht allgemein auf alle nichtdeutschen Güter, Rechte und Interessen anwendbarer Bestimmungen angewandt worden sind und die eine Schädigung, Entziehung oder Benachteiligung zur Folge hatten, ohne daß die Beteiligten ihre freie Zustimmung gegeben oder eine angemessene Entschädigung erhalten hätten. Handlungen oder Unterlassungen auf Grund der deutschen Verordnung über die Behandlung feindlichen Vermögens vom 15. Januar 1940 (und deren Änderungen) oder auf Grund anderer Bestimmungen, die einen ähnlichen Zweck verfolgten, können als diskriminierend angesehen werden, obwohl sie sich im Rahmen dieser Verordnung, ihrer Änderungen oder dieser anderen Bestimmungen hielten, wenn es sich ergibt, daß

(a) die ausländischen Güter, Rechte oder Interessen dadurch einen Schaden erlitten haben und

(b) dieser Schaden ohne Verletzung der Verordnung, ihrer Änderungen oder dieser anderen Bestimmungen hätte vermieden werden können.

(5) Die Bestimmungen dieses Artikels finden keine Anwendung auf Ansprüche, die im Dritten und Vierten Teile dieses Vertrags geregelt sind.

(6) Unter die Bestimmungen dieses Artikels sollen nicht die Entschädigungsansprüche für Verluste oder Schäden an den Gütern, Rechten oder Interessen fallen, die auf diskriminierende Behandlung zurückzuführen sind oder sich auf andere Weise unmittelbar oder mittelbar aus dem Kriege ergeben; das Recht einer der Vereinten Nationen, während der Verhandlungen über eine Friedensregelung Entschädigungs-

ansprüche dieser Art für ihre eigenen Güter, Rechte und Interessen sowie für die ihrer Staatsangehörigen geltend zu machen, bleibt jedoch unberührt.

Artikel 2

Die Bundesgesetze über Ausschlußfristen und Verjährungsfristen vom 28. Dezember 1950 und 30. März 1951 (Gesetz über den Ablauf der durch Kriegs- oder Nachkriegsvorschriften gehemmten Fristen und Gesetz zur Ergänzung des Gesetzes über den Ablauf der durch Kriegs- oder Nachkriegsvorschriften gehemmten Fristen, Bundesgesetzblatt 1950 Seite 821 und 1951, Teil I Seite 213) sowie das Gesetz Nr. 67 der Alliierten Hohen Kommission über denselben Gegenstand bleiben, soweit sie ausländische Gläubiger deutscher Schuldner berühren, in Kraft. Diese Rechtsvorschriften sollen von der Bundesrepublik im Einvernehmen mit den anderen Unterzeichnerstaaten auf der Grundlage der Bestimmungen des Londoner Abkommens über deutsche Auslandsschulden vom 27. Februar 1953 einer Nachprüfung unterworfen werden, soweit diese Rechtsvorschriften Ansprüche betreffen, auf die sich das Abkommen bezieht.

Artikel 3

Unbeschadet der Bestimmungen der endgültigen Friedensregelung mit Deutschland werden die Vereinten Nationen und ihre Staatsangehörigen in gleicher Weise wie deutsche Staatsangehörige, die ihren Wohnsitz im Bundesgebiet haben, nach Maßgabe der Rechtsvorschriften der Bundesrepublik und der Länder Entschädigungen für die Kriegsschäden erhalten, die sie an ihrem im Bundesgebiet gelegenen Eigentum erlitten haben, soweit es sich nicht um die Eingliederungshilfe und die Wohnraumhilfe handelt.

Artikel 4

Die Bundesrepublik bestätigt, daß nach deutschem Recht der Kriegszustand als solcher die vor Eintritt des Kriegszustandes durch Verträge oder andere Verpflichtungen begründeten Verbindlichkeiten zur Bezahlung von Geldschulden und die vor diesem Zeitpunkt erworbenen Rechte nicht berührt.

Artikel 5

Die Staatsangehörigen der Vereinten Nationen oder die Rechtsnachfolger dieser Staatsangehörigen, die selbst Staatsangehörige der Vereinten Nationen sind, sind berechtigt, innerhalb eines Jahres nach Inkrafttreten dieses Vertrags Klage zwecks Revision der zwischen dem 1. September 1939 und dem 8. Mai 1945 erlassenen Urteile deutscher Gerichte zu erheben, wenn sie als Parteien an dem Verfahren beteiligt und physisch, moralisch oder rechtlich zu einer angemessenen Vertretung ihres Falles nicht in der Lage waren.

Artikel 6

(1) Bis zur endgültigen Regelung der sich aus dem Krieg ergebenden Ansprüche gegen Deutschland sind die in Absatz (2) dieses Artikels näher bestimmten Personen

und ihr Vermögen von allen Sondersteuern, -abgaben oder -auflagen befreit, die sich tatsächlich auf das Vermögen auswirken und zu dem besonderen Zweck auferlegt werden, Lasten zu decken, die sich aus dem Kriege oder aus Reparationen oder Restitutionen an eine der Vereinten Nationen ergeben.

(2) Wird eine solche Steuer, Abgabe oder Auflage nur zu einem Teil für die in Absatz (1) dieses Artikels bezeichneten Zwecke erhoben, so richtet sich die zu gewährende Befreiung grundsätzlich danach, in welchem Ausmaß die Steuern, Abgaben oder Auflagen den genannten Zwecken dienen. In den besonderen Fällen der Abgaben, die durch die Gesetzgebung des Zweizonenwirtschaftsrates und die entsprechende Gesetzgebung der Länder Rheinland-Pfalz, Baden und Württemberg-Hohenzollern über die Soforthilfe und durch das Gesetz über den Lastenausgleich vom 14. August 1952 (Bundesgesetzblatt Teil I Seite 446) vorgeschrieben werden, sind die in den nachstehenden Bestimmungen dieses Artikels bezeichneten Personen und Vermögenswerte in dem dort vorgesehenen Umfange von den Leistungen befreit, die in dem Sechsjahreszeitraum vom 1. April 1949 bis 31. März 1955 als Soforthilfeabgabe und im Rahmen des Lastenausgleichs als Vermögensabgabe zu entrichten wären:

(a) Natürliche Personen, die am Währungsstichtag (21. Juni 1948) Staatsangehörige einer der Vereinten Nationen waren, und nach deutschem Recht selbständige abgabepflichtige Körperschaften, Personenvereinigungen und Vermögensmassen, die nach den Gesetzen einer der Vereinten Nationen errichtet worden sind, werden bei unbeschränkter Abgabepflicht hinsichtlich aller Vermögenswerte befreit, die ihnen sowohl am 21. Juni 1948 als auch am 8. Mai 1945 gehörten, oder bei beschränkter Abgabepflicht hinsichtlich der Vermögenswerte, die ihnen in der Bundesrepublik oder in Berlin (West) gehörten. Angehörige eines in Artikel 1 (c) des Gesetzes Nr. 54 der Alliierten Hohen Kommission bezeichneten Staates oder Gebietes genießen die gleiche Befreiung, wenn sie zu irgendeinem Zeitpunkt zwischen dem 1. September 1939 und dem 21. Juni 1948 die Staatsangehörigkeit einer der Vereinten Nationen hatten.

(b) Nach deutschem Recht gegründete, selbständige abgabepflichtige Gesellschaften, an denen die in Unterabsatz (a) bezeichneten natürlichen Personen oder Körperschaften, Personenvereinigungen und Vermögensmassen sowohl am 21. Juni 1948 als auch am 8. Mai 1945 entweder unmittelbar oder über andere Gesellschaften eine Beteiligung von mindestens 85 v. H. besessen haben, werden entsprechend dieser Beteiligungsquote befreit.

(c) Natürliche Personen, die nicht gemäß Unterabsatz (a) dieses Absatzes einen Anspruch auf Befreiung haben und im Rahmen der in Artikel 1 Absatz (1) Unterabsatz (a) des Dritten Teils dieses Vertrags bezeichneten Gesetzgebung Rückerstattung oder Entschädigung beansprucht haben oder beanspruchen, werden für die ersten 150 000 DM des Wertes oder Betrages aller Vermögenswerte befreit, die ihnen auf Grund rechtskräftiger Entscheidung oder beurkundeter Vereinbarung im Rahmen dieser Gesetzgebung zugeflossen sind oder zufließen und mit denen sie nach den Vorschriften über die Soforthilfeabgabe oder über die Vermögensabgabe für den Lastenausgleich zu diesen Abgaben heranzuziehen wären.

(d) Die in Unterabsatz (a) bis (c) dieses Absatzes bestimmten Befreiungen werden nicht dadurch unwirksam, daß die betreffenden Vermögenswerte an oder nach dem 21. Juni 1948 auf andere Personen übergegangen sind oder übergehen.

(3) Für die Zwecke des Unterabsatzes (a) des Absatzes (2) dieses Artikels ist ein Vermögensgegenstand, der dem Abgabepflichtigen am 21. Juni 1948, jedoch nicht am 8. Mai 1945 gehört hat, so zu behandeln, als ob er ihm am 8. Mai 1945 gehört hätte:

(a) wenn der Gegenstand am 8. Mai 1945 einer Person (gleichgültig welcher Staatsangehörigkeit) gehört hat, von der er ihn von Todes wegen (auf Grund gesetzlicher Erbfolge oder mehrerer gesetzlicher Erbfolgen oder auf Grund letztwilliger Verfügungen) erworben hat, oder

(b) wenn der Abgabepflichtige den Gegenstand nach dem 8. Mai 1945 im Austausch gegen anderes Vermögen, das ihm zu diesem Zeitpunkt gehört hat, z. B. durch Kauf, erworben hat, oder

(c) wenn es sich um rückerstattete Vermögenswerte irgendwelcher Art handelt, ohne Rücksicht auf die in Unterabsatz (c) des Absatzes (2) dieses Artikels bezeichnete Beschränkung des Wertes oder Betrages.

(4) Für die Zwecke des Unterabsatzes (b) des Absatzes (2) dieses Artikels gilt Absatz (3) dieses Artikels entsprechend.

(5) Übersteigen die Zahlungen, die auf Grund der Vorschriften über die Soforthilfeabgabe von natürlichen und juristischen Personen, Personenvereinigungen und Vermögensmassen geleistet worden sind, die nach Absatz (2) dieses Artikels Anspruch auf Befreiung haben, die Beträge der Vermögensabgabe, die unter Berücksichtigung der Bestimmungen des Absatzes (2) auf den gleichen Zeitraum entfallen, so ist der Unterschiedsbetrag spätestens drei Monate nach Rechtskraft des Bescheides der deutschen Finanzbehörde über die Vermögensabgabe zu erstatten oder auf die Verbindlichkeiten an Abgaben und Steuern anzurechnen, die bis zur Rechtskraft des Bescheides über die Vermögensabgabe fällig geworden sind oder in den folgenden drei Monaten fällig werden.

(6) In den Fällen, in denen natürliche Personen, Körperschaften, Personenvereinigungen oder Vermögensmassen auf Grund dieses Artikels Befreiungen von der Vermögensabgabe genießen, sind sie bei der Vermögensabgabe weder im Hinblick auf diese Befreiung noch im Hinblick auf die Nichtzahlung der Vermögensabgabe oder der Soforthilfeabgabe zu höheren jährlichen Zahlungen für die Zeit nach Ablauf des Befreiungszeitraums verpflichtet als zu denjenigen, die nichtbefreite Abgabepflichtige, welche die Soforthilfeabgabe voll entrichtet haben, jährlich zu zahlen verpflichtet sind. Wird die Anrechnung der Soforthilfeabgabe bei Berechnung der Vermögensabgabe in der in dem dem Bundestag vorliegenden Gesetzentwurf (Bundestagsdrucksache Nr. 3300) vorgesehenen Weise vorgenommen, d. h. in der Weise, daß die Soforthilfeabgabe von der gesamten Abgabeschuld abgezogen wird, so ist in den Fällen, in denen Soforthilfeabgabe nicht erhoben worden ist, von der gesamten Abgabeschuld das Dreifache des Jahresgrundbetrages der Vermögensabgabe abzu-

ziehen; als Jahresgrundbetrag gilt dabei der Betrag, der sich aus der Anwendung der Jahresabgabesätze auf die gesamte Abgabeschuld ergibt.

(7) Bei der Berechnung anderer Lastenausgleichsabgaben sind natürliche Personen, Körperschaften, Personenvereinigungen und Vermögensmassen, die auf Grund dieses Artikels Befreiungen von der Vermögensabgabe genießen, so zu behandeln, als ob sie zur vollen Vermögensabgabe herangezogen worden wären.

(8) Bei Meinungsverschiedenheiten über die Anwendung des Unterabsatzes (b) des Absatzes (2) dieses Artikels ist zur Einlegung der gesetzlichen Rechtsmittel sowohl die Gesellschaft als auch jeder Anteilseigner befugt, der glaubt, daß die Gesellschaft im Hinblick auf seine Beteiligung befreit ist.

Artikel 7

Um die Interessen fremder Staatsangehöriger zu schützen, bleiben die folgenden Rechtsvorschriften in Kraft:

(a) Aus dem Umstellungsrecht:

(i) (gestrichen)

(ii) Gesetz Nr. 57 der Alliierten Hohen Kommission über die Rechtsstellung bestimmter Geldinstitute für die Zwecke der Währungsreformgesetzgebung und Gesetz Nr. 65 der Alliierten Hohen Kommission über die dritte Änderung von Rechtsvorschriften über die Währungsreform, welche die Umstellungsgesetze ergänzen, abändern oder auslegen.

(b) (gestrichen)

(c) Aus sonstigen Rechtsgebieten:

(i) (gestrichen)

(ii) (gestrichen)

(iii) Gesetz Nr. 34 der Alliierten Hohen Kommission über die Anwendung der Gesetzgebung über Bodenreform auf Vermögen von Personen nichtdeutscher Staatsangehörigkeit in der Fassung der Gesetze Nr. 50, 60, 64 und 72 der Alliierten Hohen Kommission; diese gelten jedoch ferner als dahin abgeändert,

1. daß die in Gesetz Nr. 34 Artikel 2 Absatz 2 vorgesehene, mit dem Erwerb beginnende einjährige Frist bei einem Erwerb durch gesetzliche Erbfolge oder auf Grund einer testamentarischen Verfügung nur für einen Erwerb gilt, der vor dem 31. Dezember 1952 eintritt;

2. daß ein Grundbesitzer, dessen nichtdeutsche Staatsangehörigkeit bestritten und der deswegen nicht in der Lage war, bis zum 29. Februar 1952 über seinen Grundbesitz gemäß Gesetz Nr. 34 der Alliierten Hohen Kommission, Artikel 2 Absatz 1 zu verfügen, innerhalb eines Jahres von dem Tage, an dem festgestellt wurde oder wird, daß er nicht die deutsche Staatsangehörigkeit besaß, über seinen Grundbesitz verfügen kann;

3. daß Grundbesitzer, die sowohl die deutsche wie eine nichtdeutsche Staatsangehörigkeit besaßen, im Sinne dieser Gesetze als nichtdeutsche Staatsangehörige gelten, wenn ihr Vermögen zu irgendeinem Zeitpunkt zwischen dem 1. September 1939 und dem 8. Mai 1945 irgendeiner der Bestimmungen der

deutschen Verordnung über die Behandlung feindlichen Vermögens vom 15. Januar 1940 (und deren Änderungen) oder anderen Bestimmungen, die einen ähnlichen Zweck verfolgten, unterlag. In diesem Falle ist eine Verfügung über den Grundbesitz bis zum 31. Dezember 1952 zulässig.

Artikel 8

(1) Das Gesetz Nr. 8 der Alliierten Hohen Kommission über gewerbliche, literarische und künstlerische Eigentumsrechte ausländischer Staaten und Staatsangehöriger in der durch die Gesetze Nr. 30, 39, 41 und 66 der Alliierten Hohen Kommission abgeänderten Fassung sowie die Erste und Zweite Durchführungsverordnung zum Gesetz Nr. 8 der Alliierten Hohen Kommission vom 8. Mai 1950 und vom 9. November 1950 (Bundesgesetzblatt Seite 357 und Seite 785) bleiben in Kraft.

(2) Die Vorschriften des Gesetzes Nr. 8 (in abgeänderter Fassung) der Alliierten Hohen Kommission über die Regelung von Streitigkeiten aus der Anwendung dieses Gesetzes gelten jedoch als abgeändert wie folgt:

(a) Gegen jede letztinstanzliche Entscheidung des Patentamtes oder seines Großen Senats sowie gegen jede erstinstanzliche Entscheidung der ordentlichen Gerichte kann im Einklang mit den Bestimmungen des Artikels 12 dieses Teils und der Satzung der Schiedskommission Berufung an die in Artikel 12 dieses Teils erwähnte Schiedskommission für Güter, Rechte und Interessen in Deutschland eingelegt werden.

(b) Die Befugnisse der Besatzungsbehörden auf Grund des Gesetzes Nr. 8 Artikel 2 letzter Satz und Artikel 7 Absatz 3 erlöschen hiermit.

Artikel 9

(1) Im Sinne dieses Teiles hat der Ausdruck „Vereinte Nationen" dieselbe Bedeutung wie im Gesetz Nr. 54 der Alliierten Hohen Kommission, das zu diesem Zwecke in Kraft bleibt.

(2) Soweit nicht anders bestimmt, hat der Ausdruck „Staatsangehörige der Vereinten Nationen" in diesem Teile die folgende Bedeutung:

(a) Natürliche Personen, die Staatsangehörige der Vereinten Nationen sind. Natürliche Personen, die die Staatsangehörigkeit einer der Vereinten Nationen und zugleich die deutsche Staatsangehörigkeit haben, werden ausschließlich als Staatsangehörige einer der Vereinten Nationen angesehen, wenn ihr Vermögen in Deutschland zu irgendeinem Zeitpunkt zwischen dem 1. September 1939 und dem 8. Mai 1945 irgendeiner der Bestimmungen der deutschen Verordnung über die Behandlung feindlichen Vermögens vom 15. Januar 1940 (und deren Änderungen) oder anderen Bestimmungen, die einen ähnlichen Zweck verfolgten, unterlag, sofern es nicht durch Sondergenehmigung des Reichsjustizministers davon ausgenommen war.

(b) Körperschaften und Vereinigungen, die nach dem Recht einer der Vereinten Nationen organisiert sind.

Artikel 10

Schließt die Bundesrepublik mit einer anderen Macht in Angelegenheiten, die unter die Artikel 1 bis 9 dieses Teils fallen, Vereinbarungen, die für diese andere Macht günstiger sind als die entsprechenden Bestimmungen dieser Artikel, so sind die Vorteile dieser neuen Vereinbarungen ohne weiteres auf alle Mächte auszudehnen, denen die entsprechenden Bestimmungen dieses Teils zugute kommen.

Artikel 11

(1) In der Erwartung, daß die Vereinten Nationen dieselbe Politik gegenüber der Bundesrepublik führen werden, erklärt die Bundesrepublik ihre Absicht, eine allgemeine Politik der Nichtdiskriminierung gegenüber den Vereinten Nationen und ihren Staatsangehörigen sowie gegenüber den Gütern, Rechten und Interessen dieser Nationen und ihrer Staatsangehörigen zu befolgen und in Angelegenheiten, die diese Nationen und ihre Staatsangehörigen und deren Güter, Rechte und Interessen auf dem Gebiete der Niederlassung und der Schiffahrt berühren, ihnen im allgemeinen dieselbe Behandlung wie den eigenen Staatsangehörigen und die Meistbegünstigung zu gewähren. Die Bundesrepublik erklärt sich ferner bereit, mit den Vereinten Nationen Verträge gemäß diesen Grundsätzen abzuschließen.

Artikel 12

(1) Gegen die nachstehenden Entscheidungen kann auf Antrag der beteiligten Partei innerhalb von dreißig Tagen nach der Zustellung Berufung an die in Artikel 7 des Fünften Teils dieses Vertrags bezeichnete Schiedskommission für Güter, Rechte und Interessen in Deutschland gemäß den Bestimmungen ihrer Satzung eingelegt werden:

(a) Entscheidungen der im Anhang zu Artikel 1 dieses Teils bezeichneten Bundesoberbehörde gemäß Artikel 1 dieses Teils;

(b) Entscheidungen eines Verwaltungsgerichtes erster Instanz wegen diskriminierender Behandlung gemäß Artikel 3;

(c) Entscheidungen deutscher Gerichte erster Instanz (ordentliche Gerichte, Verwaltungsgerichte, Steuergerichte oder andere Gerichte), welche die Anwendung der Artikel 2, 4 und 5 betreffen;

(d) Entscheidungen der Finanzgerichte erster Instanz gemäß Artikel 6;

(e) erstinstanzliche Entscheidungen der ordentlichen Gerichte im Streitverfahren oder in der freiwilligen Gerichtsbarkeit gemäß Artikel 7;

(f) letztinstanzliche Entscheidungen des Deutschen Patentamtes oder seines Großen Senats im Falle des Gesetzes Nr. 8 der Alliierten Hohen Kommission oder gegen erstinstanzliche Entscheidungen der ordentlichen Gerichte auf Grund dieses Gesetzes gemäß Artikel 8 dieses Teils:

Beschwerden auf Grund des Artikels 2 letzter Satz und des Artikels 7 Absatz 3 des Gesetzes Nr. 8 der Alliierten Hohen Kommission, die bei Inkrafttreten dieses Vertrags bei dem auf Grund der Durchführungsverordnung Nr. 1 zum Gesetz Nr. 8 (in abgeänderter Fassung) errichteten Beschwerdeausschuß für Patentsachen anhängig sind, gehen hiermit an die Schiedskommission über und werden von ihr in derselben Weise weiterbehandelt, wie Berufungen auf Grund dieses Artikels.

Die Anrufung der Schiedskommission gemäß Unterabsatz (b) bis (f) dieses Absatzes steht dem Fortgang des Verfahrens vor den deutschen Gerichten und Behörden über andere strittige Fragen nicht entgegen. Hält es jedoch die Kommission für notwendig, um die Interessen einer Partei zu schützen, so kann sie die Aussetzung eines Verfahrens vor den deutschen Gerichten oder Behörden bis zu ihrer Entscheidung über die ihr vorgelegte Frage anordnen.

(2) Legt die von einer Entscheidung nach Unterabsatz (b) bis (f) des Absatzes (1) dieses Artikels betroffene Partei, statt die Schiedskommission anzurufen, gegen diese Entscheidung ein Rechtsmittel bei einem deutschen Gericht ein, so kann sie gegen die Entscheidung der deutschen höheren Instanz über die Punkte, wegen derer sie die Schiedskommission hätte anrufen können, die Schiedskommission nicht mehr anrufen. Wenn in einer Entscheidung der in Unterabsatz (b) bis (f) des Absatzes (1) genannten Instanzen die Voraussetzungen für eine Berufung an die Schiedskommission nicht gegeben waren, jedoch eine deutsche höhere Instanz eine Entscheidung fällt, die nach Auffassung einer Partei die in Absatz (1) genannten Artikel dieses Teils verletzt, so kann die Partei gegen die Entscheidung der deutschen höheren Instanz die Schiedskommission anrufen.

(3) Die Kommission ist weiterhin ermächtigt, in den in Absatz (1) dieses Artikels genannten Fällen eine Entscheidung zu treffen, falls eine endgültige Entscheidung innerhalb eines Jahres nach der Anhängigmachung bei dem zuständigen deutschen Gericht oder der zuständigen deutschen Behörde nicht erlassen worden ist und die betreffende Partei die Sache innerhalb einer Frist von dreißig Tagen nach Ablauf dieses Jahres der Kommission zur Entscheidung vorlegt.

(4) In den in Absatz (1), (2) oder (3) dieses Artikels genannten Fällen kann die Kommission eine endgültige Entscheidung erlassen oder die Sache mit Anweisungen, die ihr geeignet erscheinen, an das Gericht oder die Behörde zurückverweisen.

(5) Entscheidungen und Anweisungen der Kommission sind endgültig und für alle deutschen Gerichte und Behörden verbindlich.

ANHANG ZUM ZEHNTEN TEIL

§ 1

(1) Für die Entgegennahme, Bearbeitung und Bescheidung von Anträgen auf Rückgabe und Wiederherstellung gemäß Absatz (2) des Artikels 1 des vorstehenden Teils wird die Bundesregierung eine Bundesoberbehörde errichten. Die Bundesregierung kann Vorschriften zur Durchführung der Bestimmungen dieses Anhanges erlassen.

(2) Alle deutschen Gerichte und Behörden haben dieser Bundesoberbehörde Rechts- und Amtshilfe gemäß Artikel 35 des Grundgesetzes zu leisten.

§ 2

(1) Anträge auf Rückgabe und Wiederherstellung sind schriftlich oder zu Protokoll bei dieser Bundesoberbehörde zu stellen.

(2) Die Anträge sollen enthalten:

(a) Vor- und Zuname und Anschrift des Anspruchsberechtigten, gegebenenfalls auch seines Rechtsvorgängers;

(b) Bezeichnung der diskriminierenden Maßnahme und der von ihr betroffenen Güter, Rechte oder Interessen;

(c) Staatsangehörigkeit des Anspruchsberechtigten, gegebenenfalls auch seines Rechtsvorgängers, zur Zeit der diskriminierenden Maßnahme.

(3) Die Anträge sollen, wenn möglich, Angaben darüber enthalten, an wen die Güter, Rechte und Interessen übertragen wurden und wer über diese zur Zeit der Antragstellung verfügt.

(4) Dem Antrag sollen ferner alle dem Anspruchsberechtigten zugänglichen Unterlagen über die Güter, Rechte und Interessen sowie über die hierüber getroffenen diskriminierenden Maßnahmen in Urschrift oder beglaubigter Abschrift beigefügt werden. Auf Verlangen ist die Urschrift vorzulegen.

§ 3

Für das Verfahren vor der Bundesoberbehörde werden Kosten nicht erhoben, es sei denn, daß es sich um mutwillige oder offenbar unbegründete Anträge handelt.

§ 4

(1) Die Bundesoberbehörde führt die erforderlichen Ermittlungen von Amts wegen durch. Sie kann zu diesem Zwecke Beweise erheben, insbesondere Zeugen, Sachverständige und Beteiligte vernehmen oder durch ein Gericht vernehmen lassen. Falls eine Beeidigung erforderlich erscheint, ist der Eid vor einem Gericht zu leisten. Die Bundesoberbehörde ist zuständig für die Abnahme von eidesstattlichen Versicherungen.

(2) Als Beteiligte gelten außer den Anspruchsberechtigten alle Personen, deren Rechte durch die Rückgabe und die Wiederherstellung betroffen würden.

(3) Den Beteiligten ist Gelegenheit zur Stellungnahme zu geben. Sie können sich durch Vertreter oder Rechtsberater vertreten lassen. Von den zum Zwecke von Vernehmungen gemäß Satz 2 des Absatzes (1) dieses Paragraphen anberaumten Terminen sind sie zu benachrichtigen; sie können diesen Terminen beiwohnen. Schriftsätze eines Beteiligten sind den übrigen Beteiligten mitzuteilen.

§ 5

Die Bundesoberbehörde hat, wenn die Verwirklichung des Anspruchs auf Rückgabe und Wiederherstellung gefährdet erscheint, die zur Sicherstellung der Güter, Rechte oder Interessen erforderlichen vorläufigen Maßnahmen anzuordnen.

§ 6

Die Bundesoberbehörde soll auf eine gütliche Einigung der Beteiligten hinwirken. Ein zwischen den Beteiligten geschlossener Vergleich ist zu Protokoll zu nehmen.

§ 7

Die Entscheidungen der Bundesoberbehörde sind schriftlich zu begründen und den Beteiligten zuzustellen.

§ 8

(1) Die Bundesoberbehörde trifft alle Maßnahmen, die zur Rückgabe und Wiederherstellung erforderlich sind, oder stellt fest, welche Maßnahmen die nach Lage des Falles zuständige Behörde zu treffen hat.

(2) Die Bundesoberbehörde ist insbesondere berechtigt, soweit dies zur Rückgabe und Wiederherstellung erforderlich ist, Enteignungen zugunsten der Bundesrepublik anzuordnen, welche die Rückgabe oder Wiederherstellung vornimmt. Art und Höhe der Entschädigung der von der Enteignung Betroffenen regelt ein Bundesgesetz.

ELFTER TEIL

Erleichterungen für die Botschaften und Konsulate der Drei Mächte in der Bundesrepublik

(gestrichen)

ZWÖLFTER TEIL

Zivile Luftfahrt

Artikel 1

Die Bundesrepublik übernimmt die volle Verantwortung für den Bereich der zivilen Luftfahrt im Bundesgebiet vorbehaltlich der Bestimmungen der Artikel 2 bis 6 dieses Teils und jeder anderen gleichzeitig mit diesem Vertrag in Kraft tretenden Vereinbarung zwischen der Bundesrepublik und den Drei Mächten.

Artikel 2

Die Bundesrepublik verpflichtet sich, dem im Jahre 1944 in Chikago abgefaßten Abkommen über die Internationale Zivilluftfahrt beizutreten, sobald dies gemäß den Bestimmungen des genannten Abkommens möglich ist. Bis zu ihrem Beitritt verpflichtet sich die Bundesrepublik

(a) die Bestimmungen des Abkommens über die Internationale Zivilluftfahrt und die des Abkommens über den Internationalen Transit-Luftverkehr von 1944 anzuwenden und einzuhalten, und zwar gegenüber jedem mit der Bundesrepublik diplomatische Beziehungen unterhaltenden anderen Staat, der sich bereit erklärt, die Bundesrepublik auf der Grundlage der Gegenseitigkeit zu behandeln. Die Bundesrepublik wird ihren diesbezüglichen Standpunkt den betreffenden Staaten bekanntgeben und die zur Erfüllung dieser Verpflichtung erforderlichen geeigneten Vereinbarungen abschließen;

(b) auf den Betrieb der internationalen zivilen Luftfahrt im Luftraum der Bundesrepublik die Grundsätze der internationalen Luftnavigation sowie die Normen, Methoden und empfohlenen Verfahren anzuwenden, die in dem Abkommen über die Internationale Zivilluftfahrt von 1944 vorgesehen sind;

(c) den Luftfahrzeugen fremder Staaten, denen gegebenenfalls Rechte zum Betrieb von Fluglinien oder zur Benutzung des Luftraums der Bundesrepublik eingeräumt werden, zur Ausübung dieser Rechte die gleichen Rechte und Privilegien hinsichtlich der Benutzung von Navigations- und sonstigen Einrichtungen in der Bundesrepublik zu gewähren, die den zivilen Luftfahrzeugen der Bundesrepublik in gleichliegenden Fällen eingeräumt werden oder würden.

Artikel 3

Die Bundesrepublik ist bereit, in ihren zweiseitigen Luftverkehrsabkommen und -vereinbarungen eine liberale Politik ohne Diskriminierungen zu verfolgen.

Artikel 4

(1) Die Bundesrepublik wird den Luftverkehrsgesellschaften jedes Staates erlauben, ihren Betrieb einschließlich der Kabotage im Bundesgebiet auf einer Grundlage fortzuführen, die nicht ungünstiger ist als die beim Inkrafttreten dieses Vertrags für sie vorhandene Grundlage. Diese Erlaubnis darf für die Dauer eines Jahres vom Zeitpunkt des Inkrafttretens dieses Vertrags an oder aber bis zum Wirksamwerden von Luftverkehrsabkommen oder einer sonstigen mit dem betreffenden Staat vereinbarten Befugnis, je nachdem, welcher Zeitpunkt der frühere ist, nicht zurückgezogen werden. Diese Erlaubnis darf jedoch, wenn Verhandlungen über ein Luftverkehrsabkommen oder eine sonstige Befugnis begonnen haben oder von einer der Parteien innerhalb dieser einjährigen Frist vorgeschlagen werden, nicht zurückgezogen werden, ehe eine Übereinkunft hierüber erzielt worden ist, es sei denn, daß eine solche Übereinkunft innerhalb eines Jahres vom Zeitpunkt des Verhandlungsvorschlages einer der Parteien an nicht zustande kommt.

(2) Bei der Kabotage können solche Privilegien trotzdem zurückgezogen werden, falls und sobald ein deutsches Luftverkehrsunternehmen eine Linie einrichtet, die das öffentliche Verkehrsbedürfnis auf einer oder mehreren Strecken deckt, die auf Grund gegenwärtiger Kabotageprivilegien einer ausländischen Luftverkehrsgesellschaft bedient werden. Jede Änderung, die keine Zurückziehung bei Inkrafttreten dieses Vertrages bestehender Kabotageprivilegien nach sich zieht, unterliegt den Bestimmungen des Absatzes (1) dieses Artikels und hat gemäß den einschlägigen Grundsätzen und Bestimmungen des Abkommens über die Internationale Zivilluftfahrt zu erfolgen.

(3) Unter der Bezeichnung „deutsches Luftverkehrsunternehmen" ist ein Luftverkehrsunternehmen zu verstehen, das überwiegend im Eigentum deutscher Staatsangehöriger oder der deutschen öffentlichen Hand steht und von ihnen tatsächlich kontrolliert wird.

Artikel 5

(1) Bei der Ausübung ihrer Verantwortlichkeit in bezug auf Berlin werden die Drei Mächte weiterhin jeden Luftverkehr nach und von den Berliner Luftschneisen regeln, die von der alliierten Kontrollbehörde festgelegt wurden. Die Bundesrepublik verpflichtet sich, diesen Verkehr in jeder Weise auf einer Grundlage zu erleichtern und

zu unterstützen, die nicht ungünstiger ist als die beim Inkrafttreten dieses Vertrags bestehende Grundlage; sie verpflichtet sich, den uneingeschränkten und ungehinderten Durchflug der Luftfahrzeuge der Drei Mächte durch ihren Luftraum auf dem Wege nach und von Berlin zu erleichtern und zu unterstützen. Sie ist bereit, alle erforderlichen technischen Landungen dieser Luftfahrzeuge zu gestatten und ist damit einverstanden, daß diese Luftfahrzeuge Fluggäste, Ladung und Post zwischen Orten außerhalb der Bundesrepublik und Berlin sowie zwischen der Bundesrepublik und Berlin befördern.

(2) Durch die Bestimmungen dieses Artikels werden Kabotageprivilegien innerhalb des Bundesgebietes weder gewährt noch berührt.

Artikel 6

In Ausübung ihrer Verantwortlichkeit in bezug auf Deutschland als Ganzes werden die Drei Mächte weiterhin die Kontrolle bezüglich der Luftfahrzeuge der Union der Sozialistischen Sowjetrepubliken ausüben, die den Luftraum der Bundesrepublik benützen.

Zu Urkund dessen haben die unterzeichneten, von ihren Regierungen gehörig beglaubigten Vertreter diesen Vertrag, einen der in Artikel 8 des Vertrags über die Beziehungen zwischen der Bundesrepublik Deutschland und den Drei Mächten aufgeführten Verträge, unterschrieben.

Geschehen zu Bonn, am sechsundzwanzigsten Tage des Monats Mai 1952 in deutscher, englischer und französischer Sprache, wobei alle drei Fassungen gleichermaßen authentisch sind.

Für die Bundesrepublik Deutschland
gezeichnet:
Adenauer

Für die Vereinigten Staaten von Amerika
gezeichnet:
Dean Acheson

Für das Vereinigte Königreich von Großbritannien und Nordirland
gezeichnet:
Anthony Eden

Für die Französische Republik
gezeichnet:
Robert Schuman

ANHANG ZUM VERTRAG ZUR REGELUNG AUS KRIEG UND BESATZUNG ENTSTANDENER FRAGEN

Satzung der Schiedskommission für Güter, Rechte und Interessen in Deutschland

ABSCHNITT I

Dauer, Sitz, Zusammensetzung und Organisation

Artikel 1

(1) Die Kommission wird für die Dauer von zehn Jahren vom Zeitpunkt des Inkrafttretens dieser Satzung an errichtet.

(2) Dieser Zeitabschnitt kann durch Vereinbarung zwischen der Regierung der Bundesrepublik Deutschland und den Regierungen der Vereinigten Staaten von Amerika, des Vereinigten Königreichs von Großbritannien und Nordirland und der Französischen Republik (nachstehend als „die Drei Mächte" und zusammen mit der Bundesrepublik als „die Unterzeichnerstaaten" bezeichnet) verkürzt oder verlängert werden.

(3) Nach Ablauf dieses Zeitabschnittes führt die Kommission ihre Amtsgeschäfte weiter, bis alle bei ihr zu diesem Zeitpunkt anhängigen Fälle erledigt sind.

Artikel 2

Die Kommission hat ihren Sitz an demselben Ort wie das in Artikel 9 des Vertrags über die Beziehungen zwischen der Bundesrepublik Deutschland und den Drei Mächten erwähnte Schiedsgericht. Die Kommission kann jedoch, wenn sie dies für angebracht hält, auch an anderen Orten Sitzungen abhalten und Amtsgeschäfte wahrnehmen.

Artikel 3

(1) Die Kommission besteht aus neun ständigen Mitgliedern, die in ihrem Lande die Fähigkeit zum Richteramte oder gleichwertige Fähigkeiten besitzen müssen.

(2) Die neun ständigen Mitglieder der Kommission werden folgendermaßen bestellt:

(a) Drei Mitglieder werden von der Bundesregierung ernannt;

(b) drei Mitglieder werden von den Regierungen der Drei Mächte ernannt, und zwar von jeder der Drei Mächte ein Mitglied; und

(c) drei Mitglieder (im folgenden als „neutrale Mitglieder" bezeichnet), die nicht Staatsangehörige eines Staates sein dürfen, der am Kriege teilgenommen hat, werden durch Übereinkunft zwischen der Bundesregierung und den Regierungen der Drei Mächte ernannt.

(3) Die Bundesregierung und die Regierungen der Drei Mächte werden einander spätestens dreißig Tage nach Inkrafttreten dieser Satzung die Namen der Mitglieder mitteilen, die sie erstmalig zu ernennen haben. Innerhalb derselben Frist werden sich die Bundesregierung und die Regierungen der Drei Mächte über die Namen der drei neutralen Mitglieder einigen. Sind bei Ablauf dieser Frist ein oder mehrere neutrale Mitglieder noch nicht ernannt, so können die Bundesregierung oder die Regierungen der Drei Mächte den Präsidenten des Internationalen Gerichtshofes um ihre Ernennung ersuchen.

(4) Die Ernennung der Mitglieder für frei werdende Sitze erfolgt nach demselben Verfahren, das für die Ernennung der zu ersetzenden ständigen Mitglieder maßgeblich ist. Bleibt jedoch ein Sitz, dessen Inhaber von der Bundesregierung oder von einer der Regierungen der Drei Mächte zu ernennen ist, länger als einen Monat unbesetzt, so können die Bundesregierung oder die Regierungen der Drei Mächte den Präsidenten des Internationalen Gerichtshofes ersuchen, für diesen Sitz vorläufig eine Persönlichkeit zu benennen, die nicht die Staatsangehörigkeit eines Staates, der am Kriege teilgenommen hat, besitzt und die für eine Zeit von sechs Monaten oder bis zur Ernennung eines endgültigen Mitgliedes im gewöhnlichen Verfahren im Amte bleibt, falls diese Ernennung nicht innerhalb der genannten Frist erfolgt. Ist das zu ersetzende Mitglied ein neutrales Mitglied, so können die Bundesregierung oder die Regierungen der Drei Mächte den Präsidenten des Internationalen Gerichtshofes um seine Ernennung ersuchen, wenn die in Unterabsatz (c) des Absatzes (2) dieses Artikels vorgesehene Übereinkunft nicht innerhalb eines Monats nach dem Zeitpunkt, in dem der Sitz frei wurde, erzielt werden kann.

(5) Die Kommission kann durch Mehrheitsbeschluß einen Sitz für frei geworden erklären, wenn nach ihrer Auffassung ein Mitglied ohne hinreichenden Grund in einer Angelegenheit, an der es mitzuwirken hatte, den Sitzungen ferngeblieben ist oder sich geweigert hat, an ihnen teilzunehmen.

(6) Die Regierung jedes Staates, der dieser Satzung gemäß Artikel 17 beigetreten ist, kann durch eine an die Bundesregierung und die Regierungen der Drei Mächte gerichtete förmliche Mitteilung ein beigeordnetes Mitglied ernennen. Jedes beigeordnete Mitglied muß die in Absatz (1) genannten Voraussetzungen erfüllen und ist den Bestimmungen des Absatzes (5) dieses Artikels unterworfen. Die ernennende Regie-

rung kann eine frei gewordene Stelle durch eine an die Bundesregierung und die Regierungen der Drei Mächte gerichtete förmliche Mitteilung besetzen.

(7) Der Kommission dient als Geschäftsstelle das Sekretariat des Schiedsgerichtes.

Artikel 4

(1) Die ständigen Mitglieder werden für die Amtsdauer der Kommission einschließlich der in Absatz (3) des Artikels 1 vorgesehenen zusätzlichen Frist ernannt. Beigeordnete Mitglieder können für kürzere Zeit oder für einzelne Fälle ernannt werden.

(2) Die Mitglieder der Kommission dürfen keine Tätigkeit ausüben, die mit der normalen Wahrnehmung ihres Amtes unvereinbar ist; sie dürfen an der Erledigung einer bestimmten Angelegenheit nicht mitwirken, mit der sie in anderer Eigenschaft bereits befaßt waren oder an der sie unmittelbar interessiert sind. Bei Meinungsverschiedenheiten über die Anwendung dieses Absatzes entscheidet die Kommission.

(3) (a) Die Mitglieder der Kommission genießen während ihrer Amtsdauer und nach deren Ablauf Immunität gegen gerichtliche Verfolgung wegen in Ausübung ihres Amtes vorgenommener Handlungen.

(b) Die Mitglieder der Kommission, die nichtdeutscher Staatsangehörigkeit sind, genießen im Bundesgebiet außerdem die Vorrechte und Immunitäten, die den Mitgliedern diplomatischer Missionen zustehen. Werden im Gebiete einer der Drei Mächte Sitzungen abgehalten oder Amtshandlungen vorgenommen, so genießen die Mitglieder der Kommission, die nicht dem Staate angehören, in dem die Sitzung stattfindet oder die Amtshandlung vorgenommen wird, in diesem Lande die diplomatischen Immunitäten und Vorrechte.

(4) Die Mitglieder der Kommission haben sich vor Aufnahme ihrer Tätigkeit in öffentlicher Sitzung zu verpflichten, ihr Amt unparteiisch und gewissenhaft auszuüben.

(5) Unbeschadet der Bestimmungen des Absatzes (5) des Artikels 3 dieser Satzung kann ein Mitglied vor Ablauf seiner Amtszeit nur durch Übereinkunft zwischen der Bundesregierung und den Regierungen der Drei Mächte abberufen werden und,

(a) falls es sich um ein von der Regierung eines beigetretenen Staates ernanntes Mitglied handelt, im Einvernehmen mit der betreffenden Regierung;

(b) falls es sich um ein von dem Präsidenten des Internationalen Gerichtshofes ernanntes Mitglied handelt, mit Zustimmung des Präsidenten dieses Gerichtshofes.

(6) Die Mitglieder können jederzeit von ihrem Amt zurücktreten, indem sie die ernennende Regierung oder die ernennenden Regierungen und den Präsidenten der Kommission hiervon schriftlich in Kenntnis setzen. Sie haben jedoch ihr Amt weiterzuführen, bis ihre Nachfolger ihr Amt angetreten haben, es sei denn, daß die ernennende Regierung oder die ernennenden Regierungen und der Präsident eine andere Vereinbarung treffen.

Artikel 5

(1) Die Kommission wählt aus dem Kreise der drei neutralen Mitglieder für zwei Jahre ihren Präsidenten. Der Präsident kann wiedergewählt werden. Wenn er der Kommission nicht mehr als Mitglied angehört, wählt die Kommission einen neuen Präsidenten, nachdem ein Nachfolger für ihn in seiner Eigenschaft als Mitglied der

Kommission bestellt ist. Die übrigen neutralen Mitglieder haben die Stellung von Vizepräsidenten.

(2) Die Kommission tagt unter dem Vorsitz des Präsidenten oder eines Vizepräsidenten entweder in Plenarsitzung oder in Kammern von drei Mitgliedern.

(3) Die Plenarsitzung umfaßt grundsätzlich alle ständigen Mitglieder der Kommission. Ein Quorum von fünf Mitgliedern genügt zur Bildung des Plenums; es kann nur bei Anwesenheit einer ungeraden Zahl von Mitgliedern beraten und entscheiden; auf jeden Fall muß die Zahl der von der Bundesregierung ernannten Mitglieder und die Zahl der von den Regierungen der Drei Mächte ernannten Mitglieder gleich sein; ferner muß ihm stets mindestens ein neutrales Mitglied angehören. Beigeordnete Mitglieder dürfen an der Plenarsitzung nicht teilnehmen.

(4) (a) Die Kammern bestehen aus je einem von der Bundesregierung ernannten, einem von den Regierungen der Drei Mächte ernannten und einem neutralen Mitglied. Die Kommission entscheidet in Plenarsitzung über die Verteilung der Mitglieder auf die Kammern, bestimmt die Arten von Angelegenheiten, die von den einzelnen Kammern zu entscheiden sind, oder weist eine bestimmte Angelegenheit einer Kammer zu. Vorbehaltlich der Bestimmungen des Absatzes (5) des Artikels 13 dieser Satzung gilt die von einer Kammer in einer ihr zugewiesenen Angelegenheit gefällte Entscheidung als endgültige Entscheidung der Kommission.

(b) In den vor Kammern verhandelten Fällen, in denen eine der Drei Mächte, einer ihrer Staatsangehörigen oder ihrer Einwohner Prozeßpartei ist, gehört das von dieser Macht bestellte Mitglied der Kammer an, es sei denn, daß die Partei mit einer anderen Regelung einverstanden ist.

(c) In den vor Kammern verhandelten Fällen, die nicht zu den in Unterabsatz (b) dieses Absatzes angeführten Fällen gehören, gilt folgendes:

(i) Ist ein beigetretener Staat oder einer seiner Staatsangehörigen oder Einwohner Prozeßpartei, so wird auf Antrag, der von dem beigetretenen Staat an den Präsidenten zu richten ist, das von den Drei Mächten ernannte Mitglied durch ein von dem beigetretenen Staate ernanntes beigeordnetes Mitglied ersetzt.

(ii) Sind mehrere beigetretene Staaten oder Staatsangehörige oder Einwohner mehrerer beigetretener Staaten Prozeßparteien, so können sich diese Staaten, Staatsangehörigen oder Einwohner damit einverstanden erklären, daß das von den Drei Mächten ernannte Mitglied durch eines der beigeordneten Mitglieder ersetzt wird, das von einem Staate ernannt ist, der oder dessen Staatsangehörige oder Einwohner Prozeßparteien sind; diese Ersetzung erfolgt auf Antrag aller beteiligten Staaten, Staatsangehörigen oder Einwohner. Kommt ein Einvernehmen nicht zustande, so behält das von den Drei Mächten ernannte Mitglied seinen Sitz in der Kammer.

(5) Die Verhandlungen der Kommission sind öffentlich, sofern die Kommission nicht anders beschließt. Die Beratungen der Kommission sind und bleiben geheim; das gleiche gilt für Tatsachen, von denen die Kommission in nichtöffentlicher Sitzung Kenntnis erhalten hat.

ABSCHNITT II

Zuständigkeit, Befugnisse und anwendbares Recht

Artikel 6

(1) Die Kommission ist zuständig für die Entscheidung aller Streitigkeiten, die in Artikel 7 des Fünften Teils und in Artikel 12 des Zehnten Teils des Vertrags zur Regelung aus Krieg und Besatzung entstandener Fragen (nachstehend als „der Vertrag" bezeichnet) genannt sind. Unbeschadet der Bestimmungen des Absatzes (2) des Artikels 9 und des Artikels 10 der Satzung des Schiedsgerichtes entscheidet die Kommission über den Umfang ihrer Zuständigkeit. Der Präsident der Kommission kann das Schiedsgericht um ein Rechtsgutachten gemäß Artikel 25 der Satzung des Schiedsgerichtes über den Umfang der Zuständigkeit der Kommission ersuchen.

(2) Die Kommission hat für Streitigkeiten im Rahmen ihrer sachlichen Zuständigkeit, die ihr in erster Instanz oder als Berufungsinstanz unterbreitet werden, ausschließliche Gerichtsbarkeit; kein Gericht der Unterzeichnerstaaten oder eines anderen Staates und kein anderes nationales oder internationales Organ ist in diesen Angelegenheiten zuständig.

(3) Die Kommission ist auch für andere Angelegenheiten zuständig, die ihr jeweils durch Vereinbarung der Unterzeichnerstaaten zugewiesen werden. Ist ein beigetretener Staat an der Angelegenheit unmittelbar interessiert, so ist auch die Zustimmung seiner Regierung erforderlich.

(4) Streitigkeiten innerhalb der Zuständigkeit der Kommission können anhängig gemacht werden von den Unterzeichnerstaaten, den Staaten, die dieser Satzung beigetreten sind, den Staatsangehörigen oder Einwohnern dieser Staaten oder der von diesen Staaten verwalteten oder kontrollierten Gebietseinheiten oder von Staaten oder Gebietseinheiten, deren auswärtige Beziehungen von einem Unterzeichnerstaat oder beigetretenen Staat wahrgenommen werden. Das gleiche gilt für juristische Personen, die nach dem Recht dieser Staaten oder Gebietseinheiten errichtet sind.

(5) Die Kommission entscheidet über Rechts- und Tatfragen.

Artikel 7

(1) Die Kommission, oder in dringenden Fällen der Präsident, kann durch Verfügung die einstweiligen Maßnahmen anordnen, die zur Sicherung der Rechte der Parteien bis zum Erlaß des Urteils der Kommission erforderlich sind. Die von dem Präsidenten auf Grund dieses Artikels erlassene Verfügung kann von der Kommission innerhalb von zweiundsiebzig Stunden nach ihrer Zustellung an die Parteien bestätigt, geändert oder aufgehoben werden.

(2) Ist eine von einer solchen Verfügung der Kommission oder ihres Präsidenten betroffene Partei vor deren Erlaß nicht gehört worden, so kann sie bei der Kommission die Abänderung oder Aufhebung der Verfügung beantragen; die Fristen und die Bedingungen für diesen Antrag werden in der in Artikel 14 vorgesehenen Verfahrensordnung geregelt.

Artikel 8

Die Kommission legt ihren Entscheidungen die Bestimmungen des Vertrags und der in ihm für anwendbar erklärten Rechtsvorschriften zugrunde. Bei der Auslegung dieser Bestimmungen und, soweit eine Ergänzung dieser Bestimmungen oder eine Ausfüllung von Lücken erforderlich ist, wendet sie die allgemeinen Grundsätze des Völkerrechts sowie der Gerechtigkeit und Billigkeit an.

ABSCHNITT III

Verfahren

Artikel 9

(1) Die Amtssprachen der Kommission sind deutsch, englisch und französisch. Der Präsident kann mit Zustimmung der Parteien anordnen, daß bei der Verhandlung über eine bestimmte Angelegenheit nur eine oder zwei dieser Sprachen gebraucht werden.

(2) Die Entscheidungen der Kommission sind in allen drei Sprachen auszufertigen.

Artikel 10

Das Verfahren vor der Kommission wird eingeleitet durch Einreichung einer Klageschrift, die eine Darlegung der Tatsachen, die dem Streite zugrunde liegen, und Rechtsausführungen des Klägers enthält. Sofern die Kommission nichts anderes entscheidet, ist innerhalb eines Monats nach Zustellung der Klageschrift eine Klagebeantwortung einzureichen. Weitere Schriftsätze sind gegebenenfalls gemäß den Verfügungen der Kommission einzureichen.

Artikel 11

(1) Staaten werden als Parteien vor der Kommission durch Prozeßbevollmächtigte vertreten. Sie können Rechtsberater hinzuziehen.

(2) Natürliche Personen können vor der Kommission persönlich erscheinen oder durch einen Rechtsberater vertreten werden, juristische Personen entweder durch ihre gesetzlichen Vertreter oder durch Rechtsberater.

(3) Ist ein Staatsangehöriger oder Einwohner eines Staates Prozeßpartei, so kann ein Bevollmächtigter der Regierung dieses Staates mündlich und schriftlich Rechtsausführungen machen und Anträge stellen.

(4) Die Kommission bestimmt die Voraussetzungen für die Zulassung als Rechtsberater.

(5) Die in diesem Artikel genannten Prozeßbevollmächtigten, Rechtsberater und gesetzlichen Vertreter juristischer Personen genießen Immunität gegen gerichtliche Verfolgung wegen der in Ausübung ihrer Tätigkeit vorgenommenen Handlungen. Eine persönlich erscheinende Privatpartei genießt dieselbe Immunität.

Artikel 12

Die Kommission kann die Vorlegung von Urkunden und sonstigen Beweismitteln verlangen; sie kann Zeugen vorladen und anordnen, daß Gutachten erstattet und Ermittlungen angestellt werden. Zu diesem Zweck kann sie die Gerichte der Unterzeichnerstaaten oder der beigetretenen Staaten um Rechtshilfe ersuchen.

Artikel 13

(1) Die Kommission fällt ihre Entscheidungen in der Form von Urteilen oder Verfügungen; sie entscheidet durch die Mehrheit der anwesenden Mitglieder.

(2) Vorbehaltlich dieses Artikels sowie des Absatzes (2) des Artikels 9 und des Artikels 10 der Satzung des Schiedsgerichts sind die Endentscheidungen (Urteile und Verfügungen) der Kommission für die Parteien verbindlich und Rechtsmittel dagegen nicht gegeben.

(3) Die Urteile ergehen schriftlich und in öffentlicher Sitzung. Sie enthalten den Tatbestand und die Urteilsgründe.

(4) Endentscheidungen des Plenums der Kommission sind mit Rechtsmitteln nicht anfechtbar. Die endgültige Entscheidung über eine einer Kammer zugewiesene Angelegenheit muß von der Kommission in Plenarsitzung gefällt werden, wenn die Kammer beschließt, die Angelegenheit an das Plenum zu verweisen, bevor sie selbst eine endgültige Entscheidung gefällt hat.

(5) Wenn die Kammer oder das Plenum es zuläßt, kann gegen Entscheidungen der Kammern aus Rechtsgründen Berufung an das Plenum eingelegt werden. Die Zulassung dieser Berufung muß innerhalb von dreißig Tagen nach Zustellung der schriftlichen Entscheidung an die Partei beantragt werden; die Zulassung wird hinfällig, wenn das Rechtsmittel nicht innerhalb von dreißig Tagen nach Gewährung der Zulassung eingelegt wird.

(6) Eine von einem Mitglied der Kommission als Einzelrichter erlassene Verfügung kann innerhalb von dreißig Tagen nach ihrer Zustellung an die betreffende Partei beim Plenum oder bei der Kammer angefochten werden.

(7) Eine Revision einer Entscheidung kann bei der Kommission nur auf Grund der Entdeckung einer Tatsache beantragt werden, die geeignet ist, einen entscheidenden Einfluß auf die Entscheidung auszuüben, und die vor Verkündung der Entscheidung sowohl der Kommission als auch der antragstellenden Partei unbekannt war. Die Kommission entscheidet in Plenarsitzung, ob dem Antrage stattzugeben ist.

Artikel 14

(1) Das Verfahren besteht aus einem schriftlichen und einem mündlichen Teil. Auf Antrag beider Parteien kann von dem mündlichen Teil abgesehen werden.

(2) Die Kommission gibt sich eine Verfahrensordnung, die im Einklang mit dieser Satzung steht. Diese Verfahrensordnung soll insbesondere den Erlaß von Versäumnisurteilen vorsehen, wenn eine Partei nicht erscheint oder Schriftsätze einzureichen unterläßt. Sie kann auch die Übertragung besonderer Aufgaben an einzelne Mitglieder der Kommission vorsehen.

Artikel 15

(1) Die Kommission wird eine Gerichtskostenordnung erlassen, die auch Vorschriften über die Bewilligung des Armenrechts für Kläger und Beklagte enthält.

(2) Im allgemeinen tragen die Parteien ihre Prozeßkosten. Die Kommission kann jedoch in dem Ausnahmefall von mutwilliger oder schikanöser Prozeßführung einer Partei die Kosten auferlegen; dies ist in dem Urteil zu begründen.

ABSCHNITT IV

Verwaltung und Aufwand

Artikel 16

(1) Die Unterzeichnerstaaten und die dieser Satzung beigetretenen Staaten tragen die Kosten für die Gehälter und Vergütungen der von ihnen ernannten Mitglieder.

(2) Die Unterhaltungskosten der Kommission, einschließlich der Gehälter und der Vergütungen für die neutralen Mitglieder, werden zu gleichen Teilen von der Bundesrepublik einerseits und den Drei Mächten andererseits getragen.

(3) Ein ergänzendes Verwaltungsabkommen der Unterzeichnerstaaten regelt die Verwaltung der Kommission, die Unterbringung der Kommission, ihrer Mitglieder und ihres Personals, die Gehälter und Vergütungen für die neutralen Mitglieder, die Anstellung des Personals und dessen Gehälter.

ABSCHNITT V

Schlußbestimmungen

Artikel 17

(1) Diese Satzung tritt gleichzeitig mit dem Vertrage in Kraft.

(2) Jeder Staat kann dieser Satzung beitreten, indem er dies auf diplomatischem Wege schriftlich den Unterzeichnerstaaten anzeigt und seine Beitrittserklärung zur Satzung bei der Bundesregierung hinterlegt. Die Satzung ist für die beitretenden Staaten von der Hinterlegung ihrer Beitrittserklärungen an bindend.

(3) Ein Staat, der dieser Satzung beitritt, gilt damit voll als Partei des im Fünften und Zehnten Teil des Vertrags enthaltenen Übereinkommens zwischen den Unterzeichnerstaaten.

(4) Mit seinem Beitritt unterwirft sich der Staat den Entscheidungen des Schiedsgerichtes auf Grund des Absatzes (2) des Artikels 9 der Satzung des Schiedsgerichtes, soweit diese Entscheidungen den Umfang der Zuständigkeit der Kommission betreffen.

ABKOMMEN ÜBER DIE STEUERLICHE BEHANDLUNG DER STREITKRÄFTE UND IHRER MITGLIEDER

(in der gemäß Liste V des Protokolls über die Beendigung des Besatzungsregimes abgeänderten Fassung)

Die Bundesrepublik Deutschland, die Vereinigten Staaten von Amerika, das Vereinigte Königreich von Großbritannien und Nordirland und die Französische Republik sind wie folgt übereingekommen:

Artikel 1

Steuerliche Behandlung der Streitkräfte

(1) Die Streitkräfte (im Sinne von Ziffer 5 des Artikels 1 des Vertrags über die Rechte und Pflichten ausländischer Streitkräfte und ihrer Mitglieder in der Bundesrepublik Deutschland, im folgenden „Truppenvertrag" genannt) sind von den Steuern befreit, die bei Inkrafttreten dieses Abkommens nach deutschem Steuerrecht erhoben werden, soweit sich nicht aus diesem Abkommen etwas anderes ergibt.

(2) Zölle und andere Steuern auf Einfuhren und Ausfuhren durch die Streitkräfte sind in Artikel 34, Verbrauchsteuer beim Bezug von Waren aus dem Inlande in Absatz (1) des Artikels 33 und Umsatzsteuer auf Lieferungen und Leistungen für die Streitkräfte in Absatz (2) des Artikels 33 des Truppenvertrags geregelt.

(3) Die Steuerbefreiung gemäß Absatz (1) dieses Artikels tritt nicht ein, soweit die Steuern durch eine Beteiligung der Streitkräfte im allgemeinen deutschen Wirtschaftsverkehr und für das diesem Wirtschaftsverkehr gewidmete Vermögen entstehen; sie tritt ferner nicht ein für die Verbrauchsteuer auf Waren aus inländischen Herstellungsbetrieben der Streitkräfte, für die Wechselsteuer und für die Beförderungssteuer.

(4) Falls die Streitkräfte künftig Grundbesitz erwerben, wird eine besondere Vereinbarung über die Steuerpflicht der Streitkräfte hinsichtlich der auf dem Erwerb des Grundbesitzes und auf dem Eigentum an dem Grundbesitz ruhenden deutschen Steuern getroffen.

(5) Die steuerliche Behandlung der Streitkräfte in bezug auf Steuern, die nach dem Inkrafttreten dieses Abkommens neu eingeführt werden, bleibt besonderen Vereinbarungen vorbehalten.

Artikel 2

Steuerliche Behandlung der Mitglieder der Streitkräfte

(1) Vorbehaltlich der Bestimmungen dieses oder jedes anderen einschlägigen Abkommens zwischen den Unterzeichnerstaaten sind die Mitglieder der Streitkräfte (im Sinne von Ziffer 7 des Artikels 1 des Truppenvertrags) zur Zahlung der durch die bestehenden deutschen Rechtsvorschriften auferlegten Steuern verpflichtet; das gilt mit der Maßgabe, daß diese Bestimmung ein Mitglied der Streitkräfte nicht eines Vorrechtes beraubt, das auf Grund eines zwischenstaatlichen Abkommens mit der Bundesrepublik besteht und auf das das Mitglied sonst Anspruch hätte.

(2) Werden nach dem Zeitpunkt des Inkrafttretens dieses Abkommens in der Bundesrepublik Gesetze über neue direkte Steuern oder neue Abgaben, die sachlich direkte Steuern darstellen, erlassen, so bedarf deren Anwendung auf die Mitglieder der Streitkräfte eines besonderen Abkommens zwischen den Unterzeichnerstaaten, das ohne Verzug abzuschließen ist.

(3) Für die Begründung einer Steuerpflicht nach dem deutschen Steuerrecht gilt

(a) die Tatsache, daß eine Person sich als Mitglied der Streitkräfte im Bundesgebiet aufhält, nicht als Begründung eines Wohnsitzes oder gewöhnlichen Aufenthalts im Bundesgebiet. Dies gilt nicht hinsichtlich der Versicherungssteuer, soweit es sich um die Zahlungen des Versicherungsentgelts an einen Versicherer handelt, der im Bundesgebiet seinen Wohnsitz (Sitz, Geschäftsleitung) hat. Der Ausschluß der Begründung eines Wohnsitzes im Bundesgebiet hat ferner nicht zur Folge, daß die Mitglieder der Streitkräfte als ausländische Abnehmer im Sinne des Umsatzsteuerrechts anzusehen sind;

(b) bewegliches Eigentum, gleich welchen Ursprungs, das sich infolge der Anwesenheit des Eigentümers als Mitglied der Streitkräfte im Bundesgebiet befindet und zum persönlichen oder häuslichen Gebrauch des Eigentümers bestimmt ist, als nicht im Bundesgebiet befindlich. Bei Kraftfahrzeugen gilt dies nur, wenn sie mit einem Zulassungskennzeichen der Streitkräfte versehen sind.

(4) Zusätzlich zu der durch den vorstehenden Absatz (3) dieses Artikels zuerkannten Steuerfreiheit sind die Mitglieder der Streitkräfte von allen deutschen Steuern und Abgaben auf Einkommen befreit, das sie als Entgelt für ihre dienstliche Tätigkeit bei den Streitkräften im Bundesgebiet erhalten. Sie genießen ferner die gleichen steuerlichen Vergünstigungen, die nach den deutschen Steuergesetzen Militärpersonen gewährt werden.

Artikel 3

Biersteuer

(1) Bier, das von den Streitkräften unmittelbar aus einem inländischen Herstellungsbetrieb bezogen wird, ist von der Verbrauchsteuer befreit. Die Steuerbefreiung gilt nur für Einkäufe durch die amtlichen Beschaffungsstellen der Streitkräfte zum Verbrauch durch die Streitkräfte oder ihre Mitglieder.

(2) Bier, das die Streitkräfte oder ihre Mitglieder im Rahmen der Bestimmungen der Artikel 34 und 35 des Truppenvertrags in das Bundesgebiet verbringen, ist von der Verbrauchsteuer befreit.

(3) Die Streitkräfte werden bei jedem Bezug von Bier eine Bescheinigung ausstellen, in der bestätigt wird, daß das Bier, das nach Gattung und Menge genau zu bezeichnen ist, ausschließlich zum Verbrauch durch die Streitkräfte oder ihre Mitglieder bestimmt ist.

Artikel 4

Steuerliche Behandlung der Organisationen und Unternehmen im Dienste der Streitkräfte

(1) Die in Artikel 1 und 2 dieses Abkommens enthaltenen Steuerbefreiungen gelten vorbehaltlich besonderer Vereinbarungen zwischen den Unterzeichnerstaaten für die in Artikel 36 des Truppenvertrags bezeichneten Organisationen und Unternehmen sowie ihre Angestellten, für die in Unterabsatz (b) des Absatzes (2) daselbst bezeichneten Unternehmen, jedoch mit folgenden Ausnahmen:

(a) Besteuerung ihrer Angestellten;

(b) Steuern auf Einkommen und Gewinn;

(c) Steuern auf Betriebsvermögen im Bundesgebiet.

(2) Die in Artikel 3 dieses Abkommens enthaltene Steuerbefreiung findet nur auf solche in Absatz (1) des Artikels 36 des Truppenvertrags genannte Organisationen Anwendung, deren Dienste für die Streitkräfte den Verkauf von Bier an die Mitglieder der Streitkräfte umfassen.

Artikel 5*)

Zuständigkeit des Schiedsgerichtes

Alle Streitigkeiten, die sich zwischen der Bundesrepublik und den Drei Mächten aus den Bestimmungen dieses Abkommens ergeben und welche die Parteien nicht durch Verhandlungen oder auf eine andere zwischen allen Unterzeichnerstaaten vereinbarte Weise beizulegen vermögen, unterliegen der Zuständigkeit des Schiedsgerichtes, das durch Artikel 9 des in Bonn am 26. Mai 1952 unterzeichneten Vertrags über die Beziehungen zwischen der Bundesrepublik Deutschland und den Drei Mächten errichtet wird, in der gleichen Weise und mit der gleichen Wirkung, als ob dieses Abkommen in Absatz (1) des Artikels 8 dieses Vertrags als Zusatzvertrag aufgeführt wäre.

Artikel 6

Schlußbestimmungen

(1) (gestrichen)

(2) (gestrichen)

(3) (gestrichen)

(4) Dieses Abkommen wird in den Archiven der Regierung der Bundesrepublik Deutschland hinterlegt; diese wird jedem Unterzeichnerstaat beglaubigte Ausferti-

---

*) Artikel 5 ist durch ein am 26. Juli 1952 in Bonn unterzeichnetes Protokoll eingefügt worden.

gungen übermitteln und jeden Unterzeichnerstaat vom Zeitpunkt des Inkrafttretens dieses Abkommens in Kenntnis setzen.

Zu Urkund dessen haben die unterzeichneten von ihren Regierungen gehörig beglaubigten Vertreter dieses Abkommen unterschrieben.

Geschehen zu Bonn am sechsundzwanzigsten Tage des Monats Mai 1952 in deutscher, englischer und französischer Sprache, wobei alle drei Fassungen gleichermaßen authentisch sind.

Für die Bundesrepublik Deutschland
gezeichnet:
Adenauer

Für die Vereinigten Staaten von Amerika
gezeichnet:
Dean Acheson

Für das Vereinigte Königreich von Großbritannien und Nordirland
gezeichnet:
Anthony Eden

Für die Französische Republik
gezeichnet:
Robert Schuman

ERGÄNZENDE DOKUMENTE

BRIEFE, DIE AM 23. OKTOBER 1954 IN PARIS ANLÄSSLICH DER UNTERZEICHNUNG DES PROTOKOLLS ÜBER DIE BEENDIGUNG DES BESATZUNGSREGIMES IN DER BUNDESREPUBLIK DEUTSCHLAND AUSGETAUSCHT WORDEN SIND

I

Schreiben der Hohen Kommissare an den Bundeskanzler vom 23. Oktober 1954 betreffend die Liste der in Artikel 2 des Protokolls erwähnten Rechtsvorschriften.

(Übersetzung)

Paris, den 23. Oktober 1954

*)

Seiner Exzellenz
dem Herrn Bundeskanzler
der Bundesrepublik Deutschland

Herr Bundeskanzler,

Ich nehme Bezug auf Artikel 2 des Protokolls über die Beendigung des Besatzungsregimes in der Bundesrepublik Deutschland, der die Rechte behandelt, die den Vereinigten Staaten, England und Frankreich auf den Gebieten der Abrüstung und Entmilitarisierung weiterhin zustehen.

Ich beehre mich, Ihnen mitzuteilen, daß die folgenden Rechtsvorschriften einschließlich der zu ihnen erlassenen Durchführungsverordnungen, diejenigen sind, auf welche sich Artikel 2 bezieht:

Gesetz Nr. 7 der Alliierten Hohen Kommission — Uniformen und Abzeichen.

Gesetz Nr. 16 der Alliierten Hohen Kommission — Ausschaltung des Militarismus.

Gesetz Nr. 22 der Alliierten Hohen Kommission — abgeändert durch

Gesetz Nr. 53 und Gesetz Nr. 68 der Alliierten Hohen Kommission — Überwachung von Stoffen, Einrichtungen und Ausrüstungen auf dem Gebiete der Atomenergie.

Gesetz Nr. 24 der Alliierten Hohen Kommission, abgeändert durch

*) Ein gleichlautendes Schreiben hat der Hohe Kommissar des Vereinigten Königreichs an den Bundeskanzler gerichtet.

Gesetz Nr. 61 und Gesetz Nr. 78 der Alliierten Hohen Kommission — Überwachung bestimmter Gegenstände, Erzeugnisse, Anlagen und Geräte.

Gesetz Nr. 23 der US-Militärregierung, abgeändert durch

Entscheidung Nr. 12 der Alliierten Hohen Kommission — Überwachung der wissenschaftlichen Forschung.

Gesetz Nr. 23 der Britischen Militärregierung, abgeändert durch

Entscheidung Nr. 12 der Alliierten Hohen Kommission — Überwachung der wissenschaftlichen Forschung.

Verordnung Nr. 231 des Hohen Kommissars der Französischen Republik in Deutschland, abgeändert durch

Entscheidung Nr. 12 der Alliierten Hohen Kommission — Überwachung der wissenschaftlichen Forschung.

Alliiertes Kontrollratsgesetz Nr. 23 — Verbot militärischer Bauten in Deutschland.

Das Protokoll über die Beendigung des Besatzungsregimes in der Bundesrepublik Deutschland soll nicht als eine Vereinbarung im Sinne des Artikels 1 des Zwölften Teils des Vertrags zur Regelung aus Krieg und Besatzung entstandener Fragen gelten.

Genehmigen Sie, Herr Bundeskanzler, den Ausdruck meiner ausgezeichneten Hochachtung.

James *B. Conant*
Hoher Kommissar
der Vereinigten Staaten
für Deutschland

IIa

Schreiben des Bundeskanzlers an jeden der drei Außenminister vom 23. Oktober 1954 betreffend Revision der Abrüstungs- und Entmilitarisierungskontrollen.

Paris, den 23. Oktober 1954
*)

Seiner Exzellenz
dem Herrn Minister des Auswärtigen
der Vereinigten Staaten von Amerika

Herr Minister,

Das am heutigen Tag in Paris unterzeichnete Protokoll über die Beendigung des Besatzungsregimes in der Bundesrepublik Deutschland bestimmt, daß in der etwaigen Übergangsperiode zwischen dem Inkrafttreten des Protokolls und dem Inkrafttreten der Abmachung über den deutschen Verteidigungsbeitrag den Vereinigten Staaten von Amerika, dem Vereinigten Königreich von Großbritannien und Nordirland und der Französischen Republik die bestehenden Rechte auf dem Gebiet der Abrüstung und Entmilitarisierung weiterhin zustehen; die Kontrolle auf beiden Gebieten wird

*) Gleichlautende Schreiben sind an die Außenminister des Vereinigten Königreichs und der Französischen Republik gerichtet worden.

durch einen gemeinsamen Viermächteausschuß ausgeübt. Ich würde es begrüßen, wenn Sie die in dieser Hinsicht in London erzielte Übereinkunft bestätigen würden, wonach die Regierungen, die dieses Protokoll unterzeichnet haben, die Angelegenheit gegen Ende des Jahres 1954 nach Maßgabe der dann im Hinblick auf das Inkrafttreten des Protokolls bestehenden Lage überprüfen werden. Desgleichen würde ich die Bestätigung des ebenfalls in London erzielten Übereinkommens begrüßen, wonach die vier Regierungen gleichzeitig die Ausübung der Kontrollen im Hinblick darauf überprüfen werden, daß die Bundesrepublik in die Lage versetzt wird, ihren künftigen Verteidigungsbeitrag vorzubereiten.

Ich benutze diesen Anlaß, um Sie, Herr Minister, meiner ausgezeichneten Hochachtung zu versichern.

Adenauer

IIb

Schreiben der Außenminister vom 23. Oktober 1954
betreffend die Bestätigung des Schreibens IIa.

(Übersetzung)

Paris, den 23. Oktober 1954
*)

Seiner Exzellenz
dem Herrn Bundeskanzler
der Bundesrepublik Deutschland

Herr Bundeskanzler,

Ich beehre mich, den Empfang Ihres Schreibens vom heutigen Tage zu bestätigen, das wie folgt lautet:

(wie unter IIa)

Ich stimme den in Ihrem Brief enthaltenen Vereinbarungen zu.

Genehmigen Sie, Herr Bundeskanzler, den Ausdruck meiner ausgezeichneten Hochachtung.

John Foster Dulles
Außenminister
der Vereinigten Staaten von Amerika

*) Ein gleichlautendes Schreiben hat der Außenminister des Vereinigten Königreichs an den Bundeskanzler gerichtet.

III

Schreiben des Bundeskanzlers an jeden der drei Außenminister vom 23. Oktober 1954 betreffend das Recht eines Militärbefehlshabers zum Schutze seiner Streitkräfte.

Paris, 23. Oktober 1954

Seiner Exzellenz *)
dem Herrn Minister des Auswärtigen
der Vereinigten Staaten von Amerika

Herr Minister,

Ich nehme Bezug auf Absatz 7 des Artikels 5 des am 26. Mai 1952 in Bonn unterzeichneten Vertrags über die Beziehungen zwischen der Bundesrepublik Deutschland und den Drei Mächten, wonach, abgesehen vom Falle eines Notstandes, jeder Militärbefehlshaber berechtigt ist, im Falle einer unmittelbaren Bedrohung seiner Streitkräfte die angemessenen Schutzmaßnahmen (einschließlich des Gebrauchs von Waffengewalt) unmittelbar zu ergreifen, die erforderlich sind, um die Gefahr zu beseitigen. Die Bundesregierung ist der Ansicht, daß es sich hierbei um ein nach Völkerrecht und damit auch nach deutschem Recht jedem Militärbefehlshaber zustehendes Recht handelt.

Ich möchte dementsprechend feststellen, daß das in Absatz 7 des Artikels 5 des Vertrags über die Beziehungen zwischen der Bundesrepublik Deutschland und den Drei Mächten erwähnte Recht durch die Streichung des Absatzes, wie sie das Protokoll über die Beendigung des Besatzungsregimes in der Bundesrepublik Deutschland vorsieht, nicht berührt wird.

Ich benutze diesen Anlaß, um Sie, Herr Minister, meiner ausgezeichneten Hochachtung zu versichern.

Adenauer

IVa

Schreiben des Bundeskanzlers an jeden der drei Hohen Kommissare vom 23. Oktober 1954 betreffend Kartellpolitik.

Paris, 23. Oktober 1954

Seiner Exzellenz **)
dem Herrn Hohen Kommissar
der Vereinigten Staaten von Amerika

Herr Botschafter,

Die Bundesregierung bekennt sich zu dem Grundsatz, daß die Freiheit des Wettbewerbs die wichtigste Grundlage der von ihr vertretenen sozialen Marktwirtschaft ist. Sie hat diese Auffassung in dem Entwurf eines Gesetzes gegen Wettbewerbs-

---

*) Gleichlautende Schreiben sind an die Außenminister des Vereinigten Königreichs und der Französischen Republik gerichtet worden.

**) Gleichlautende Schreiben sind an die Hohen Kommissare des Vereinigten Königreichs und der Französischen Republik gerichtet worden.

beschränkungen niedergelegt. Dieser Entwurf hat die grundsätzliche Zustimmung des Bundesrats gefunden. Dem Bundestag hat die Bundesregierung den Entwurf schon in der ersten Wahlperiode unterbreitet; sie wird ihn demnächst erneut zur Beschlußfassung vorlegen. Die Bundesregierung hat damit zu erkennen gegeben, daß ihr die Verabschiedung eines Gesetzes gegen Wettbewerbsbeschränkungen ein ernstes Anliegen ist. Sie ist gewillt, an der bisher von ihr verfolgten Kartellpolitik festzuhalten und dahin zu wirken, daß die Freiheit des Wettbewerbs durch ein deutsches Gesetz umfassend und wirksam geschützt wird. In diesem Bestreben wird sie sich auch gegen alle Versuche wenden, die alliierten Vorschriften, welche jetzt Wettbewerbsbeschränkungen und Monopole verbieten (Gesetz Nr. 56 der amerikanischen Militärregierung, Verordnung Nr. 78 der britischen Militärregierung und Verordnung Nr. 96 des französischen Oberkommandierenden in Deutschland), aufzuheben oder zu ändern, bevor ein deutsches Gesetz in Kraft tritt, das allgemeine Bestimmungen gegen Wettbewerbsbeschränkungen enthält.

Ich benutze auch diesen Anlaß, um Ihnen, Herr Botschafter, die Versicherung meiner ausgezeichneten Hochachtung zu erneuern. *Adenauer*

IVb

Schreiben der Hohen Kommissare vom 23. Oktober 1954 betreffend die Bestätigung des Schreibens IVa.

(Übersetzung)

Paris, den 23. Oktober 1954

*)

Seiner Exzellenz
dem Herrn Bundeskanzler
der Bundesrepublik Deutschland

Herr Bundeskanzler,

Ich beehre mich, den Empfang Ihres Schreibens vom heutigen Tage zu bestätigen, in dem Sie erklären, daß sich die Bundesregierung gegen alle Versuche wenden wird, die alliierten Dekartellierungvorschriften (Gesetz Nr. 56 der amerikanischen Militärregierung, Verordnung Nr. 78 der britischen Militärregierung, Verordnung Nr. 96 des französischen Oberkommandierenden in Deutschland) aufzuheben oder zu ändern, bevor ein deutsches Gesetz in Kraft tritt, das allgemeine Bestimmungen gegen Wettbewerbsbeschränkungen enthält.

Genehmigen Sie, Herr Bundeskanzler, den Ausdruck meiner ausgezeichneten Hochachtung.

James B. Conant
Hoher Kommissar
der Vereinigten Staaten
für Deutschland

*) Ein gleichlautendes Schreiben hat der Hohe Kommissar des Vereinigten Königreichs an den Bundeskanzler gerichtet.

Va

Schreiben des Bundeskanzlers an jeden der drei Hohen Kommissare vom 23. Oktober 1954 betreffend Gewährleistung der Weiterführung von Gewerben und freien Berufen.

Paris, 23. Oktober 1954

Seiner Exzellenz *)
dem Herrn Hohen Kommissar
der Vereinigten Staaten von Amerika

Herr Botschafter,

Die Bundesregierung bekennt sich zu dem Grundsatz, daß die Rechtsstellung derjenigen Personen zu schützen ist, die seit dem 8. Mai 1945 unter erleichterten Voraussetzungen, welche durch Gesetze, Verordnungen, Direktiven oder sonstige Erlasse oder Anweisungen der Besatzungsbehörden geschaffen worden sind, ein Gewerbe oder eine freie Berufstätigkeit aufgenommen und bis heute fortgesetzt haben. Die Bundesregierung wird sich gegen alle Bestrebungen wenden, die dahin gehen könnten, die erworbene Rechtsstellung dieser Personen zu beeinträchtigen. Sie ist im übrigen der Auffassung, daß die Ausübung der gewerblichen oder freiberuflichen Tätigkeit der genannten Personen schon nach Artikel 2 des Ersten Teils des Vertrags zur Regelung aus Krieg und Besatzung entstandener Fragen geschützt ist.

Ich benutze auch diesen Anlaß, um Ihnen, Herr Botschafter, die Versicherung meiner ausgezeichneten Hochachtung zu erneuern.

Adenauer

Vb

Schreiben der Hohen Kommissare vom 23. Oktober 1954 betreffend die Bestätigung des Schreibens Va.

(Übersetzung)

Paris, den 23. Oktober 1954

Seiner Exzellenz **)
dem Herrn Bundeskanzler
der Bundesrepublik Deutschland

Herr Bundeskanzler,

Ich beehre mich, den Empfang Ihres Schreibens vom heutigen Tage zu bestätigen, das sich mit der Rechtsstellung der Personen befaßt, die ein Gewerbe oder eine freie Berufstätigkeit aufgenommen haben.

Genehmigen Sie, Herr Bundeskanzler, den Ausdruck meiner ausgezeichneten Hochachtung

James B. Conant
Hoher Kommissar
der Vereinigten Staaten
für Deutschland

---

*) Gleichlautende Schreiben sind an die Hohen Kommissare des Vereinigten Königreichs und der Französischen Republik gerichtet worden.

**) Ein gleichlautendes Schreiben hat der Hohe Kommissar des Vereinigten Königreichs an den Bundeskanzler gerichtet.

VI a

Schreiben der Hohen Kommissare an den Bundeskanzler vom 23. Oktober 1954 betreffend Auskünfte über innere Rückerstattung.

(Übersetzung)

Paris, den 23. Oktober 1954

Seiner Exzellenz *)
dem Herrn Bundeskanzler
der Bundesrepublik Deutschland

Herr Bundeskanzler,

Im Verlauf der Vier-Mächte-Verhandlungen in London im Oktober 1954 wurde eine Vereinbarung dahingehend erzielt, Absatz 5 (a), (b) und (c) des Artikels 3 des Dritten Teils (Innere Rückerstattung) des Vertrags zur Regelung aus Krieg und Besatzung entstandener Fragen zu streichen und die in diesen gestrichenen Bestimmungen enthaltenen Angelegenheiten zum Gegenstand eines Briefwechsels zu machen.

Die Regierungen der Französischen Republik, des Vereinigten Königreichs von Großbritannien und Nordirland und der Vereinigten Staaten von Amerika gehen davon aus, daß die Regierung der Bundesrepublik Deutschland damit einverstanden ist, daß je ein Beamter, der von den Regierungen der Französischen Republik, des Vereinigten Königreichs von Großbritannien und Nordirland und der Vereinigten Staaten von Amerika bestimmt wird, um seiner Regierung über den Fortschritt des Rückerstattungsprogramms Bericht zu erstatten, alle angemessenen Erleichterungen erhält und daß diesem alle notwendigen Auskünfte, einschließlich Statistiken und Berichte, geliefert werden, wie sie bisher den obenerwähnten Regierungen unterbreitet worden sind.

Für eine Bestätigung der obigen Vereinbarung wäre ich Ihnen dankbar.

Genehmigen Sie, Herr Bundeskanzler, den Ausdruck meiner ausgezeichneten Hochachtung.

James B. Conant
Hoher Kommissar der
Vereinigten Staaten für Deutschland

---

*) Ein gleichlautendes Schreiben hat der Hohe Kommissar des Vereinigten Königreichs an den Bundeskanzler gerichtet.

VI b

Schreiben des Bundeskanzlers an jeden der drei Hohen Kommissare betreffend die Bestätigung der Schreiben VI a.

Paris, 23. Oktober 1954

Seiner Exzellenz *)
dem Herrn Hohen Kommissar
der Vereinigten Staaten von Amerika

Herr Botschafter,

Ich beehre mich, den Empfang Ihres heutigen Schreibens zu bestätigen, das folgenden Wortlaut hat:

(wie unter VI a)

Ich beehre mich, Ihnen das Einverständnis der Bundesregierung mit dem Inhalt dieses Schreibens zu übermitteln.

Ich benutze auch diesen Anlaß, um Ihnen, Herr Botschafter, die Versicherung meiner ausgezeichneten Hochachtung zu erneuern.

Adenauer

VII a

Schreiben der Hohen Kommissare an den Bundeskanzler vom 23. Oktober 1954 betreffend Auskünfte über Entschädigungen für Opfer der nationalsozialistischen Verfolgung.

(Übersetzung)

Paris, 23. Oktober 1954

Seiner Exzellenz **)
dem Herrn Bundeskanzler
der Bundesrepublik Deutschland

Herr Bundeskanzler,

Im Verlauf der Vier-Mächte-Verhandlungen über die Beendigung des Besatzungsregimes wurde eine Vereinbarung dahingehend erzielt, Absatz 4 des Vierten Teils (Entschädigung für Opfer der nationalsozialistischen Verfolgung) des Vertrags zur Regelung aus Krieg und Besatzung entstandener Fragen zu streichen, wobei Einverständnis darüber bestand, daß die in diesem Absatz behandelten Angelegenheiten Gegenstand eines Briefwechsels sein sollten.

Die Regierungen der Französischen Republik, des Vereinigten Königreichs von Großbritannien und Nordirland und der Vereinigten Staaten von Amerika gehen davon aus, daß die Regierung der Bundesrepublik Deutschland damit einverstanden ist, daß den Regierungen der Französischen Republik, des Vereinigten Königreichs

*) Gleichlautende Schreiben sind an die Hohen Kommissare des Vereinigten Königreichs und der Französischen Republik gerichtet worden.

**) Ein gleichlautendes Schreiben hat der Hohe Kommissar des Vereinigten Königreichs an den Bundeskanzler gerichtet.

von Großbritannien und Nordirland und der Vereinigten Staaten von Amerika oder den von ihnen ermächtigten Stellen angemessene Möglichkeiten gewährt werden, alle in dem Vierten Teil des Vertrags zur Regelung aus Krieg und Besatzung entstandener Fragen behandelten Angelegenheiten zu beobachten, soweit nichtdeutsche Staatsangehörige oder nicht im Bundesgebiet wohnhafte Personen betroffen sind.

Ferner haben die Regierungen Frankreichs, des Vereinigten Königreichs und der Vereinigten Staaten die im Verlauf der Verhandlungen von den Vertretern der Bundesregierung abgegebenen Versicherungen zur Kenntnis genommen, wonach die Verpflichtungen der Bundesrepublik gemäß Absatz 4 (b) des Vierten Teils des Vertrags zur Regelung aus Krieg und Besatzung entstandener Fragen, soweit sie nicht schon in den deutschen Rechtsvorschriften enthalten sind, für die Bundesregierung eine natürliche Verpflichtung darstellen, die sie in Zukunft freiwillig zu übernehmen bereit ist. Auf Grund dieser Zusicherungen haben die Regierungen Frankreichs, des Vereinigten Königreichs und der Vereinigten Staaten die Streichung der obenerwähnten Bestimmung angenommen.

Für eine Bestätigung der obigen Vereinbarung wäre ich Ihnen dankbar.

Genehmigen Sie, Herr Bundeskanzler, den Ausdruck meiner ausgezeichneten Hochachtung.

James B. Conant
Hoher Kommissar
der Vereinigten Staaten
für Deutschland

VII b

Schreiben des Bundeskanzlers an jeden der drei Hohen Kommissare betreffend die Bestätigung des Schreibens VII a.

Paris, 23. Oktober 1954

Seiner Exzellenz *)
dem Herrn Hohen Kommissar
der Vereinigten Staaten von Amerika

Herr Botschafter,

Ich beehre mich, den Empfang Ihres heutigen Schreibens zu bestätigen, das folgenden Wortlaut hat:

(wie unter VII a)

Ich beehre mich, Ihnen das Einverständnis der Bundesregierung mit dem Inhalt dieses Schreibens zu übermitteln.

Ich benutze auch diesen Anlaß, um Ihnen, Herr Botschafter, die Versicherung meiner ausgezeichneten Hochachtung zu erneuern.

Adenauer

---

*) Gleichlautende Schreiben sind an die Hohen Kommissare des Vereinigten Königreichs und der Französischen Republik gerichtet worden.

VIII a +)

Schreiben des Bundeskanzlers an jeden der drei Hohen Kommissare vom 23. Oktober 1954 betreffend Erleichterungen für Botschaften und Konsulate.

Paris, 23. Oktober 1954

*)

Seiner Exzellenz
dem Herrn Hohen Kommissar
der Vereinigten Staaten von Amerika

Herr Botschafter,

(1) Ich nehme Bezug auf Artikel 13 des Ersten Teils des Vertrags zur Regelung aus Krieg und Besatzung entstandener Fragen, der in Liste IV des heute in Paris unterzeichneten Protokolls über die Beendigung des Besatzungsregimes in der Bundesrepublik Deutschland enthalten ist, und beehre mich, Ihnen das Einverständnis der Regierung der Bundesrepublik Deutschland mit folgender Regelung, die zwischen Vertretern der Regierungen der Bundesrepublik, des Vereinigten Königreichs, der Vereinigten Staaten und der Französischen Republik vereinbart wurde, mitzuteilen.

(2) Das in Artikel 13 des Ersten Teils des genannten Vertrags erwähnte Eigentum umfaßt:

(a) (i) bewegliches und unbewegliches Bundeseigentum, es sei denn, daß es der Verwaltung der Deutschen Bundesbahn oder der Deutschen Bundespost unterliegt;

(ii) bewegliches und unbewegliches Eigentum des früheren Deutschen Reiches, das im Zeitpunkt des Inkrafttretens des genannten Vertrags auf Grund des Bundesgesetzes zwecks vorläufiger Regelung der Rechtsverhältnisse des Reichsvermögens und der preußischen Beteiligungen vom 21. Juli 1951 (Bundesgesetzblatt Teil I, Seite 467) und der Verordnung zur Durchführung des § 6 dieses Gesetzes vom 26. Juli 1951 (Bundesgesetzblatt Teil I, Seite 471) der Verwaltung des Bundes unterliegt, es sei denn, daß es der Verwaltung der Deutschen Bundesbahn oder der Deutschen Bundespost unterliegt;

(b) bewegliches und unbewegliches Eigentum der Länder der Bundesrepublik Deutschland und ihrer politischen Untergliederungen;

(c) bewegliches und unbewegliches Privateigentum;

(d) Gebäude, die aus Mitteln des Besatzungskosten- oder Auftragsausgabenhaushalts der Bundesrepublik Deutschland und ihrer Länder errichtet worden sind;

(e) bewegliches Eigentum, das aus Mitteln des Besatzungskosten- oder Auftragsausgabenhaushalts erworben worden ist.

+) Gleichlautend mit dem Briefwechsel zu dem Vertrag zur Regelung aus Krieg und Besatzung entstandener Fragen.

*) Gleichlautende Schreiben sind an die Hohen Kommissare des Vereinigten Königreichs und der Französischen Republik gerichtet worden.

(3) Das in den Unterabsätzen (a), (b), (c) und (d) des vorstehenden Absatzes bezeichnete Eigentum wird nach Anhörung der Beteiligten und unter Berücksichtigung der besonderen Bedürfnisse der Regierung der Vereinigten Staaten von Amerika während der Übergangszeit in gegenseitigem Einvernehmen zwischen Vertretern, die zu diesem Zweck von der Regierung der Bundesrepublik Deutschland und von der Regierung der Vereinigten Staaten von Amerika[1]) bestimmt werden und unter Mitwirkung der Protokollabteilung des Auswärtigen Amts der Bundesrepublik Deutschland festgestellt. Eigentum der in den Unterabsätzen (a), (b), (c) und (d) des vorstehenden Absatzes bezeichneten Art, das von der gemäß diesem Absatz zu treffenden Feststellung nicht umfaßt wird, wird freigegeben.

(4) Die Regierung der Vereinigten Staaten von Amerika wird bestrebt sein, ihr Recht auf Benutzung des in den Unterabsätzen (a), (b), (c) und (d) des Absatzes (2) bezeichneten Eigentums in privatrechtliche Mietverhältnisse umzuwandeln.

Bei Vereinbarung der Höhe des Mietzinses für das in Unterabsatz (a) des Absatzes (2) bezeichnete Eigentum wird die Regierung der Bundesrepublik Deutschland der Regierung der Vereinigten Staaten von Amerika in angemessenem Rahmen entgegenkommen.

Der Mietzins für das in den Unterabsätzen (b) und (c) des Absatzes 2 bezeichnete Eigentum ist auf Grund des ortsüblichen Mietzinses festzusetzen. Bei dem in Unterabsatz (d) des Absatzes 2 bezeichneten Bundeseigentum wird für die Zeit von 9 Monaten nach Inkrafttreten des Vertrags zur Regelung aus Krieg und Besatzung entstandener Fragen eine Vergütung lediglich für die Benutzung des Bodens bezahlt, wobei jedoch öffentliche Lasten und Abgaben für besondere Leistungen und für örtliche Verbesserungen, die vom Grundstückseigentümer für das betreffende Grundstück zu zahlen sind, zu berücksichtigen sind. Nach Ablauf des genannten Zeitabschnitts ist sowohl für den Boden als auch für die Gebäude eine den Umständen nach angemessene Miete zu zahlen.

Die Bundesregierung wird der Regierung der Vereinigten Staaten von Amerika beim Abschluß von Mietverträgen über das in den Unterabsätzen (b) und (c) des Absatzes 2 bezeichnete Eigentum ihre guten Dienste zur Verfügung stellen.

(5) Werden Mietverträge gemäß dem vorstehenden Absatz nicht geschlossen, so hat die Regierung der Vereinigten Staaten von Amerika vom Zeitpunkt des Inkrafttretens des Vertrags zur Regelung aus Krieg und Besatzung entstandener Fragen an eine Nutzungsvergütung zu entrichten. Die Höhe der Nutzungsvergütung sowie der Vergütung für etwaige nach Inkrafttreten des Vertrags zur Regelung aus Krieg und Besatzung entstandener Fragen eingetretene Schäden richtet sich nach der Bundesleistungsgesetzgebung, die auch bezüglich der Art und Weise der Benutzung Anwendung findet. Bis zum Inkrafttreten dieser Gesetzgebung gilt die bisherige Grundlage für die Bemessung der Vergütung für das durch die Botschaft und Konsulate

---

[1]) Im Schreiben an den Hohen Kommissar des Vereinigten Königreiches ist, soweit nicht der Zusammenhang dies ausschließt, jeweils auf die „Regierung des Vereinigten Königreichs von Großbritannien und Nordirland" Bezug genommen.

Im Schreiben an den Hohen Kommissar der Französischen Republik tritt statt dessen die „Regierung der Französischen Republik".

gemäß Artikel 13 des Ersten Teils des Vertrags zur Regelung aus Krieg und Besatzung entstandener Fragen und diesem Schreiben benutzte Eigentum weiter.

Die Regierung der Bundesrepublik Deutschland wird für die Abnutzung ihres in den Unterabsätzen (a) und (d) des Absatzes 2 bezeichneten Eigentums keine Entschädigung beanspruchen, und die Regierung der Vereinigten Staaten von Amerika wird keine Ansprüche auf Vergütung für Verbesserungen erheben, die von ihr an derartigem Eigentum vorgenommen worden sind.

(6) Die Freigabe des in Unterabsatz (c) des Absatzes 2 bezeichneten Eigentums hat Vorrang und wird zum frühestmöglichen Zeitpunkt und in jedem Fall spätestens sechs Monate nach dem Inkrafttreten des Vertrags zur Regelung aus Krieg und Besatzung entstandener Fragen erfolgen, es sei denn, daß über derartiges Eigentum Mietverträge gemäß Absatz 4 abgeschlossen worden sind.

Das in Unterabsatz (e) des Absatzes 2 bezeichnete Eigentum wird spätestens neun Monate nach Inkrafttreten des Vertrags zur Regelung aus Krieg und Besatzung entstandener Fragen freigegeben. Die Weiterbenutzung dieses Eigentums nach diesem Zeitpunkt wird den Gegenstand von Verhandlungen zwischen der Regierung der Bundesrepublik Deutschland und der Regierung der Vereinigten Staaten von Amerika bilden.

Die Regierung der Vereinigten Staaten von Amerika verpflichtet sich, alles sonstige in Absatz 2 bezeichnete Eigentum zum frühestmöglichen Zeitpunkt freizugeben, und zwar jedenfalls, sobald es von der Regierung der Vereinigten Staaten von Amerika für ihre Botschaft und Konsulate nicht mehr benötigt wird.

Die Bundesregierung wird bestrebt sein, durch Errichtung von Neubauten anderweitige Unterkunft zur Anmietung oder zum Ankauf durch die Regierung der Vereinigten Staaten von Amerika verfügbar zu machen.

(7) Die Mitglieder der Botschaft und Konsulate der Vereinigten Staaten von Amerika, die nicht die deutsche Staatsangehörigkeit besitzen, sind berechtigt, die für den Gebrauch der von den Streitkräften der Vereinigten Staaten von Amerika, des Vereinigten Königreichs von Großbritannien und Nordirland und der Französischen Republik auf Grund des Artikels 36 des Vertrags über die Rechte und Pflichten ausländischer Streitkräfte und ihrer Mitglieder in der Bundesrepublik Deutschland oder auf Grund ähnlicher Bestimmungen in Abkommen, die gegebenenfalls an Stelle dieses Vertrags treten, bestimmten Einrichtungen der nichtdeutschen Organisationen zu benutzen.

(8) Durch die Bestimmungen des Artikels 13 des Ersten Teils des Vertrags zur Regelung aus Krieg und Besatzung entstandener Fragen oder dieses Schreibens wird das Eigentum nicht berührt, das von den Regierungen der Vereinigten Staaten von Amerika, des Vereinigten Königreichs von Großbritannien und Nordirland und der Französischen Republik für den Gebrauch ihrer Streitkräfte benötigt wird.

(9) Ich wäre Ihnen dankbar, wenn Sie das Einverständnis Ihrer Regierung mit dem oben Dargelegten bestätigen würden.

Ich benutze auch diesen Anlaß, um Ihnen, Herr Botschafter, die Versicherung meiner ausgezeichneten Hochachtung zu erneuern. *Adenauer*

VIII b+)

Schreiben der Hohen Kommissare vom 23. Oktober 1954
betreffend die Bestätigung des Schreibens VIII a.

(Übersetzung)

Paris, den 23. Oktober 1954

Seiner Exzellenz *)
dem Herrn Bundeskanzler
der Bundesrepublik Deutschland

Herr Bundeskanzler,

Ich beehre mich, den Eingang Ihres Schreibens vom heutigen Tage zu bestätigen, das wie folgt lautet:

(wie unter VIII a)

Ich habe die Ehre, Ihnen das Einverständnis meiner Regierung mit dem oben Dargelegten mitzuteilen.

Genehmigen Sie, Herr Bundeskanzler, den Ausdruck meiner ausgezeichneten Hochachtung.

James B. Conant
Hoher Kommissar
der Vereinigten Staaten
für Deutschland

IX a

Schreiben der Hohen Kommissare an den Bundeskanzler vom 23. Oktober 1954
betreffend Luftverkehr nach und von den Berliner Luftschneisen.

(Übersetzung)

Paris, den 23. Oktober 1954
*)

Seiner Exzellenz
dem Herrn Bundeskanzler
der Bundesrepublik Deutschland

Herr Bundeskanzler,

Ich beehre mich, auf Artikel 5 des Zwölften Teils des Vertrags zur Regelung aus Krieg und Besatzung entstandener Fragen, der in dem am heutigen Tage in Paris unterzeichneten Protokoll angeführt ist, Bezug zu nehmen und darf namens der Regierung der Vereinigten Staaten von Amerika im Einvernehmen mit den Regierungen der Französischen Republik und des Vereinigten Königreichs die Erklärung abgeben, daß in Ausübung der Verantwortlichkeiten aus diesem Artikel einem Antrag auf Ge-

---

+) Gleichlautend mit dem Briefwechsel zu dem Vertrag zur Regelung aus Krieg und Besatzung entstandener Fragen.

*) Ein gleichlautendes Schreiben hat der Hohe Kommissar des Vereinigten Königreichs an den Bundeskanzler gerichtet.

nehmigung von Luftverkehr nach und von den Berliner Luftschneisen durch Luftfahrzeuge anderer Staaten als der Vereinigten Staaten, des Vereinigten Königreichs, der Französischen Republik und der Union der Sozialistischen Sowjetrepubliken erst dann entsprochen werden wird, wenn die Bundesregierung den Vertretern der Vereinigten Staaten, des Vereinigten Königreichs und der Französischen Republik mitgeteilt hat, daß sie bereit ist, das Recht zum Überfliegen des Bundesgebiets einzuräumen.

Ich unterstelle, daß eine Genehmigung für das Überfliegen des Bundesgebiets für diese Flüge dem Antragsteller erst dann erteilt werden wird, wenn die Vertreter der Vereinigten Staaten, des Vereinigten Königreichs und der Französischen Republik der Bundesregierung mitgeteilt haben, daß sie bereit sind, dem Antrag auf Genehmigung von Luftverkehr nach und von den Berliner Luftschneisen zu entsprechen.

Genehmigen Sie, Herr Bundeskanzler, den Ausdruck meiner ausgezeichneten Hochachtung.

James B. Conant
Hoher Kommissar
der Vereinigten Staaten
für Deutschland

IXb

Schreiben des Bundeskanzlers an jeden der drei Hohen Kommissare
vom 23. Oktober 1954 betreffend die Bestätigung des Schreibens IX a.

Paris, 23. Oktober 1954
*)

Seiner Exzellenz
dem Herrn Hohen Kommissar
der Vereinigten Staaten
von Amerika

Herr Botschafter,

Ich beehre mich, den Eingang Ihres heutigen Schreibens betreffend Artikel 5 des Zwölften Teils des Vertrags zur Regelung aus Krieg und Besatzung entstandener Fragen zu bestätigen und Ihnen mitzuteilen, daß ich mit seinem Inhalt einverstanden bin.

Ich benutze auch diesen Anlaß, um Ihnen, Herr Botschafter, die Versicherung meiner ausgezeichneten Hochachtung zu erneuern.

Adenauer

*) Gleichlautende Schreiben sind an die Hohen Kommissare des Vereinigten Königreichs und der Französischen Republik gerichtet worden.

X a+)

Schreiben des Bundeskanzlers vom 23. Oktober 1954 an jeden der drei Außenminister betreffend Bestätigung von Briefen, die im Jahre 1952 ausgetauscht worden sind.

Paris, 23. Oktober 1954

Seiner Exzellenz **)
dem Herrn Minister des Auswärtigen
der Vereinigten Staaten von Amerika

Herr Minister,

Im Verlauf der Verhandlungen betreffend das Protokoll über die Beendigung des Besatzungsregimes in der Bundesrepublik Deutschland, das heute unterzeichnet wurde, wurden die verschiedenen Schreiben berücksichtigt, die im Mai 1952 im Zusammenhang mit der Unterzeichnung des Vertrags über die Beziehungen zwischen der Bundesrepublik Deutschland und den Drei Mächten und der Zusatzverträge ausgetauscht worden sind. Der Wortlaut dieser Schreiben ist im Bundesgesetzblatt 1954, Teil II, Nr. 3, Seite 242—320 abgedruckt.

Im Namen der Regierung der Bundesrepublik Deutschland beehre ich mich, Ihnen mitzuteilen, daß die Bundesrepublik ihrerseits die in diesem Schreiben gegebenen Zusicherungen und übernommenen Verpflichtungen bestätigt, mit der Ausnahme, daß sie die Schreiben Nr. 3, 5, 13, 14, 15 und 19 als nicht mehr anwendbar betrachtet und daß die in der diesem Briefe beigefügten Liste bezeichneten Schreiben als den Bestimmungen jener Liste gemäß abgeändert gelten. Ich wäre Ihnen für eine Mitteilung darüber dankbar, ob die Regierung der Vereinigten Staaten von Amerika ihrerseits die von ihr in diesem Schreiben gegebenen Zusicherungen und übernommenen Verpflichtungen bestätigt.

Liste der Änderungen
(Bundesgesetzblatt 1954 Teil II, Nr. 3)

Schreiben Nr. 1 Absatz 3 Seite 242

Zu ersetzen durch:

„Sie haben deshalb beschlossen, ihr Recht in bezug auf Berlin in einer Weise auszuüben, welche der Bundesrepublik die Erfüllung ihrer in Abschrift angeschlossenen Erklärung betreffend Hilfeleistungen für Berlin erleichtert und den Bundesbehörden gestattet, die Vertretung Berlins und der Berliner Bevölkerung nach außen sicherzustellen."

Hinzuzufügen ist:

„Erklärung der Bundesrepublik betreffend Hilfeleistungen für Berlin

Im Hinblick auf die besondere Rolle, die Berlin für die Selbstbehauptung der freien Welt gespielt hat und ferner zu spielen berufen ist,

---

+) Gleichlautend mit dem Briefwechsel zum Protokoll über die Beendigung des Besatzungsregimes in der Bundesrepublik Deutschland.

**) Gleichlautende Schreiben sind an die Außenminister des Vereinigten Königreichs und der Französischen Republik gerichtet worden.

im Bewußtsein der Verbundenheit der Bundesrepublik mit Berlin als der vorgesehenen Hauptstadt eines freien wiedervereinigten Deutschlands,

in dem Willen, diese Verbundenheit im Rahmen des Status Berlins zu festigen,

in dem Willen, ihre Hilfeleistungen für den politischen, kulturellen, wirtschaftlichen und finanziellen Wiederaufbau Berlins fortzusetzen, und

in dem Bestreben, die Stellung Berlins auf allen Gebieten zu festigen und zu stärken und insbesondere, soweit möglich, eine Verbesserung in der wirtschaftlichen und finanziellen Lage Berlins, einschließlich seiner Produktionskapazität und seines Beschäftigungsstandes, herbeizuführen,

erklärt die Bundesrepublik,

(a) daß sie das ihrerseits Erforderliche tun wird, um durch geeignete Unterstützungsmaßnahmen die Aufrechterhaltung eines ausgeglichenen Haushalts in Berlin zu gewährleisten;

(b) daß sie die geeigneten Maßnahmen für eine angemessene und gerechte Behandlung Berlins bei der Kontrolle und Zuteilung von knappen Rohstoffen und Bedarfsgegenständen treffen wird;

(c) daß sie geeignete Maßnahmen treffen wird, um die der Bundesrepublik aus auswärtigen Quellen zur Verfügung stehenden Mittel auch Berlin für seinen notwendigen weiteren wirtschaftlichen Aufbau zugute kommen zu lassen;

(d) daß sie alle geeigneten Maßnahmen treffen wird, die zur Förderung der Erteilung von öffentlichen und privaten Aufträgen an die Berliner Wirtschaft beitragen;

(e) daß sie die Entwicklung des Berliner Außenhandels fördern und Berlin in allen handelspolitischen Fragen so günstig behandeln wird, wie es die Umstände gestatten, und daß sie Berlin im Rahmen des Möglichen und in Anbetracht der Einbeziehung Berlins in die Devisenbewirtschaftung der Bundesrepublik mit den erforderlichen Devisen ausstatten wird;

(f) daß sie die ihrerseits erforderlichen Maßnahmen ergreifen wird, um zu gewährleisten, daß Berlin im Währungsgebiet der Deutschen Mark (West) bleibt und daß eine angemessene Geldversorgung in der Stadt aufrechterhalten wird;

(g) daß sie an der Aufrechterhaltung einer ausreichenden Bevorratung Berlins für Notfälle mithelfen wird;

(h) daß sie sich nach besten Kräften bemühen wird, die Handelsverbindungen sowie die Verkehrsverbindungen und -einrichtungen zwischen Berlin und dem Gebiet der Bundesrepublik aufrechtzuerhalten und zu verbessern und an dem Schutz oder der Wiederherstellung dieser Verbindungen und Einrichtungen nach Maßgabe der ihr zur Verfügung stehenden Mittel mitzuwirken;

(i) daß sie bemüht bleiben wird, die durch die Aufnahme von Flüchtlingen entstehende überdurchschnittliche Belastung Berlins wie bisher auszugleichen;

(j) daß sie die Vertretung Berlins und der Berliner Bevölkerung nach außen sicherstellen und die Einbeziehung Berlins in die von der Bundesrepublik abgeschlossenen internationalen Abkommen erleichtern wird, soweit dies nicht nach der Natur der betreffenden Abkommen ausgeschlossen ist. *Adenauer*"

Nr. 2 Absatz 1 Seite 244

Die Worte „Absatz 1 (c) des Artikels“ sind zu ersetzen durch das Wort „Artikel“.

Nr. 9 zweiter Satz Seite 252

Die Worte „Gesetz Nr. 23“ sind zu streichen.

Nr. 11 erster Satz Seite 308

Nach der Jahreszahl „1947“ sind die Worte „oder die an dessen Stelle tretenden Bestimmungen“ einzufügen.

Ich benutze diesen Anlaß, um Sie, Herr Minister, meiner ausgezeichneten Hochachtung zu versichern.

Adenauer

X b+)

Schreiben der Außenminister vom 23. Oktober 1954 betreffend die Bestätigung des Schreibens X a.

(Übersetzung)

Paris, den 23. Oktober 1954

*)

Seiner Exzellenz
dem Herrn Bundeskanzler
der Bundesrepublik Deutschland

Herr Bundeskanzler,

Ich beehre mich, den Empfang Ihres heutigen Schreibens zu bestätigen, mit dem Sie im Namen der Regierung der Bundesrepublik Deutschland die in den verschiedenen Schreiben, auf die in Ihrem Schreiben Bezug genommen ist, gegebenen Zusicherungen und übernommenen Verpflichtungen bestätigen.

Im Namen der Regierung der Vereinigten Staaten von Amerika bestätige ich die in den von Ihnen erwähnten Schreiben von meiner Regierung gegebenen Zusicherungen und übernommenen Verpflichtungen, vorbehaltlich der in der Liste zu Ihren Briefen aufgeführten Änderungen und mit der Maßgabe, daß die Briefe Nr. 3, 5, 13, 14, 15 und 19 nicht mehr anwendbar sind.

Ich bestätige ferner die Erklärung über Reparationen vom 25. Mai 1952, die auf Seite 316 der in Ihrem Schreiben erwähnten Nummer des Bundesgesetzblattes wiedergegeben ist.

Genehmigen Sie, Herr Bundeskanzler, den Ausdruck meiner ausgezeichnetsten Hochachtung.

John Foster Dulles
Außenminister der
Vereinigten Staaten von Amerika

Anlage: Liste der Änderungen
(wie unter X a)

+) Gleichlautend mit dem Briefwechsel zum Protokoll über die Beendigung des Besatzungsregimes in der Bundesrepublik Deutschland.

*) Ein gleichlautendes Schreiben hat der Außenminister des Vereinigten Königreichs an den Bundeskanzler gerichtet.

BRIEFE, DIE IM MAI 1952 ANLÄSSLICH DER UNTERZEICHNUNG DER BONNER VERTRÄGE AUSGETAUSCHT UND DURCH DEN BRIEF X VOM 23. OKTOBER 1954 BESTÄTIGT ODER GEÄNDERT WORDEN SIND

1

Schreiben der drei Hohen Kommissare an den Bundeskanzler vom 26. Mai 1952 betreffend die Ausübung des von den Drei Mächten vorbehaltenen Rechtes in bezug auf Berlin (in der Fassung des Briefes X vom 23. Oktober 1954).

(Übersetzung)
26. Mai 1952

Seiner Exzellenz
dem Herrn Bundeskanzler
der Bundesrepublik Deutschland

Herr Bundeskanzler,

Wie wir Ihnen im Laufe unserer Erörterungen über die Verträge zwischen den Drei Mächten und der Bundesrepublik, die heute unterzeichnet worden sind, schon angekündigt haben, wird nach Inkrafttreten dieser Verträge der von den Militärgouverneuren hinsichtlich der Artikel 23 und 144 Absatz 2 des Grundgesetzes am 12. Mai 1949 ausgesprochene Vorbehalt von den Drei Mächten in Ausübung ihres Rechtes in bezug auf Berlin mit Rücksicht auf die internationale Lage formell aufrechterhalten werden.

Die Drei Mächte erklären in diesem Zusammenhang, daß sie sich deswegen nicht weniger der für die Bundesrepublik bestehenden Notwendigkeit, Berlin Hilfe zu leisten, und der Vorteile bewußt sind, welche mit der Verfolgung einer der Politik der Bundesrepublik gleichartigen Politik durch Berlin verbunden sind.

Sie haben deshalb beschlossen, ihr Recht in bezug auf Berlin in einer Weise auszuüben, welche der Bundesrepublik die Erfüllung ihrer in Abschrift angeschlossenen Erklärung betreffend Hilfeleistungen für Berlin erleichtert und den Bundesbehörden gestattet, die Vertretung Berlins und der Berliner Bevölkerung nach außen sicherzustellen.

Gleichermaßen werden sie keine Einwände dagegen erheben, daß Berlin gemäß einem angemessenen, von der Alliierten Kommandatura zugelassenen Verfahren die Gesetzgebung der Bundesrepublik übernimmt, insbesondere die Gesetzgebung über

Währung, Kredit und Devisen, Staatsangehörigkeit, Paßwesen, Ein- und Auswanderung, Auslieferung, Einheit des Zoll- und Handelsgebietes, Handels- und Schiffahrtsverträge, Freizügigkeit des Warenverkehrs und Außenhandels- und Zahlungsabkommen.

Im Hinblick auf die Erklärung der Bundesrepublik, betreffend Hilfeleistungen für Berlin und die Belastung des Bundeshaushalts durch die Besatzungskosten der Drei Mächte in Berlin gemäß den geltenden gesetzlichen Vorschriften, sind die Drei Mächte bereit, die Bundesregierung vor der Festsetzung ihrer Berliner Besatzungskostenhaushalte zu konsultieren. Es ist ihre Absicht, diese Kosten auf der niedrigsten Grundlage festzusetzen, die mit der Aufrechterhaltung der Sicherheit Berlins und der dort stationierten alliierten Streitkräfte vereinbar ist.

Für die Regierung der Vereinigten Staaten von Amerika
John J. McCloy
Hoher Kommissar der Vereinigten Staaten von
Amerika in Deutschland

Für die Regierung des Vereinigten Königreichs von
Großbritannien und Nordirland
Ivone Kirkpatrick
Hoher Kommissar des Vereinigten Königreichs
in Deutschland

Für die Regierung der Republik Frankreich
André François-Poncet
Hoher Kommissar der Republik Frankreich
in Deutschland

Erklärung der Bundesregierung betreffend Hilfeleistung für Berlin

Im Hinblick auf die besondere Rolle, die Berlin für die Selbstbehauptung der freien Welt gespielt hat und ferner zu spielen berufen ist,

im Bewußtsein der Verbundenheit der Bundesrepublik mit Berlin als der vorgesehenen Hauptstadt eines freien wiedervereinigten Deutschlands,

in dem Willen, diese Verbundenheit im Rahmen des Status Berlins zu festigen,

in dem Willen, ihre Hilfeleistungen für den politischen, kulturellen, wirtschaftlichen und finanziellen Wiederaufbau Berlins fortzusetzen, und

in dem Bestreben, die Stellung Berlins auf allen Gebieten zu festigen und zu stärken und insbesondere, soweit möglich, eine Verbesserung in der wirtschaftlichen und finanziellen Lage Berlins einschließlich seiner Produktionskapazität und seines Beschäftigungsstandes, herbeizuführen

erklärt die Bundesrepublik

(a) daß sie das ihrerseits Erforderliche tun wird, um durch geeignete Unterstützungsmaßnahmen die Aufrechterhaltung eines ausgeglichenen Haushalts in Berlin zu gewährleisten;

(b) daß sie die geeigneten Maßnahmen für eine angemessene und gerechte Behandlung Berlins bei der Kontrolle und Zuteilung von knappen Rohstoffen und Bedarfsgegenständen treffen wird;

(c) daß sie geeignete Maßnahmen treffen wird, um die der Bundesrepublik aus auswärtigen Quellen zur Verfügung stehenden Mittel auch Berlin für seinen notwendigen weiteren wirtschaftlichen Aufbau zugute kommen zu lassen;

(d) daß sie alle geeigneten Maßnahmen treffen wird, die zur Förderung der Erteilung von öffentlichen und privaten Aufträgen an die Berliner Wirtschaft beitragen;

(e) daß sie die Entwicklung des Berliner Außenhandels fördern und Berlin in allen handelspolitischen Fragen so günstig behandeln wird, wie es die Umstände gestatten, und daß sie Berlin im Rahmen des Möglichen und in Anbetracht der Einbeziehung Berlins in die Devisenbewirtschaftung der Bundesrepublik mit den erforderlichen Devisen ausstatten wird;

(f) daß sie die ihrerseits erforderlichen Maßnahmen ergreifen wird, um zu gewährleisten, daß Berlin im Währungsgebiet der Deutschen Mark (West) bleibt und daß eine angemessene Geldversorgung in der Stadt aufrechterhalten wird;

(g) daß sie an der Aufrechterhaltung einer ausreichenden Bevorratung Berlins für Notfälle mithelfen wird;

(h) daß sie sich nach besten Kräften bemühen wird, die Handelsverbindungen sowie die Verkehrsverbindungen und -einrichtungen zwischen Berlin und dem Gebiet der Bundesrepublik aufrechtzuerhalten und zu verbessern und an dem Schutz oder der Wiederherstellung dieser Verbindungen und Einrichtungen nach Maßgabe der ihr zur Verfügung stehenden Mittel mitzuwirken;

(i) daß sie bemüht bleiben wird, die durch die Aufnahme von Flüchtlingen entstehende überdurchschnittliche Belastung Berlins wie bisher auszugleichen;

(j) daß sie die Vertretung Berlins und der Berliner Bevölkerung nach außen sicherstellen und die Einbeziehung Berlins in die von der Bundesrepublik abgeschlossenen internationalen Abkommen erleichtern wird, soweit dies nicht nach der Natur der betreffenden Abkommen ausgeschlossen ist.

gez. Adenauer

2

Schreiben der drei Hohen Kommissare an den Bundeskanzler vom 26. Mai 1952 betreffend die Ausübung des von den Drei Mächten vorbehaltenen Rechtes in bezug auf Deutschland als Ganzes
(in der Fassung des Briefes X vom 23. Oktober 1954).

(Übersetzung)
26. Mai 1952

Seiner Exzellenz
dem Herrn Bundeskanzler
der Bundesrepublik Deutschland

Herr Bundeskanzler,

Im Verlaufe unserer kürzlichen Besprechungen baten Sie uns um Bestätigung, daß das Recht in bezug auf Deutschland als Ganzes, das sich die Drei Mächte in Artikel 2 des Vertrags über die Beziehungen zwischen der Bundesrepublik Deutschland und den Drei Mächten vorbehalten haben, nicht dahin ausgelegt werden kann, daß ihnen hierdurch gestattet wird, die zwischen ihnen und der Bundesrepblik durch die heute unterzeichneten Verträge hergestellten Beziehungen nachteilig zu beeinflussen.

Wir beehren uns, Ihnen mitzuteilen, daß unsere Regierungen das in Frage stehende Recht nicht dahingehend auslegen, als erlaube es den Drei Mächten von ihren der Bundesrepublik in den heute unterzeichneten Verträgen gegenüber eingegangenen Verpflichtungen abzuweichen.

Für die Regierung der Vereinigten Staaten
von Amerika
John J. McCloy
Hoher Kommissar der Vereinigten Staaten von Amerika
in Deutschland

Für die Regierung des Vereinigten Königreichs
von Großbritannien und Nordirland
Ivone Kirkpatrick
Hoher Kommissar des Vereinigten Königreichs
in Deutschland

Für die Regierung der Republik Frankreich
André François-Poncet
Hoher Kommissar der Republik Frankreich
in Deutschland

4

Schreiben des Hohen Kommissars der Vereinigten Staaten an den Bundesminister der Finanzen betreffend die Rechte der für die Streitkräfte arbeitenden Banken und ihrer Bediensteten.

(Übersetzung)

Amt des Hohen Kommissars *)
der Vereinigten Staaten für Deutschland
Bad Godesberg, Mehlemer Aue

Herrn Fritz Schäffer
Finanzminister der Bundesrepublik
Deutschland

Sehr geehrter Herr Minister Schäffer,

Hinsichtlich der Rechte, die den Banken eingeräumt werden sollen, welche im Rahmen des Absatzes (2) a des Artikels 36 des „Vertrags über die Rechte und Pflichten ausländischer Streitkräfte und ihrer Mitglieder in der Bundesrepublik Deutschland" für die Streitkräfte arbeiten, möchte ich folgendes ausführen:

Die Vorrechte, die diesen Banken als Unternehmen eingeräumt werden sollen, werden auf diejenigen beschränkt bleiben, die in Absatz 5 des Artikels 36 des Vertrags aufgeführt sind; jedoch werden die Banken den Streitkräften auch hinsichtlich der in Artikel 4 des in Artikel 33 dieses Vertrags erwähnten Sonderabkommens aufgeführten Steuern auf Einkommen, auf Gewinn und auf Vermögen gleichgestellt.

Was die Bediensteten der Banken anbelangt, so werden sie den Mitgliedern der Streitkräfte nur in folgendem Umfange gleichgestellt:

(a) Aufrechterhaltung der Strafgerichtsbarkeit über diese Bediensteten in bezug auf strafbare Handlungen gegen die Vereinigten Staaten oder auf strafbare Handlungen, deren Gegenstand amerikanisches Eigentum ist, soweit es sich um Handlungen im Rahmen ihrer dienstlichen Tätigkeit bei den Banken handelt;

(b) Bereitstellung von Unterkunft (Liegenschaften) in Fällen, in denen der Abschluß eines privaten Mietvertrages nicht durchführbar ist (dessen Kosten sonst vom amerikanischen Schatzamt bestritten würden);

(c) das Recht, Militärzahlungsmittel zu besitzen und zu verwenden;

(d) Genuß der den Mitgliedern der Streitkräfte eingeräumten Steuerbefreiungen, soweit die Bediensteten Aufgaben erfüllen, die sonst von militärischen Zahlmeistern der Vereinigten Staaten erfüllt würden.

Gestatten Sie, Herr Minister, die erneute Versicherung meiner Hochachtung.

John J. McCloy
Hoher Kommissar der
Vereinigten Staaten für Deutschland

---

*) Das Original des Schreibens trägt kein Datum; das Schreiben ist am 26. Mai 1952 abgesandt worden und am gleichen Tage eingegangen.

6a

Schreiben des Hohen Kommissars der Vereinigten Staaten in seiner Eigenschaft als Vorsitzender des Rates der Alliierten Hohen Kommission an den Bundeskanzler vom 26. Mai 1952 betreffend die von den Streitkräften ausgestellten Zahlungsermächtigungen.

(Übersetzung)

Alliierte Hohe Kommission
für Deutschland
Der Rat

Bonn-Petersberg
26. Mai 1952

AGSEC (52) 485

Seiner Exzellenz
dem Herrn Bundeskanzler
der Bundesrepublik Deutschland

Herr Bundeskanzler,

Ich beziehe mich auf Artikel 6 Ziffer 2 des Finanzvertrags, in dem vorgesehen ist, daß die zuständigen deutschen Behörden nach Vorlage einer von den Streitkräften ausgestellten Zahlungsermächtigung die Zahlung in Höhe des in der Zahlungsermächtigung ausgewiesenen Betrages vornehmen. Es besteht Einverständnis darüber, daß es im Interesse aller Beteiligten liegt, daß die Zahlung so beschleunigt wie möglich geleistet wird.

Ich gehe daher davon aus, daß Einverständnis darüber besteht, daß die zuständigen deutschen Behörden bei der Abwicklung dieser Zahlungen wie folgt verfahren werden:

1. Vorbehaltlich der Ziffer 3 ist die Zahlung innerhalb von 15 Tagen nach Vorlage der Zahlungsermächtigung zu leisten.

2. Lohn- und Gehaltszahlungen sind innerhalb einer Woche nach Vorlage der Zahlungsermächtigung zu leisten.

3. In Ausnahmefällen kann die in Ziffer 1 vorgesehene Zahlungsfrist überschritten werden, wenn die zuständigen Behörden der Streitkräfte nicht widersprechen. Die deutschen Behörden werden den Behörden der Streitkräfte von der Notwendigkeit einer solchen Fristüberschreitung unter Angabe der Gründe vorher Kenntnis geben.

Ich bitte, mir Ihr Einverständnis mit dem Inhalt dieses Schreibens zu bestätigen.

Genehmigen Sie, Exzellenz, die erneute Versicherung meiner ausgezeichneten Hochachtung.

John J. McCloy
Vorsitzender

6 b

Schreiben des Bundeskanzlers an den Vorsitzenden des Rates der Alliierten Hohen Kommission vom 26. Mai 1952 betreffend die Bestätigung des Schreibens 6 a.

Bundesrepublik Deutschland
Der Bundeskanzler

Bonn, den 26. Mai 1952

An
den Vorsitzendes des Rates
der Alliierten Hohen Kommission
für Deutschland

Seiner Exzellenz
Herrn John J. McCloy

Herr Hoher Kommissar,

Ich beehre mich, Ihnen den Empfang Ihres Schreibens vom heutigen Tage zu bestätigen, in dem Sie sich auf Artikel 6 Ziffer 2 des Finanzvertrags beziehen. Mit dem Inhalt Ihres Schreibens erkläre ich mich einverstanden.

Ich benutze auch diesen Anlaß, um Ihnen, Herr Hoher Kommissar, die Versicherung meiner ausgezeichneten Hochachtung zu erneuern.

Adenauer

7 a

Schreiben des Hohen Kommissars der Vereinigten Staaten in seiner Eigenschaft als Vorsitzender des Rates der Alliierten Hohen Kommission an den Bundeskanzler vom 26. Mai 1952 betreffend Schadensersatzansprüche wegen Besatzungsschäden.

(Übersetzung)

Alliierte Hohe Kommission
für Deutschland
Der Rat

Bonn-Petersberg
26. Mai 1952

AGSEC (52) 486

Seiner Exzellenz
dem Herrn Bundeskanzler
der Bundesrepublik Deutschland

Herr Bundeskanzler,

Ich nehme Bezug auf Artikel 10 Absatz 1 des Finanzvertrags, der vorsieht, daß Zahlungen der Bundesrepublik zur Abgeltung der in Artikel 3 des Neunten Teils des Vertrags zur Regelung aus Krieg und Besatzung entstandener Fragen genannten Schadensersatzansprüche nur in dem zwischen der Bundesrepublik und den beteiligten Mächten vereinbarten Umfang zu Lasten der Mittel für den Unterhalt der Streitkräfte gehen.

Ich darf bemerken, daß die Drei Mächte damit einverstanden sind, daß Zahlungen, die die Bundesrepublik gemäß Artikel 3 Absatz 3 des Neunten Teils des Vertrags zur Regelung aus Krieg und Besatzung entstandener Fragen zur Abgeltung von Ansprüchen auf Grund des Gesetzes Nr. 47 der Alliierten Hohen Kommission wegen solcher Besatzungsschäden leistet, die innerhalb der letzten drei Monate vor dem Inkrafttreten des Finanzvertrags entstehen, zu Lasten der Mittel für den Unterhalt der Streitkräfte nach Maßgabe des Artikels 6 des Finanzvertrags gehen.

Ich darf weiterhin gemäß unserer Absprache vom 21. Mai 1952 bemerken, daß die Drei Mächte damit einverstanden sind, daß Beträge, die als Besatzungskosten und Auftragsausgaben gegen zwischen dem 1. April 1952 und dem 1. November 1952 von den Streitkräften und Behörden der Besatzungsmächte ausgestellte Zahlungsdokumente verausgabt werden, zu Lasten der Mittel für den Unterhalt der Streitkräfte gehen, soweit diese Beträge einen monatlichen Durchschnitt von 600 Millionen DM übersteigen.

Die oben wiedergegebenen Abmachungen sind unter der Voraussetzung getroffen, daß der Finanzvertrag nicht vor dem 1. November 1952 in Kraft treten wird, und es besteht Einigkeit darüber, daß, falls der Vertrag vor diesem Termin in Kraft treten sollte, über die beiden oben wiedergegebenen Abmachungen neu verhandelt werden muß.

Ich bitte, mir Ihr Einverständnis mit dieser Abmachung zu bestätigen.

Genehmigen Sie, Exzellenz, die erneute Versicherung meiner ausgezeichneten Hochachtung.

John J. McCloy
Vorsitzender

7 b

Schreiben des Bundeskanzlers an den Vorsitzenden des Rates der Alliierten Hohen Kommission vom 26. Mai 1952 betreffend die Bestätigung des Schreibens 7 a.

Bundesrepublik Deutschland
Der Bundeskanzler

Bonn, den 26. Mai 1952

An den Vorsitzenden des Rates
der Alliierten Hohen Kommission
für Deutschland
Seiner Exzellenz Herrn John J. McCloy

Herr Hoher Kommissar,

Ich beehre mich, den Empfang Ihres Briefes vom heutigen Tage betreffend Schadensersatzansprüche wegen Besatzungsschäden zu bestätigen und Ihnen mitzuteilen, daß ich mich mit seinem Inhalt einverstanden erkläre.

Ich benutze auch diesen Anlaß, um Ihnen, Herr Hoher Kommissar, die Versicherung meiner ausgezeichneten Hochachtung zu erneuern.

Adenauer

8 a

Schreiben der drei Außenminister an den Bundeskanzler vom 26. Mai 1952 betreffend die Aufrechterhaltung gewisser Kontrollratsvorschriften.

(Übersetzung)

Seiner Exzellenz
dem Herrn Bundeskanzler
der Bundesrepublik Deutschland

26. Mai 1952

Herr Bundeskanzler,

Die Drei Mächte teilen Ihnen mit, daß sie in Ausübung ihrer in Artikel 2 des Vertrags über die Beziehungen zwischen der Bundesrepublik Deutschland und den Drei Mächten genannten Rechte in bezug auf Berlin und Deutschland als Ganzes einschließlich der Wiedervereinigung Deutschlands und einer friedensvertraglichen Regelung darum ersuchen, daß die folgenden Rechtsvorschriften des Kontrollrates durch die Bundesrepublik im Bundesgebiet nicht außer Kraft gesetzt werden: Proklamation Nr. 1 und Direktiven Nr. 1, 2, 4 bis 7, 11 bis 13, 17, 20, 21, 34, 36, 42, 43, 49, 51 und 53.

Nichts in diesem Schreiben verfolgt den Zweck oder darf so ausgelegt werden, daß es in irgendeiner Weise die neuen Beziehungen zwischen der Bundesrepublik und den Drei Mächten abändert, wie sie durch den Vertrag über die Beziehungen zwischen der Bundesrepublik Deutschland und den Drei Mächten und die Zusatzverträge geschaffen werden.

Dean Acheson
Minister des Auswärtigen
der Vereinigten Staaten von Amerika

Anthony Eden
Ihrer Britischen Majestät
Minister des Auswärtigen

Robert Schuman
Außenminister
der Republik Frankreich

8 b

Schreiben des Bundeskanzlers an jeden der drei Außenminister vom 26. Mai 1952 betreffend die Bestätigung des Schreibens 8 a.

Bundesrepublik Deutschland
Der Bundeskanzler

Bonn, den 26. Mai 1952
*)

Seiner Exzellenz
dem Minister des Auswärtigen
der Vereinigten Staaten von Amerika
Herrn Dean Acheson

Herr Minister,

Ich bestätige den Empfang Ihres Schreibens vom 26. Mai 1952. Die Bundesregierung nimmt zur Kenntnis, daß nach Auffassung der Drei Mächte die Aufrechterhaltung

*) Gleichlautende Schreiben sind an die Außenminister des Vereinigten Königreichs und der Französischen Republik gerichtet worden.

der in jenem Schreiben aufgeführten Kontrollratsvorschriften im Zusammenhang mit ihren Rechten betreffend Berlin und Deutschland als Ganzes notwendig ist. Die Bundesregierung ist der Auffassung, daß diese Vorschriften größtenteils Bestimmungen über das interne Verfahren des Kontrollrats darstellen, die nicht der deutschen Gesetzgebungshoheit unterliegen können und denen daher durch deutsche gesetzgebende Organe die Wirksamkeit nicht entzogen werden kann. Die Bundesregierung erkennt an, daß der Rest dieser Vorschriften, die sich auf den Interzonenverkehr beziehen, unter die Rechte der Drei Mächte betreffend Berlin und Deutschland als Ganzes fällt.

Ich benutze diesen Anlaß, um Sie, Herr Minister, meiner ausgezeichnetsten Hochachtung zu versichern.

Adenauer

9

Schreiben des Hohen Kommissars der Vereinigten Staaten in seiner Eigenschaft als Vorsitzender des Rates der Alliierten Hohen Kommission an den Bundeskanzler vom 23. Mai 1952 betreffend die Außerwirksamkeitsetzung gewisser Kontrollratsvorschriften (in der Fassung des Briefes X vom 23. Oktober 1954).

(Übersetzung)

Alliierte Hohe Kommission
für Deutschland
Der Rat

Bonn-Petersberg
23. Mai 1952

AGSEC (52) 476

Seiner Exzellenz
dem Herrn Bundeskanzler
der Bundesrepublik Deutschland

Herr Bundeskanzler,

Im Laufe der Besprechungen über den Vertrag zur Regelung aus Krieg und Besatzung entstandener Fragen hat die Bundesregierung die Alliierte Hohe Kommission ersucht, bestimmte Gesetze des Kontrollrats im Gebiet der Bundesrepublik außer Wirksamkeit zu setzen. Ich beehre mich, Ihnen mitzuteilen, daß der Rat der Alliierten Hohen Kommission nach Prüfung dieses Ersuchens beschlossen hat, vom Zeitpunkt des Inkrafttretens des Vertrags über die Beziehungen zwischen den Drei Mächten und der Bundesrepublik Deutschland und der Zusatzverträge an im Gebiet der Bundesrepublik folgende Kontrollratsgesetzgebung außer Wirksamkeit zu setzen: Proklamation Nr. 2, Gesetz Nr. 25 und die Artikel III, IV, und V vom Gesetz Nr. 10.

Genehmigen Sie, Herr Bundeskanzler, den erneuten Ausdruck meiner vorzüglichen Hochachtung.

John J. McCloy
Vorsitzender

10 a

Schreiben der drei Hohen Kommissare an den Bundeskanzler vom 26. Mai 1952 betreffend die in Artikel 2 Absatz 2 des Ersten Teils des Vertrags zur Regelung aus Krieg und Besatzung entstandener Fragen genannten Verträge.

(Übersetzung)

Seiner Exzellenz
dem Herrn Bundeskanzler
der Bundesrepublik Deutschland

26. Mai 1952

Herr Bundeskanzler,

In dem Vertrag zur Regelung aus Krieg und Besatzung entstandener Fragen ist in Absatz 2 des Artikels 2 des Ersten Teils eine Bestimmung aufgenommen, wonach alle Rechte und Verpflichtungen, die für eine oder mehrere der drei westlichen Besatzungszonen aus bestimmten Verträgen und internationalen Abkommen herrühren, die von den Besatzungsbehörden oder von einer oder mehreren Regierungen der Drei Mächte abgeschlossen wurden, in Kraft sind und bleiben, als ob sie aus gültigen, von der Bundesrepublik abgeschlossenen Verträgen oder internationalen Abkommen herrührten. In der genannten Bestimmung wird auf eine Liste solcher Verträge und internationaler Abkommen verwiesen, die Ihnen mit einer Mitteilung der Hohen Kommissare namens ihrer Regierungen zugeleitet werden soll.

Dieses Schreiben sowie die ihm beigefügte Liste (über die von Ihren Vertretern und den Vertretern der Drei Mächte Einigung erzielt worden ist) sollen als die in der vorstehend genannten Bestimmung des Vertrags zur Regelung aus Krieg und Besatzung entstandener Fragen erwähnte Mitteilung und Liste gelten. Wir würden Ihre Bestätigung begrüßen, daß Sie diese Schreiben und die beigefügte Liste als die in dem Vertrag erwähnte Mitteilung und Liste annehmen.

Für die Regierung
der Vereinigten Staaten von Amerika
John J. McCloy
Hoher Kommissar der Vereinigten Staaten
von Amerika

Für die Regierung
des Vereinigten Königreichs
von Großbritannien und Nordirland
Ivone Kirkpatrick
Hoher Kommissar des Vereinigten
Königreichs für Deutschland

Für die Regierung
der Republik Frankreich
André François-Poncet
Hoher Kommissar der Republik
Frankreich in Deutschland

10 b

Mit dem Schreiben Nr. 10 a übersandte Liste der Verträge

Technische Abkommen oder Vereinbarungen mit dem Charakter von Abkommen, die für eine oder mehrere der westlichen Zonen Deutschlands von einer oder mehreren der drei westlichen Besatzungsmächte mit ausländischen Staaten, Territorien oder Besitzungen oder mit einzelnen internationalen Organisationen geschlossen sind.

(Diese Liste ist geteilt, um, soweit festgestellt werden kann, diejenigen Verträge und Abkommen, die sich noch in Kraft befinden (Teil I), und diejenigen, die außer Kraft getreten sind (Teil II), aufzuzeigen. Jedoch ist die Nennung eines besonderen Vertrages in einem dieser beiden Teile nicht als vollgültiger Beweis seines gegenwärtigen Status aufzufassen.)

(Übersetzung)

TEIL I

Noch geltende Verträge

ÖSTERREICH

Treibstoff und Kraft

1. Abkommen zwischen den Militärregierungen der Vereinigten Staaten und des Vereinigten Königreichs und Österreich betreffend die Umleitung des Rißbachs und anderer kleiner Flüsse im österreichischen Tirol.

29. Juni 1948,
ratifiziert vom Zweimächtekontrollamt
am 25. August 1948

Reisekontrolle

1. Kleines Grenzabkommen zwischen den französischen Zonen von Deutschland und Österreich.

1. Februar 1948 (Bregenz)
Abgeändert am 2. Februar 1950 (Lindau)

2. Kleines Grenzabkommen zwischen der amerikanischen Zone Deutschlands und der amerikanischen und französischen Zone Österreichs.

15. Mai 1949

3. Kleines Walsertal Jungholz. Abkommen zwischen dem CTB und Österreich. Kontrolle des Verkehrs zwischen den österreichischen Enklaven und Österreich.

26. Juni 1950
Bestätigung eines Abkommens von 1890

4. Abkommen über den Donauverkehr zwischen den alliierten Behörden in Österreich und der Danube River Field Organization, IWT (Inland Water Transport Division), Zweimächtekontrollamt in Frankfurt und Regensburg.

Betrifft den Verkehr von auf der Donau beschäftigten Personen und ist anwendbar auf Schiffer aus Österreich und Jugoslawien.

1. Mai 1949

5. Abkommen betreffend Zugspitze-Garmisch. Dieses Abkommen wurde vom CTB, deutschen und österreichischen Behörden erzielt, um den kurzfristigen kleinen Grenzausflugsverkehr zwischen Garmisch und der Zugspitze über Griesen (den Kreuzungspunkt in jeder Richtung) zu erleichtern.

Noch in Kraft.

Alle für die Kontrolle von Reisenden erforderlichen Anweisungen ergingen örtlich im Mai 1950 an die deutschen Behörden.

BELGIEN

Verkehr

1. Abkommen betreffend die Rückgabe und den Austausch von rollendem Material zwischen der Alliierten Hohen Kommission und Belgien vom 5. April 1950 und vom 21. März 1951.

Handels- und Zahlungsverkehr

1. Protokoll zwischen der Belgisch-Luxemburgischen Wirtschaftsunion und den Militärregierungen für Deutschland (Vereinigte Staaten/Vereinigtes Königreich) über den Handels- und Zahlungsverkehr zwischen der Belgisch-Luxemburgischen Wirtschaftsunion mit Einschluß von Belgisch-Kongo und den von den Vereinigten Staaten und dem Vereinigten Königreich besetzten Gebieten Deutschlands, verhandelt am 11. Juni 1948 und von den betreffenden Regierungen am 6. August 1948 ratifiziert.

2. Drittes Zusatzprotokoll zu dem Handelsvertrag zwischen der Belgisch-Luxemburgischen Wirtschaftsunion und der Amerikanisch-Britischen Militärregierung für Deutschland vom 6. August 1948. Unterzeichnet in Frankfurt am 16. November 1949, rückwirkend in Kraft seit Oktober 1949.

Post- und Fernmeldewesen

1. Postabkommen zwischen der Alliierten Kontrollbehörde und der belgischen Verwaltung für das Post- und Fernmeldewesen.

Päckchen aus Deutschland an Kriegsgefangene.

1. August 1947

Reisekontrolle

1. Kleines Grenzabkommen zwischen Belgien und der französischen Zone Deutschlands.

23. April 1948 (Koblenz)

2. Kleines Grenzabkommen zwischen Belgien und der britischen Zone Deutschlands. 1. März 1949

3. Abkommen über die Ausstellung von Grenzpassierscheinen zwischen Deutschland und den an Belgien zur Zeit der Grenzberichtigungen übertragenen Gebieten.

14. April 1949

Kriegstote

1. Abkommen zwischen der amerikanischen Militärregierung und dem belgischen Innenministerium.

Überführung der belgischen Toten in die Heimat. 6. Dezember 1949

IRO und verschleppte Personen

1. Abkommen zwischen der amerikanischen HICOG und Belgien über die Rückkehr von in Belgien neuangesiedelten verschleppten Personen nach Deutschland. Geschlossen am 1. Januar 1951 in Bonn zwischen einem Vertreter der DP-Abteilung der HICOG und der Belgischen Botschaft.

BULGARIEN

Handels- und Zahlungsverkehr

1. Zahlungsabkommen vom 11. November 1947 zwischen den Militärregierungen für Deutschland (Vereinigte Staaten/Vereinigtes Königreich) und der Regierung der Volksrepublik Bulgarien.

2. Am 31. August 1949 in Frankfurt paraphiertes Protokoll zur Erweiterung und Abänderung des Zahlungsabkommens vom 11. November 1947 zwischen den Militärregierungen für Deutschland (Vereinigte Staaten und Vereinigtes Königreich) und der Volksrepublik Bulgarien.

3. Am 28. Juli 1950 paraphiertes und am 7. November 1950 unterzeichnetes erstes Zusatzprotokoll zu dem Abkommen zwischen der Volksrepublik Bulgarien und den durch die Vereinigten Staaten / Vereinigtes Königreich besetzten Gebieten Deutschlands vom 4. Oktober 1947.

CHINA

Handels- und Zahlungsverkehr

1. Abkommen zwischen den Vereinigten Staaten und China, wonach auf die besetzten und unter Kontrolle stehenden Gebiete die Meistbegünstigungsbehandlung angewandt werden soll.

3. Juli 1948

DÄNEMARK

Handels- und Zahlungsverkehr

1. Zahlungsabkommen zwischen der Alliierten Hohen Kommission für Deutschland, Vereinigte Staaten, Vereinigtes Königreich und Frankreich und der Kgl. Dänischen Regierung, paraphiert in Frankfurt am 25. November 1949.

Reisekontrolle

1. Kleines Grenzabkommen zwischen Dänemark und dem CTB. Verkehr von Südschleswig nach Dänemark.

Briefwechsel. 5. August 1950

EKUADOR

Handels- und Zahlungsverkehr

1. Zahlungsabkommen zwischen der Regierung der Republik Ekuador und der Alliierten Hohen Kommission für Deutschland über den Handel zwischen Ekuador und der Bundesrepublik Deutschland. Unterzeichnet am 16. Januar 1950.

VEREINIGTE STAATEN

Handels- und Zahlungsverkehr

1. Abkommen über wirtschaftliche Zusammenarbeit zwischen der amerikanischen und der britischen Militärregierung und Triest einerseits und den Vereinigten Staaten von Amerika andererseits.

15. Oktober 1948

2. Abkommen über wirtschaftliche Zusammenarbeit zwischen der amerikanischen und der britischen Militärregierung und den Vereinigten Staaten von Amerika.

14. Juli 1948

3. Abkommen über wirtschaftliche Zusammenarbeit zwischen der französischen Militärregierung und den Vereinigten Staaten von Amerika.

9. Juli 1948

Post- und Fernmeldewesen

1. Postabkommen zwischen der amerikanischen, der britischen und der französischen Militärregierung und der Verwaltung für das Post- und Fernmeldewesen der Vereinigten Staaten von Amerika.

Internationaler Geldanweisungsdienst (nur nach Deutschland) für Überweisungen persönlicher Art oder solche an Familienangehörige oder zu wohltätigen Zwecken.

31. Januar 1949

FRANKREICH

Verkehr

1. Abkommen über die Rückerstattung und den Austausch von rollendem Material zwischen der Alliierten Hohen Kommission und Frankreich vom 24. Februar 1950, 2. April 1951 und 27. September 1951.

Post- und Fernmeldewesen

1. Postabkommen zwischen der Alliierten Kontrollbehörde und der französischen Verwaltung für das Post- und Fernmeldewesen.

Pakete aus Deutschland an Kriegsgefangene. 1. Dezember 1947

2. Postabkommen zwischen der Alliierten Kontrollbehörde und der französischen Verwaltung für das Post- und Fernmeldewesen.

Pakete von Kriegsgefangenen nach Deutschland.

1. März 1947

Reisekontrolle

1. Bestimmungen über den kleinen Grenzverkehr zwischen Frankreich und dem benachbarten deutschen Gebiet.

Erlaß des französischen Innenministeriums vom 6. März 1946, zwecks Durchführung den Präfekten der Departements Haut-Rhin, Bas-Rhin und Moselle mitgeteilt, in der französischen Zone durch den französischen Oberbefehlshaber bekanntgemacht.

UNGARN

Handels- und Zahlungsverkehr

1. Protokoll über die Besprechungen einer Gemischten Kommission der Ungarischen Volksrepublik und der Militärregierungen für Deutschland (Vereinigte Staaten, Vereinigtes Königreich und Frankreich). Paraphiert am 22. November 1950 und unterzeichnet in Budapest am 29. Mai 1951.

2. Protokoll zwischen der Regierung der Ungarischen Republik und den Militärregierungen für Deutschland (Vereinigte Staaten, Vereinigtes Königreich), paraphiert in Frankfurt am 6. August 1948.

Verkehr

1. Abkommen über die Rückerstattung und den Austausch von rollendem Material zwischen der Alliierten Hohen Kommission und Ungarn vom 28. Januar 1952.

IRAN

Handels- und Zahlungsverkehr

1. Handelsabkommen zwischen der Regierung des Kaiserreichs Iran und den Militärregierungen der Vereinigten Staaten, des Vereinigten Königreichs und Frankreichs für Deutschland. Paraphiert in Frankfurt am 25. Mai 1949 und unterzeichnet am 1. Juli 1949.

2. Zahlungsabkommen zwischen der Regierung des Kaiserreichs Iran und den Militärregierungen der Vereinigten Staaten, des Vereinigten Königreichs und Frankreichs für Deutschland. Paraphiert in Frankfurt am 25. Mai 1949 und unterzeichnet am 1. Juli 1949.

ISLAND

Arbeitskräfte

1. Abkommen mit Island. Ein Abkommen über die Anwerbung von deutschen Arbeitskräften für Island, abgeschlossen zwischen der britischen Militärregierung und der Regierung des Landes Schleswig-Holstein einerseits und der isländischen Regierung andererseits.

Mai 1949

ITALIEN

Verkehr

1. Abkommen über die Rückerstattung und den Austausch von rollendem Material zwischen der Alliierten Hohen Kommission und Italien vom 16. März 1950.

Kriegstote

1. Abkommen zwischen der Militärregierung der Vereinigten Staaten und dem Italienischen Generalkonsulat über die Überführung italienischer Kriegstoter.

7. November 1949

LUXEMBURG

Verkehr

1. Abkommen zwischen der französischen Militärregierung und Luxemburg über den Wiederaufbau von Grenzbrücken vom 29. Januar 1949.

2. Abkommen über die Rückerstattung und den Austausch von rollendem Material zwischen der Alliierten Hohen Kommission und Luxemburg vom 11. Mai 1950.

Reisekontrolle

1. Abkommen über Fischerboote und kleine Vergnügungsfahrzeuge auf Grenzflüssen zwischen der französischen Zone und Luxemburg. 25. April 1947

NORWEGEN

Handels- und Zahlungsverkehr

1. Zahlungsabkommen zwischen der amerikanischen, der britischen und der französischen Militärregierung für Deutschland einerseits und der Kgl. Norwegischen Regierung andererseits, paraphiert in Frankfurt am 9. September 1949.

DIE NIEDERLANDE

Verkehr

1. Abkommen über die Rückerstattung und den Austausch von rollendem Material zwischen der Alliierten Hohen Kommission und den Niederlanden vom 31. August 1950.

Handels- und Zahlungsverkehr

1. Genehmigtes Protokoll über Handelsbesprechungen zwischen einer die amerikanische, die britische und die französische Militärregierung vertretenden westdeutschen Delegation und einer niederländischen Delegation, paraphiert in Frankfurt am 7. September 1949, und ein Zahlungsabkommen zwischen der amerikanischen, der britischen und der französischen Militärregierung für Deutschland einerseits und dem Königreich der Niederlande andererseits, paraphiert in Frankfurt am 7. September 1949.

2. Zusatzabkommen zu dem Zahlungsabkommen vom 7. September 1949 zwischen der amerikanischen, der britischen und der französischen Militärregierung für Deutschland einerseits und dem Königreich der Niederlande andererseits, paraphiert am 2. Februar 1950 und unterzeichnet am 16. März 1950.

Reisekontrolle

1. Niederländisch-deutsches Abkommen über Grenzpassierscheine. 15. Oktober 1949

Mehrfach abgeändert (16. November 1949, 6. Januar 1950, 15./21. Februar 1950, 5. Dezember 1950, 5. März 1951, 10. Mai 1951, 2. Juni 1951, 24. Juli 1951, 10. August 1951).

Kriegstote

1. Abkommen zwischen dem amerikanischen Hohen Kommissar und der Niederländischen Mission für die Erfassung von Gräbern, wonach holländische Kriegstote in die Niederlande überführt werden sollen. 18. August 1950

POLEN

Verkehr

1. Abkommen über die Rückerstattung und den Austausch von rollendem Material zwischen der Alliierten Hohen Kommission für die Regierungen Frankreichs, Belgiens

und der Niederlande einerseits und der Polnischen Regierung andererseits, vom 8. Juli 1950.

Handels- und Zahlungsverkehr

1. Handelsabkommen zwischen der Regierung der Republik Polen und der amerikanischen, der britischen und der französischen Militärregierung für Deutschland, paraphiert am 30. Juni 1949.

2. Genehmigtes Protokoll der Besprechungen einer Gemischten Kommission der Regierung der Polnischen Republik und der amerikanischen, der britischen und der französischen Militärregierungen für Deutschland, paraphiert am 6. Juli 1950 und unterzeichnet am 9. Oktober 1950.

3. Zahlungsabkommen zwischen der Republik Polen und den amerikanischen, britischen und französischen Militärregierungen für Deutschland, paraphiert am 30. Juni 1949.

VEREINIGTES KÖNIGREICH

Arbeitskräfte

1. Aktion „Handwerker“: Ein Plan für die Anwerbung von Arbeitern, die durch das britische Kriegsministerium in der Cyrenaika beschäftigt werden sollen. Er wurde von dem britischen Element des Ausschusses für Arbeitsfragen der Alliierten Hohen Kommission im Einverständnis mit dem amerikanischen und dem französischen Element mit der Bundesregierung ausgehandelt. Kein formelles Abkommen.
3. Oktober 1949

2. „Sudeten“-Vorhaben: Ein Abkommen über die Anwerbung sudetendeutscher Arbeiter zwecks Beschäftigung in Großbritannien, abgeschlossen von der amerikanischen Militärregierung für Deutschland. 18. März 1949

3. „Nordsee“-Vorhaben: Ein zwischen der britischen Militärregierung und dem britischen Ministerium für Arbeit und nationalen Dienst zustande gekommenes Abkommen. Es wurde kein offizielles Abkommen unterzeichnet. Juni 1948

4. „Westward Ho“-Vorhaben: Ein zwischen der amerikanischen Militärregierung und dem britischen Ministerium für Arbeit und nationalen Dienst zustande gekommenes Abkommen. Kein offizielles Abkommen, Fristen und Bedingungen in ZEI, Nr. 9. Mai 1947

SAARGEBIET

Reisekontrolle

1. Kleines Grenzabkommen zwischen dem Saargebiet und der französischen Zone.
1. Juli 1948

Mehrfach durch die Gemischte Kommission abgeändert (26. Oktober 1948, 19. Mai 1949, 23. Dezember 1949, 26. Juli 1950).

2. Bestimmungen über den kleinen Grenzverkehr zwischen dem Saargebiet und der Bundesrepublik. 1. Februar 1951

Vervollständigt am 2. März 1951 und abgeändert am 19. Juli 1951.

SOWJETISCHE MILITÄRVERWALTUNG

Kraft- und Treibstoff

1. Abkommen zwischen dem britischen Militärgouverneur und der sowjetischen Militärverwaltung Stromlieferungen an die britische Zone von dem Kraftwerk Harbke gegen Braunkohle aus der Gegend von Helmstedt. 1. Oktober 1948

Kriegstote

1. Abkommen zwischen dem amerikanischen Hohen Kommissar und den sowjetischen Besatzungsbehörden über die Rückführung der Leichen von Sowjetbürgern in die Sowjetunion und über die ständige Unterhaltung von sowjetischen Gräbern in Deutschland. 4. Mai 1951

SCHWEIZ

Handels- und Zahlungsverkehr

1. Zahlungsabkommen zwischen den amerikanischen, britischen und französischen Militärregierungen für Deutschland und der Schweizerischen Bundesregierung, paraphiert am 27. August 1949 in Bern.

2. Genehmigtes Protokoll über bestimmte finanzielle Angelegenheiten zwischen einer Delegation der drei Westzonen Deutschlands und einer schweizerischen Delegation, unterzeichnet in Bern am 27. August 1949.

3. Sonderprotokoll über den Transfer von Löhnen, Gehältern, Pensionen, Renten und Arzthonoraren im kleinen Grenzverkehr zwischen Westdeutschland und der Schweiz. Paraphiert in Bern im August 1949.

Verkehr

1. Vertrag über die Regulierung des Oberrheins, unterzeichnet von Frankreich (für die französische Zone) und der Schweiz, vom 19. Dezember 1947.*)

Reisekontrolle

1. Kleines Grenzabkommen betreffend die Kontrolle von Personen und Waren zwischen der französischen Zone Deutschlands und der Schweiz.
3. November 1945 (Bern)

(Dieses Abkommen sieht die Einsetzung einer Gemischten Kommission für seine Durchführung vor. Diese hat bisher 10 Sitzungen abgehalten.)

2. Abkommen zwischen dem CTB und der Schweiz betreffend den Touristenverkehr an der deutsch-schweizerischen Grenze. 16. Oktober 1950

Abgeändert am 24./25. Oktober 1950.
Betrifft die Grenzgebiete beider Länder.

---

*) Die Bundesrepublik beabsichtigt, die Verhandlungen wieder aufzunehmen.

TSCHECHOSLOWAKEI

Verkehr

1. Abkommen vom 10. August 1949 zwischen den Militärregierungen für Deutschland (Vereinigtes Königreich und Vereinigte Staaten) und der Tschechoslowakei über den Austausch von rollendem Material.

Handels- und Zahlungsverkehr

1. Genehmigtes Protokoll über Besprechungen zwischen Vertretern der Regierung der Tschechoslowakischen Republik und Vertretern der Alliierten Hohen Kommissare für Deutschland (Vereinigte Staaten, Vereinigtes Königreich und Frankreich), paraphiert in Frankfurt am Main am 21. Oktober 1949.

2. Abkommen zwischen der Regierung der Tschechoslowakischen Republik und der Militärregierung für Deutschland (Vereinigte Staaten, Vereinigtes Königreich) über den Austausch von Waren, Dienstleistungen und Zahlungen zwischen der Tschechoslowakei und den durch die Vereinigten Staaten und das Vereinigte Königreich besetzten Gebieten Deutschlands. Paraphiert am 30. September 1948, unterzeichnet am 3. Dezember 1948.

3. Protokoll über Zahlungen in Abänderung des Zahlungsabkommens vom 5. September 1947 in der durch die Militärregierungen für Deutschland (Vereinigte Staaten, Vereinigtes Königreich und Frankreich) und der Regierung der Tschechoslowakischen Republik abgeänderten Fassung, paraphiert in Frankfurt am 21. Oktober 1949.

Post- und Fernmeldewesen

1. Postabkommen zwischen der Alliierten Kontrollbehörde und der tschechoslowakischen Verwaltung für das Post- und Fernmeldewesen.

Pakete aus Deutschland an Kriegsgefangene.

15. November 1947

IRO und verschleppte Personen

1. Protokoll der am 28. und 30. Januar 1950 in Prag abgehaltenen Besprechung zwischen Vertretern der Hohen Kommission und der Tschechoslowakei über technische Einzelheiten bezüglich der Auswanderung von 20 000 Volksdeutschen aus der Tschechoslowakei, die mit ihren schon in Deutschland angesiedelten Familien vereint werden sollen.

URUGUAY

Handels- und Zahlungsverkehr

1. Abkommen zwischen der Regierung der Republica Oriental del Uruguay und der Alliierten Hohen Kommission für Deutschland über den Handel zwischen Uruguay und der Bundesrepublik Deutschland. Paraphiert in Frankfurt/Main am 11. Oktober 1949.

2. Zahlungsabkommen zwischen der Regierung der Republica Oriental del Uruguay und der Alliierten Hohen Kommission für Deutschland. Paraphiert am 11. Oktober 1949.

JUGOSLAWIEN

Verkehr

1. Abkommen über die Rückerstattung und den Austausch von rollendem Material zwischen der Alliierten Hohen Kommission und Jugoslawien vom 22. April 1950.

Handels- und Zahlungsverkehr

1. Protokoll zwischen der Regierung der Volks-Bundesrepublik Jugoslawien und der Alliierten Hohen Kommission für Deutschland zur Abänderung des Zahlungsabkommens zwischen der Regierung der Volks-Bundesrepublik Jugoslawien und der britischen und der amerikanischen Militärregierung für Deutschland vom 28. April 1948 in der durch Abänderungen vom 31. März 1949 und vom 2. September 1949 abgeänderten Fassung, paraphiert in Frankfurt am 21. November 1949.

Post- und Fernmeldewesen

1. Postabkommen zwischen der Alliierten Kontrollbehörde und den Verwaltungen des jugoslawischen Post- und Fernmeldewesens.

Pakete aus Deutschland für Kriegsgefangene. 15. Oktober 1947

Reisekontrolle

1. Abkommen über den Donauverkehr zwischen den alliierten Behörden in Österreich und der Danube River Field Organization. IWT (Inland Water Transport Division) Zweimächtekontrollamt in Frankfurt und Regensburg.

Betrifft den Verkehr auf der Donau beschäftigter Personen und ist anwendbar auf Schiffe aus Österreich und Jugoslawien. 1. Mai 1949

INTERNATIONALE ORGANISATIONEN

Post- und Fernmeldewesen

Weltpostverein

Das Reich war Vollmitglied dieser Organisation. Die Bundesrepublik ist nicht Mitglied oder assoziiertes Mitglied des Weltpostvereins. Mit AGSEC (49) 315 stellte die Alliierte Hohe Kommission ausdrücklich fest, daß die Bundesrepublik das Verfahren, die Bestimmungen und die Empfehlungen des Weltpostvereins beachten werde. Diese Verpflichtung wird in Kraft bleiben, bis die Bundesregierung durch Beitritt zu dem Verein die unmittelbare Verantwortung hierfür übernimmt.

Verschleppte Personen
und Internationale Flüchtlingsorganisation

1.*) Abkommen zwischen IRO und dem Oberbefehlshaber der amerikanischen Streitkräfte in Europa. Festlegung der beiderseitigen Aufgaben und Verantwortung der IRO und des Oberbefehlshabers der amerikanischen Streitkräfte bezüglich der verschleppten Personen und der nichtdeutschen Flüchtlinge in Deutschland.
28. Juli 1948

2.*) Abkommen zwischen der amerikanischen Militärregierung und der IRO.
9. Juli 1947

---

*) Mit der endgültigen Auflösung der IRO entfällt die Verpflichtung.

W o h l f a h r t

1. UN (UNICEF) Abkommen zwischen UNICEF und der französischen, der britischen und der amerikanischen Militärregierung. Unterstützung und Übermittlung von Liebesgaben an bedürftige Kinder in Deutschland. (Fertiggestellt am 3. April und 22. Juni 1949.) 2. April 1949

2. LICROSS (Liga der Rotkreuz-Gesellschaften) — Abkommen zwischen LICROSS und der amerikanischen Militärregierung über Liebesgabensendungen und Lieferungen für Wohlfahrtszwecke. 14. Juni 1947

R e i s e k o n t r o l l e

1. Zentralkommission für die Rheinschiffahrt.
Abkommen über den Verkehr auf dem Rhein — Ausstellung von Reiseausweisen und Kontrolle der Bewegung im Rheinverkehr beschäftigter Personen. 1946

MEHRSEITIGE VERTRÄGE

V e r k e h r

1. Beitritt Frankreichs, des Vereinigten Königreichs und der Vereinigten Staaten für ihre Besatzungszonen in Deutschland zu dem Abkommen über die Freiheit des Straßenverkehrs betreffend:
(a) Freiheit des Transit-Güterverkehrs auf Straßen,
(b) Freiheit des Nicht-Transit-Güterverkehrs auf Straßen,
(c) Freiheit des internationalen Touristenverkehrs auf Straßen,
(d) möglichst freiheitliche Anwendung der Genehmigungssysteme für den ganzen internationalen Fahrgastverkehr auf Straßen, insbesondere für die nicht unter (c) fallende internationale Touristenbeförderung.
(Aufgezeichnet in dem Protokoll der ECE Arbeitsgruppe — E/ECE/TRANS/32.) 1. Januar 1948

2. Internationales Übereinkommen über den Güterverkehr;
Internationales Übereinkommen über den Personenverkehr.
(Das Reich war Vollmitglied beider Organisationen. Die Bundesrepublik ist bisher kein Mitglied, wendet jedoch die Bestimmungen der Übereinkommen an.)

P o s t - u n d F e r n m e l d e w e s e n

Abkommen über internationale Post- und Fernmelde-Dienste, die sich auf Gesamtdeutschland beziehen und von der Alliierten Kontrollbehörde mit fremden Verwaltungen abgeschlossen wurden, soweit sie nicht durch Abkommen oder Abmachungen ersetzt sind, die inzwischen zur Anwendung gelangt sind.

R a d i o - F r e q u e n z e n

1. Internationale Verwaltungs-Luftfahrtkonferenz, Genf 1948.
Zuteilung von Luftfahrtfrequenzen. (Anforderungen für die Dienste der Besatzungsstreitkräfte, die zur Unterstützung der zivilen Luftfahrt dienen, wurden unterbreitet und angenommen.)

TEIL II

Außer Kraft getretene Verträge

ALASKA

Post- und Fernmeldewesen

1. Abkommen über das Fernmeldewesen zwischen den Militärregierungen der Vereinigten Staaten, des Vereinigten Königreichs und Frankreichs einerseits und der Verwaltung für das Post- und Fernmeldewesen von Alaska andererseits.

Fernsprechdienst. 15. April 1949

ALGERIEN

Post- und Fernmeldewesen

1. Abkommen über das Fernmeldewesen zwischen den Militärregierungen der Vereinigten Staaten, des Vereinigten Königreichs und Frankreichs und der Verwaltung für das Post- und Fernmeldewesen von Algerien.

Fernsprechdienst. 5. Juni 1949

ARGENTINIEN

Handels- und Zahlungsverkehr

1. Protokoll über den Handels- und Zahlungsverkehr zwischen den Militärregierungen der Vereinigten Staaten, des Vereinigten Königreichs und Frankreichs für Deutschland und der Regierung der Argentinischen Republik. Wirksam vom 5. Mai 1949 bis zum 31. März 1950 und ergänzt durch das Handels- und Zahlungsabkommen zwischen der Regierung der Bundesrepublik Deutschland und der Regierung der Argentinischen Republik vom 9. Juni 1950 für ein Jahr, mit selbsttätiger Verlängerung, falls nicht gekündigt.

Post- und Fernmeldewesen

1. Abkommen über das Fernmeldewesen zwischen den Militärregierungen der Vereinigten Staaten und dem Vereinigten Königreich und Argentinien.

Telegraphendienst. 24. November 1947
26. November 1947

ÖSTERREICH

Handels- und Zahlungsverkehr

1. Protokoll zwischen Österreich und den Militärregierungen der Vereinigten Staaten und des Vereinigten Königreichs über den Handels- und Zahlungsverkehr zwischen Österreich und den Besatzungszonen der Vereinigten Staaten und des Vereinigten Königreichs in Deutschland vom 15. August 1948, mit Geltungsdauer bis zum 14. August 1949.

2. Vereinbartes Protokoll über die Besprechungen vom 14. April 1949 zwischen Vertretern der österreichischen Regierung und den Militärgouverneuren der Besatzungszonen der Vereinigten Staaten, des Vereinigten Königreichs und Frankreichs in Deutschland zur Abänderung des Zahlungsabkommens vom 11. Juli 1947 und zu dessen Ausdehnung auf die französische Besatzungszone Deutschlands, sowie zur Ausdehnung des Protokolls vom 15. August 1948 auf den Handel zwischen Österreich und der französischen Besatzungszone Deutschlands.

3. Sonderabkommen vom 26. August 1947 zwischen den Militärregierungen der Vereinigten Staaten und des Vereinigten Königreichs in Deutschland und Österreich über die Zahlungen für Kohle und Elektrizität zwischen Österreich und den Besatzungszonen des Vereinigten Königreichs und der Vereinigten Staaten in Deutschland.

4. Zahlungsabkommen vom 11. Juli 1947 zwischen den Militärregierungen der Vereinigten Staaten und des Vereinigten Königreichs in Deutschland und Österreich. Erweitert am 14. April 1949 zwecks Ausdehnung auf die französische Besatzungszone Deutschlands.

5. Vereinbartes Protokoll über die Besprechungen von Vertretern der Militärregierungen in Deutschland (Vereinigte Staaten, Vereinigtes Königreich und Frankreich) und der österreichischen Bundesregierung vom 5. August 1949 für den Zeitraum vom 15. August 1949 bis zum 14. August 1950.

6. Abkommen zwischen den Vereinigten Staaten von Amerika und Österreich über die Anwendung der Meistbegünstigungsbehandlung auf besetzte und unter Kontrolle stehende Gebiete.

2. Juli 1948

Treibstoff und Kraft

1. Abkommen zwischen den Militärregierungen der Vereinigten Staaten und des Vereinigten Königreichs und der österreichischen Regierung. Austausch von Kraftstrom. 7. Juli 1947

(Da noch keine endgültige Festsetzung der Kurse für die Zahlung erfolgt ist, sind trotz Ablaufs des Abkommens gewisse Verpflichtungen noch nicht geregelt.)

Post- und Fernmeldewesen

1. Abkommen über das Fernmeldewesen zwischen den Militärregierungen der Vereinigten Staaten, des Vereinigten Königreichs und Frankreichs einerseits und der Verwaltung für das Fernmeldewesen von Österreich.
Fernsprechdienst. 31. August 1949

2. Abkommen über das Fernmeldewesen zwischen den Militärregierungen der Vereinigten Staaten, des Vereinigten Königreichs und Frankreichs einerseits und der österreichischen Verwaltung für das Post- und Fernmeldewesen.
Telegraphendienst. 31. August 1949

Recht und Unterdrückung von Verbrechen

1. Abkommen zwischen dem französischen Element der Alliierten Hohen Kommission und Österreich über den Verzicht beider Parteien auf die Einbeziehung von Gebühren für die Erledigung von Rechtshilfeersuchen. 14. Februar 1950

BAHAMA-INSELN

Post- und Fernmeldewesen

1. Abkommen über das Fernmeldewesen zwischen den Militärregierungen der Vereinigten Staaten, des Vereinigten Königreichs und Frankreichs und der Verwaltung für das Post- und Fernmeldewesen der Bahama-Inseln.

Fernsprechdienst. 15. April 1949

BARBADOS

Post- und Fernmeldewesen

1. Abkommen über das Fernmeldewesen zwischen den Militärregierungen der Vereinigten Staaten, des Vereinigten Königreichs und Frankreichs und der Verwaltung für das Post- und Fernmeldewesen von Barbados.

Fernsprechdienst. 15. April 1949

BELGIEN

Handels- und Zahlungsverkehr

1. Memorandum über die Handels- und Wirtschaftsbeziehungen zwischen der Belgisch-Luxemburgischen Wirtschaftsunion und den verbundenen Besatzungszonen der Vereinigten Staaten und des Vereinigten Königreichs in Deutschland. Unterzeichnet in Brüssel am 20. Februar 1947.

2. Bericht und Empfehlungen der in Berlin zwischen Vertretern der Belgisch-Luxemburgischen Wirtschaftsunion und der Militärregierungen für Deutschland (Vereinigte Staaten und Vereinigtes Königreich) abgehaltenen Konferenz, einschließlich eines Protokolls zwischen der belgischen Regierung auch im Namen der luxemburgischen Regierung und den Militärregierungen für Deutschland (Vereinigte Staaten und Vereinigtes Königreich) über den Handel zwischen der Belgisch-Luxemburgischen Wirtschaftsunion und den durch die Vereinigten Staaten und das Vereinigte Königreich besetzten Gebieten Deutschlands. Unterzeichnet in Berlin am 25. Oktober 1947.

3. Zahlungsabkommen zwischen den Militärregierungen für Deutschland (Vereinigte Staaten, Vereinigtes Königreich und Frankreich) und der belgischen Regierung im Namen des eigenen Staates und des Großherzogtums Luxemburg über Zahlungen aus dem Handel zwischen dem belgischen Währungsgebiet und dem von den Vereinigten Staaten, dem Vereinigten Königreich und Frankreich besetzten Gebiet Deutschlands. Paraphiert am 21. Januar 1949. Geltungsdauer bis 31. Dezember 1949.

4. Zusatzprotokoll zum Handelsabkommen zwischen der Belgisch-Luxemburgischen Wirtschaftsunion und den Militärregierungen für Deutschland (Vereinigte Staaten / Vereinigtes Königreich) vom 6. August 1948. Unterzeichnet in Frankfurt am 31. Jänner 1949.

5. Protokoll zwischen der Belgisch-Luxemburgischen Wirtschaftsunion und den Militärregierungen für Deutschland (Vereinigte Staaten, Vereinigtes Königreich und Frankreich) in Abänderung des Zahlungsabkommens vom 16. Februar 1949. Unterzeichnet in Brüssel am 11. Juni 1949.

6. Abänderungen zu dem Protokoll zwischen der Belgisch-Luxemburgischen Wirtschaftsunion und den Militärregierungen für Deutschland (Vereinigte Staaten, Vereinigtes Königreich und Frankreich) vom 1. Juli 1949. Unterzeichnet in Frankfurt am 16. November 1949.

7. Zweites Zusatzprotokoll zum Handelsabkommen zwischen der Belgisch-Luxemburgischen Wirtschaftsunion und den Militärregierungen der Vereinigten Staaten und des Vereinigten Königreichs vom 6. August 1948. Unterzeichnet in Brüssel am 11. Juni 1949.

8. Zweites Zusatzprotokoll zum Dritten Zusatzhandelsprotokoll zum Handelsabkommen zwischen der Belgisch-Luxemburgischen Wirtschaftsunion und den Militärregierungen für Deutschland (Vereinigte Staaten / Vereinigtes Königreich) vom 6. August 1948. Paraphiert in Frankfurt am 21. Oktober 1950. Unterzeichnet am 20. Dezember 1950.

9. Abkommen zwischen den Vereinigten Staaten und Belgien über die Anwendung der Meistbegünstigungsbehandlung auf die besetzten und unter Kontrolle stehenden Gebiete.

2. Juli 1948

Reisekontrolle

1. Abkommen zwischen der britischen Zone und Belgien über die Abschiebung von Personen, die illegal die Grenze überschreiten.

17. September 1947

Arbeit

1. „Schwarzer Diamant" Abkommen zwischen der Regierung Seiner Majestät, der belgischen Regierung und der IRO.

Ein Abkommen zwischen der Regierung des Vereinigten Königreichs, der belgischen Regierung und der Internationalen Flüchtlings-Organisation. Abgeschlossen vom britischen Element der Kontrollkommission für Deutschland im Namen der Regierung Seiner Majestät für die Aufnahme von verschleppten Personen aus der britischen Zone Deutschlands durch Belgien. Dieses Abkommen sieht vor, daß verschleppte Personen (und ihre Familien) in Belgien als Arbeiter für den Kohlenbergbau aufgenommen werden.

21. Mai 1947

Ratifiziert durch Ihrer Majestät Regierung am 3. September 1947.

Die Anwerbung wurde eingestellt, da keine weiteren verschleppten Personen angefordert wurden.

Post- und Fernmeldewesen

1. Abkommen über das Fernmeldewesen zwischen den Militärregierungen der Vereinigten Staaten und des Vereinigten Königreiches und den belgischen Verwaltungen für das Post- und Fernmeldewesen.
Telegraphendienst. 27. August 1947

2. Abkommen über das Fernmeldewesen zwischen den Militärregierungen der Vereinigten Staaten und des Vereinigten Königreiches und der belgischen Verwaltung für das Post- und Fernmeldewesen.
Fernsprechdienst. 2. April 1947

3. Abkommen über das Fernmeldewesen zwischen der Alliierten Kontrollbehörde und der belgischen Verwaltung für das Post- und Fernmeldewesen.
Internationaler Fernsprechdienst. 1. Februar 1948

4. Postabkommen zwischen der Alliierten Kontrollbehörde und der Verwaltung für das belgische Post- und Fernmeldewesen.
Luftpostdienst — nur in einer Richtung. 15. Dezember 1947

BELGISCH-KONGO

Post- und Fernmeldewesen

1. Abkommen über das Fernmeldewesen zwischen den Militärregierungen der Vereinigten Staaten, des Vereinigten Königreichs und Frankreichs und der Verwaltung für das Post- und Fernmeldewesen von Belgisch-Kongo.
Fernsprechdienst. 15. Juli 1949

BELGIEN — LUXEMBURG

Handels- und Zahlungsverkehr

1. Handelsabkommen zwischen der französischen Zone Deutschlands und der Belgisch-Luxemburgischen Wirtschaftsunion. 6. März 1948

2. Handelsabkommen zwischen der französischen Zone in Deutschland und der Belgisch-Luxemburgischen Wirtschaftsunion. Ergänzt durch ein Finanzabkommen und ein Memorandum über das Ausführungsverfahren.
31. Juli und 1. August 1947

Vervollständigt durch das vereinbarte Protokoll über die Sitzung der Gemischten Kommission. 25. April 1948

3. Handelsabkommen zwischen der französischen Zone Deutschlands und der Belgisch-Luxemburgischen Wirtschaftsunion.
Ergänzt durch ein Finanzabkommen. 28. Januar 1947

4. Protokoll über den Handel zwischen der französischen Zone Deutschlands und Belgien. Ergänzt durch ein Finanzabkommen. 25. Mai 1946

5. Protokoll über den Handel zwischen der französischen Zone Deutschlands und Luxemburg. 9. März 1946

Zusatzprotokoll über den Handel zwischen der französischen Zone Deutschlands und Luxemburg.

6. Vereinbartes Protokoll einer Sitzung der Gemischten Kommission zwischen einer Delegation der französischen Zone Deutschlands und der Belgisch-Luxemburgischen Wirtschaftsunion über frühere Handelsabkommen. Paraphiert am 10.—11. Juni 1947.

BERMUDAS-INSELN

Post- und Fernmeldewesen

1. Abkommen über das Fernmeldewesen zwischen den Militärregierungen der Vereinigten Staaten, des Vereinigten Königreichs und Frankreichs einerseits und der Verwaltung für das Post- und Fernmeldewesen der Bermudas-Inseln.

Fernsprechdienst. 15. April 1949

BRASILIEN

Post- und Fernmeldewesen

1. Abkommen über das Fernmeldewesen zwischen den Militärregierungen der Vereinigten Staaten und des Vereinigten Königreichs und Brasilien.

Telegraphendienst (mit der Companhia Radiotelegrafica Brasileira, 26. November 1947; Companhia Radio International do Brasil, 24. November 1947).

BULGARIEN

Handels- und Zahlungsverkehr

1. Memorandum über Handels- und Wirtschaftsbeziehungen zwischen der Regierung der Volksrepublik Bulgarien und den Zonen der Vereinigten Staaten und des Vereinigten Königreichs in Deutschland, unterzeichnet in Berlin, Oktober 1947.

2. Vereinbartes Protokoll über die Besprechungen der Gemischten Kommission aus Vertretern der Volksrepublik Bulgarien und der Militärregierungen für Deutschland (Vereinigte Staaten, Vereinigtes Königreich und Frankreich) über den Handel während des Zeitraums zwischen dem 1. September und dem 31. Dezember 1949, zur Verlängerung des am 4. Oktober 1947 unterzeichneten Abkommens.

KANADA

Post- und Fernmeldewesen

1. Abkommen zwischen den Militärregierungen der Vereinigten Staaten und des Vereinigten Königreichs und der kanadischen Verwaltung für das Post- und Fernmeldewesen.

Fernsprechdienst. 30. April 1947

CHILE

Handels- und Zahlungsverkehr

1. Zahlungsabkommen zwischen der Regierung der Republik Chile und den Militärregierungen für Deutschland (Vereinigte Staaten, Vereinigtes Königreich und Frankreich) vom 14. April 1949.

Post- und Fernmeldewesen

1. Abkommen über das Fernmeldewesen zwischen den Militärregierungen der Vereinigten Staaten und des Vereinigten Königreichs und Chile.

Telegraphendienst. 26. November 1947

KOLUMBIEN

Handels- und Zahlungsverkehr

1. Abkommen zwischen der Junta del Control de Cambios Importaciones y Exportaciones der Republik Kolumbien und den Militärregierungen der Vereinigten Staaten, des Vereinigten Königreichs und Frankreichs für Deutschland. Paraphiert in Frankfurt am 14. Juni 1949.

2. Erweiterung des Abkommens vom 14. Juni 1949 durch Briefwechsel zwischen dem kolumbianischen Delegierten und der Verwaltung für Wirtschaft, datiert Frankfurt, den 2. Februar 1950.

3. Abkommen zwischen der Bundesrepublik Deutschland und der Junta Directa del Control de Cambios Importaciones y Exportaciones der kolumbianischen Republik. Unterzeichnet in Frankfurt am 15. Juni 1950. Gültig bis 30. Juni 1951.

Post- und Fernmeldewesen

1. Abkommen über das Fernmeldewesen zwischen den Militärregierungen der Vereinigten Staaten und des Vereinigten Königreichs und Kolumbien.

Telegraphendienst. 24. November 1947

KOREA

Post- und Fernmeldewesen

1. Abkommen über das Fernmeldewesen zwischen den Militärregierungen der Vereinigten Staaten, des Vereinigten Königreichs und Frankreichs und der koreanischen Verwaltung für das Post- und Fernmeldewesen.

Fernsprechdienst. 15. Juli 1949

COSTARICA

Handels- und Zahlungsverkehr

1. Handels- und Zahlungsabkommen zwischen der Regierung von Costarica und den Militärregierungen der Vereinigten Staaten, des Vereinigten Königreichs und Frankreichs für Deutschland. Paraphiert in Frankfurt am 15. August 1949.

Post- und Fernmeldewesen

1. Abkommen über das Fernmeldewesen zwischen den Militärregierungen der Vereinigten Staaten, des Vereinigten Königreichs und Frankreichs und der Verwaltung für das Post- und Fernmeldewesen von Costarica.

Fernsprechdienst. 15. April 1949

GOLDKÜSTE

Post- und Fernmeldewesen

1. Abkommen über das Fernmeldewesen zwischen der Hohen Kommission und der Verwaltung für das Post- und Fernmeldewesen der Goldküste.

Fernsprechdienst. 15. November 1949

DÄNEMARK

Handels- und Zahlungsverkehr

1. Protokoll über Handels- und Zahlungsverkehr zwischen der Militärregierung der französischen Zone und Dänemark. 5. November 1946

Handelsabkommen — Militärregierung der französischen Zone und Dänemark. Ergänzt durch ein Finanzabkommen. 22. Juli 1948

2. Zahlungsabkommen vom 5. Oktober 1947 zwischen den Militärregierungen für Deutschland (Vereinigte Staaten / Vereinigtes Königreich) und der Königlich-Dänischen Regierung.

3. Abkommen zwischen den Militärregierungen der Vereinigten Staaten und des Vereinigten Königreichs über Zahlungen im Handel zwischen den amerikanischen und britischen Zonen Deutschlands einerseits und Dänemark andererseits.

22. Oktober 1947

4. Protokoll zwischen der Königlich-Dänischen Regierung und den Militärregierungen für Deutschland (Vereinigte Staaten/Vereinigtes Königreich) über den Handels- und Zahlungsverkehr zwischen Dänemark und den von den Vereinigten Staaten und dem Vereinigten Königreich besetzten deutschen Gebieten. Paraphiert am 29. Juli 1948, unterzeichnet am 21. August 1948.

5. Vereinbartes Protokoll über die Besprechungen der Gemischten Kommission zwischen Dänemark und den durch die Vereinigten Staaten, das Vereinigte Königreich und Frankreich besetzten Gebieten Deutschlands in Frankfurt. Paraphiert am 5. Februar 1949.

6. Zusatzprotokoll zur Erweiterung und Abänderung des Zahlungsabkommens vom 5. Oktober 1947 zwischen den Militärregierungen für Deutschland (Vereinigte Staaten / Vereinigtes Königreich) und der Königlich-Dänischen Regierung über Zahlungen im Handelsverkehr zwischen Dänemark und den von den Vereinigten Staaten und dem Vereinigten Königreich besetzten Gebieten Deutschlands in der abgeänderten, jetzt gültigen Fassung. Paraphiert am 8. Februar 1949.

7. Vereinbartes Memorandum zwischen dem Königlich-Dänischen Konsul und der Joint Export/Import Agency, Frankfurt. Unterzeichnet in Frankfurt am 3. Juni 1949.

8. Vereinbartes Protokoll über die Besprechungen einer Gemischten Kommission aus Vertretern der Königlich-Dänischen Regierung und den Militärregierungen für Deutschland (Vereinigte Staaten / Vereinigtes Königreich und Frankreich). Unterzeichnet in Kopenhagen am 15. Juli 1949.

9. Zahlungsabkommen zwischen den Militärregierungen für Deutschland und der Königlich-Dänischen Regierung über Zahlungen im Handelsverkehr und für Dienstleistungen zwischen Dänemark und den von den Vereinigten Staaten, dem Vereinigten Königreich und Frankreich besetzten Gebieten Deutschlands. Paraphiert in Kopenhagen am 15. Juli 1949. Unterzeichnet am 5. August 1949.

Anmerkung: Abgelöst durch das Zahlungsabkommen zwischen der Alliierten Hohen Kommission für Deutschland und der Königlich-Dänischen Regierung. Paraphiert in Frankfurt am 25. November 1949.

10. Erstes Zusatzprotokoll zum Protokoll vom 21. August 1948 zwischen der Königlich-Dänischen Regierung und den Militärregierungen der Vereinigten Staaten und des Vereinigten Königreichs für Deutschland über den Handels- und Zahlungsverkehr zwischen Dänemark und den von den Vereinigten Staaten und dem Vereinigten Königreich besetzten Gebieten Deutschlands. Unterzeichnet in Frankfurt am 24. November 1949.

11. Abkommen zwischen den Vereinigten Staaten und Dänemark, wonach die Meistbegünstigungsbehandlung auf besetzte und unter Kontrolle stehende Gebiete angewandt werden soll.

2. Juli 1948

Post- und Fernmeldewesen

1. Abkommen über das Fernmeldewesen zwischen der alliierten Kontrollbehörde und der dänischen Verwaltung des Post- und Fernmeldewesens.

Internationaler Fernsprechdienst. 1. Februar 1948

2. Postalisches Abkommen zwischen der alliierten Kontrollbehörde und der dänischen Verwaltung für das Post- und Fernmeldewesen.

Luftpostdienst — nur eingehend. 15. April 1947

Reisekontrolle

1. Abkommen über den kleinen Grenzverkehr zwischen der 21. britischen Armeegruppe und Dänemark.

3. April 1946

IRO und verschleppte Personen

1. Abkommen zwischen der französischen Militärregierung in der französischen Zone Deutschlands und Dänemark über die Umsiedlung von 12 000 deutschen Flüchtlingen von Dänemark nach der französischen Zone Deutschlands.

26. November 1947

2. Abkommen zwischen der französischen Militärregierung in der französischen Zone Deutschlands und Dänemark über die Umsiedlung von 15 000 deutschen Flüchtlingen von Dänemark nach der französischen Zone Deutschlands. 16. Juli 1947

3. Abkommen zwischen der französischen Militärregierung in der französischen Zone Deutschlands und Dänemark über die Umsiedlung von 15 000 deutschen Flüchtlingen von Dänemark nach der französischen Zone Deutschlands. 1. Oktober 1948

4. Abkommen zwischen der französischen Militärregierung in der französischen Besatzungszone und Dänemark über die Umsiedlung von 2500 deutschen Flüchtlingen von Dänemark nach der französischen Zone Deutschlands. 1. Januar 1949

DOMINIKANISCHE REPUBLIK

Post- und Fernmeldewesen

1. Abkommen über das Fernmeldewesen zwischen den Militärregierungen der Vereinigten Staaten, des Vereinigten Königreichs und Frankreichs und der Verwaltung des Post- und Fernmeldewesens der Dominikanischen Republik.
Fernsprechdienst. 15. April 1949

ÄGYPTEN

Handels- und Zahlungsverkehr

1. Abkommen zwischen der Königlich Ägyptischen Regierung und den Militärregierungen der Vereinigten Staaten und des Vereinigten Königreichs für Deutschland über den Handels- und Zahlungsverkehr zwischen Ägypten und den von den Vereinigten Staaten und dem Vereinigten Königreich besetzten Gebieten Deutschlands. 21. Dezember 1948

2. Zahlungsabkommen zwischen der Königlich Ägyptischen Regierung und den Militärregierungen der Vereinigten Staaten und des Vereinigten Königreichs für Deutschland über die Kreditierung und Amortisation von Verpflichtungen, die aus dem Handelsverkehr zwischen Ägypten und den von den Vereinigten Staaten und dem Vereinigten Königreich besetzten Gebieten Deutschlands entstanden sind, vom 21. Dezember 1948.

3. Abänderung zu dem Abkommen zwischen der Königlich Ägyptischen Regierung und den Militärregierungen der Vereinigten Staaten und des Vereinigten Königreichs für Deutschland vom 21. Dezember 1948 zur Ausdehnung des Abkommens auf den Handels- und Zahlungsverkehr zwischen Ägypten und der französischen Besatzungszone Deutschlands.

4. Protokoll zu dem Abkommen zwischen der Königlich Ägyptischen Regierung und den Militärregierungen für Deutschland (Vereinigte Staaten / Vereinigtes Königreich und Frankreich) vom 21. Dezember 1948 in der abgeänderten Fassung vom 17. Mai 1949. Paraphiert in Frankfurt am 9. September 1949. Unterzeichnet am 10. November 1949.

Post- und Fernmeldewesen

1. Abkommen für das Fernmeldewesen der Hohen Kommission und der ägyptischen Verwaltung für Post- und Fernmeldewesen.

Fernsprechdienst. 20. Oktober 1949

EKUADOR

Handels- und Zahlungsverkehr

1. Abkommen zwischen der Regierung der Republik Ekuador und der Alliierten Hohen Kommission für Deutschland über den Handelsverkehr zwischen Ekuador und der Bundesrepublik Deutschland. Paraphiert in Frankfurt am 25. Oktober 1949.

Post- und Fernmeldewesen

1. Abkommen über das Fernmeldewesen zwischen den Militärregierungen der Vereinigten Staaten, des Vereinigten Königreichs und Frankreichs und der Verwaltung für das Post- und Fernmeldewesen von Ekuador.

Fernsprechdienst. 15. April 1949

SPANIEN

Handels- und Zahlungsverkehr

1. Zusatzabkommen zum Handelsabkommen zwischen der spanischen Regierung und den Militärregierungen der Vereinigten Staaten, des Vereinigten Königreichs und Frankreichs für Deutschland vom 1. Februar 1949. Paraphiert in Frankfurt am 11. November 1949.

2. Protokoll zwischen der spanischen Regierung und der Alliierten Hohen Kommission für Deutschland in Abänderung des Zahlungsabkommens vom 1. Februar 1949 zwischen der spanischen Regierung und den Militärregierungen der Vereinigten Staaten, des Vereinigten Königreichs und Frankreichs für Deutschland in Abänderung des Zahlungsabkommens vom Februar 1949. Paraphiert in Frankfurt am 11. November 1949.

3. Zahlungsabkommen zwischen der spanischen Regierung und den Militärregierungen der Besatzungszonen der Vereinigten Staaten, des Vereinigten Königreichs und Frankreichs in Deutschland vom 18. Dezember 1948. Unterzeichnet im Februar 1949.

4. Handelsabkommen zwischen der spanischen Regierung und den Militärregierungen der Vereinigten Staaten, des Vereinigten Königreichs und Frankreichs für Deutschland.

18. Dezember 1948

5. Abkommen zwischen den Vereinigten Staaten und Spanien, wonach die Meistbegünstigungsklausel auf besetzte und unter Kontrolle stehende Gebiete angewandt werden soll.

10. Mai 1948

Post- und Fernmeldewesen

1. Postabkommen zwischen den Militärregierungen der Vereinigten Staaten, des Vereinigten Königreichs und Frankreichs und der spanischen Verwaltung für das Post- und Fernmeldewesen.

Internationaler Postdienst. 1. September 1948

(Am 15. Oktober 1948 auf die Westsektoren von Berlin ausgedehnt.)

2. Abkommen über das Fernmeldewesen zwischen den Militärregierungen der Vereinigten Staaten, des Vereinigten Königreichs und Frankreichs und der Verwaltung des Post- und Fernmeldewesens in Spanien und seinen Besitzungen.

Fernsprechdienst. 15. September 1949

3. Abkommen über das Fernmeldewesen zwischen der Hohen Kommission und der spanischen Verwaltung für das Post- und Fernmeldewesen.

Telegraphendienst. 1. Dezember 1949

VEREINIGTE STAATEN

Post- und Fernmeldewesen

1. Abkommen über das Fernmeldewesen zwischen den Militärregierungen der Vereinigten Staaten und des Vereinigten Königreichs einerseits und den Vereinigten Staaten andererseits.

Telegraphendienst

mit der Commercial Cable Co., Inc.	26. November 1947
mit der Western Union Telegraph Co.	29. November 1947
RCA Communications, Inc.	11. Oktober 1947
McKay Radio and Telegraph Co.	18. Oktober 1947

2. Abkommen über das Fernmeldewesen zwischen den Militärregierungen der Vereinigten Staaten und des Vereinigten Königreichs einerseits und den Vereinigten Staaten andererseits.

Telegraphendienst. 1. Februar 1948

(Mit der American Telephone and Telegraph Co.)

3. Postabkommen zwischen der Alliierten Kontrollbehörde und der Verwaltung für das Post- und Fernmeldewesen der Vereinigten Staaten.

Luftpostdienst — nur eingehend. 15. September 1946

FINNLAND

Handels- und Zahlungsverkehr

1. Memorandum über Handelsbeziehungen zwischen Finnland und den vereinigten britischen und amerikanischen Besatzungszonen Deutschlands. Unterzeichnet in Berlin im August 1947.

Anmerkung: Ersetzt durch das Handelsabkommen zwischen der finnischen Regierung und den Militärregierungen Deutschlands (amerikanisch, britisch und französisch). Paraphiert am 3. Februar 1949.

2. Zahlungsabkommen vom 12. September 1947 zwischen Finnland und den vereinigten amerikanischen und britischen Besatzungszonen Deutschlands.

Anmerkung: Ersetzt durch das Handelsabkommen zwischen der finnischen Regierung und den Militärregierungen für Deutschland (amerikanisch, britisch und französisch). Unterzeichnet am 3. Februar 1949.

3. Vereinbartes Protokoll über die Sitzungen der Vertreter der finnischen Regierung und Vertretern der Joint Export/Import Agency. Unterzeichnet in Frankfurt am 25. Juni 1948.

Anmerkung: Ersetzt durch das am 3. Februar 1949 paraphierte Handelsabkommen zwischen der finnischen Regierung und den Militärregierungen für Deutschland (amerikanisch, britisch und französisch).

4. Handelsabkommen zwischen der finnischen Regierung und den Militärregierungen der Vereinigten Staaten, des Vereinigten Königreichs und Frankreichs für Deutschland. Paraphiert am 3. Februar 1949.

Anmerkung: Dieses Abkommen tritt an die Stelle des Memorandums über die Handelsbeziehungen zwischen Finnland und den vereinigten britischen und amerikanischen Besatzungszonen Deutschlands vom 5. August 1947 und des vereinbarten Protokolls zwischen der finnischen Regierung und Vertretern der Joint Export/Import Agency vom 26. Juni 1948.

5. Briefwechsel zwischen dem Generaldirektor der JEIA und dem finnischen Konsul über die Besprechungen hinsichtlich des bestehenden Abkommens über den Handels- und Zahlungsverkehr und in Ergänzung dieser Abkommen. Unterzeichnet in Frankfurt am 11. Juli 1949.

6. Erstes Zusatzprotokoll zu dem am 3. Februar 1949 abgeschlossenen Abkommen zwischen der finnischen Regierung und den Militärregierungen der Vereinigten Staaten, des Vereinigten Königreichs und Frankreichs für Deutschland. Paraphiert in Frankfurt am 17. Dezember 1949, unterzeichnet am 27. Mai 1950.

7. Zweites Zusatzprotokoll zum Handelsabkommen zwischen den amerikanischen, britischen und französischen Militärregierungen Deutschlands und der finnischen Regierung vom 3. Februar 1949. Paraphiert im Dezember 1950 und unterzeichnet am 28. Januar 1951.

8. Ergänzungsprotokoll zum Zweiten Zusatzprotokoll vom 25. Januar 1951 Paraphiert in Bonn am 19. Mai 1951.

9. Zahlungsabkommen zwischen der finnischen Regierung und den Militärregierungen der Vereinigten Staaten, des Vereinigten Königreichs und Frankreichs für Deutschland. Unterzeichnet am 3. Februar 1949. Dieses Abkommen tritt an die Stelle des Zahlungsabkommens zwischen den Militärregierungen der Vereinigten Staaten und des Vereinigten Königreichs für Deutschland und der finnischen Regierung vom 12. September 1947.

Post- und Fernmeldewesen

1. Abkommen über das Fernmeldewesen zwischen den Militärregierungen der Ver-

einigten Staaten, des Vereinigten Königreichs und Frankreichs und der finnischen Verwaltung für das Post- und Fernmeldewesen.

Fernsprechdienst. 1. Januar 1949

2. Abkommen über das Fernmeldewesen zwischen den Regierungen der Vereinigten Staaten und des Vereinigten Königreichs und der finnischen Verwaltung für das Post- und Fernmeldewesen.

Telegraphendienst. 19. August 1947

FRANKREICH

Transport

1. Abkommen zwischen Frankreich und der französischen Militärregierung in Deutschland sowie zwischen Frankreich und den Militärregierungen der Vereinigten Staaten und des Vereinigten Königreichs in Deutschland über den Austausch von rollendem Material.

18. März 1948

Handels- und Zahlungsverkehr

1. Protokoll über den Handelsverkehr im Grenzgebiet und die gegenseitige Gewährung von Erleichterungen zwischen den französischen Departements Rhein und Mosel und dem Land Baden. 29. September 1948

2. Vereinbartes Protokoll über Handelsbesprechungen zwischen Delegationen der französischen Regierung und der amerikanischen, britischen und französischen Militärgouverneure in Deutschland. Unterzeichnet am 21. Juli 1949.

3. Zusatzprotokoll zu dem am 16. Dezember 1948 zwischen der Regierung der Französischen Republik und den amerikanischen, britischen und französischen Gouverneuren in Deutschland abgeschlossenen Zahlungsabkommen. Paraphiert am 21. Juli 1949.

4. Handelsabkommen zwischen der französischen Regierung und den amerikanischen, britischen und französischen Militärgouverneuren in Deutschland. Paraphiert in Frankfurt am 21. Juli 1949. Unterzeichnet am 5. August 1949.

5. Protokoll in Abänderung des Zahlungsabkommens vom 16. Dezember 1948 zwischen der Regierung der Französischen Republik und den amerikanischen, britischen und französischen Militärgouverneuren in Deutschland. Paraphiert am 21. Mai 1949.

6. Vereinbartes Protokoll einer Gemischten Kommission (bestehend aus Vertretern) der amerikanischen, britischen und französischen Militärregierung für Deutschland und der französischen Regierung. Unterzeichnet in Frankfurt am 26. Februar 1949.

7. Zahlungsabkommen zwischen der französischen Regierung und den Militärgouverneuren der von den Vereinigten Staaten, dem Vereinigten Königreich und Frankreich besetzten Gebiete Deutschlands. Paraphiert in Berlin im November 1948. Unterzeichnet am 16. Dezember 1948.

8. Handelsabkommen zwischen den Militärregierungen der Vereinigten Staaten, des Vereinigten Königreichs und Frankreichs in Deutschland und der französischen Regierung. Paraphiert in Berlin im November 1948. Gültig bis zum 30. Juni 1949.

9. Memorandum über eine Sitzung der amerikanischen und britischen Behörden in Deutschland und einer die französische Regierung vertretenden Delegation, die anberaumt worden war zur Erörterung von Fragen kommerzieller und finanzieller Art, welche die vereinigten amerikanischen und britischen Besatzungszonen Deutschlands und die Französische Union berühren. Unterzeichnet in Paris am 21. Mai 1947.

10. Abkommen zwischen den Vereinigten Staaten und Frankreich, wonach die Meistbegünstigungsbehandlung auch auf besetzte und unter Kontrolle stehende Gebiete Anwendung finden soll.

28. Juni 1948

Post- und Fernmeldewesen

1. Abkommen über das Fernmeldewesen zwischen den Militärregierungen der Vereinigten Staaten und des Vereinigten Königreichs und der französischen Verwaltung für das Post- und Fernmeldewesen.

Fernsprech- und Telegraphendienst. 28. April 1947

Arbeit

1. Technisches Abkommen zwischen den Militärregierungen Frankreichs und der Vereinigten Staaten über die Anwerbung von Arbeitskräften für Frankreich in der amerikanischen Besatzungszone. 5. Februar 1948

2. Abkommen zwischen der französischen Regierung und der IRO über die Anwerbung von Arbeitskräften für Frankreich und Algerien. 18. Januar 1948

3. Technisches Abkommen zwischen den französischen und britischen Militärregierungen über die Anwerbung von Arbeitskräften für Frankreich in der britischen Zone.

15. Dezember 1947

4. Anwerbungsabkommen zwischen der amerikanischen Militärregierung und der französischen Regierung.

Ein zwischen der amerikanischen Militärregierung und der französischen Regierung abgeschlossenes Abkommen (wie niedergelegt in dem Schriftwechsel vom 25. Oktober 1947) über die Anwerbung von deutschen Arbeitskräften in der amerikanischen Besatzungszone Deutschlands für die Arbeit in Frankreich. Dieses Abkommen wird ergänzt durch das technische Abkommen zwischen der amerikanischen Militärregierung und der französischen Regierung vom 5. Februar 1948. Dieses Abkommen sieht die Anwerbung von höchstens 20 000 Arbeitern in der amerikanischen Besatzungszone Deutschlands zur Beschäftigung in Frankreich vor.

5. Englisch-französisches Abkommen.

Ein am 29./30. September 1947 zwischen den Regierungen des Vereinigten Königreichs und Frankreich geschlossenes Abkommen über die Anwerbung deutscher und

DP-Arbeiter. Ergänzt durch ein technisches Abkommen zwischen den britischen und französischen Oberkommandierenden in Deutschland vom 15. Dezember 1947.

29./30. September 1947

Anwerbung von 25 000 deutschen Arbeitern aus der britischen Zone Deutschlands und von 12 500 verschleppten Personen aus den britischen Zonen Deutschlands und Österreichs und 12 500 Volksdeutschen aus der britischen Zone Österreichs und Polen aus dem Vereinigten Königreich.

Kriegstote

1. Abkommen zwischen dem französischen und dem amerikanischen Oberbefehlshaber. Rückführung von Leichnamen französischer Staatsangehöriger, die in Deutschland gestorben sind.

13. Juli 1948

GAMBIA

Post- und Fernmeldewesen

1. Abkommen über das Fernmeldewesen zwischen der Hohen Kommission und der Verwaltung für das Post- und Fernmeldewesen von Gambia.

Fernsprechdienst. 15. November 1949

GIBRALTAR

Post- und Fernmeldewesen

1. Abkommen über das Fernmeldewesen zwischen den Militärregierungen der Vereinigten Staaten, des Vereinigten Königreichs und Frankreichs einerseits und der Verwaltung für das Post- und Fernmeldewesen von Gibraltar andererseits.

Fernsprechdienst. 15. September 1949

GRIECHENLAND

Handels- und Zahlungsverkehr

1. Vereinbartes Protokoll über die Besprechungen einer Gemischten Kommission von Vertretern der Königlich Griechischen Regierung und der Militärregierungen der Vereinigten Staaten, des Vereinigten Königreichs und Frankreichs für Deutschland. Paraphiert in Frankfurt am 25. Juli 1949.

2. Protokoll zum Zahlungsabkommen vom 16. März 1949 zwischen den Militärregierungen der Vereinigten Staaten, des Vereinigten Königreichs und Frankreichs für Deutschland einerseits und der Königlich Griechischen Regierung andererseits. Paraphiert in Frankfurt am 25. Juli 1949.

3. Memorandum über Handelsbeziehungen zwischen der Königlich Griechischen Regierung und den vereinigten Besatzungszonen der Vereinigten Staaten und des Vereinigten Königreichs in Deutschland. Unterzeichnet in Athen im November 1947.

4. Protokoll über den Handel zwischen der französischen Zone und Griechenland, ergänzt durch ein Finanzabkommen.

23. April 1948

5. Abkommen zwischen den Vereinigten Staaten von Amerika und Griechenland, wonach die Meistbegünstigungsbehandlung auf besetzte und unter Kontrolle stehende Gebiete angewandt werden soll. 2. Juli 1948

6. Zahlungsabkommen zwischen den Militärregierungen der Vereinigten Staaten, des Vereinigten Königreichs und Frankreichs für Deutschland einerseits und der Königlich Griechischen Regierung andererseits. Paraphiert im Februar 1949 und unterzeichnet am 16. März 1949.

7. Handelsabkommen zwischen der Königlich Griechischen Regierung und den Militärregierungen der Vereinigten Staaten, des Vereinigten Königreichs und Frankreichs für Deutschland. Paraphiert in Frankfurt im Februar 1949, unterzeichnet am 16. März 1949.

GUATEMALA

Post- und Fernmeldewesen

1. Abkommen über das Fernmeldewesen zwischen den Militärregierungen der Vereinigten Staaten, des Vereinigten Königreichs und Frankreichs und der Verwaltung für das Post und Fernmeldewesen von Guatemala.

Fernsprechdienst. 15. April 1949

HAITI

Post- und Fernmeldewesen

1. Abkommen über das Fernmeldewesen zwischen den Militärregierungen der Vereinigten Staaten, des Vereinigten Königreichs und Frankreichs und der Verwaltung für das Post- und Fernmeldewesen von Haiti.

Fernsprechdienst. 15. April 1949

HONDURAS

Post- und Fernmeldewesen

1. Abkommen über das Fernmeldewesen zwischen den Militärregierungen der Vereinigten Staaten, des Vereinigten Königreichs und Frankreichs und der Verwaltung für das Post- und Fernmeldewesen von Honduras.

Fernsprechdienst. 15. April 1949

UNGARN

Handels- und Zahlungsverkehr

1. Protokoll über Besprechungen zwischen einer Gemischten Kommission der Regierung der Volksrepublik Ungarn und den Militärregierungen der Vereinigten Staaten, des Vereinigten Königreichs und Frankreichs für Deutschland. Paraphiert am 30. März 1950.

2. Protokoll zwischen Vertretern der Regierung der Volksrepublik Ungarn und den Vertretern der Alliierten Hohen Kommissare der Vereinigten Staaten, des Vereinigten Königreichs und Frankreichs für Deutschland. Paraphiert in Frankfurt am 19. Oktober 1949.

3. Vereinbartes Protokoll über die Besprechungen zwischen Vertretern der Regierung der Volksrepublik Ungarn und Vertretern der Alliierten Hohen Kommissare der Vereinigten Staaten, des Vereinigten Königreichs und Frankreichs für Deutschland. Paraphiert in Frankfurt am 19. Oktober 1949.

4. Vereinbartes Protokoll über die Besprechungen der Gemischten Kommission der Ungarischen Republik und der Besatzungszone der Vereinigten Staaten, des Vereinigten Königreichs und Frankreichs. Paraphiert in Frankfurt am 3. Juni 1949.

5. Protokoll zur Erweiterung und Abänderung des Zahlungsabkommens vom 5. Oktober 1947 zwischen den Militärregierungen der Vereinigten Staaten und des Vereinigten Königreichs in Deutschland einerseits und der ungarischen Regierung über Zahlungen im Handelsverkehr zwischen Ungarn und den von den Vereinigten Staaten und dem Vereinigten Königreich besetzten Gebieten Deutschlands in der abgeänderten und derzeit gültigen Fassung. Paraphiert in Frankfurt am 3. Juni 1949.

6. Zahlungsabkommen zwischen den Militärregierungen der Vereinigten Staaten und des Vereinigten Königreichs in Deutschland und der ungarischen Regierung.

5. Oktober 1947

7. Memorandum über Handelsbeziehungen zwischen der Ungarischen Republik und den vereinigten amerikanischen und britischen Besatzungszonen in Deutschland. Unterzeichnet in Budapest.

September 1947

INDIEN

Handels- und Zahlungsverkehr

1. Vereinbartes Protokoll über die Sitzungen von Vertretern des Dominiums Indien und Vertretern der drei Westzonen Deutschlands. Unterzeichnet in Frankfurt am 23. Juni 1949.

2. Vereinbartes Protokoll über die Sitzungen von Vertretern des Dominiums Indien und Vertretern der Militärregierungen der Vereinigten Staaten und des Vereinigten Königreichs in Deutschland. Unterzeichnet in Frankfurt am 28. Juli 1948.

INDONESIEN

Post- und Fernmeldewesen

1. Abkommen über das Fernmeldewesen zwischen den Militärregierungen der Vereinigten Staaten, des Vereinigten Königreichs und Frankreichs und der indonesischen Verwaltung für das Post- und Fernmeldewesen.

Fernsprechdienst. 1. April 1949

IRAN

Handels- und Zahlungsverkehr

1. Protokoll zwischen der Regierung des Kaiserreichs Iran und den Alliierten Hohen Kommissaren der Vereinigten Staaten, des Vereinigten Königreichs und Frankreichs für Deutschland zur Abänderung des Zahlungsabkommens vom 1. Juli 1949. Unterzeichnet in Frankfurt am 31. Oktober 1949.

Post- und Fernmeldewesen

1. Abkommen über das Fernmeldewesen zwischen der Hohen Kommission und der iranischen Verwaltung für das Post- und Fernmeldewesen.

Fernsprechdienst. 15. November 1949

IRLAND

Handels- und Zahlungsverkehr

1. Abkommen zwischen der Regierung der Republik Irland und den Militärregierungen der von den Vereinigten Staaten, dem Vereinigten Königreich und Frankreich besetzten Gebiete Deutschlands. 16. Juni 1949

2. Abkommen zwischen den Vereinigten Staaten von Amerika und Irland, wonach die Meistbegünstigungsbehandlung auf besetzte und unter Verwaltung stehende Gebiete angewandt werden soll.

28. Juni 1948

ISLAND

Handels- und Zahlungsverkehr

1. Abkommen zwischen den Vereinigten Staaten und Island, wonach die Meistbegünstigungsbehandlung auf besetzte und unter Kontrolle stehende Gebiete angewandt werden soll.

3. Juli 1948

Post- und Fernmeldewesen

1. Abkommen über das Fernmeldewesen zwischen den Militärregierungen der Vereinigten Staaten und des Vereinigten Königreichs und der isländischen Verwaltung für das Post- und Fernmeldewesen.

Telegraphendienst. 4. Juli 1947

ISRAEL

Post- und Fernmeldewesen

1. Abkommen über das Fernmeldewesen zwischen der Hohen Kommission und der israelitischen Verwaltung für das Post- und Fernmeldewesen.

Fernsprechdienst. 15. November 1949

ITALIEN

Handels- und Zahlungsverkehr

1. Protokoll zwischen der italienischen Regierung und der Alliierten Hohen Kommission für Deutschland zur Abänderung des Zahlungsabkommens vom Mai 1947. Paraphiert in Frankfurt am 28. September 1949.

2. Vereinbartes Protokoll über Handelsbesprechungen der Gemischten Kommission von Vertretern der drei westlichen Besatzungszonen Deutschlands. Paraphiert in Rom am 28. April 1949.

3. Zahlungsabkommen zwischen den Militärregierungen der Vereinigten Staaten, des Vereinigten Königreichs und Frankreichs für Deutschland einerseits und der Italienischen Regierung andererseits. Paraphiert in Rom am 26. April 1949.

4. Vereinbarte Niederschrift über Handelsverhandlungen zwischen der italienischen Delegation und den Vertretern der vereinigten Besatzungszonen der Vereinigten Staaten und des Vereinigten Königreichs in Deutschland. Unterzeichnet in Frankfurt am 3. September 1948.

5. Memorandum über das Abkommen betreffend den Handel und die Handelsbeziehungen zwischen Italien und den vereinigten Besatzungszonen der Vereinigten Staaten und des Vereinigten Königreichs in Deutschland. Unterzeichnet in Berlin im Juni 1947.

6. Zahlungsabkommen zwischen Italien und den vereinigten Besatzungszonen der Vereinigten Staaten und des Vereinigten Königreichs in Deutschland. Mai 1947

7. Protokoll über den Handelsverkehr zwischen der französischen Zone und Italien. Ergänzt durch ein Zahlungsabkommen. 24. April 1947

8. Protokoll über den Handelsverkehr zwischen der französischen Zone und Italien. Ergänzt durch ein Zahlungsabkommen. 31. März 1948

9. Abkommen zwischen den Vereinigten Staaten und Italien, wonach die Meistbegünstigungsbehandlung auf besetzte und unter Kontrolle stehende Gebiete angewandt werden soll. 28. Juni 1948

Post- und Fernmeldewesen

1. Abkommen über das Fernmeldewesen zwischen den Militärregierungen der Vereinigten Staaten und des Vereinigten Königreichs und der italienischen Verwaltung für das Post- und Fernmeldewesen.
Fernsprechdienst. 5. Juli 1947

JAPAN

Handels- und Zahlungsverkehr

1. Finanzabkommen über den Handel zwischen den von den Vereinigten Staaten, dem Vereinigten Königreich und Frankreich besetzten Gebieten Deutschlands und dem besetzten Japan. Paraphiert in Tokio am 4. Oktober 1949.

2. Handelsabkommen zwischen den von den Vereinigten Staaten, dem Vereinigten Königreich und Frankreich besetzten Gebieten Deutschlands und dem besetzten Japan. Paraphiert am 22. Juli 1949. In Kraft ab 1. August 1949.

3. Handelsabkommen zwischen den von den Vereinigten Staaten, dem Vereinigten Königreich und Frankreich besetzten Gebieten Deutschlands und dem besetzten Japan. Unterzeichnet in Tokio am 31. Oktober 1949.

Post- und Fernmeldewesen

1. Abkommen über das Fernmeldewesen zwischen den Militärregierungen der Vereinigten Staaten, des Vereinigten Königreichs und Frankreichs und der japanischen Verwaltung für das Post- und Fernmeldewesen.

Fernsprechdienst. 1. Februar 1949

2. Abkommen über das Fernmeldewesen zwischen der Hohen Kommission und der japanischen Verwaltung für das Post- und Fernmeldewesen.

Telegraphendienst und Herstellung einer direkten Funkverbindung.

20. Dezember 1949

3. Postabkommen zwischen den Militärregierungen der Vereinigten Staaten, des Vereinigten Königreichs und Frankreichs und der japanischen Verwaltung für das Post- und Fernmeldewesen.

Internationaler Postdienst. 15. Oktober 1948

LUXEMBURG

Handels- und Zahlungsverkehr

1. Protokoll über den Handelsverkehr zwischen der französischen Besatzungszone und Luxemburg.

9. März 1946

Ergänzt durch ein Zusatzprotokoll vom 17. Oktober 1946.

2. Abkommen zwischen den Vereinigten Staaten von Amerika und Luxemburg, wonach die Meistbegünstigungsbehandlung auch auf besetzte und unter Kontrolle stehende Gebiete angewandt werden soll.

3. Juli 1948

Post- und Fernmeldewesen

1. Abkommen über das Fernmeldewesen zwischen den Militärregierungen der Vereinigten Staaten und des Vereinigten Königreichs und der luxemburgischen Verwaltung für das Post- und Fernmeldewesen.

Fernsprech- und Telegraphendienst. 1. April 1947

2. Abkommen über das Fernmeldewesen zwischen der Alliierten Kontrollbehörde und der luxemburgischen Verwaltung für das Post- und Fernmeldewesen.

Internationaler Fernsprechdienst. 1. Februar 1948

Reisekontrolle

1. Abkommen über den kleinen Grenzverkehr zwischen der französischen Zone und Luxemburg betreffend den Verkehr mit landwirtschaftlichen Erzeugnissen.

13. Juli 1946

Abgeändert am 24. April 1947.

2. Abkommen über den kleinen Grenzverkehr zwischen Luxemburg und der französischen Zone Deutschlands.

27. Dezember 1945

3. Abkommen über den kleinen Grenzverkehr zwischen Luxemburg und der französischen Zone.

10. Januar 1950

Arbeitskräfte

1. Anwerbungsabkommen zwischen den Vereinigten Staaten und Luxemburg.

Das am 15. August 1949 zwischen der amerikanischen Militärregierung und der Luxemburgischen Regierung abgeschlossene Abkommen über die Anwerbung von landwirtschaftlichen Arbeitskräften in der amerikanischen Besatzungszone Deutschlands. Dieses Abkommen wird ergänzt durch das „Lohn- und Stundenabkommen für Landarbeiter".

15. August 1949

MAROKKO

Post- und Fernmeldewesen

Abkommen über das Fernmeldewesen zwischen den Militärregierungen der Vereinigten Staaten, des Vereinigten Königreichs und Frankreichs und der marokkanischen Verwaltung für das Post- und Fernmeldewesen.

Fernsprechdienst. 5. Juni 1949

NIKARAGUA

Post- und Fernmeldewesen

1. Abkommen über das Fernmeldewesen zwischen den Militärregierungen der Vereinigten Staaten, des Vereinigten Königreichs und Frankreichs und der Verwaltung für das Post- und Fernmeldewesen von Nikaragua.

Fernsprechdienst. 15. April 1949

NIGERIEN

Post- und Fernmeldewesen

1. Abkommen über das Fernmeldewesen zwischen der Hohen Kommission und der Verwaltung für das Post- und Fernmeldewesen von Nigerien.

Fernsprechdienst. 15. November 1949

NORWEGEN

Handels- und Zahlungsverkehr

1. Vereinbartes Protokoll über Handelsbesprechungen zwischen einer Delegation der drei Westzonen Deutschlands und einer norwegischen Delegation. Paraphiert am 16. September 1949.

2. Vereinbartes Protokoll über Besprechungen der Gemischten Kommission von Norwegen einerseits und den Besatzungszonen der Vereinigten Staaten, des Vereinigten Königreichs und Frankreichs in Deutschland andererseits. Paraphiert in Frankfurt am 17. Februar 1949.

3. Zusatzprotokoll zur Erweiterung und Abänderung des Zahlungsabkommens vom 30. Juli 1948 zwischen den Militärregierungen der Vereinigten Staaten und des Vereinigten Königreichs für Deutschland und der Königlich Norwegischen Regierung betreffend Zahlungen im Handelsverkehr zwischen Norwegen und den Besatzungszonen der Vereinigten Staaten und des Vereinigten Königreichs in Deutschland. Paraphiert am 17. Februar 1949.

4. Protokoll über den Handelsverkehr zwischen der französischen Zone und Norwegen. Ergänzt durch Finanzabkommen. 5. Juli 1948

5. Abkommen zwischen den Militärregierungen der Vereinigten Staaten und des Vereinigten Königreichs für Deutschland und der Königlich Norwegischen Regierung betreffend Zahlungen im Handelsverkehr zwischen Norwegen und den von den Vereinigten Staaten und dem Vereinigten Königreich besetzten Gebieten Deutschlands. Paraphiert in Frankfurt am 1. Juli 1948. Unterzeichnet am 30. Juli 1948.

6. Protokoll zwischen der Königlich Norwegischen Regierung und den Militärregierungen der Vereinigten Staaten und des Vereinigten Königreichs für Deutschland betreffend den Handels- und Zahlungsverkehr zwischen Norwegen und den von den Vereinigten Staaten und dem Vereinigten Königreich besetzten Gebieten Deutschlands. Paraphiert am 1. Juli 1948.

7. Protokoll zwischen der Königlich Norwegischen Regierung und den Militärregierungen der Vereinigten Staaten und des Vereinigten Königreichs für Deutschland betreffend den Handel zwischen Norwegen und den von den Vereinigten Staaten und dem Vereinigten Königreich besetzten Gebieten Deutschlands. Unterzeichnet in Oslo im August 1947.

8. Protokoll betreffend den Handelsverkehr zwischen der französischen Zone und Norwegen. Ergänzt durch Finanzabkommen. 4. August 1947

Erweitert durch Notenwechsel vom 21. Januar 1948 und 23. März 1948.

9. Abkommen zwischen den Vereinigten Staaten und Norwegen, wonach die Meistbegünstigungsbehandlung auf besetzte und unter Kontrolle stehende Gebiete Anwendung finden soll. 3. Juli 1948

Post- und Fernmeldewesen

1. Abkommen über das Fernmeldewesen zwischen den Militärregierungen der Vereinigten Staaten und des Vereinigten Königreichs und der norwegischen Verwaltung für das Post- und Fernmeldewesen.

Fernsprech- und Telegraphendienst. 29. März 1947

2. Abkommen zwischen der Alliierten Kontrollbehörde und der norwegischen Verwaltung für das Post- und Fernmeldewesen.

Internationaler Fernsprechdienst. 1. Februar 1948

PANAMA

Post- und Fernmeldewesen

1. Abkommen über das Fernmeldewesen zwischen den Militärregierungen der Vereinigten Staaten, des Vereinigten Königreichs und Frankreichs und der Verwaltung für das Post- und Fernmeldewesen von Panama.

Fernsprechdienst. 15. April 1949

NIEDERLANDE

Transport

1. Abkommen zwischen den Militärregierungen der Vereinigten Staaten und des Vereinigten Königreichs für Deutschland und den Niederlanden über die Rückerstattung von Schiffen von den und an die Niederlande.*)

20. Januar 1947

Handels- und Zahlungsverkehr

1. Vereinbartes Protokoll über die Besprechungen zwischen einer Delegation aus der französischen Besatzungszone Deutschlands und den Niederlanden über frühere Handelsabkommen. Paraphiert 23. Oktober 1946.

2. Handelsprotokoll zwischen der niederländischen Regierung und der Militärregierung der französischen Besatzungszone. 9. August 1947

Ergänzt durch ein Memorandum über das Ausführungsverfahren und ein vereinbartes Protokoll über die Verhandlungen vom 23. August 1948 betreffend die Finanzbestimmungen des Abkommens.

3. Protokoll über den Handel zwischen der französischen Besatzungszone und den Niederlanden, ergänzt durch ein Finanzabkommen. 29. September 1947

Vervollständigt durch das vereinbarte Protokoll der Gemischten Kommission vom 7. Januar 1948.

4. Protokoll über den Handel zwischen der französischen Besatzungszone und den Niederlanden. 20. Januar 1947

5. Memorandum über die Handelsbeziehungen zwischen dem Königreich der Niederlande und den vereinigten Besatzungszonen der Vereinigten Staaten und des Vereinigten Königreichs in Deutschland. Unterzeichnet in Den Haag, Januar 1947.

6. Vorläufiges Abkommen zwischen den Militärgouverneuren der Vereinigten Staaten und des Vereinigten Königreichs in Deutschland und den Niederlanden betreffend die Zahlungen im Handelsverkehr zwischen den Niederlanden und den von den Vereinigten Staaten und dem Vereinigten Königreich besetzten Gebieten Deutschlands. Unterzeichnet am 15. Februar 1947.

7. Handelsabkommen zwischen dem Königreich der Niederlande und den Militärregierungen der Vereinigten Staaten und des Vereinigten Königreichs für Deutschland. Paraphiert in Frankfurt am 31. Juli 1948.

---

*) Sprachlich unrichtig; aber so im amtlichen Text BGBl. II vom 31. 3. 1955, Nr. 8, Seite 549.

8. Vereinbartes Protokoll über die Besprechungen der Gemischten Kommission der Niederlande und der drei deutschen Westzonen. Paraphiert in Frankfurt am 17. Dezember 1948.

9. Vereinbartes Protokoll über die Besprechungen der Gemischten Kommission der Niederlande und der drei deutschen Westzonen. Unterzeichnet in Den Haag am 26. März 1949.

10. Protokoll zur Erweiterung und Ergänzung des Abkommens vom 15. Februar 1947 zwischen den Militärregierungen der Vereinigten Staaten und des Vereinigten Königreichs für Deutschland und der niederländischen Regierung betreffend die Zahlungen im Handelsverkehr zwischen den Niederlanden und den von den Vereinigten Staaten und dem Vereinigten Königreich besetzten Gebieten Deutschlands in der abgeänderten und zur Zeit bestehenden Fassung. Paraphiert in Den Haag am 26. März 1949.

11. Vereinbartes Protokoll über die Besprechungen zwischen einer westdeutschen Delegation und einer niederländischen Delegation, welche die Militärregierungen der Vereinigten Staaten, des Vereinigten Königreichs und Frankreichs vertritt. Unterzeichnet in Frankfurt am 24. September 1949.

12. Vereinbartes Protokoll über die Verhandlungen über den niederländisch-deutschen Handelsverkehr. Paraphiert in Frankfurt am 2. Februar 1950.

Dieses Abkommen erweiterte den Handelsverkehr auf der Grundlage der bestehenden, von den Militärregierungen der Vereinigten Staaten, des Vereinigten Königreichs und Frankreichs abgeschlossenen Abkommen.

13. Vereinbartes Protokoll über die Verhandlungen über den Handelsverkehr zwischen den Niederlanden und Deutschland. Paraphiert in den Haag am 17. Mai 1950 und vereinbartes Protokoll betreffend den Zahlungsverkehr zwischen den Niederlanden und Deutschland, unterzeichnet in Bonn am 13. November 1950.

14. Protokoll betreffend den deutsch-niederländisch-indonesischen Handelsverkehr. Paraphiert in Den Haag am 26. August 1950. Unterzeichnet in Bonn am 13. November 1950.

15. Abkommen zwischen den Vereinigten Staaten und den Niederlanden, wonach die Meistbegünstigungsbehandlung auf besetzte und unter Kontrolle stehende Gebiete angewandt werden soll.

2. Juli 1948

Post- und Fernmeldewesen

1. Abkommen über das Fernmeldewesen zwischen den Militärregierungen der Vereinigten Staaten und des Vereinigten Königreichs und der niederländischen Verwaltung für das Post- und Fernmeldewesen.

Fernsprechdienst. April 1947

2. Postabkommen zwischen der Alliierten Kontrollbehörde und der niederländischen Verwaltung für das Post- und Fernmeldewesen.

Luftpostdienst — nur eingehend. 15. Dezember 1947

R e i s e k o n t r o l l e

1. Abkommen zwischen dem niederländischen Justizministerium und dem Combined Travel Board. 17. April 1950

Zur Erleichterung der Erteilung von Sichtvermerken und Einreisegenehmigungen an Personen mit Auslandsreisepässen.

A r b e i t s k r ä f t e

1. Vorhaben: „Verschleppte Personen für Holland". Gemeinsamer Plan von Ihrer Majestät Regierung, der Internationalen Flüchtlingsorganisation und den Niederlanden.

Abkommen zwischen der Regierung des Vereinigten Königreichs, der niederländischen Regierung und der Internationalen Flüchtlingsorganisation über die Aufnahme verschleppter Personen aus der britischen Zone Deutschlands in Holland.

22. Oktober 1947

R e c h t u n d U n t e r d r ü c k u n g v o n V e r b r e c h e n

1. Abkommen zwischen dem französischen Element der Alliierten Hohen Kommission für die drei Länder der französischen Zone einerseits und den Niederlanden andererseits betreffend die gegenseitige Bekanntgabe von Urteilen, die durch ihre Gerichtshöfe über Staatsangehörige ihrer Länder verhängt werden.

19. September 1949

PERU

P o s t - u n d F e r n m e l d e w e s e n

1. Abkommen über das Fernmeldewesen zwischen den Militärregierungen der Vereinigten Staaten und des Vereinigten Königreichs und Peru.

Telegraphendienst. 24. November 1947

PHILIPPINEN

P o s t - u n d F e r n m e l d e w e s e n

1. Abkommen über das Fernmeldewesen zwischen der Hohen Kommission und der philippinischen Verwaltung für das Post- und Fernmeldewesen.

Errichtung einer direkten Funk-, Telefon- und Telegraphenverbindung.

19. Oktober 1949

POLEN

H a n d e l s - u n d Z a h l u n g s v e r k e h r

1. Handelsabkommen zwischen der Regierung der Republik Polen und den Militärregierungen der Besatzungszonen der Vereinigten Staaten, des Vereinigten Königreichs und Frankreichs in Deutschland. Paraphiert in Frankfurt am 20. Dezember 1948.

2. Zahlungsabkommen zwischen der Regierung der Republik Polen und den Militärregierungen der Besatzungszonen der Vereinigten Staaten, des Vereinigten Königreichs und Frankreichs in Deutschland. Paraphiert in Frankfurt am 20. Dezember 1948.

3. Memorandum über Handelsbeziehungen zwischen Polen und den Besatzungszonen der Vereinigten Staaten und des Vereinigten Königreichs in Deutschland. Unterzeichnet in Warschau im Oktober 1947.

Post- und Fernmeldewesen

1. Postabkommen zwischen der Alliierten Kontrollbehörde und der polnischen Verwaltung für das Post- und Fernmeldewesen.
Luftpostdienst — nur eingehend. 15. Januar 1947

PORTUGAL

Handels- und Zahlungsverkehr

1. Abkommen zwischen den Vereinigten Staaten und Portugal, wonach die Meistbegünstigungsbehandlung auf besetzte und unter Kontrolle stehende Gebiete angewandt werden soll. 28. September 1948

Post- und Fernmeldewesen

1. Abkommen über das Fernmeldewesen zwischen den Militärregierungen der Vereinigten Staaten, des Vereinigten Königreichs und Frankreichs und der portugiesischen Verwaltung für das Post- und Fernmeldewesen.
Fernsprechdienst. 1. März 1949

SÜDRHODESIEN

Post- und Fernmeldewesen

1. Abkommen über das Fernmeldewesen zwischen der Hohen Kommission und der südrhodesischen Verwaltung für das Post- und Fernmeldewesen.
Fernsprechdienst. 15. November 1949

VEREINIGTES KÖNIGREICH

Handels- und Zahlungsverkehr

1. Protokoll eines in London unterzeichneten Handelsabkommens zwischen der britischen Regierung und der Militärregierung der französischen Besatzungszone.
19./20. November 1947

2. Vereinbartes Protokoll über die Besprechungen zwischen Vertretern der Regierung Seiner Majestät in dem Vereinigten Königreich von Großbritannien und Nordirland und einer die Militärregierungen der von den Vereinigten Staaten, dem Vereinigten Königreich und Frankreich besetzten Gebiete Deutschlands vertretenden Delegation. Unterzeichnet am 18. August 1949.

3. Abkommen zwischen der Regierung des Vereinigten Königreichs von Großbritannien und Nordirland einerseits und den Militärregierungen der Vereinigten Staaten, des Vereinigten Königreichs und Frankreichs in Deutschland andererseits über die Regelung des Zahlungsverkehrs. Paraphiert in Frankfurt am 30. Juni 1949.

4. Vereinbartes Abkommen über die Besprechungen zwischen Vertretern der Regierung Seiner Majestät im Vereinigten Königreich von Großbritannien und Nordirland und einer die von den Vereinigten Staaten, dem Vereinigten Königreich und Frankreich besetzten Gebiete Deutschlands vertretenden Delegation. Unterzeichnet in Frankfurt am 1. April 1949.

5. Vereinbartes Protokoll über Besprechungen zwischen Vertretern der Regierung Seiner Majestät in dem Vereinigten Königreich von Großbritannien und Nordirland und einer Delegation der von den Vereinigten Staaten, dem Vereinigten Königreich und Frankreich besetzten Zonen Deutschlands. Unterzeichnet in London am 8. März 1949.

6. Vereinbartes Abkommen über Sitzungen von Vertretern der Regierung des Vereinigten Königreichs und der Joint Export/Import Agency. Paraphiert in Höchst am 12. Mai 1948.

7. Abkommen zwischen den Vereinigten Staaten und dem Vereinigten Königreich, wonach die Meistbegünstigungsbehandlung auf besetzte und unter Kontrolle stehende Gebiete angewandt werden soll. 6. Juli 1948

Post- und Fernmeldewesen

1. Abkommen über das Fernmeldewesen zwischen den Militärregierungen der Vereinigten Staaten und des Vereinigten Königreichs und der Verwaltung für das Post- und Fernmeldewesen des Vereinigten Königreichs.
Telegraphendienst. 15. August 1947

2. Abkommen über das Fernmeldewesen zwischen den Militärregierungen der Vereinigten Staaten und des Vereinigten Königreichs und der Verwaltung für das Post- und Fernmeldewesen des Vereinigten Königreichs.
Fernsprechdienst. 27. März 1947

3. Postabkommen zwischen der Alliierten Kontrollbehörde und der Verwaltung für das Post- und Fernmeldewesen von Großbritannien.
Luftpostdienst — nur eingehend. 15. September 1946

SAN MARINO

Post- und Fernmeldewesen

1. Abkommen über das Fernmeldewesen zwischen den Militärregierungen der Vereinigten Staaten, des Vereinigten Königreichs und Frankreichs und der Verwaltung für das Post- und Fernmeldewesen von San Marino.
Fernsprechdienst. 10. Mai 1949

SALVADOR

Post- und Fernmeldewesen

1. Abkommen über das Fernmeldewesen zwischen den Militärregierungen der Vereinigten Staaten, des Vereinigten Königreichs und Frankreichs und der Verwaltung für das Post- und Fernmeldewesen von Salvador.
Fernsprechdienst. 5. Mai 1949

SAARGEBIET

Post- und Fernmeldewesen

1. Postabkommen zwischen den Militärregierungen der Vereinigten Staaten, des Vereinigten Königreichs und Frankreichs und der saarländischen Verwaltung für das Post- und Fernmeldewesen.

Der Postdienst wird auf eine internationale Grundlage gestellt.

1. Oktober 1948

2. Abkommen über das Fernmeldewesen zwischen den Militärregierungen der Vereinigten Staaten, des Vereinigten Königreichs und Frankreichs und der saarländischen Verwaltung für das Post- und Fernmeldewesen.

Fernsprechdienst. 1. März 1949

3. Abkommen über das Fernmeldewesen zwischen den Militärregierungen der Vereinigten Staaten, des Vereinigten Königreichs und Frankreichs und der saarländischen Verwaltung für das Post- und Fernmeldewesen.

Einrichtung des Dienstes auf internationaler Grundlage. 1. März 1949

SIERRA LEONE

Post- und Fernmeldewesen

1. Abkommen über das Fernmeldewesen zwischen der Hohen Kommission und der Verwaltung für das Post- und Fernmeldewesen von Sierra Leone.

Fernsprechdienst. 15. November 1949

SCHWEDEN

Handels- und Zahlungsverkehr

1. Abänderung des Abkommens über den Zahlungsverkehr zwischen Schweden und den von den Vereinigten Staaten, dem Vereinigten Königreich und Frankreich besetzten Gebieten Deutschlands vom 25. Mai 1949. Unterzeichnet in Frankfurt am 26. November 1949.

2. Drittes Zusatzprotokoll zu dem am 19. April 1948 unterzeichneten und später auf die von Frankreich besetzten Gebiete Deutschlands ausgedehnten Protokoll über den Handels- und Zahlungsverkehr zwischen Schweden und den von den Vereinigten Staaten und dem Vereinigten Königreich besetzten Gebieten Deutschlands. Unterzeichnet in Frankfurt am 26. November 1949.

3. Abkommen betreffend Zahlungsverkehr zwischen Schweden und den von den Vereinigten Staaten, dem Vereinigten Königreich und Frankreich besetzten Gebieten Deutschlands. Paraphiert in Frankfurt am 5. Mai 1949.

4. Briefwechsel zwischen dem schwedischen Konsul und dem Generaldirektor der JEIA, wodurch zusätzliche Listen zu dem Zusatzprotokoll vom 14. Januar 1949 aufgestellt werden. Frankfurt, den 29. März 1949.

5. Zusatzprotokoll über den Handelsverkehr zwischen Schweden und der Bizone im Jahre 1949. Unterzeichnet am 14. Januar 1949.

6. Protokoll über die Anwendung des Abkommens über den Handels- und Zahlungsverkehr zwischen Schweden und den vereinigten Besatzungsgebieten der Vereinigten Staaten und des Vereinigten Königreichs in Deutschland auf das von Frankreich besetzte Gebiet. Unterzeichnet in Berlin am 5. Februar 1949.

7. Sonderprotokoll betreffend den Zahlungsverkehr zwischen Schweden und den von den Vereinigten Staaten und dem Vereinigten Königreich besetzten Gebieten Deutschlands. Unterzeichnet in Berlin im Dezember 1948.

8. Sonderabkommen zwischen der Königlich Schwedischen Regierung und den Militärregierungen der Vereinigten Staaten und des Vereinigten Königreichs für Deutschland. Unterzeichnet in Frankfurt am 19. August 1948.

9. Protokoll zwischen der schwedischen Regierung und den Militärregierungen der Vereinigten Staaten und des Vereinigten Königreichs für Deutschland über den Handels- und Zahlungsverkehr zwischen Schweden und den von den Vereinigten Staaten und dem Vereinigten Königreich besetzten Gebieten Deutschlands. Paraphiert in Berlin am 19. April 1948.

10. Memorandum betreffend Schiffsverkehr zwischen Schweden und der Bizone. Unterzeichnet in Frankfurt im August 1948.

11. Protokoll betreffend den Handel zwischen der französischen Zone und Schweden. Dieses Protokoll wurde durch ein Finanzabkommen und ein Memorandum über das Anwendungsverfahren ergänzt. 10. Oktober 1947

Vervollständigt durch ein vereinbartes Protokoll der in Paris am 4., 5. und 6. August 1948 abgehaltenen Sitzungen.

12. Abkommen zwischen den Militärregierungen der Vereinigten Staaten und des Vereinigten Königreichs für Deutschland und der schwedischen Regierung über den Zahlungsverkehr zwischen Schweden und den von den Vereinigten Staaten und dem Vereinigten Königreich besetzten Zonen Deutschlands. Unterzeichnet am 5. Oktober 1947.

13. Abkommen zwischen den Vereinigten Staaten und Schweden, wonach die Meistbegünstigungsklausel auf besetzte und unter Kontrolle stehende Gebiete angewandt werden soll. 3. Juli 1948

Post- und Fernmeldewesen

1. Abkommen über das Fernmeldewesen zwischen den Militärregierungen der Vereinigten Staaten und des Vereinigten Königreichs und der schwedischen Verwaltung für das Post- und Fernmeldewesen.

Telegraphendienst. März 1947

2. Abkommen über das Fernmeldewesen zwischen den Militärregierungen der Vereinigten Staaten und des Vereinigten Königreichs und der schwedischen Verwaltung für das Post- und Fernmeldewesen.

Fernsprechdienst. 24. April 1947

3. Abkommen über das Fernmeldewesen zwischen der Alliierten Kontrollbehörde und der schwedischen Verwaltung für das Post- und Fernmeldewesen.

Internationaler Fernsprechdienst. 1. Februar 1948

4. Postabkommen zwischen der Alliierten Kontrollbehörde und der schwedischen Verwaltung für das Post- und Fernmeldewesen.

Luftpostdienst — nur eingehend. 20. März 1947

SCHWEIZ

Transport

1. Abkommen zwischen der französischen Militärregierung und der Schweiz über deutsche Eisenbahnen in der Schweiz vom 9. Dezember 1947, wonach eine vorläufige Regelung für den Betrieb der deutschen Eisenbahnen in der Schweiz getroffen wird.

2. Abkommen über den Austausch von rollendem Material zwischen den Militärregierungen der Vereinigten Staaten, des Vereinigten Königreichs und Frankreichs einerseits und der Schweiz andererseits vom 23. Juni 1949.

Handels- und Zahlungsverkehr

1. Vereinbartes Protokoll über die Handelsbesprechungen zwischen einer Delegation der drei deutschen Westzonen und einer schweizerischen Delegation. Unterzeichnet in Bern am 27. August 1949.

2. Vereinbartes Protokoll über die Handelsbesprechungen zwischen der schweizerischen Delegation und Vertretern der vereinigten Besatzungszonen der Vereinigten Staaten und des Vereinigten Königreichs in Deutschland. Unterzeichnet in Frankfurt am 23. August 1948.

3. Memorandum über ein Abkommen betreffend den Handelsverkehr zwischen der Schweiz und den vereinigten Besatzungszonen der Vereinigten Staaten und des Vereinigten Königreichs in Deutschland. Unterzeichnet in Berlin im Juni 1947.

4. Protokoll über den Handels- und Zahlungsverkehr zwischen dem deutschen Grenzgebiet und der Schweiz. 7. Juni 1946

Post- und Fernmeldewesen

1. Abkommen über das Fernmeldewesen zwischen den Militärregierungen der Vereinigten Staaten und des Vereinigten Königreichs und der schweizerischen Verwaltung für das Post- und Fernmeldewesen.

Fernsprech- und Telegraphendienst. 25. Juni 1947

2. Abkommen über das Fernmeldewesen zwischen der Alliierten Kontrollbehörde und der schweizerischen Verwaltung für das Post- und Fernmeldewesen.

Internationaler Fernsprechdienst. 1. Februar 1948

3. Postabkommen zwischen der Alliierten Kontrollbehörde und der schweizerischen Verwaltung für das Post- und Fernmeldewesen.

Luftpostdienst — nur eingehend. 5. März 1947

Arbeitskräfte

1. Abkommen über die Beschäftigung deutscher Hausgehilfinnen in der Schweiz. 11. Juli 1946

SURINAM

Post- und Fernmeldewesen

1. Abkommen über das Fernmeldewesen zwischen den Militärregierungen der Vereinigten Staaten, des Vereinigten Königreichs und Frankreichs und der Verwaltung für das Post- und Fernmeldewesen von Surinam.
Fernsprechdienst. 25. Juli 1949

TANGER

Post- und Fernmeldewesen

1. Abkommen über das Fernmeldewesen zwischen den Militärregierungen der Vereinigten Staaten, des Vereinigten Königreichs und Frankreichs und der Verwaltung für das Post- und Fernmeldewesen von Tanger.
Fernsprechdienst. 5. Juni 1949

TSCHECHOSLOWAKEI

Handels- und Zahlungsverkehr

1. Memorandum über Handels- und Wirtschaftsbeziehungen zwischen der Tschechoslowakei und den vereinigten Besatzungszonen der Vereinigten Staaten und des Vereinigten Königreichs in Deutschland. Unterzeichnet in Berlin am 31. Januar 1947.

2. Memorandum über Handels- und Wirtschaftsbeziehungen zwischen der Tschechoslowakei und den vereinigten Besatzungszonen der Vereinigten Staaten und Großbritanniens in Deutschland. Unterzeichnet in Prag im Juli 1947.

3. Zahlungsabkommen zwischen den Militärregierungen der Vereinigten Staaten und des Vereinigten Königreichs für Deutschland und der Regierung der Tschechoslowakischen Republik vom 5. September 1947.

4. Zusatzhandelsprotokoll zu dem Abkommen zwischen der Regierung der Tschechoslowakischen Republik und den Militärregierungen für Deutschland (Vereinigte Staaten / Vereinigtes Königreich) vom 3. Dezember 1948. Paraphiert am 19. Februar 1949. Hierdurch wurde das Abkommen, den Handel mit der französischen Zone einzuschließen, aufgehoben.

5. Vereinbartes Protokoll über die Besprechungen einer Gemischten Kommission, die vom 29. September bis zum 22. Dezember 1950 gemäß Artikeln 5 und 7 des Abkommens zwischen der Tschechoslowakischen Republik und den Militärregierungen für Deutschland gehalten wurden, vom 3. Dezember 1948 in der revidierten Fassung vom 21. Oktober 1949. Paraphiert am 21. Dezember 1950, jedoch am 17. Juli 1951 noch nicht unterzeichnet.

6. Protokoll über Zahlungen zur Erweiterung und Abänderung des Zahlungsabkommens vom 5. September 1947 zwischen den Militärregierungen für Deutschland (Vereinigte Staaten und Vereinigtes Königreich) und der Regierung der Tschechoslowakischen Republik vom 29. Juni 1949.

Post- und Fernmeldewesen

1. Abkommen über das Fernmeldewesen zwischen den Militärregierungen der Vereinigten Staaten und des Vereinigten Königreichs und der tschechoslowakischen Verwaltung für das Post- und Fernmeldewesen.
Fernsprech- und Telegraphendienst. 26. April 1947

2. Abkommen über das Fernmeldewesen zwischen der Alliierten Kontrollbehörde und der tschechoslowakischen Verwaltung für das Post- und Fernmeldewesen.
Internationaler Fernsprechdienst. 1. Februar 1948

3. Postabkommen zwischen der Alliierten Kontrollbehörde und der tschechoslowakischen Verwaltung für das Post- und Fernmeldewesen.
Luftpostdienst — nur eingehende Post. 15. Dezember 1947

TRINIDAD

Post- und Fernmeldewesen

1. Abkommen über das Fernmeldewesen zwischen den Militärregierungen der Vereinigten Staaten, des Vereinigten Königreichs und Frankreichs und der Verwaltung für das Post- und Fernmeldewesen von Trinidad.
Fernsprechdienst. 15. April 1949

TUNESIEN

Post- und Fernmeldewesen

1. Abkommen über das Fernmeldewesen zwischen den Militärregierungen der Vereinigten Staaten, des Vereinigten Königreichs und Frankreichs und der tunesischen Verwaltung für das Post- und Fernmeldewesen.
Fernsprechdienst. 5. Juni 1949

TÜRKEI

Handels- und Zahlungsverkehr

1. Vereinbartes Protokoll über die Besprechungen zwischen Vertretern der Türkischen Republik und einer die Militärgouverneure der von den Vereinigten Staaten, dem Vereinigten Königreich und Frankreich besetzten deutschen Gebiete vertretenden Delegation. Unterzeichnet am 10. August 1949.

2. Handelsabkommen zwischen der Türkei und der französischen Zone Deutschlands. Dieses Abkommen wurde ergänzt durch ein Zahlungsabkommen und ein Memorandum über das Durchführungsverfahren. 19. April 1948

3. Abkommen zwischen den Vereinigten Staaten und der Türkei, wonach die Meistbegünstigungsbehandlung auf besetzte und unter Kontrolle stehende Gebiete angewandt werden soll. 4. Juli 1948

4. Zahlungsabkommen zwischen der Regierung der Türkischen Republik und den Militärregierungen der Vereinigten Staaten, des Vereinigten Königreichs und Frankreichs in Deutschland. Paraphiert in Frankfurt am 16. Dezember 1948.

5. Handelsabkommen zwischen der Regierung der Türkischen Republik und den Militärgouverneuren der Vereinigten Staaten, des Vereinigten Königreichs und Frankreichs in Deutschland. Paraphiert in Frankfurt am 16. Dezember 1948.

URUGUAY

Handels- und Zahlungsverkehr

1. Abkommen zwischen der Regierung der Republica Oriental von Uruguay und den Militärregierungen der Vereinigten Staaten und des Vereinigten Königreichs für Deutschland über den Handelsverkehr zwischen Uruguay und den von den Vereinigten Staaten und dem Vereinigten Königreich besetzten Gebieten Deutschlands. Paraphiert in Frankfurt am 7. Oktober 1948.

2. Zahlungsabkommen zwischen der Regierung der Republik Uruguay und den Militärregierungen der Vereinigten Staaten und des Vereinigten Königreichs in Deutschland. Paraphiert in Frankfurt am 7. Oktober 1948.

JUGOSLAWIEN

Handels- und Zahlungsverkehr

1. Protokoll zum Zahlungsabkommen vom 28. April 1948. Paraphiert in Frankfurt am 19. August 1949.

2. Vereinbartes Protokoll über die Besprechungen zwischen Vertretern der Föderativen Volksrepublik Jugoslawien und einer die Militärregierungen der Vereinigten Staaten, des Vereinigten Königreichs und Frankreichs vertretenden Delegation. Unterzeichnet in Frankfurt am 19. August 1949.

3. Handelsabkommen zwischen der Föderativen Volksrepublik Jugoslawien und den Militärregierungen der Vereinigten Staaten, des Vereinigten Königreichs und Frankreichs für Deutschland vom 5. März 1949.

4. Protokoll über Zahlungsabkommen in Erweiterung und Abänderung des als Anhang „F“ dem Protokoll vom 28. April 1948 beigefügten Zahlungsabkommens betreffend Zahlungen im Handelsverkehr zwischen Jugoslawien und den von den Vereinigten Staaten und dem Vereinigten Königreich besetzten Gebieten Deutschlands. Abgeschlossen durch die Regierung der Volksrepublik Jugoslawien und die Militärregierungen der Vereinigten Staaten und des Vereinigten Königreichs für Deutschland. Paraphiert in Frankfurt am 5. März 1949.

5. Protokoll zwischen den Militärregierungen der Vereinigten Staaten und des Vereinigten Königreichs für Deutschland und der Regierung der Föderativen Volksrepublik Jugoslawien vom 28. April 1948.

6. Protokoll zwischen der Regierung der Föderativen Volksrepublik Jugoslawien und den Militärregierungen der Vereinigten Staaten und des Vereinigten Königreichs in Deutschland betreffend den Handels- und Zahlungsverkehr zwischen der Föderativen Volksrepublik Jugoslawien und den von den Vereinigten Staaten und dem Vereinigten Königreich besetzten Gebieten Deutschlands. Unterzeichnet in Belgrad im August 1947.

Post- und Fernmeldewesen

1. Abkommen über das Fernmeldewesen zwischen den Militärregierungen der Vereinigten Staaten und des Vereinigten Königreichs und Frankreichs einerseits und der jugoslawischen Verwaltung für Post- und Fernmeldewesen andererseits.

Fernsprechdienst. 15. März 1949

INTERNATIONALE ORGANISATIONEN

IRO und Verschleppte Personen

1. Abkommen zwischen der französischen Militärregierung und der UNRRA vom 18. Februar 1946. Verteilung des Aufgabengebiets und der Verantwortlichkeit zwischen dem Generaldirektor der UNRRA und der französischen Militärregierung in der französischen Zone Deutschlands.

2. Abkommen zwischen der IRO und dem Britischen Element des Kontrollrats für Deutschland. Festlegung der Aufgaben und Verantwortlichkeiten der IRO und des Elements des Vereinigten Königreichs im Kontrollrat betreffend verschleppte Personen und nichtdeutsche Flüchtlinge in Deutschland.

28. Juni 1947

Wohlfahrt

1. CARE (Cooperative for American Remittance for Europe Incorporated) —. Abkommen zwischen CARE und der Militärregierung der Vereinigten Staaten über Liebesgabensendungen und Wohlfahrtslieferungen. 5. Juni 1946

2. CRALOG (Council of Relief Agencies Licensed for Occupation in Germany) —. Abkommen zwischen CRALOG und der Militärregierung der Vereinigten Staaten über Liebesgabensendungen und Wohlfahrtslieferungen. 16. Mai 1947

3. Abkommen zwischen dem Centre d'Entr'Aide International und der Militärregierung der Vereinigten Staaten über Liebesgabensendungen und Wohlfahrtslieferungen. 1947

MEHRSEITIGE VERTRÄGE

Post- und Fernmeldewesen

1. Postabkommen zwischen den Militärregierungen der Vereinigten Staaten, des Vereinigten Königreichs und Frankreichs und den Verwaltungen für das Post- und Fernmeldewesen in allen Staaten der Welt.

Erweiterung des Durchgangs-Paketpostverkehrs durch Deutschland.

(Erweiterung des Viermächtebeschlusses, wonach dieser Dienst eingeschränkt wurde.)

20. Oktober 1948

2. Alle Staaten außer Spanien und Japan.

Abkommen zwischen der Alliierten Kontrollbehörde und den Verwaltungen für das Post- und Fernmeldewesen aller Staaten außer Spanien und Japan.

Telegraphendienst. 1. Dezember 1947

3. Alle Staaten außer Spanien und Japan.
Postabkommen zwischen der Alliierten Kontrollbehörde und den Verwaltungen für das Post- und Fernmeldewesen aller Staaten außer Spanien und Japan.
Durchgangspost durch Deutschland. 1. Januar 1947

4. Staaten im europäischen Bereich.
Postabkommen zwischen der Alliierten Kontrollbehörde und den Verwaltungen für das Post- und Fernmeldewesen aller Staaten im europäischen Bereich.
Durchgangspaketpost durch Deutschland. 1. Oktober 1947

5. Alle Staaten außer Spanien und Japan.
Postabkommen zwischen der Alliierten Kontrollbehörde und den Verwaltungen für das Post- und Fernmeldewesen aller Staaten außer Spanien und Japan.
Postlagernde Sendungen. 1. August 1947

6. Alle Staaten außer Spanien und Japan.
Postabkommen zwischen der Alliierten Kontrollbehörde und den Verwaltungen für das Post- und Fernmeldewesen aller Staaten außer Spanien und Japan.
Eingeschriebene Sendungen. 1. Januar 1948

7. Alle Staaten außer Spanien und Japan.
Postabkommen zwischen der Alliierten Kontrollbehörde und den Verwaltungen für das Post- und Fernmeldewesen aller Staaten außer Spanien und Japan.
Internationale Antwortscheine. (Nur in Richtung nach Deutschland.) 21. Juni 1946

8. Alle Staaten außer Spanien und Japan.
Postabkommen zwischen der Alliierten Kontrollbehörde und den Verwaltungen für das Post- und Fernmeldewesen aller Staaten außer Spanien und Japan.
Postkarten mit bezahlter Antwortkarte. (Nur in Richtung nach Deutschland.) 15. Februar 1948

9. Alle Staaten außer Spanien und Japan.
Postabkommen zwischen der Alliierten Kontrollbehörde und den Verwaltungen für das Post- und Fernmeldewesen aller Staaten außer Spanien und Japan.
Liebesgaben-Paketpostdienst. 15. Januar 1947

10. Alle Staaten außer Spanien und Japan.
Postabkommen zwischen der Alliierten Kontrollbehörde und den Verwaltungen für das Post- und Fernmeldewesen aller Staaten außer Spanien und Japan.
Päckchen — bis zu 2 Kilogramm. 1. Januar 1948

11. Alle Staaten außer Spanien und Japan.
Postabkommen zwischen der Alliierten Kontrollbehörde und den Verwaltungen für das Post- und Fernmeldewesen aller Staaten außer Spanien und Japan.
Sendungen in Blindenschrift. 15. Mai 1947

12. Alle Staaten außer Spanien und Japan.
Postabkommen zwischen der Alliierten Kontrollbehörde und den Verwaltungen für das Post- und Fernmeldewesen aller Staaten außer Spanien und Japan.
Geschäftspapiere und Mustersendungen. 15. September 1947

13. Alle Staaten außer Spanien und Japan.
Postabkommen zwischen der Alliierten Kontrollbehörde und den Verwaltungen für das Post- und Fernmeldewesen aller Staaten außer Spanien und Japan.
Bebilderte Briefumschläge. 1. September 1947

14. Alle Staaten außer Spanien und Japan.
Postabkommen zwischen der Alliierten Kontrollbehörde und den Verwaltungen für das Post- und Fernmeldewesen aller Staaten außer Spanien und Japan.
Ansichtskarten. 15. Juni 1947

15. Alle Staaten außer Spanien und Japan.
Postabkommen zwischen der Alliierten Kontrollbehörde und den Verwaltungen für das Post- und Fernmeldewesen aller Staaten außer Spanien und Japan.
Briefe und Karten. 1. April 1946

16. Alle europäischen Staaten außer Spanien.
Abkommen über das Fernmeldewesen zwischen der Alliierten Kontrollbehörde und den Verwaltungen des Post- und Fernmeldewesens aller europäischen Staaten außer Spanien.
Durchgangs-Fernmeldedienst. 16. Dezember 1946

Radio-Frequenzen

1. Konferenz über den Funk-Schiffahrtsverkehr auf dem Rhein, Den Haag 1949. 16. April 1949

(Die Militärgouverneure der Vereinigten Staaten, des Vereinigten Königreichs und Frankreichs erklärten sich mit den für den Funkdienst auf dem Rhein eingerichteten Verfahren einverstanden.)

2. Konferenz über die Radio-Verwaltung in der Region I, Genf 1949. Zuteilung von Frequenzen für mobile Dienste in Europa.

(Der Bedarf der Besatzungstruppen und der deutsche Bedarf an niedrigen und mittleren Frequenzbereichen wurden angemeldet und genehmigt.)

3. Vorläufige Frequenzen-Behörde und Internationale Stelle für die Registrierung von Frequenzen, Genf, 1948—50. Aufstellung einer neuen internationalen Frequenzen-Liste.

(Der Bedarf Deutschlands und der Besatzungstruppen wurde auf Drei-Mächte-Basis angegeben. Die neue internationale Frequenzenliste wurde bisher noch nicht veröffentlicht.)

10 c

Schreiben des Bundeskanzlers an jeden der Hohen Kommissare vom 26. Mai 1952 betreffend die Bestätigung des Schreibens 10 a und einen Vorbehalt hinsichtlich der Verträge, die sich auf die Saar beziehen.

Bundesrepublik Deutschland
Der Bundeskanzler

Bonn, den 26. Mai 1952
*)

Seiner Exzellenz
dem Hohen Kommissar
der Vereinigten Staaten von Amerika
Herrn John J. McCloy
Mehlem

Herr Hoher Kommissar,

In Beantwortung Ihres Schreibens vom 26. Mai 1952 beehre ich mich zu bestätigen, daß Ihr Schreiben und die beigefügte Liste die in Absatz 2 des Artikels 2 des Ersten Teils des Vertrags zur Regelung aus Krieg und Besatzung entstandener Fragen genannte Mitteilung darstellen.

Im Verlauf der Verhandlungen haben meine Vertreter erklärt, daß die Einbeziehungen von Verträgen und internationale Abkommen in diese Liste, die sich auf die Saar beziehen, sowie die sich daraus ergebende Übernahme gewisser Verpflichtungen durch die Bundesrepublik hinsichtlich dieser sich auf die Saar beziehenden Verträge und internationalen Abkommen in keiner Weise eine Anerkennung des gegenwärtigen Status an der Saar durch die Bundesrepublik enthält. Ich wiederhole diese Erklärung und wäre Ihnen verbunden, wenn Sie bestätigen würden, daß die Einbeziehung gewisser sich auf die Saar beziehender Verträge und Abkommen in diese Liste in keiner Weise eine Anerkennung des gegenwärtigen Status an der Saar durch die Bundesrepublik darstellt.

Ich benutze auch diesen Anlaß, um Ihnen, Herr Hoher Kommissar, die Versicherung meiner ausgezeichnetsten Hochachtung zu erneuern.

Adenauer

*) Gleichlautende Schreiben sind an die Hohen Kommissare des Vereinigten Königreichs und der Französischen Republik gerichtet worden.

10d

Schreiben der drei Hohen Kommissare an den Bundeskanzler vom 26. Mai 1952 betreffend die Bestätigung des in dem Schreiben 10c enthaltenen Saar-Vorbehalts.

(Übersetzung)
26. Mai 1952

Seiner Exzellenz
dem Herrn Bundeskanzler
der Bundesrepublik Deutschland

Herr Bundeskanzler,

In Beantwortung Ihres Schreibens vom 26. Mai 1952 beehren wir uns zu bestätigen, daß die Regierungen der Drei Mächte zustimmen, daß die Einbeziehung bestimmter, sich auf die Saar beziehender Verträge und Abkommen in die unserem Schreiben vom 26. Mai 1952 beigefügte Liste in keiner Weise eine Anerkennung des gegenwärtigen Status an der Saar durch die Bundesrepublik darstellt.

Für die Regierung der Vereinigten Staaten von Amerika
John J. McCloy
Hoher Kommissar der Vereinigten Staaten von Amerika

Für die Regierung des Vereinigten Königreichs von Großbritannien und Nordirland
Ivone Kirkpatrick
Hoher Kommissar des Vereinigten Königreichs für Deutschland

Für die Regierung der Republik Frankreich
André François-Poncet
Hoher Kommissar der Republik Frankreich in Deutschland

11

Schreiben des Bundeskanzlers an jeden der Hohen Kommissare vom 26. Mai 1952 betreffend Funkdienste (in der Fassung des Briefes X vom 23. Oktober 1954).

Bundesrepublik Deutschland
Der Bundeskanzler

Bonn, den 26. Mai 1952
*)

Seiner Exzellenz
dem Hohen Kommissar der Vereinigten Staaten von Amerika
Herrn John J. McCloy

Herr Hoher Kommissar,

Im Namen der Bundesregierung erkläre ich, daß diese nach dem Inkrafttreten des Vertrags über die Beziehungen zwischen der Bundesrepublik Deutschland und den Drei Mächten die Bestimmungen des Artikels 44 des Internationalen Fernmeldevertrags von Atlantic City vom 2. Oktober 1947 oder die an dessen Stelle tretenden Bestimmungen hinsichtlich der Funkverbindungen oder Funkdienste der Drei Mächte, der anerkannten Privatunternehmen und anderen ordnungsmäßig errichteten Unternehmen im Gebiet der Drei Mächte anwenden wird, die auf Wellenlängen betrieben werden, welche durch das Abkommen von Kopenhagen (1948) zugeteilt worden sind.

Obwohl die Bundesregierung sich durch das Abkommen von Kopenhagen nicht gebunden fühlt, erkennt sie demgemäß an, daß keine schädlichen Störungen für die Funkverbindung oder Funkdienste durch Funkstellen im Bundesgebiet verursacht werden dürfen.

Ich wäre Ihnen dankbar, wenn Sie Ihre Regierung von dem Inhalt dieses Schreibens unterrichten würden.

Ich benutze diesen Anlaß, um Ihnen, Herr Hoher Kommissar, die Versicherung meiner ausgezeichnetsten Hochachtung zu erneuern.

Adenauer

---

*) Gleichlautende Schreiben sind an die Hohen Kommissare des Vereinigten Königreichs und der Französischen Republik gerichtet worden.

12a

Schreiben des Bundeskanzlers an den Vorsitzenden des Rates der Alliierten Hohen Kommission vom 25. Mai 1952 betreffend Gewerbefreiheit.

Bundesrepublik Deutschland
Der Bundeskanzler

Bonn, den 25. Mai 1952

An
den Vorsitzenden des Rates
der Alliierten Hohen Kommission
Seiner Exzellenz
Herrn John McCloy

Herr Hoher Kommissar,

Um die seit langer Zeit zwischen der deutschen und der alliierten Seite geführten Erörterungen über die Frage der Gewerbefreiheit zu einem für beide Seiten befriedigenden Abschluß zu bringen, habe ich mich am 11. März 1952 bereit erklärt, Ihnen eine briefliche Erklärung zu dieser Frage zu übermitteln. Bei den genannten Erörterungen sind die Vertreter der Drei Mächte und der Bundesregierung zu der übereinstimmenden Auffassung gelangt, daß für Fragen der Gewerbefreiheit nur das Grundgesetz für die Bundesrepublik Deutschland maßgebend ist, über dessen Auslegung allein das Bundesverfassungsgericht bindend zu entscheiden hat. Aus diesem Grunde begrüße ich es, daß die Drei Mächte von ihrem ursprünglichen Wunsche, Bestimmungen über die Gewerbefreiheit in das Vertragswerk aufzunehmen, Abstand genommen haben. Ich verkenne jedoch nicht, daß eine baldige Klärung der sich aus dem Grundgesetz ergebenden Auslegungsfragen, insbesondere mit Rücksicht auf die künftige Gesetzgebung, wünschenswert ist.

Die Bundesregierung wird daher, sofern die zur Zeit bei dem Bundesverfassungsgericht anhängigen Verfahren keine Möglichkeit zu einer ausreichenden Klärung der Fragen geben sollten, eine Entscheidung des Bundesverfassungsgerichts herbeiführen, sobald sich Veranlassung bietet, einen Antrag nach § 76 Nr. 2 des Gesetzes über das Bundesverfassungsgericht zu stellen.

Ich benutze auch diesen Anlaß, um Ihnen, Herr Hoher Kommissar, die Versicherung meiner ausgezeichnetsten Hochachtung zu erneuern.

Adenauer

12b

Schreiben des Hohen Kommissars der Vereinigten Staaten in seiner Eigenschaft als Vorsitzender des Rates der Alliierten Hohen Kommission vom 27. Mai 1952 betreffend die Bestätigung des Schreibens 12a.

(Übersetzung)

Alliierte Hohe Kommission
für Deutschland
Der Rat
Bonn-Petersberg
27. Mai 1952 AGSEC (52) 531

Seiner Exzellenz
dem Herrn Bundeskanzler
der Bundesrepublik Deutschland

Herr Bundeskanzler,

Im Namen der Alliierten Hohen Kommission beehre ich mich, den Empfang Ihres Schreibens vom 25. Mai 1952 zu bestätigen, wonach die Bundesregierung gewährleisten wird, daß die Frage der Verfassungsmäßigkeit von Einschränkungen der Gewerbefreiheit vor das Bundesverfassungsgericht gebracht werden wird, falls diese Fragen in naher Zukunft in den bei jenem Gericht zur Zeit anhängigen Verfahren nicht+) entschieden werden.

Genehmigen Sie, Herr Bundeskanzler, die erneute Versicherung meiner ausgezeichneten Hochachtung.

John J. McCloy
Vorsitzender

16a

Schreiben jedes der drei Außenminister an den Bundeskanzler vom 26. Mai 1952 betreffend die Durchführung der Steuerfreiheit von Nachfolgeorganisationen und Treuhandkörperschaften.

(Übersetzung)
26. Mai 1952
**)

Seiner Exzellenz
dem Herrn Bundeskanzler
der Bundesrepublik Deutschland

Herr Bundeskanzler,

Artikel 5 des Dritten Teils des Vertrags zur Regelung aus Krieg und Besatzung entstandener Fragen sieht vor, daß Nachfolgeorganisationen und Treuhandkörperschaften, die auf Grund der in Absatz (a) des Artikels 1 dieses Teils erwähnten

+) Das Wort fehlt im amtlichen deutschen Text BGBl. II vom 31. 3. 1955, Nr. 8, Seite 569; ein Vergleich mit der englischen und französischen Fassung klärt den Irrtum auf.

**) Ein geichlautendes Schreiben hat der Außenminister des Vereinigten Königreichs an den Bundeskanzler gerichtet.

Rechtsvorschriften ernannt worden sind, weiterhin die beim Inkrafttreten des Vertrags für sie geltenden Steuerfreiheiten zu gewähren sind, soweit sie Steuern betreffen, die der Bundesrepublik zufließen. Die Nachfolgeorganisationen und Treuhandkörperschaften genießen bei Inkrafttreten des Vertrags die Steuerfreiheiten, die nach deutschem Recht solchen Organisationen gewährt werden, die ausschließlich und unmittelbar gemeinnützigen Zwecken dienen. Die in dem Vertrage vorgesehene Steuerbefreiung bezieht sich nur auf die Steuern, die der Bundesrepublik zufließen. Da unsere Regierungen von der Voraussetzung ausgegangen sind, daß eine Schlechterstellung der Nachfolgeorganisationen und Treuhandkörperschaften durch Abschluß des Vertrags nicht eintreten soll, bitte ich Sie, mir zu bestätigen, daß, soweit von diesen Organisationen nach Inkrafttreten des Vertrags Steuern oder Abgaben an Länder und Gemeinden (Gemeindeverbände) zu zahlen sind, von denen sie gegenwärtig befreit sind, die Bundesregierung die Steuer- und Abgabenforderungen unmittelbar mit den anfordernden Behörden in einer solchen Weise regeln wird, daß die Nachfolgeorganisationen und Treuhandkörperschaften nicht verpflichtet sein werden, hierfür irgendeine Zahlung zu leisten.

Dean Acheson
Minister des Auswärtigen
der Vereinigten Staaten von Amerika

16b

Schreiben des Bundeskanzlers an jeden der drei Außenminister vom 26. Mai 1952 betreffend die Bestätigung des Schreibens 16a.

Bundesrepublik Deutschland
Der Bundeskanzler

Bonn, den 26. Mai 1952
*)

Seiner Exzellenz
dem Minister des Auswärtigen der Vereinigten Staaten von Amerika
Herrn Dean Acheson

Herr Minister,

In Beantwortung Ihres heutigen Briefes stimme ich mit Euer Exzellenz überein, daß durch Abschluß des Vertrags die Nachfolgeorganisationen und Treuhandkörperschaften nicht schlechter gestellt werden sollen. Demgemäß bestätige ich Ihnen, daß die Bundesregierung, sofern von diesen Organisationen nach dem Inkrafttreten dieses Vertrags irgendwelche Steuern und Abgaben erhoben werden sollten, die den Ländern oder Gemeinden (Gemeindeverbänden) ganz oder teilweise zufließen und die nach deutschem Recht von Organisationen, die ausschließlich und unmittelbar gemeinnützigen Zwecken dienen, nicht erhoben werden, die Steuer- und Abgabenforderungen unmittelbar mit den anfordernden Behörden in einer solchen Weise regeln

*) Gleichlautende Schreiben sind an die Außenminister des Vereinigten Königreichs und der Französischen Republik gerichtet worden.

wird, daß die Nachfolgeorganisationen und Treuhandkörperschaften nicht verpflichtet sein werden, hierfür irgendeine Zahlung zu leisten.

Ich benutze diesen Anlaß, um Sie, Herr Minister, meiner ausgezeichnetsten Hochachtung zu versichern.

Adenauer

17

Erklärung der Drei Mächte in der Bonner Außenministerkonferenz am 25. Mai 1952 zu Artikel 1 des Sechsten Teils des Vertrags zur Regelung aus Krieg und Besatzung entstandener Fragen.

(Übersetzung)

Erklärung über Reparationen

Die Regierungen der Vereinigten Staaten und des Vereinigten Königreichs erklären, daß sie irgendwelche Reparationsansprüche aus der laufenden Produktion nicht geltend gemacht haben und nicht geltend zu machen beabsichtigen. Sie haben sich der Forderung solcher Reparationen durch irgendeine andere Macht beharrlich widersetzt und beabsichtigen, dies auch in Zukunft zu tun. Die französische Regierung nimmt von dieser tatsächlichen Lage Kenntnis und erklärt sich daher mit Artikel 1 des Sechsten Teils des Vertrags zur Regelung aus Krieg und Besatzung entstandener Fragen einverstanden.

18a

Schreiben des Hohen Kommissars der Vereinigten Staaten in seiner Eigenschaft als Vorsitzender des Rates der Alliierten Hohen Kommission an den Bundeskanzler vom 19. Mai 1952 betreffend die Vermögenswerte der JEIA.

(Übersetzung)

Alliierte Hohe Kommission
für Deutschland
Der Rat
Bonn-Petersberg
19. Mai 1952 AGSEC (52) 459

Seiner Exzellenz
dem Herrn Bundeskanzler
der Bundesrepublik Deutschland

Herr Bundeskanzler,

Gemäß den Bestimmungen des Gesetzes Nr. 56 der Alliierten Hohen Kommission werden die Vermögenswerte der Joint Export/Import Agency (Vereinigtes Ausfuhr- und Einfuhramt) mit Ausnahme einiger noch ausstehender Devisenforderungen zu den folgenden vereinbarten Bedingungen auf die Bundesrepublik übertragen:

1. Von den Ansprüchen, die im Zusammenhang mit den Geschäften der Joint Export/Import Agency oder irgendeiner Stelle der Militärregierung, deren Aufgaben von der Joint Export/Import Agency übernommen wurden, entstanden sind, wird die

Bundesregierung diejenigen befriedigen, die von den Liquidatoren der Joint Export/Import Agency, von der Alliierten Hohen Kommission oder einer anderen zuständigen alliierten Dienststelle anerkannt werden; jedoch haftet sie den Gläubigern der Joint Export/Import Agency oder irgendeiner Dienststelle der Militärregierung, deren Aufgaben von der Joint Export/Import Agency übernommen wurden, weder mit den ihr übertragenen Vermögenswerten noch mit sonstigen anderen Vermögenswerten der Bundesrepublik. Die Übertragung erfolgt ohne Beeinträchtigung der Forderungen der alliierten Regierungen gegen die Bundesregierung, die auf Grund der Deutschland nach dem Kriege geleisteten wirtschaftlichen Hilfe besteht.

2. Zu den erwähnten Vermögenswerten gehören auch die bei der Bank deutscher Länder im Namen der Joint Export/Import Agency geführten Guthaben, die sich aus Export- und Importgeschäften ergaben, welche in den drei Westzonen Deutschlands und den drei Westsektoren von Berlin mit Hilfe des Betriebskapitals durchgeführt wurden, das von den Regierungen Frankreichs, des Vereinigten Königreichs und der Vereinigten Staaten zur Verfügung gestellt wurde. Die Devisenguthaben wurden der Bank deutscher Länder zur Verfügung gestellt, um den Devisenbedarf der Bundesrepublik zu decken, wobei sich die Hohen Kommissare jedoch ihre Rechte in bezug auf diese Devisenbeträge vorbehalten haben. Diese Rechte an den Devisenguthaben gelten als am 1. Oktober 1949 auf die Bundesrepublik übergegangen.

3. Die bei der Bank deutscher Länder im Namen der Joint Export/Import Agency geführten DM-Guthaben sind von den Liquidatoren für die Abwicklung der Angelegenheiten der Joint Export/Import Agency verwendet worden, jedoch finden auf den Liquidationskonten gewisse finanzielle Berichtigungen sowohl in DM als auch in ausländischer Währung ihren Niederschlag, die durch den Zusammenschluß des Außenhandels der französischen Zone mit demjenigen der US/UK Zone (Vereinigtes Wirtschaftsgebiet) erforderlich waren, da es unmöglich war, diese Berichtigungen vor dem 1. Oktober 1949 durchzuführen. Vorbehaltlich der in den folgenden Absätzen festgelegten Bedingungen schlagen die Hohen Kommissare ferner vor, daß die gegenwärtig auf den Liquidationskonten geführten DM-Guthaben einschließlich des Betrages von 28 846 250 DM, der aus einer Sterling-Zahlung der Regierung des Vereinigten Königreichs an die Joint Export/Import Agency vom 30. Juni 1950 als Beitrag an Stelle von Einfuhren für Unterstützungszwecke resultiert, nunmehr an die Bundesregierung übertragen werden. Über die gegenwärtige finanzielle Lage der Joint Export/Import Agency gibt die beigefügte Bilanz per 31. Dezember 1951*) Aufschluß.

4. Die Bundesregierung verpflichtet sich, die Hohen Kommissare und deren Regierungen — einzeln und insgesamt — auf deren jeweiliges Ersuchen von allen bestehenden oder noch entstehenden Verbindlichkeiten freizustellen, die mit den in Absatz (1) bis (3) erwähnten Geschäften oder mit solchen Geschäften in Zusammenhang stehen, die zwecks Hilfeleistung oder zwecks Leistung von Beiträgen an die deutsche Wirtschaft abgeschlossen wurden. Die Bundesregierung erklärt sich gleichermaßen einverstanden, die von den Liquidatoren der Joint Export/Import Agency, der

*) Nicht abgedruckt.

Alliierten Hohen Kommission oder einer anderen zuständigen alliierten Dienststelle anerkannten Ansprüche auch dann zu befriedigen, wenn die letzteren es in Sonderfällen für zweckmäßig erachtet haben, die Zahlung ohne Anerkennung der Rechtsgrundlage solcher Forderungen (ex gratia awards) anzuordnen.

5. Die Bundesregierung wird bei der Bank deutscher Länder im Namen der deutschen Bundesregierung ein Sonderkonto mit der Bezeichnung „JEIA-Fonds" errichten. Die Hohen Kommissare werden die in Absatz (3) dieses Schreibens erwähnten Guthaben auf dieses Konto einzahlen. Die Bundesregierung, die Joint Export/Import Agency und ihre Dienststellen werden gleichfalls diejenigen Beträge auf dieses Konto einzahlen, die von Zeit zu Zeit auf Grund der Realisierung der Vermögenswerte der Joint Export/Import Agency anfallen. Ferner wird die Verwaltungs- und Verrechnungs-GmbH (VVG) auf das Sonderkonto „JEIA-Fonds" diejenigen Guthaben überweisen, die sich aus der Eintreibung der an sie abgetretenen, der Joint Export/Import Agency zustehenden Forderungen ergeben.

6. Die Joint Export/Import Agency hat dem Bundesministerium der Finanzen bereits eine Liste derjenigen noch ausstehenden Forderungen gegen die Joint Export/Import Agency übergeben, die gegenwärtig noch bearbeitet werden. Um sicherzustellen, daß genügend Gelder vorhanden sind, um die von den Liquidatoren der Joint Export/Import Agency, der Alliierten Hohen Kommission oder einer anderen zuständigen Alliierten Dienststelle anerkannten Forderungen zu befriedigen und alle bei der aktiven und passiven Prozeßtätigkeit im Zusammenhang mit Forderungen und Schulden der Joint Export/Import Agency entstehenden Kosten sowie die Verwaltungskosten der Joint Export/Import Agency (soweit nicht aus Besatzungskosten getragen) zu decken, werden 50 000 000 DM aus dem JEIA-Fonds gesperrt. Die „ex gratia awards", die von den Liquidatoren der Joint Export/Import Agency oder von der Alliierten Hohen Kommission oder von einer anderen zuständigen alliierten Dienststelle zugebilligt werden und zu deren Leistung die Bundesregierung sich verpflichtet, werden auf 10 000 000 DM beschränkt, es sei denn, daß die Vertragsparteien etwas Anderweitiges vereinbaren. Obwohl nicht angenommen wird, daß die für diese Zwecke erforderlichen Beträge annähernd so hoch sein werden, erscheint es ratsam, diese Summe zunächst mit der Maßgabe zurückzuhalten, daß diese Beträge auf Grund gegenseitiger Übereinkunft je nach Fortschritt der Liquidation allmählich verringert werden können. Soweit die Bezahlung derartiger Ansprüche und Kosten in einer fremden Währung erfolgen muß, stellt die Bundesregierung die notwendigen Devisen zur Verfügung.

7. Die Bundesregierung wird den Rest des JEIA-Fonds dergestalt verwenden, daß sie mit der Alliierten Hohen Kommission oder einer anderen zuständigen alliierten Dienststelle zu vereinbarende Beträge zu ebenfalls zu vereinbarenden Zwecken abhebt. Gewisse Beträge sind der Bundesregierung bereits aus dem Fonds der Liquidatoren im voraus zur Verfügung gestellt worden.

8. Die Hohen Kommissare werden aus ihrem Aktenmaterial der Bundesregierung alle Auskünfte erteilen, die nötig sind, um die Eintreibung der möglicherweise existierenden Vermögenswerte zu erleichtern, oder um diejenigen anderen Zwecke zu verfolgen, mit denen die Hohen Kommissare sich einverstanden erklären.

9. Sie werden gebeten, im Namen der Bundesregierung die in diesem Schreiben enthaltenen Vorschläge für die Übertragung der in Absätzen 2 und 3 erwähnten Vermögenswerte zu den in diesem Schreiben niedergelegten Bedingungen anzunehmen und sich gleichzeitig mit den in den Absätzen 1, 4, 5, 6 und 7 erwähnten Bestimmungen einverstanden zu erklären.

10. Der deutsche, englische und französische Wortlaut des vorliegenden Schreibens sind gleich maßgebend.

Genehmigen Sie, Herr Bundeskanzler, den Ausdruck meiner ausgezeichnetsten Hochachtung.

John J. McCloy
Vorsitzender

18b

Schreiben des Bundeskanzlers
an den Vorsitzenden des Rates der Hohen Kommission vom 21. Mai 1952
betreffend die Bestätigung des Schreibens 18a.

Bundesrepublik Deutschland
Der Bundeskanzler

311-00 II/6737/52

Bonn, den 21. Mai 1952

Seiner Exzellenz
dem geschäftsführenden Vorsitzenden
der Alliierten Hohen Kommission
Herrn John J. McCloy

Herr Hoher Kommissar,

Ich beehre mich, den Eingang Ihres Schreibens vom 19. Mai — AGSEC (52) 459 — betreffend die Liquidation der JEIA und die Übertragung ihrer Vermögenswerte auf die Bundesregierung zu bestätigen, und erkläre mich im Namen der Bundesregierung mit dessen Inhalt einverstanden.

Genehmigen Sie, Herr Hoher Kommissar, den Ausdruck meiner ausgezeichnetsten Hochachtung.

Adenauer

VERTRAG ÜBER DEN AUFENTHALT AUSLÄNDISCHER STREITKRÄFTE IN DER BUNDESREPUBLIK DEUTSCHLAND

Im Hinblick auf die gegenwärtige internationale Lage und auf die Notwendigkeit, die Verteidigung der freien Welt sicherzustellen, die weiterhin die Anwesenheit ausländischer Streitkräfte in der Bundesrepublik Deutschland erfordern, sind die Bundesrepublik Deutschland, die Vereinigten Staaten von Amerika, das Vereinigte Königreich von Großbritannien und Nordirland und die Französische Republik wie folgt übereingekommen:

Artikel 1

(1) Vom Zeitpunkt des Inkrafttretens der Abmachungen über den deutschen Verteidigungsbeitrag an dürfen Streitkräfte der gleichen Nationalität und Effektivstärke wie zur Zeit des Inkrafttretens dieser Abmachungen in der Bundesrepublik stationiert werden.

(2) Die Effektivstärke der gemäß Absatz (1) dieses Artikels in der Bundesrepublik stationierten Streitkräfte darf mit Zustimmung der Regierung der Bundesrepublik Deutschland jederzeit erhöht werden.

(3) Zusätzliche Streitkräfte der Partnerstaaten dieses Vertrags dürfen mit Zustimmung der Regierung der Bundesrepublik Deutschland und in Übereinstimmung mit den für die dem Obersten Alliierten Befehlshaber in Europa zugeteilten Streitkräfte geltenden Verfahren das Bundesgebiet für Übungszwecke betreten und dort für diese Zwecke bis zur Höchstdauer von jeweils dreißig Tagen verbleiben.

(4) Auf der gleichen Grundlage, nach der dies zwischen anderen Parteien des Nordatlantikpaktes üblich ist oder mit Wirkung für alle Mitgliedstaaten im Rat der Nordatlantikpakt-Organisation vereinbart wird, gewährt die Bundesrepublik den amerikanischen, britischen und französischen Streitkräften das Recht, das Bundesgebiet auf dem Wege nach oder von Österreich (solange diese dort weiter stationiert sind) oder irgendeinem Mitgliedstaat der Nordatlantikpakt-Organisation zu betreten, es zu durchqueren und zu verlassen.

Artikel 2

Dieser Vertrag steht jedem Staat zum Beitritt offen, welcher nicht zu den Unterzeichnerstaaten gehört und welcher im Zeitpunkt der Unterzeichnung des Protokolls über die Beendigung des Besatzungsregimes in der Bundesrepublik Deutschland am 23. Oktober 1954 in Paris Streitkräfte im Bundesgebiet stationiert hatte. Ein solcher Staat, der diesem Vertrage beizutreten wünscht, kann bei der Bundesrepublik eine Beitrittsurkunde hinterlegen.

Artikel 3

(1) Dieser Vertrag tritt außer Kraft mit dem Abschluß einer friedensvertraglichen Regelung mit Deutschland oder wenn die Unterzeichnerstaaten zu einem früheren Zeitpunkt übereinkommen, daß die Entwicklung der internationalen Lage neue Abmachungen rechtfertigt.

(2) Die Unterzeichnerstaaten werden die Bestimmungen dieses Vertrags zur gleichen Zeit und gemäß den gleichen Bedingungen, wie sie in Artikel 10 des Vertrags über die Beziehungen zwischen der Bundesrepublik Deutschland und den Drei Mächten vorgesehen sind, überprüfen.

Artikel 4

(1) Dieser Vertrag bedarf der Ratifizierung oder Genehmigung der Unterzeichnerstaaten; Ratifikations- oder Genehmigungsurkunden werden von diesen bei der Regierung der Bundesrepublik Deutschland hinterlegt, die den einzelnen Unterzeichnerstaaten von der erfolgten Hinterlegung jeder Ratifikations- oder Genehmigungsurkunde Mitteilung macht. Der Vertrag tritt in Kraft, sobald alle Unterzeichnerstaaten diese Hinterlegung vorgenommen haben und die Beitrittsurkunde der Bundesrepublik Deutschland zum Nordatlantikpakt bei der Regierung der Vereinigten Staaten von Amerika hinterlegt worden ist.

(2) Der Vertrag tritt ferner in diesem Zeitpunkt für jeden beitretenden Staat in Kraft, der vorher gemäß Artikel 2 dieses Vertrags eine Beitrittsurkunde hinterlegt hat, und für jeden anderen beitretenden Staat in dem Zeitpunkt, in dem er eine solche Urkunde hinterlegt.

(3) Dieser Vertrag wird in den Archiven der Regierung der Bundesrepublik Deutschland hinterlegt; diese stellt jedem Staat, der Partei dieses Vertrags ist, beglaubigte Abschriften davon und von den gemäß Artikel 2 hinterlegten Beitrittsurkunden zur Verfügung und teilt jedem Staat den Zeitpunkt der Hinterlegung jeder Beitrittsurkunde mit.

Zu Urkund dessen haben die unterzeichneten ordnungsgemäß bevollmächtigten Vertreter diesen Vertrag unterschrieben.

Geschehen zu Paris am dreiundzwanzigsten Tage des Monats Oktober 1954 in drei Fassungen, in deutscher, englischer und französischer Sprache, wobei alle drei Fassungen in gleicher Weise verbindlich sind.

Für die Bundesrepublik Deutschland
gezeichnet: *Adenauer*

Für die Vereinigten Staaten von Amerika
gezeichnet: *John Foster Dulles*

Für das Vereinigte Königreich von Großbritannien und Nordirland
gezeichnet: *Anthony Eden*

Für die Französische Republik
gezeichnet: *Pierre Mendès-France*

PROTOKOLL NR. I

ZUR ÄNDERUNG UND ERGÄNZUNG DES BRÜSSELER VERTRAGS

Seine Majestät der König der Belgier, der Präsident der Französischen Republik und Präsident der Französischen Union, Ihre Königliche Hoheit die Großherzogin von Luxemburg, Ihre Majestät die Königin der Niederlande und Ihre Majestät die Königin des Vereinigten Königreichs von Großbritannien und Nordirland und Ihrer übrigen Reiche und Gebiete, Haupt des Commonwealth, als Parteien des am 17. März 1948 in Brüssel unterzeichneten Vertrags über wirtschaftliche, soziale und kulturelle Zusammenarbeit und über kollektive Selbstverteidigung, im folgenden als „der Vertrag" bezeichnet, einerseits

und der Präsident der Bundesrepublik Deutschland sowie der Präsident der Italienischen Republik andererseits

Von dem gemeinsamen Willen beseelt, den Frieden und die Sicherheit zu festigen,

In dem Wunsche, zu diesem Zweck die Einheit Europas zu fördern und seiner fortschreitenden Integrierung Antrieb zu geben,

In der Überzeugung, daß der Beitritt der Bundesrepublik Deutschland und der Italienischen Republik zu dem Vertrage einen neuen wesentlichen Schritt auf diesem Wege bedeutet,

Unter Berücksichtigung der auf der Londoner Konferenz gefaßten Beschlüsse, die in der Schlußakte vom 3. Oktober 1954 und ihren Anlagen niedergelegt sind,

Haben zu ihren Bevollmächtigten bestellt:

Seine Majestät
der König der Belgier

Seine Exzellenz
Herrn Paul-Henri *Spaak*,
Minister des Auswärtigen

Der Präsident
der Französischen Republik und
Präsident der Französischen Union

Seine Exzellenz
Herrn Pierre *Mendès-France*,
Ministerpräsidenten,
Minister des Auswärtigen

Der Präsident
der Bundesrepublik Deutschland

Seine Exzellenz
Herrn Konrad *Adenauer*,
Bundeskanzler,
Bundesminister des Auswärtigen

Der Präsident
der Italienischen Republik

Seine Exzellenz
Herrn Gaetano *Martino*,
Minister des Auswärtigen

Ihre Königliche Hoheit
die Großherzogin von Luxemburg

Seine Exzellenz
Herrn Joseph *Bech*,
Ministerpräsidenten,
Minister des Auswärtigen

Ihre Majestät
die Königin der Niederlande

Seine Exzellenz
Herrn Johan Willem *Beyen*,
Minister des Auswärtigen

Ihre Majestät
die Königin des Vereinigten Königreichs
von Großbritannien, Nordirland
und Ihrer übrigen Reiche und Gebiete,
Haupt des Commonwealth

Für das Vereinigte Königreich
von Großbritannien und Nordirland

Sir Anthony *Eden*, K. G., M. C.,
Mitglied des Parlaments,
Ersten Staatssekretär des Auswärtigen

Diese haben nach Vorlage ihrer Vollmachten, die als gut und gehörig befunden wurden,

folgendes vereinbart:

Artikel I

Die Bundesrepublik Deutschland und die Italienische Republik treten hiermit dem Vertrage in der durch dieses Protokoll geänderten und ergänzten Fassung bei.

Die Hohen Vertragschließenden Teile dieses Protokolls betrachten das Protokoll über die Streitkräfte der Westeuropäischen Union (im folgenden als Protokoll Nr. II bezeichnet), das Protokoll über die Rüstungskontrolle und seine Anlagen (im folgenden als Protokoll Nr. III bezeichnet) und das Protokoll über das Amt für Rüstungskontrolle der Westeuropäischen Union (im folgenden als Protokoll Nr. IV bezeichnet) als Bestandteil dieses Protokolls.

Artikel II

Der Absatz der Präambel des Vertrags: „alle Maßnahmen zu treffen, die im Fall der Wiederaufnahme einer deutschen Angriffspolitik als notwendig erachtet werden", wird wie folgt geändert: „Die Einheit Europas zu fördern und seiner fortschreitenden Integrierung Antrieb zu geben".

Die einleitenden Worte von Artikel I Absatz 2 lauten wie folgt: „Die in vorstehendem Absatz vorgesehene Zusammenarbeit, die durch den in Artikel VIII genannten Rat erfolgt ...".

Artikel III

Folgender neuer Artikel wird in den Vertrag als Artikel IV aufgenommen:

„Bei der Durchführung des Vertrags arbeiten die Hohen Vertragschließenden Teile und alle von ihnen im Rahmen des Vertrags geschaffenen Organe eng mit der Organisation des Nordatlantikvertrags zusammen.

Da der Aufbau einer Parallelorganisation zu den militärischen NATO-Stäben unerwünscht ist, sind der Rat und sein Amt in militärischen Angelegenheiten hinsichtlich Auskunftserteilung und Beratung auf die zuständigen militärischen NATO-Stellen angewiesen."

Artikel IV, V, VI und VII des Vertrags werden dementsprechend in Artikel V, VI, VII und VIII umbenannt.

Artikel IV

Artikel VIII des Vertrags (bisher Artikel VII) wird wie folgt geändert:

„1. Um den Frieden und die Sicherheit zu festigen und die Einheit Europas zu fördern und seiner fortschreitenden Integrierung Antrieb zu geben sowie eine engere Zusammenarbeit zwischen den Mitgliedstaaten und mit anderen europäischen Organisationen zu unterstützen, setzen die Hohen Vertragschließenden Teile des Brüsseler Vertrags einen Rat ein, der sich mit der Durchführung dieses Vertrags, seiner Protokolle und deren Anlagen befaßt.

2. Der Rat führt die Bezeichnung „Rat der Westeuropäischen Union"; er ist so eingerichtet, daß er ständig tätig sein kann; soweit erforderlich, richtet er nachgeordnete Stellen ein, insbesondere errichtet er unverzüglich ein Amt für Rüstungskontrolle mit den in Protokoll Nr. IV bestimmten Aufgaben.

3. Auf Antrag eines der Hohen Vertragschließenden Teile wird der Rat unverzüglich einberufen, um eine Beratung bei jeder Lage zu ermöglichen, die eine Bedrohung des Friedens, gleichviel in welchem Gebiet, oder eine Gefährdung der wirtschaftlichen Stabilität darstellt.

4. Über Fragen, für die ein anderes Abstimmungsverfahren nicht vereinbart ist oder vereinbart wird, beschließt der Rat einstimmig. In den Fällen der Protokolle Nr. II, III und IV wendet er die verschiedenen darin vorgesehenen Abstimmungsverfahren an — Einstimmigkeit, Zweidrittelmehrheit, einfache Mehrheit. Er entscheidet mit einfacher Mehrheit über Fragen, die ihm vom Amt für Rüstungskontrolle vorgelegt werden.

Artikel V

Als neuer Artikel wird in den Vertrag ein Artikel IX eingefügt: „Der Rat der Westeuropäischen Union erstattet einer Versammlung, die aus Vertretern der Brüsseler Vertragsmächte bei der Beratenden Versammlung des Europarates besteht, jährlich einen Bericht über seine Tätigkeit, insbesondere über die Rüstungskontrolle."

Artikel VIII, IX und X des Vertrags werden dementsprechend in Artikel X, XI und XII umbenannt.

Artikel VI

Dieses Protokoll und die weiteren in Artikel I aufgeführten Protokolle sind zu ratifizieren, die Ratifizierungsurkunden sind so bald wie möglich bei der belgischen Regierung zu hinterlegen. Sie treten in Kraft, sobald alle Ratifikationsurkunden zu diesem Protokoll bei der belgischen Regierung hinterlegt worden sind und die Beitrittsurkunde der Bundesrepublik Deutschland zum Nordatlantikvertrag bei der Regierung der Vereinigten Staaten von Amerika hinterlegt worden ist.

Die belgische Regierung wird die Regierungen der übrigen Hohen Vertragschließenden Teile und die Regierung der Vereinigten Staaten von Amerika von der Hinterlegung jeder Ratifikationsurkunde unterrichten.

Zu Urkund dessen haben die obenerwähnten Bevollmächtigten dieses Protokoll unterzeichnet und mit ihrem Siegel versehen.

Geschehen zu Paris am dreiundzwanzigsten Oktober 1954 in je einem Urstück, in englischer und französischer Sprache, wobei beide Fassungen in gleicher Weise maßgebend sind; sie werden in den Archiven der belgischen Regierung hinterlegt, die jedem der anderen Unterzeichnerstaaten beglaubigte Abschriften übermittelt.

Für Belgien:
P.-H. Spaak

Für Frankreich:
Pierre Mendès-France

Für die Bundesrepublik Deutschland:
Adenauer

Für Italien:
G. Martino

Für Luxemburg:
Jos. Bech

Für die Niederlande:
J. W. Beyen

Für das Vereinigte Königreich von Großbritannien und Nordirland
Anthony Eden

PROTOKOLL NR. II

ÜBER DIE STREITKRÄFTE DER WESTEUROPÄISCHEN UNION

Seine Majestät der König der Belgier, der Präsident der Französischen Republik und Präsident der Französischen Union, der Präsident der Bundesrepublik Deutschland, der Präsident der Italienischen Republik, Ihre Königliche Hoheit die Großherzogin von Luxemburg, Ihre Majestät die Königin der Niederlande und Ihre Majestät die Königin des Vereinigten Königreichs von Großbritannien und Nordirland und Ihrer übrigen Reiche und Gebiete, Haupt des Commonwealth, als Unterzeichner des Protokolls zur Änderung und Ergänzung des Brüsseler Vertrags, haben nach Konsultation des Nordatlantikrats zu ihren Bevollmächtigten bestellt:

Seine Majestät
der König der Belgier

Seine Exzellenz
Herrn Paul-Henri *Spaak*,
Minister des Auswärtigen

Der Präsident
der Französischen Republik und
Präsident der Französischen Union

Seine Exzellenz
Herrn Pierre *Mendès-France*,
Ministerpräsidenten,
Minister des Auswärtigen

Der Präsident
der Bundesrepublik Deutschland

Seine Exzellenz
Herrn Konrad *Adenauer*,
Bundeskanzler,
Bundesminister des Auswärtigen

Der Präsident
der Italienischen Republik

Seine Exzellenz
Herrn Gaetano *Martino*,
Minister des Auswärtigen

Ihre Königliche Hoheit
die Großherzogin von Luxemburg

Seine Exzellenz
Herrn Joseph *Bech*,
Ministerpräsidenten,
Minister des Auswärtigen

Ihre Majestät
die Königin der Niederlande

Seine Exzellenz
Herrn Johan Willem *Beyen*,
Minister des Auswärtigen

Ihre Majestät
die Königin des Vereinigten Königreiches von
Großbritannien, Nordirland und Ihrer übrigen
Reiche und Gebiete, Haupt des Commonwealth

Für das Vereinigte Königreich
von Großbritannien und Nordirland

Sir Anthony *Eden*, K. G., M. C.,
Mitglied des Parlaments,
Ersten Staatssekretär des Auswärtigen

und folgendes vereinbart:

Artikel 1

1. Die Land- und Luftstreitkräfte, die jeder der Hohen Vertragschließenden Teile dieses Protokolls dem Alliierten Oberbefehlshaber Europa in Friedenszeiten auf dem europäischen Festland unterstellt, dürfen nach Gesamtstärke und Anzahl der Verbände nicht überschreiten:

(a) für Belgien, Frankreich, die Bundesrepublik Deutschland, Italien und die Niederlande die Höchstgrenzen, wie sie in dem Sonderabkommen zu dem am 27. Mai 1952 in Paris unterzeichneten Vertrag über die Gründung der Europäischen Verteidigungsgemeinschaft für Friedenszeiten festgelegt sind:

(b) für das Vereinigte Königreich 4 Divisionen und die Zweite Taktische Luftflotte;

(c) für Luxemburg eine Kampfgruppe in Regimentsstärke.

2. Die Anzahl der in Absatz 1 genannten Verbände kann, um den Bedürfnissen von NATO zu entsprechen, soweit dies erforderlich ist, auf den neuesten Stand gebracht und angepaßt werden, vorausgesetzt, daß eine gleichwertige Kampfkraft erhalten bleibt und die Gesamtstärken nicht überschritten werden.

3. Die Festlegung dieser Höchststärken verpflichtet keinen der Hohen Vertragschließenden Teile, Streitkräfte dieser Stärke aufzustellen oder zu unterhalten, beläßt ihnen aber das Recht, dies, wenn erforderlich, zu tun.

Artikel 2

Hinsichtlich der Marinestreitkräfte wird der Beitrag, den jeder der Hohen Vertragschließenden Teile dieses Protokolls den NATO-Kommandobehörden leistet, jedes Jahr im Zuge der Jahreserhebung (unter Berücksichtigung der Empfehlungen der militärischen NATO-Stellen) festgelegt. Die Marinestreitkräfte der Bundesrepublik Deutschland bestehen aus den Schiffen und Verbänden, die zur Erfüllung der ihr von der Organisation des Nordatlantikvertrags zugewiesenen Verteidigungsaufgaben erforderlich sind, oder gleichwertiger Kampfkraft; sie müssen sich im Rahmen des in Artikel 1 genannten Sonderabkommens halten.

Artikel 3

Werden während der NATO-Jahreserhebung zu irgendeinem Zeitpunkt Empfehlungen vorgelegt, die zu einer Erhöhung der Gesamtstärke der Streitkräfte über die in den Artikeln 1 und 2 bezeichneten Grenzen hinaus führen würden, so darf der betreffende Staat die empfohlenen Erhöhungen nur annehmen, wenn die Hohen Vertragschließenden Teile dieses Protokolls dies einstimmig billigen; die Billigung kann entweder im Rat der Westeuropäischen Union oder in der Organisation des Nordatlantikvertrags zum Ausdruck gebracht werden.

Artikel 4

Damit der Rat der Westeuropäischen Union feststellen kann, ob die in den Artikeln 1 und 2 festgelegten Grenzen eingehalten werden, erhält er laufend Mitteilungen, die auf den Ergebnissen der vom Alliierten Oberbefehlshaber Europa durchgeführten Inspektionen beruhen. Diese Mitteilungen werden von einem hohen Offizier übermittelt, den der Alliierte Oberbefehlshaber Europa hierzu bestimmt.

Artikel 5

Die Stärke und Bewaffnung der Streitkräfte für die bodenständige Verteidigung und der Polizeikräfte der Hohen Vertragschließenden Teile dieses Protokolls auf dem europäischen Festland werden unter Berücksichtigung der eigentlichen Aufgaben und des Bedarfs sowie der vorhandenen Stärke dieser Kräfte durch Abkommen innerhalb der Organisation der Westeuropäischen Union festgelegt.

Artikel 6

Ihre Majestät die Königin des Vereinigten Königreichs von Großbritannien und Nordirland wird auf dem europäischen Festland einschließlich Deutschlands die Effektivstärke der zur Zeit dem Alliierten Oberbefehlshaber Europa zur Verfügung gestellten Streitkräfte des Vereinigten Königreichs, d. h. vier Divisionen und die Zweite Taktische Luftflotte aufrechterhalten oder dort Streitkräfte unterhalten, die der Alliierte Oberbefehlshaber Europa als gleichwertige Kampfkraft ansieht. Ihre Majestät verpflichtet sich, diese Streitkräfte nicht gegen den Wunsch der Mehrheit der Hohen Vertragschließenden Teile zurückzuziehen; diese treffen ihre Entscheidung, nachdem sie von der Auffassung des Alliierten Oberbefehlshabers Europa Kenntnis genommen haben. Diese Verpflichtung bindet jedoch Ihre Majestät nicht im Falle eines akuten Notstandes in Übersee. Falls die Unterhaltung der Streitkräfte des Vereinigten Königreichs auf dem europäischen Festland zu irgendeiner Zeit eine zu schwere Belastung der auswärtigen Finanzen des Vereinigten Königreichs mit sich bringt, wird Ihre Majestät durch Ihre Regierung im Vereinigten Königreich von Großbritannien und Nordirland den Nordatlantikrat ersuchen, die finanziellen Bedingungen für den Unterhalt der Verbände des Vereinigten Königreichs zu überprüfen.

Zu Urkund dessen haben die obengenannten Bevollmächtigten dieses Protokoll, das eines der in Artikel I des Protokolls zur Änderung und Ergänzung des Vertrags bezeichneten Protokolle darstellt, unterzeichnet und mit Siegel versehen.

Geschehen zu Paris am dreiundzwanzigsten Oktober 1954 in je einem Urstück, in englischer und französischer Sprache, wobei beide Fassungen in gleicher Weise maßgebend sind; sie werden in den Archiven der belgischen Regierung hinterlegt, die jedem der anderen Unterzeichnerstaaten beglaubigte Abschriften übermittelt.

Für Belgien:
P.-H. Spaak

Für Frankreich:
Pierre Mendès-France

Für die Bundesrepublik Deutschland:
Adenauer

Für Italien:
G. Martino

Für Luxemburg:
Jos. Bech

Für die Niederlande:
J. W. Beyen

Für das Vereinigte Königreich von Großbritannien und Nordirland
Anthony Eden

PROTOKOLL NR. III

ÜBER DIE RÜSTUNGSKONTROLLE

Seine Majestät der König der Belgier, der Präsident der Französischen Republik und Präsident der Französischen Union, der Präsident der Bundesrepublik Deutschland, der Präsident der Italienischen Republik, Ihre Königliche Hoheit die Großherzogin von Luxemburg, Ihre Majestät die Königin der Niederlande, Ihre Majestät die Königin des Vereinigten Königreichs von Großbritannien und Nordirland und Ihrer übrigen Reiche und Gebiete, Haupt des Commonwealth, als Unterzeichner des Protokolls zur Änderung und Ergänzung des Brüsseler Vertrags, haben zu ihren Bevollmächtigten bestellt:

Seine Majestät
der König der Belgier

Seine Exzellenz
Herrn Paul-Henri *Spaak*,
Minister des Auswärtigen

Der Präsident
der Französischen Republik und
Präsident der Französischen Union

Seine Exzellenz
Herrn Pierre *Mendès-France*,
Ministerpräsidenten,
Minister des Auswärtigen

Der Präsident
der Bundesrepublik Deutschland

Seine Exzellenz
Herrn Konrad *Adenauer*,
Bundeskanzler,
Bundesminister des Auswärtigen

Der Präsident
der Italienischen Republik

Seine Exzellenz
Herrn Gaetano *Martino*,
Minister des Auswärtigen

Ihre Königliche Hoheit
die Großherzogin von Luxemburg

Seine Exzellenz
Herrn Joseph *Bech*,
Ministerpräsidenten,
Minister des Auswärtigen

Ihre Majestät
die Königin der Niederlande

Seine Exzellenz
Herrn Johan Willem *Beyen*,
Minister des Auswärtigen

Ihre Majestät
die Königin des Vereinigten Königreichs
von Großbritannien, Nordirland
und Ihrer übrigen Reiche und Gebiete,
Haupt des Commonwealth

Für das Vereinigte Königreich
von Großbritannien und Nordirland

Sir Anthony *Eden*, K. G., M. C.,
Mitglied des Parlaments,
Ersten Staatssekretär des Auswärtigen

und folgendes vereinbart:

TEIL I

Unzulässige Rüstungsproduktion

Artikel 1

Die Hohen Vertragschließenden Teile, Mitglieder der Westeuropäischen Union, nehmen die Erklärung des Bundeskanzlers der Bundesrepublik Deutschland (am 3. Oktober 1954 in London abgegeben und diesem Protokoll als Anlage I beigefügt) zur Kenntnis, mit welcher die Bundesrepublik Deutschland sich verpflichtet hat, in ihrem Gebiet keine Atomwaffen, biologischen und chemischen Waffen herzustellen und geben ihre Zustimmung zu Protokoll. Diese Waffenarten, auf die sich dieser Artikel bezieht, sind in Anlage II näher bezeichnet. Die Definitionen dieser Waffenarten werden von dem Rat der Westeuropäischen Union genauer bestimmt und auf den neuesten Stand gebracht.

Artikel 2

Die Hohen Vertragschließenden Teile, Mitglieder der Westeuropäischen Union, nehmen ferner die vom Bundeskanzler der Bundesrepublik Deutschland mit derselben Erklärung eingegangene Verpflichtung zur Kenntnis und geben ihre Zustimmung zu dieser Verpflichtung zu Protokoll, wonach bestimmte weitere Waffenarten im Gebiet der Bundesrepublik Deutschland nicht hergestellt werden, es sei denn, daß der Rat der Westeuropäischen Union auf Grund einer dem Bedarf der Streitkräfte entsprechenden Empfehlung des zuständigen Oberbefehlshabers der Organisation des Nordatlantikvertrags und eines entsprechenden Antrags der Regierung der Bundesrepublik Deutschland mit Zweidrittelmehrheit beschließt, Änderungen oder Streichungen in dem Verzeichnis dieser Waffen vorzunehmen. Die in diesem Artikel bezeichneten Waffenarten sind in Anlage III aufgeführt.

TEIL II

Kontrollierte Rüstung

Artikel 3

Ist die Entwicklung der Atomwaffen, der biologischen und chemischen Waffen in dem Gebiet derjenigen Hohen Vertragschließenden Teile auf dem europäischen Festland, die auf das Recht zu deren Herstellung nicht verzichtet haben, über das Versuchsstadium hinausgediehen, und hat dort die eigentliche Fertigung begonnen, so wird die Höhe der Bestände, die die betreffenden Hohen Vertragschließenden Teile auf dem europäischen Festland unterhalten dürfen, vom Rat der Westeuropäischen Union mit einfacher Stimmenmehrheit festgesetzt.

Artikel 4

Unbeschadet der vorstehenden Artikel unterliegen die in Anlage IV aufgeführten Rüstungstypen in dem Ausmaß und in der Weise der Kontrolle, wie dies in Protokoll Nr. IV festgelegt ist.

Artikel 5

Der Rat der Westeuropäischen Union kann das Verzeichnis der Anlage IV durch einstimmige Entscheidung ändern.

Zu Urkund dessen haben die obenerwähnten Bevollmächtigten dieses Protokoll, das eines der in Artikel I des Protokolls zur Änderung und Ergänzung des Vertrags aufgeführten Protokolle ist, unterzeichnet und mit ihrem Siegel versehen.

Geschehen zu Paris am dreiundzwanzigsten Oktober 1954 in je einem Urstück in englischer und französischer Sprache, wobei beide Fassungen in gleicher Weise maßgebend sind; sie werden in den Archiven der belgischen Regierung hinterlegt, die jedem der anderen Unterzeichnerstaaten beglaubigte Abschriften übermittelt.

Für Belgien:
P.-H. Spaak

Für Frankreich:
Pierre Mendès-France

Für die Bundesrepublik Deutschland:
Adenauer

Für Italien:
G. Martino

Für Luxemburg:
Jos. Bech

Für die Niederlande:
J. W. Beyen

Für das Vereinigte Königreich von Großbritannien und Nordirland
Anthony Eden

ANLAGE I

Der Bundeskanzler erklärt:

daß sich die Bundesrepublik verpflichtet, die in dem beiliegenden Verzeichnis *) in den Absätzen I, II und III aufgeführten Atomwaffen, chemischen und biologischen Waffen in ihrem Gebiet nicht herzustellen;

daß sich die Bundesrepublik ferner verpflichtet, die in dem beiliegenden Verzeichnis **) in den Absätzen IV, V und VI aufgeführten Waffen in ihrem Gebiet nicht herzustellen. Eine Änderung oder Aufhebung des Inhalts der Absätze IV, V und VI **) kann auf Antrag der Bundesrepublik durch Beschluß des Brüsseler Ministerrats mit Zweidrittelmehrheit erfolgen, wenn der zuständige Oberbefehlshaber der Organisation des Nordatlantikvertrags auf Grund des Bedarfs der Streitkräfte dies beantragt;

daß die Bundesrepublik damit einverstanden ist, die Einhaltung dieser Verpflichtungen durch die zuständige Stelle der Organisation des Brüsseler Vertrags überwachen zu lassen.

ANLAGE II

Diese Liste umfaßt die nachstehend in den Absätzen I bis III definierten Waffen und die ausschließlich für ihre Produktion bestimmten Einrichtungen. Von dieser Definition sind alle Vorrichtungen, Teile, Geräte, Einrichtungen, Substanzen und Organismen ausgenommen, die für zivile Zwecke verwandt werden oder der wissenschaftlichen, medizinischen und industriellen Forschung auf den Gebieten der reinen und angewandten Wissenschaften dienen.

---

*) Siehe Anlage II.
**) Siehe Anlage III.

I. Atomwaffen

(a) Als Atomwaffe gilt jede Waffe, die Kernbrennstoff oder radioaktive Isotope enthält oder eigens dazu bestimmt ist, solche aufzunehmen oder zu verwenden und welche — durch Explosion oder andere unkontrollierte Kernumwandlung des Kernbrennstoffes oder durch Radioaktivität des Kernbrennstoffes oder der radioaktiven Isotope — Massenzerstörungen, Massenschäden oder Massenvergiftungen hervorrufen kann.

(b) Als Atomwaffe gilt ferner jeder Teil, jede Vorrichtung, jede Baugruppe oder Substanz, welche eigens für eine unter (a) aufgeführte Waffe bestimmt oder für sie wesentlich ist.

(c) Als Kernbrennstoff gemäß der vorangehenden Definition gilt Plutonium, Uran 233, Uran 235 (einschließlich Uran 235, welches in Uran enthalten ist, das mit mehr als 2,1 Gewichtsprozent Uran 235 angereichert wurde) sowie jede andere Substanz, welche geeignet ist, beträchtliche Mengen Atomenergie durch Kernspaltung oder -vereinigung oder eine andere Kernreaktion der Substanz freizumachen. Die vorstehenden Substanzen werden als Kernbrennstoff angesehen, einerlei in welchem chemischen oder physikalischen Zustand sie sich befinden.

II. Chemische Waffen.

(a) Als chemische Waffe gelten alle Einrichtungen oder Geräte, die eigens dazu bestimmt sind, die erstickenden, toxischen, reizerregenden, lähmenden, wachstumsregelnden, die Schmierwirkung zerstörenden und katalytischen Eigenschaften irgendeiner chemischen Substanz für militärische Zwecke auszunutzen.

(b) Vorbehaltlich der unter (c) getroffenen Regelung sind chemische Substanzen, die derartige Eigenschaften besitzen und für die Verwendung in Einrichtungen und Geräten gemäß (a) in Frage kommen, in dieser Definition einbegriffen.

(c) Von dieser Definition gelten als ausgenommen die unter (a) und (b) genannten Geräte und die Mengen von chemischen Substanzen, die nicht über den zivilen Friedensbedarf hinausgehen.

III. Biologische Waffen.

(a) Als biologische Waffen gelten alle Einrichtungen oder Geräte, die eigens dazu bestimmt sind, schädliche Insekten oder andere lebende oder tote Organismen oder deren toxische Produkte für militärische Zwecke zu verwenden.

(b) Vorbehaltlich der unter (c) getroffenen Regelung sind in dieser Definition Insekten, Organismen und ihre toxischen Produkte eingeschlossen, soweit sie nach Art und Menge für die Verwendung in den unter (a) genannten Einrichtungen oder Geräten in Frage kommen.

(c) Von dieser Definition gelten als ausgenommen die unter (a) und (b) aufgeführten Einrichtungen und Geräte sowie die Mengen von Insekten, Organismen und ihren toxischen Produkten, die über den zivilen Friedensbedarf nicht hinausgehen.

ANLAGE III

Diese Liste umfaßt die nachstehend in den Absätzen IV bis VI definierten Waffen und die ausschließlich für ihre Produktion bestimmten Einrichtungen. Von dieser Definition sind alle Vorrichtungen, Teile, Geräte, Einrichtungen, Substanzen und Organismen ausgenommen, die für zivile Zwecke verwandt werden oder der wissenschaftlichen, medizinischen und industriellen Forschung auf den Gebieten der reinen und angewandten Wissenschaften dienen.

IV. Weitreichende Geschosse, gelenkte Geschosse und Influenzminen.

(a) Vorbehaltlich der unter (d) getroffenen Regelung gelten als weitreichende Geschosse und gelenkte Geschosse alle Geschosse, die so beschaffen sind, daß die Geschwindigkeit oder die Bewegungsrichtung nach dem Augenblick des Abschusses durch eine Vorrichtung oder einen Mechanismus innerhalb oder außerhalb des Geschosses beeinflußt werden kann; hierin sind die Waffen der V-Bauart, die während des letzten Krieges entwickelt wurden, und ihre späteren Abarten eingeschlossen. Der Verbrennungsantrieb wird als ein Mechanismus betrachtet, der in der Lage ist, die Geschwindigkeit zu beeinflussen.

(b) Vorbehaltlich der unter (d) getroffenen Regelung gelten als Influenzminen die Seeminen, deren Explosion selbsttätig durch ausschließlich von außen kommende Einflüsse ausgelöst werden kann; hierin sind Influenzminen, die während des letzten Krieges entwickelt wurden, und ihre späteren Abarten eingeschlossen.

(c) Als in diese Definition eingeschlossen gelten Teile, Vorrichtungen oder Baugruppen, die eigens für die Verwendung in oder zusammen mit den unter (a) und (b) aufgeführten Waffen bestimmt sind.

(d) Von dieser Definition gelten als ausgenommen die Annäherungszünder und gelenkten Geschosse mit kurzer Reichweite für die Luftabwehr, deren Merkmale folgende Höchstwerte nicht überschreiten:

Länge	2 m
Durchmesser	30 cm
Geschwindigkeit	660 m/sec.
Reichweite, horizontal	32 km
Gewicht des Sprengkopfes	22,5 kg

V. Kriegsschiffe mit Ausnahme von kleineren Schiffen für Verteidigungszwecke.

Als Kriegsschiffe mit Ausnahme von kleineren Schiffen für Verteidigungszwecke gelten:

(a) Kriegsschiffe mit mehr als 3000 t Wasserverdrängung;

(b) Unterseeboote mit mehr als 350 t Wasserverdrängung;

(c) alle Kriegsschiffe, die in anderer Weise als durch Dampfmaschinen, Diesel- oder Benzinmotoren, Gasturbinen oder Strahltriebwerke angetrieben werden.

VI. Bombenflugzeuge für strategische Zwecke.

ANLAGE IV

Verzeichnis der der Kontrolle unterliegenden Waffenarten

1. (a) Atomwaffen,
   (b) Biologische Waffen,
   (c) Chemische Waffen,

in Übereinstimmung mit den vom Rat der Westeuropäischen Union gemäß Artikel 1 dieses Protokolls zu billigenden Definitionen.

2. Alle Kanonen, Haubitzen und Granatwerfer jeder Art und für jeden Verwendungszweck mit einem Kaliber von mehr als 90 mm, einschließlich des folgenden Bestandteiles dieser Waffen: Rohr mit Verschluß.

3. Alle gelenkte Geschosse.

Definition: Unter gelenkten Geschossen sind Geschosse zu verstehen, deren Geschwindigkeit oder Bewegungsrichtung nach dem Augenblick des Abschusses durch eine Vorrichtung oder einen Mechanismus innerhalb oder außerhalb des Geschosses beeinflußt werden können. Hierzu gehören die Waffen der V-Bauart, die während des letzten Krieges entwickelt wurden, sowie ihre späteren Abarten. Als Verbrennungsantrieb gilt ein Mechanismus, der die Geschwindigkeit beeinflußt.

4. Sonstige Geschosse mit Eigenantrieb von mehr als 15 kg Gewicht in abschußbereitem Zustand.

5. Minen aller Art mit Ausnahme von Panzerabwehr- und Schützenminen.

6. Panzer einschließlich folgender Bestandteile:
   (a) Geschützrohr mit Verschluß;
   (b) Gußstahl-Panzerung des Turmes und/bzw. Panzerplatten-Baugruppen.

7. Sonstige gepanzerte Kampffahrzeuge mit einem Gesamtgewicht von mehr als 10 metrischen Tonnen.

8. (a) Kriegsschiffe mit mehr als 1500 t Wasserverdrängung;
   (b) Unterseeboote;
   (c) alle Kriegsschiffe, die in anderer Weise als durch Dampfmaschinen, Diesel- oder Benzinmotoren oder Gasturbinen angetrieben werden;
   (d) kleine Wasserfahrzeuge mit einer Geschwindigkeit von mehr als 30 Knoten, die mit Offensivwaffen bestückt sind.

9. Fliegerbomben mit einem Gewicht von mehr als 1000 kg.

10. Munition für die in Ziffer 2 beschriebenen Waffen.

11. (a) Vollständige Militärflugzeuge, ausgenommen:
    (i) alle Schulflugzeuge mit Ausnahme von Einsatzflugzeugen, die zu Ausbildungszwecken verwendet werden;
    (ii) Militär-Transportflugzeuge und Verbindungsflugzeuge;
    (iii) Hubschrauber;
    (b) Flugzeugzellen, die eigens und ausschließlich für Militärflugzeuge mit Ausnahme der in (i), (ii) und (iii) genannten bestimmt sind;
    (c) Strahl-, Propellerturbinen und Raketen-Triebwerk, sofern sie als Hauptantrieb dienen.

PROTOKOLL NR. IV

ÜBER DAS AMT FÜR RÜSTUNGSKONTROLLE DER WEST-EUROPÄISCHEN UNION

Seine Majestät der König der Belgier, der Präsident der Französischen Republik und Präsident der Französischen Union, der Präsident der Bundesrepublik Deutschland, der Präsident der Italienischen Republik, Ihre Königliche Hoheit die Großherzogin von Luxemburg, Ihre Majestät die Königin der Niederlande, Ihre Majestät die Königin des Vereinigten Königreichs von Großbritannien und Nordirland und Ihrer übrigen Reiche und Gebiete, Haupt des Commonwealth, als Unterzeichner des Protokolls zur Änderung und Ergänzung des Brüsseler Vertrags, haben in Übereinstimmung mit Artikel IV des Protokolls zur Änderung und Ergänzung des Vertrages die Errichtung eines Amts für Rüstungskontrolle beschlossen,
und zu ihren Bevollmächtigten bestellt:

Seine Majestät
der König der Belgier

Seine Exzellenz
Herrn Paul-Henri *Spaak*,
Minister des Auswärtigen

Der Präsident
der Französischen Republik und
Präsident der Französischen Union

Seine Exzellenz
Herrn Pierre *Mendès-France*,
Ministerpräsidenten,
Minister des Auswärtigen

Der Präsident
der Bundesrepublik Deutschland

Seine Exzellenz
Herrn Konrad *Adenauer*,
Bundeskanzler,
Bundesminister des Auswärtigen

Der Präsident
der Italienischen Republik

Seine Exzellenz
Herrn Gaetano *Martino*,
Minister des Auswärtigen

Ihre Königliche Hoheit
die Großherzogin von Luxemburg

Seine Exzellenz
Herrn Joseph *Bech*,
Ministerpräsidenten,
Minister des Auswärtigen

Ihre Majestät
die Königin der Niederlande

Seine Exzellenz
Herrn Johan Willem *Beyen*,
Minister des Auswärtigen

Ihre Majestät
die Königin des Vereinigten Königreichs
von Großbritannien, Nordirland
und Ihrer übrigen Reiche und Gebiete,
Haupt des Commonwealth

Für das Vereinigte Königreich
von Großbritannien und Nordirland

Sir Anthony *Eden*, K. G., M. C.,
Mitglied des Parlaments,
Ersten Staatssekretär des Auswärtigen

und folgendes vereinbart:

TEIL I

Satzung

Artikel 1

Das Amt für Rüstungskontrolle (im folgenden als „das Amt" bezeichnet) ist dem Rat der Westeuropäischen Union (im folgenden als „der Rat" bezeichnet) verantwortlich. Es hat einen Direktor, dem ein stellvertretender Direktor zur Seite steht; diese werden unterstützt von einem Stab, der sich aus Staatsangehörigen der Hohen Vertragschließenden Teile, die Mitglieder der Westeuropäischen Union sind, in ausgewogenem Verhältnis zusammensetzt.

Artikel 2

Der Direktor und sein Stab, sowie alle Bediensteten, die dem Amt von den Mitgliedstaaten gegebenenfalls zur Verfügung gestellt werden, unterstehen der allgemeinen Verwaltungskontrolle des Generalsekretärs der Westeuropäischen Union.

Artikel 3

Der Direktor wird vom Rat durch einstimmige Entscheidung auf fünf Jahre ernannt; er kann nicht wiederernannt werden. Er ist dafür verantwortlich, daß die Auswahl seines Stabes nach dem in Artikel 1 genannten Grundsatz und im Benehmen mit den beteiligten Mitgliedstaaten erfolgt. Vor der Besetzung der Stellen des stellvertretenden Direktors und der Abteilungsleiter des Amtes holt der Direktor die Zustimmung des Rates zu der Ernennung der hierfür in Frage kommenden Personen ein.

Artikel 4

1. Der Direktor legt dem Rat durch den Generalsekretär einen Plan für den Aufbau des Amtes vor. Das Amt soll in Abteilungen gegliedert sein, die sich im einzelnen befassen mit:
   (a) der Prüfung von statistischen und Haushaltsangaben, die von den Mitgliedern der Westeuropäischen Union und den zuständigen NATO-Stellen einzuholen sind;
   (b) Inspektionen, Stichproben und Besichtigungen;
   (c) Verwaltung.
2. Der Aufbau kann durch Entscheidung des Rates geändert werden.

Artikel 5

Die Kosten für die Unterhaltung des Amtes werden in den Haushaltsplan der Westeuropäischen Union eingestellt. Der Direktor legt dem Rat durch den Generalsekretär einen jährlichen Voranschlag über diese Kosten vor.

Artikel 6

Die Bediensteten des Amtes sind an alle Bestimmungen der NATO-Sicherheitsvorschriften gebunden. Sie dürfen Informationen, von denen sie im Zusammenhang mit der Ausübung ihrer Amtspflichten Kenntnis erhalten haben, keinesfalls weitergeben; Ausnahmen hiervon sind nur im Zusammenhang mit der Erfüllung ihrer Aufgaben gegenüber dem Amt zulässig.

TEIL II

Aufgaben

Artikel 7

1. Das Amt hat folgende Aufgaben:
   (a) sich davon zu überzeugen, daß die in Protokoll Nr. III dargelegten Verpflichtungen eingehalten werden, bestimmte in den Anlagen II und III zu diesem Protokoll aufgeführte Waffentypen nicht herzustellen;

b) in Übereinstimmung mit Teil III dieses Protokolls die Höhe der von den einzelnen Mitgliedern der Westeuropäischen Union auf dem europäischen Festland gehaltenen Bestände an Waffentypen, die in Anlage IV zu Protokoll Nr. III genannt sind, zu kontrollieren. Diese Kontrolle erstreckt sich auf den Ausstoß und die Einfuhren in dem Ausmaße, das erforderlich ist, um die Kontrolle der Bestände wirksam zu gestalten.

2. Im Hinblick auf die in Absatz 1 dieses Artikels genannten Aufgaben hat das Amt
(a) die von den Mitgliedern der Westeuropäischen Union und von den NATO-Stellen gelieferten statistischen und Haushaltsangaben genau zu prüfen;
(b) auf dem europäischen Festland Stichproben, Besichtigungen und Inspektionen in Produktionsanlagen, Depots und bei den Streitkräften (mit Ausnahme der NATO unterstehenden Depots oder Streitkräfte) durchzuführen;
(c) dem Rat Bericht zu erstatten.

Artikel 8

Hinsichtlich der NATO unterstehenden Streitkräfte und Depots werden Stichproben, Besichtigungen und Inspektionen von den zuständigen Stellen der Organisation des Nordatlantikvertrags durchgeführt. Im Falle der dem Alliierten Oberbefehlshaber Europa unterstellten Streitkräfte und Depots werden dem Amt die Angaben mitgeteilt, die der Rat über den von dem Alliierten Oberbefehlshaber Europa zu benennenden hohen Offizier erhält.

Artikel 9

Die Tätigkeit des Amtes beschränkt sich auf das europäische Festland.

Artikel 10

Das Amt befaßt sich mit dem Ausstoß an Fertigfabrikaten und Bestandteilen der in den Anlagen II, III und IV zu Protokoll Nr. III aufgeführten Art und nicht mit den Herstellungsverfahren. Es sorgt dafür, daß Material und Erzeugnisse für den zivilen Verbrauch von seiner Tätigkeit ausgenommen bleiben.

Artikel 11

Die von dem Amt durchgeführten Inspektionen erfolgen nicht routinemäßig, sondern in der Art von Stichproben, die in unregelmäßigen Zeitabständen durchgeführt werden. Diese Inspektionen werden im Geiste harmonischer Zusammenarbeit durchgeführt. Der Direktor unterbreitet dem Rat eingehende Vorschriften über die Durchführung der Inspektionen, die unter anderem ein angemessenes Rechtsverfahren in bezug auf private Interessen vorsehen.

Artikel 12

Den Mitgliedern des Amtes ist für ihre Stichproben, Besichtigungen und Inspektionen auf Verlangen freier Zugang zu den Anlagen und Depots sowie Einblick in die betreffenden Buchungen und Unterlagen zu gewähren. Das Amt und die nationalen Behörden arbeiten bei diesen Stichproben und Inspektionen zusammen; insbesondere können die nationalen Behörden auf Verlangen daran teilnehmen.

TEIL III

Höhe der Rüstungsbestände

Artikel 13

1. Alle Mitglieder der Westeuropäischen Union erstatten in bezug auf ihre NATO unterstehenden und auf dem europäischen Festland stationierten Streitkräfte dem Amt jährlich Bericht über

(a) die im Verhältnis zu den Stärken ihrer Streitkräfte erforderlichen Gesamtmengen der in Anlage IV zu Protokoll Nr. III aufgeführten Waffenarten;

(b) die Bestände an solchen Waffen, wie sie zu Beginn der einzelnen Kontrolljahre jeweils vorhanden sind;

(c) die Programme, mit deren Hilfe die unter Unterabsatz (a) aufgeführten Gesamtmengen erreicht werden sollen, und zwar durch

(i) Herstellung im eigenen Gebiet;

(ii) Ankauf in einem anderen Staat;

(iii) Hilfe durch Lieferung von Fertigfabrikaten seitens eines anderen Staates.

2. Diese Berichte werden von allen Mitgliedern der Westeuropäischen Union auch in bezug auf ihre Streitkräfte für die bodenständige Verteidigung, ihre Polizeikräfte sowie ihre sonstigen der nationalen Kontrolle unterliegenden und auf dem europäischen Festland stationierten Streitkräfte erstattet, und zwar einschließlich eines Berichtes über die Bestände, die sie für ihre in Übersee stationierten Streitkräfte auf dem europäischen Festland halten.

3. Die Berichte werden mit den entsprechenden der Organisation des Nordatlantikvertrags vorgelegten Angaben abgestimmt.

Artikel 14

Hinsichtlich der NATO unterstehenden Streitkräfte prüft das Amt im Benehmen mit den zuständigen NATO-Stellen nach, ob die unter Artikel 13 angegebenen Gesamtmengen mit den Mengen übereinstimmen, die auf Grund des Bedarfs der NATO unterstehenden Einheiten der betreffenden Mitglieder anerkannt werden, und ob sie mit den Beschlüssen und Angaben übereinstimmen, die in den vom Nordatlantikrat in Zusammenhang mit der NATO-Jahreserhebung gebilligten Dokumenten enthalten sind.

Artikel 15

Hinsichtlich der Streitkräfte für die bodenständige Verteidigung und der Polizeikräfte müssen die von dem Amt als angemessen anzuerkennenden Gesamtrüstungsmengen den von den Mitgliedern angegebenen Gesamtmengen entsprechen, dabei wird vorausgesetzt, daß sie sich im Rahmen der weiteren Abkommen halten, die zwischen den Mitgliedern der Westeuropäischen Union über Stärke und Bewaffnung der Streitkräfte für die bodenständige Verteidigung und der Polizeikräfte auf dem europäischen Festland abzuschließen sind.

Artikel 16

Hinsichtlich der sonstigen unter nationaler Kontrolle verbleibenden Streitkräfte müssen die von dem Amt als angemessen anzuerkennenden Gesamtmengen an Waffen den Gesamtmengen entsprechen, die dem Amt von den Mitgliedern angegeben werden.

Artikel 17

Die von den Mitgliedern gemäß Artikel 15 und 16 angegebenen Zahlen über Gesamtrüstungsmengen müssen dem Umfange und der Aufgabe der betreffenden Streitkräfte entsprechen.

Artikel 18

Die Bestimmungen der Artikel 14 und 17 finden keine Anwendung auf die in Artikel 3 des Protokolls Nr. III bezeichneten Hohen Vertragschließenden Teile und die dort genannten Waffenarten. Bestände an Waffen der erwähnten Art werden nach dem Verfahren des genannten Artikels festgestellt und dem Amt durch den Rat der Westeuropäischen Union mitgeteilt.

Artikel 19

Die auf Grund der Artikel 14, 15, 16 und 18 von dem Amt festgestellten Zahlen werden dem Rat als die Bestandshöhen gemeldet, die für das laufende Kontrolljahr für die Mitglieder der Westeuropäischen Union angemessen sind. Alle Abweichungen der nach Artikel 13 Absatz 1 festgestellten Zahlen von den nach Artikel 14 anerkannten Mengen sind ebenfalls zu melden.

Artikel 20

1. Das Amt erstattet dem Rat unverzüglich Meldung, wenn Inspektionen oder Mitteilungen aus anderer Quelle ergeben,

(a) daß eine Waffenart gefertigt wird, die nicht herzustellen das betreffende Mitglied sich verpflichtet hat,

(b) daß Rüstungsbestände über die Zahlen und Mengen hinaus vorhanden sind, die gemäß Artikel 19 und 22 festgestellt wurden.

2. Gelangt der Rat zu der Überzeugung, daß der von dem Amt gemeldete Verstoß nicht von großer Bedeutung ist und durch unverzügliche örtliche Maßnahmen behoben werden kann, so teilt er dies dem Amt und dem betreffenden Mitglied mit; diese veranlassen das Erforderliche.

3. Bei anderen Verstößen ersucht der Rat das betreffende Mitglied um eine entsprechende Stellungnahme binnen einer vom Rat zu bestimmenden Frist; wird diese Stellungnahme als unbefriedigend erachtet, so trifft der Rat die ihm notwendig erscheinenden Maßnahmen nach einem noch festzulegenden Verfahren.

4. Entscheidungen, die in den Rahmen dieses Artikels fallen, trifft der Rat mit einfacher Stimmenmehrheit.

Artikel 21

Alle Mitglieder teilen dem Amt Namen und Standorte der Depots auf dem europäischen Festland, in denen der Kontrolle unterliegende Rüstung gelagert ist, sowie Namen und Standort der Produktionsanlagen auf dem europäischen Festland mit, die diese Rüstung fertigen oder — selbst wenn sie nicht in Betrieb sind — eigens zu deren Fertigung bestimmt sind.

Artikel 22

Alle Mitglieder der Westeuropäischen Union unterrichten das Amt laufend über die Mengen an Waffen der in Anlage IV zu Protokoll Nr. III aufgeführten Arten, die zur Ausfuhr aus ihrem Gebiet auf dem europäischen Festland bestimmt sind. Das Amt ist berechtigt, sich davon zu überzeugen, daß die betreffenden Waffen tatsächlich ausgeführt werden. Erscheinen die Bestände bei einer der der Kontrolle unterliegenden Waffenarten ungewöhnlich, so ist das Amt darüber hinaus berechtigt, die Ausfuhraufträge nachzuprüfen.

Artikel 23

Der Rat übermittelt dem Amt die ihm von der Regierung der Vereinigten Staaten und von der Regierung von Kanada gemachten Angaben über die militärische Hilfe, die den auf dem Festland befindlichen Streitkräften der Mitglieder der Westeuropäischen Union gewährt werden soll.

Zu Urkund dessen haben die vorgenannten Bevollmächtigten dieses Protokoll, das eines der in Artikel I des Protokolls zur Änderung und Ergänzung des Vertrags genannten Protokolle ist, unterzeichnet und mit ihrem Siegel versehen.

Geschehen zu Paris, am dreiundzwanzigsten Oktober 1954, in je einem Urstück, in englischer und französischer Sprache, wobei beide Fassungen in gleicher Weise maßgebend sind; diese werden in den Archiven der belgischen Regierung hinterlegt, die jedem der anderen Unterzeichnerstaaten beglaubigte Abschriften übermittelt.

Für Belgien:
P.-H. Spaak

Für Frankreich:
Pierre Mendès-France

Für die Bundesrepublik Deutschland:
Adenauer

Für Italien:
G. Martino

Für Luxemburg:
Jos. Bech

Für die Niederlande:
J. W. Beyen

Für das Vereinigte Königreich von Großbritannien und Nordirland
Anthony Eden

BRIEFWECHSEL ZWISCHEN DEN REGIERUNGEN DER BUNDESREPUBLIK DEUTSCHLAND UND ITALIENS EINERSEITS UND DEN ANDEREN UNTERZEICHNERREGIERUNGEN ANDERERSEITS BETREFFEND DIE GERICHTSBARKEIT DES INTERNATIONALEN GERICHTSHOFS UND DIE SCHIEDSVERFAHREN *)

Brief der Bundesregierung bzw. der italienischen Regierung an die britische Regierung

Ich beehre mich, Eurer Exzellenz das Folgende mitzuteilen, um die Verpflichtung der Bundesregierung/der italienischen Regierung hinsichtlich der Anwendung und Auslegung von Artikel X (bisher Artikel VIII) des Brüsseler Vertrags schriftlich festzuhalten:

Die Bundesregierung/die italienische Regierung verpflichtet sich, vor der Ratifizierung des Protokolls zur Änderung und Ergänzung des Brüsseler Vertrags, der weiteren Protokolle und deren Anlagen durch die Hohen Vertragschließenden Teile eine Erklärung über die Annahme der obligatorischen Gerichtsbarkeit des Internationalen Gerichtshofs gemäß Artikel X (bisher Artikel VIII) des Vertrags abzugeben, nachdem sie den Parteien die mit dieser Annahme verbundenen Vorbehalte bekanntgegeben hat.

Die Regierung der Bundesrepublik/die italienische Regierung unterstellt hierbei, daß nach Auffassung der anderen Hohen Vertragschließenden Teile Absatz 5 des Artikels X (bisher Artikel VIII) des Vertrags dem Abschluß von Abkommen über andere Verfahren zur Beilegung von Streitigkeiten nichts im Wege steht und die genannte Verpflichtung die sofortige Einleitung von Besprechungen mit dem Ziel, andere Verfahren zur Beilegung etwaiger Streitigkeiten über die Anwendung oder Auslegung des Vertrags zu finden, in keiner Weise präjudiziert.

**) Nach Auffassung der Bundesregierung könnte überdies die Erweiterung des Brüsseler Vertrags Anlaß zu verschiedenen Zweifeln und Streitigkeiten über die Auslegung und Anwendung des Vertrags, der Protokolle und deren Anlagen geben, die

---

*) Entsprechende Briefe sind zwischen der Regierung der Bundesrepublik Deutschland und Italiens einerseits und den anderen Unterzeichnerregierungen des Brüsseler Vertrags andererseits gewechselt worden.

**) Lediglich in dem Brief der Bundesregierung.

nicht von grundsätzlicher Bedeutung, sondern vorwiegend technischer Art sein dürften. Nach Auffassung der Bundesregierung ist es wünschenswert, ein anderes, einfacheres Verfahren für die Regelung solcher Angelegenheiten festzulegen.

*) Die Bundesregierung schlägt daher vor, daß die Hohen Vertragschließenden Teile die vorstehend dargelegten Fragen sogleich behandeln, um eine Einigung über ein geeignetes Verfahren herbeizuführen.

Ich wäre dankbar, wenn Eure Exzellenz bestätigen würden, daß Ihrer Majestät Regierung mit diesem Brief einverstanden ist. Dieser Briefwechsel gilt als Anlage des Protokolls zur Änderung und Ergänzung des Brüsseler Vertrags im Sinne von Artikel IV Absatz 1 des genannten Protokolls.

Antwort der britischen Regierung auf die Briefe der Bundesregierung und der italienischen Regierung

Ich beehre mich, den Eingang der Mitteilung Eurer Exzellenz vom 23. Oktober 1954 zu bestätigen und zu erklären, daß Ihrer Majestät Regierung mit Genugtuung zur Kenntnis genommen hat, daß die Regierung der Bundesrepublik Deutschland/die italienische Regierung sich verpflichtet, eine Erklärung über die Annahme der obligatorischen Gerichtsbarkeit des Internationalen Gerichtshofs gemäß Artikel X (bisher Artikel VIII) des Brüsseler Vertrags abzugeben, nachdem sie den Hohen Vertragschließenden Teilen die mit ihrer Annahme verbundenen Vorbehalte bekanntgegeben hat.

Ich bestätige, daß die Regierung des Vereinigten Königreichs von Großbritannien und Nordirland Absatz 5 des Artikels X (bisher Artikel VIII) des Vertrags so auslegt, wie dies im dritten Absatz der Mitteilung Eurer Exzellenz zum Ausdruck gebracht wurde.

**) Hinsichtlich der Absätze vier und fünf der Mitteilung Eurer Exzellenz befindet sich die Regierung des Vereinigten Königreichs von Großbritannien und Nordirland in Übereinstimmung mit dem Vorschlag der Bundesregierung, wonach die Hohen Vertragschließenden Teile sogleich die Frage behandeln sollten, wie ein angemessenes Verfahren für die Beilegung etwaiger Streitfragen gefunden werden kann, auf welche die Bundesregierung hingewiesen hat.

Die Regierung des Vereinigten Königreichs von Großbritannien und Nordirland ist ferner damit einverstanden, daß dieser Briefwechsel als Anlage des Protokolls zur Änderung und Ergänzung des Brüsseler Vertrags im Sinne von Artikel IV Absatz 1 des genannten Protokolls gilt.

---

*) Lediglich in dem Brief der Bundesregierung.

**) Lediglich in der an die Bundesregierung gerichteten Antwort.

VERTRAG ZWISCHEN BELGIEN, FRANKREICH, LUXEMBURG, DEN NIEDERLANDEN UND DEM VEREINIGTEN KÖNIGREICH VON GROSSBRITANNIEN UND NORDIRLAND

(Wortlaut des Vertrages in der durch das Protokoll zur Änderung und Ergänzung des Brüsseler Vertrags vom 23. Oktober 1954 geänderten Fassung)

Seine Königliche Hoheit der Prinzregent von Belgien, der Präsident der Französischen Republik und Präsident der Französischen Union, Ihre Königliche Hoheit die Großherzogin von Luxemburg, Ihre Majestät die Königin der Niederlande und Seine Majestät der König von Großbritannien, Irland und der britischen Dominien jenseits der Meere,

entschlossen,

Ihren Glauben an die grundlegenden Menschenrechte, an die Würde und den Wert der menschlichen Persönlichkeit und an die anderen in der Satzung der Vereinten Nationen verkündeten Ideale erneut zu bekräftigen;

Die Grundsätze der Demokratie, die persönliche und politische Freiheit, die verfassungsmäßige Überlieferung und die Achtung vor dem Gesetz, die ihr gemeinsames Erbe sind, zu festigen und zu erhalten;

In Verfolgung dieser Ziele die wirtschaftlichen, sozialen und kulturellen Bande, die sie bereits vereinen, zu stärken;

Loyal zusammenzuarbeiten und ihre Bemühungen, in Westeuropa eine feste Grundlage für die wirtschaftliche Erholung Europas zu schaffen, aufeinander abzustimmen;

In Übereinstimmung mit der Satzung der Vereinten Nationen einander Beistand zu leisten bei der Aufrechterhaltung des internationalen Friedens und der internationalen Sicherheit und im Widerstand gegen jede Angriffspolitik;

Die Einheit Europas zu fördern und seiner fortschreitenden Integrierung Antrieb zu geben;

In der Verfolgung dieser Ziele nach und nach andere Staaten hinzuzuziehen, die von den gleichen Idealen geleitet und von der gleichen Entschlossenheit beseelt sind;

In dem Wunsche, zu diesem Zweck einen Vertrag über Zusammenarbeit in wirtschaftlichen, sozialen und kulturellen Angelegenheiten und zur kollektiven Selbstverteidigung abzuschließen;

Haben zu ihren Bevollmächtigten ernannt:

Seine Königliche Hoheit
der Prinzregent von Belgien

Seine Exzellenz
Herrn Paul-Henri *Spaak*,
Ministerpräsident und Minister
des Auswärtigen und

Seine Exzellenz
Herrn Gaston *Eyskens*,
Finanzminister,

Der Präsident
der Französischen Republik und
Präsident der Französischen Union

Seine Exzellenz
Herrn Georges *Bidault*,
Minister des Auswärtigen und

Seine Exzellenz
Herrn Jean *de Hauteclocque*,
Außerordentlichen und Bevollmächtigten
Botschafter der Französischen Republik
in Brüssel,

Ihre Königliche Hoheit
die Großherzogin von Luxemburg

Seine Exzellenz
Herrn Joseph *Bech*,
Minister des Auswärtigen und

Seine Exzellenz
Herrn Robert *Als*,
Außerordentlichen Gesandten und
Bevollmächtigten Minister von Luxemburg
in Brüssel,

Ihre Majestät
die Königin der Niederlande

Seine Exzellenz
Baron C. G. W. H. *van Boetzelaer*
van Oosterhout,
Minister des Auswärtigen und

Seine Exzellenz
Baron Binnert Philip
van Harinxma thoe Slooten,
Außerordentlichen und Bevollmächtigten
Botschafter der Niederlande in Brüssel,

Seine Majestät
der König von Großbritannien, Irland
und den britischen Dominien jenseits
der Meere
für das Vereinigte Königreich
von Großbritannien und Nordirland

Seine Exzellenz
Herrn Ernest *Bevin,*
Mitglied des Parlaments, Minister
des Auswärtigen und

Seine Exzellenz
Sir George William *Rendel,*
K. C. M. G.,
Außerordentlichen und Bevollmächtigten
Botschafter Seiner Britannischen
Majestät in Brüssel,

die nach Vorlage ihrer Vollmachten, die als gut und gehörig befunden wurden, wie folgt übereingekommen sind:

Artikel I

Überzeugt von der engen Gemeinschaft ihrer Interessen und von der Notwendigkeit, sich zu vereinigen, um die wirtschaftliche Erholung Europas zu fördern, werden die Hohen Vertragschließenden Teile ihre wirtschaftlichen Maßnahmen so gestalten und aufeinander abstimmen, daß sie durch die Beseitigung von Gegenständen in ihrer Wirtschaftspolitik, durch die Koordinierung der Produktion und durch die Entwicklung des Handels- und Zahlungsverkehrs zu den bestmöglichen Ergebnissen gelangen.

Die in vorstehendem Absatz vorgesehene Zusammenarbeit, die durch den in Artikel VIII genannten Rat erfolgt, soll weder eine Überschneidung noch eine Behinderung der Arbeit anderer wirtschaftlicher Organisationen zur Folge haben, in denen die Hohen Vertragschließenden Teile vertreten sind oder vertreten sein werden; sie soll vielmehr die Arbeit dieser Organisationen unterstützen.

Artikel II

Die Hohen Vertragschließenden Teile werden gemeinsam sowohl in unmittelbarer Beratung als auch in besonders hierzu eingerichteten Stellen jede Anstrengung unternehmen, um einen höheren Lebensstandard ihrer Völker herbeizuführen und die in ihren Staaten bestehenden sozialen und sonstigen Einrichtungen dieser Art in diesem Sinne zu entwickeln.

Die Hohen Vertragschließenden Teile werden sich gegenseitig mit dem Ziel konsultieren, die Empfehlungen von unmittelbarem praktischem Interesse, die sich auf soziale Angelegenheiten beziehen und die mit ihrer Zustimmung in den besonders hierzu eingerichteten Stellen angenommen wurden, so bald wie möglich zu verwirklichen.

Sie werden sich bemühen, so bald wie möglich auf dem Gebiet der sozialen Sicherheit Übereinkommen miteinander abzuschließen.

Artikel III

Die Hohen Vertragschließenden Teile werden gemeinsam jede Anstrengung unternehmen, um ihre Völker zu einem besseren Verständnis der Grundsätze, welche die Grundlage ihrer gemeinsamen Zivilisation bilden, zu führen und durch gegenseitige Übereinkommen oder sonstige Mittel den kulturellen Austausch zu fördern.

Artikel IV

Bei der Durchführung des Vertrags arbeiten die Hohen Vertragschließenden Teile und alle von ihnen im Rahmen des Vertrags geschaffenen Organe eng mit der Organisation des Nordatlantikvertrags zusammen.

Da der Aufbau einer Parallelorganisation zu den militärischen NATO-Stäben unerwünscht ist, sind der Rat und sein Amt in militärischen Angelegenheiten hinsichtlich Auskunftserteilung und Beratung auf die zuständigen militärischen NATO-Stellen angewiesen.

Artikel V

Sollte einer der Hohen Vertragschließenden Teile das Ziel eines bewaffneten Angriffs in Europa werden, so werden ihm die anderen Hohen Vertragschließenden Teile im Einklang mit den Bestimmungen des Artikels 51 der Satzung der Vereinten Nationen alle in ihrer Macht stehende militärische und sonstige Hilfe und Unterstützung leisten.

Artikel VI

Alle auf Grund des vorstehenden Artikels getroffenen Maßnahmen sind unverzüglich dem Sicherheitsrat zu berichten. Sie werden eingestellt, sobald der Sicherheitsrat die erforderlichen Maßnahmen getroffen hat, um den internationalen Frieden und die internationale Sicherheit aufrechtzuerhalten oder wiederherzustellen.

Dieser Vertrag beeinträchtigt in keiner Weise die Verpflichtungen, die sich für die Hohen Vertragschließenden Teile aus den Bestimmungen der Satzung der Vereinten Nationen ergeben. Er darf nicht so ausgelegt werden, als berühre er in irgendeiner Weise die dem Sicherheitsrat auf Grund der Satzung zustehende Befugnis und Verantwortlichkeit, jederzeit die Maßnahmen zu treffen, die er für erforderlich hält, um den internationalen Frieden und die internationale Sicherheit aufrechtzuerhalten oder wiederherzustellen.

Die Hohen Vertragschließenden Teile erklären jeder für sich, daß keines der internationalen Abkommen, die zwischen ihnen und einem anderen Hohen Vertragschließenden Teil oder einem dritten Staat gegenwärtig besteht, den Bestimmungen dieses Vertrags widerspricht.

Keiner der Hohen Vertragschließenden Teile wird ein Bündnis eingehen oder an einer Koalition teilnehmen, die sich gegen einen der Hohen Vertragschließenden Teile richten.

Artikel VIII

Um den Frieden und die Sicherheit zu festigen und die Einheit Europas zu fördern und seiner fortschreitenden Integrierung Antrieb zu geben sowie eine engere Zusammenarbeit zwischen den Mitgliedstaaten und mit anderen europäischen Organisationen zu unterstützen, setzen die Hohen Vertragschließenden Teile des Brüsseler Vertrags einen Rat ein, der sich mit der Durchführung dieses Vertrags, seiner Protokolle und deren Anlagen befaßt.

Der Rat führt die Bezeichnung „Rat der Westeuropäischen Union"; er ist so eingerichtet, daß er ständig tätig sein kann; soweit erforderlich, richtet er nachgeordnete Stellen ein, insbesondere errichtet er unverzüglich ein Amt für Rüstungskontrolle mit den in Protokoll Nr. IV bestimmten Aufgaben.

Auf Antrag eines der Hohen Vertragschließenden Teile wird der Rat unverzüglich einberufen, um eine Beratung bei jeder Lage zu ermöglichen, die eine Bedrohung des Friedens, gleichviel in welchem Gebiet, oder eine Gefährdung der wirtschaftlichen Stabilität darstellt.

Über Fragen, für die ein anderes Abstimmungsverfahren nicht vereinbart ist oder vereinbart wird, beschließt der Rat einstimmig. In den Fällen der Protokolle Nr. II, III und IV wendet er die verschiedenen darin vorgesehenen Abstimmungsverfahren an — Einstimmigkeit, Zweidrittelmehrheit, einfache Mehrheit. Er entscheidet mit einfacher Mehrheit über Fragen, die ihm vom Amt für Rüstungskontrolle vorgelegt werden.

Artikel IX

Der Rat der Westeuropäischen Union erstattet einer Versammlung, die aus Vertretern der Brüsseler Vertragsmächte bei der Beratenden Versammlung des Europarates besteht, jährlich einen Bericht über seine Tätigkeit, insbesondere über die Rüstungskontrolle.

Artikel X

Getreu ihrem Entschluß, Streitigkeiten nur durch friedliche Mittel beizulegen, werden die Hohen Vertragschließenden Teile bei Streitigkeiten untereinander die folgenden Bestimmungen anwenden:

Die Hohen Vertragschließenden Teile werden für die Dauer dieses Vertrags alle unter Artikel 36 Abs. 2 des Statuts des Internationalen Gerichtshofs fallenden Streitigkeiten diesem Gerichtshof unterbreiten; diese Bestimmung gilt lediglich mit der Maßgabe, daß bei jedem der Hohen Vertragschließenden Teile die von diesem Teil bei der Annahme dieser Klausel über die verbindliche Gerichtsbarkeit gemachten Vorbehalte soweit gewahrt bleiben, wie dieser Teil sie aufrechterhalten sollte.

Ferner werden die Hohen Vertragschließenden Teile alle nicht unter Artikel 36 Abs. 2 des Statuts des Internationalen Gerichtshofs fallenden Streitigkeiten im Wege des Vergleichsverfahrens regeln.

Bei Streitigkeiten, die sowohl Fragen umfassen, die einem Vergleichsverfahren, als auch solche, die einem gerichtlichen Verfahren unterliegen, hat jede der streitenden Parteien das Recht zu verlangen, daß die gerichtliche Entscheidung der Rechtsfragen dem Vergleichsverfahren vorangehen soll.

Die vorstehenden Bestimmungen dieses Artikels berühren in keiner Weise die Anwendung von Bestimmungen oder Abkommen, welche irgendein anderes Verfahren für eine friedliche Regelung vorsehen.

Artikel XI

Die Hohen Vertragschließenden Teile können in gegenseitigem Einvernehmen jeden anderen Staat einladen, diesem Vertrag unter den Bedingungen beizutreten, auf die sie sich mit dem eingeladenen Staat geeinigt haben.

Jeder so eingeladene Staat kann Mitglied des Vertrags werden, indem er eine Beitrittsurkunde bei der belgischen Regierung hinterlegt.

Die belgische Regierung wird jeden der Hohen Vertragschließenden Teile von der Hinterlegung der Beitrittsurkunden in Kenntnis setzen.

Artikel XII

Dieser Vertrag ist zu ratifizieren; die Ratifikationsurkunden sind so bald wie möglich bei der belgischen Regierung zu hinterlegen.

Der Vertrag tritt am Tage der Hinterlegung der letzten Ratifikationsurkunde in Kraft und bleibt danach fünfzig Jahre lang in Kraft.

Nach Ablauf des Zeitraums von fünfzig Jahren ist jeder der Hohen Vertragschließenden Teile berechtigt, als Vertragspartner auszuscheiden, vorausgesetzt, daß er der belgischen Regierung ein Jahr vorher eine Kündigung eingereicht hat.

Die belgische Regierung unterrichtet die Regierungen der anderen Hohen Vertragschließenden Teile von der Hinterlegung jeder Ratifikationsurkunde und jeder Kündigungsmitteilung.

Zu Urkund dessen haben die genannten Bevollmächtigten diesen Vertrag unterzeichnet und mit ihrem Siegel versehen.

Geschehen zu Brüssel, am siebzehnten März 1948, in englischer und französischer Sprache, wobei jeder Wortlaut in gleicher Weise maßgebend ist, in einem Urstück, das in den Archiven der belgischen Regierung hinterlegt wird; diese übermittelt jedem der anderen Unterzeichnerstaaten beglaubigte Abschriften.

Für Belgien:
Spaak
Eyskens

Für Frankreich:
Bidault
Hauteclocque

Für Luxemburg:
Bech
Als

Für die Niederlande:
van Boetzelaer
van Harinxma

Für das Vereinigte Königreich von Großbritannien und Nord-Irland:
Bevin
Rendel

NORDATLANTIKVERTRAG

Die Parteien dieses Vertrags

bekräftigen erneut ihren Glauben an die Ziele und Grundsätze der Satzung der Vereinten Nationen und ihren Wunsch, mit allen Völkern und allen Regierungen in Frieden zu leben.

Sie sind entschlossen, die Freiheit, das gemeinsame Erbe und die Zivilisation ihrer Völker, die auf den Grundsätzen der Demokratie, der Freiheit der Person und der Herrschaft des Rechts beruhen, zu gewährleisten.

Sie sind bestrebt, die innere Festigkeit und das Wohlergehen im nordatlantischen Gebiet zu fördern.

Sie sind entschlossen, ihre Bemühungen für die gemeinsame Verteidigung und für die Erhaltung des Friedens und der Sicherheit zu vereinigen.

Sie vereinbaren daher diesen Nordatlantikvertrag:

Artikel 1

Die Parteien verpflichten sich, in Übereinstimmung mit der Satzung der Vereinten Nationen jeden internationalen Streitfall, an dem sie beteiligt sind, auf friedlichem Wege so zu regeln, daß der internationale Friede, die Sicherheit und die Gerechtigkeit nicht gefährdet werden, und sich in ihren internationalen Beziehungen jeder Gewaltandrohung oder Gewaltanwendung zu enthalten, die mit den Zielen der Vereinten Nationen nicht vereinbar ist.

Artikel 2

Die Parteien werden zur weiteren Entwicklung friedlicher und freundschaftlicher internationaler Beziehungen beitragen, indem sie ihre freien Einrichtungen festigen, ein besseres Verständnis für die Grundsätze herbeiführen, auf denen diese Einrichtungen beruhen, und indem sie die Voraussetzungen für die innere Festigkeit und das Wohlergehen fördern. Sie werden bestrebt sein, Gegensätze in ihrer internationalen Wirtschaftspolitik zu beseitigen und die wirtschaftliche Zusammenarbeit zwischen einzelnen oder allen Parteien zu fördern.

Artikel 3

Um die Ziele dieses Vertrags besser zu verwirklichen, werden die Parteien einzeln und gemeinsam durch ständige und wirksame Selbsthilfe und gegenseitige Unterstützung die eigene und die gemeinsame Widerstandskraft gegen bewaffnete Angriffe erhalten und fortentwickeln.

Artikel 4

Die Parteien werden einander konsultieren, wenn nach Auffassung einer von ihnen die Unversehrtheit des Gebiets, die politische Unabhängigkeit oder die Sicherheit einer der Parteien bedroht sind.

Artikel 5

Die Parteien vereinbaren, daß ein bewaffneter Angriff gegen eine oder mehrere von ihnen in Europa oder Nordamerika als ein Angriff gegen sie alle angesehen werden wird; sie vereinbaren daher, daß im Falle eines solchen bewaffneten Angriffs jede von ihnen in Ausübung des in Artikel 51 der Satzung der Vereinten Nationen anerkannten Rechts der individuellen oder kollektiven Selbstverteidigung der Partei oder den Parteien, die angegriffen werden, Beistand leistet, indem jede von ihnen unverzüglich für sich und im Zusammenwirken mit den anderen Parteien die Maßnahmen einschließlich der Anwendung von Waffengewalt trifft, die sie für erforderlich erachtet, um die Sicherheit des nordatlantischen Gebiets wiederherzustellen und zu erhalten.

Von jedem bewaffneten Angriff und allen daraufhin getroffenen Gegenmaßnahmen ist unverzüglich dem Sicherheitsrat Mitteilung zu machen. Die Maßnahmen sind einzustellen, sobald der Sicherheitsrat diejenigen Schritte unternommen hat, die notwendig sind, um den internationalen Frieden und die internationale Sicherheit wiederherzustellen und zu erhalten.

Artikel 6

Im Sinne des Artikels 5 gilt als bewaffneter Angriff auf eine oder mehrere Parteien jeder bewaffnete Angriff auf das Gebiet einer der Parteien in Europa oder Nordamerika, auf die algerischen Departements Frankreichs, auf die Besatzungsstreitkräfte einer Partei in Europa, auf die der Gebietshoheit einer Partei unterstehenden Inseln im nordatlantischen Gebiet nördlich des Wendekreises des Krebses oder auf die Schiffe oder Flugzeuge einer der Parteien in diesem Gebiet.

Artikel 7

Dieser Vertrag berührt weder die Rechte und Pflichten, welche sich für die Parteien, die Mitglieder der Vereinten Nationen sind, aus deren Satzung ergeben, oder die in erster Linie bestehende Verantwortlichkeit des Sicherheitsrats für die Erhaltung des internationalen Friedens und der internationalen Sicherheit, noch kann er in solcher Weise ausgelegt werden.

Artikel 8

Jede Partei erklärt, daß keine der internationalen Verpflichtungen, die gegenwärtig zwischen ihr und einer anderen Partei oder einem dritten Staat bestehen, den Bestimmungen dieses Vertrags widersprechen und verpflichtet sich, keine diesem Vertrag widersprechende internationale Verpflichtung einzugehen.

Artikel 9

Die Parteien errichten hiermit einen Rat, in dem jede von ihnen vertreten ist, um Fragen zu prüfen, welche die Durchführung dieses Vertrags betreffen. Der Aufbau dieses Rats ist so zu gestalten, daß er jederzeit schnell zusammentreten kann. Der Rat errichtet, soweit erforderlich, nachgeordnete Stellen; insbesondere setzt er unverzüglich einen Verteidigungsausschuß ein, der Maßnahmen zur Durchführung der Artikel 3 und 5 zu empfehlen hat.

Artikel 10

Die Parteien können durch einstimmigen Beschluß jeden anderen europäischen Staat, der in der Lage ist, die Grundsätze dieses Vertrags zu fördern und zur Sicherheit des nordatlantischen Gebiets beizutragen, zum Beitritt einladen. Jeder so eingeladene Staat kann durch Hinterlegung seiner Beitrittsurkunde bei der Regierung der Vereinigten Staaten von Amerika Mitglied dieses Vertrags werden. Die Regierung der Vereinigten Staaten von Amerika unterrichtet jede der Parteien von der Hinterlegung einer solchen Beitrittsurkunde.

Artikel 11

Der Vertrag ist von den Parteien in Übereinstimmung mit ihren verfassungsmäßigen Verfahren zu ratifizieren und in seinen Bestimmungen durchzuführen. Die Ratifikationsurkunden werden sobald wie möglich bei der Regierung der Vereinigten Staaten von Amerika hinterlegt, die alle anderen Unterzeichnerstaaten von jeder Hinterlegung unterrichtet. Der Vertrag tritt zwischen den Staaten, die ihn ratifiziert haben, in Kraft, sobald die Ratifikationsurkunden der Mehrzahl der Unterzeichnerstaaten, einschließlich derjenigen Belgiens, Kanadas, Frankreichs, Luxemburgs, der Niederlande, des Vereinigten Königreichs und der Vereinigten Staaten, hinterlegt worden sind; für andere Staaten tritt er am Tage der Hinterlegung ihrer Ratifikationsurkunden in Kraft.

Artikel 12

Nach zehnjähriger Geltungsdauer des Vertrags oder zu jedem späteren Zeitpunkt werden die Parteien auf Verlangen einer von ihnen miteinander beraten, um den Vertrag unter Berücksichtigung der Umstände zu überprüfen, die dann den Frieden und die Sicherheit des nordatlantischen Gebiets berühren, zu denen auch die Entwicklung allgemeiner und regionaler Vereinbarungen gehört, die im Rahmen der Satzung der Vereinten Nationen zur Aufrechterhaltung des internationalen Friedens und der internationalen Sicherheit dienen.

Artikel 13

Nach zwanzigjähriger Geltungsdauer des Vertrags kann jede Partei aus dem Vertrag ausscheiden, und zwar ein Jahr, nachdem sie der Regierung der Vereinigten Staaten von Amerika die Kündigung mitgeteilt hat; diese unterrichtet die Regierungen der anderen Parteien von der Hinterlegung jeder Kündigungsmitteilung.

Artikel 14

Der Vertrag, dessen englischer und französischer Wortlaut in gleicher Weise maßgebend ist, wird in den Archiven der Vereinigten Staaten von Amerika hinterlegt. Diese Regierung übermittelt den Regierungen der anderen Unterzeichnerstaaten ordnungsgemäß beglaubigte Abschriften.

Zu Urkund dessen haben die unterzeichneten Bevollmächtigten diesen Vertrag unterschrieben.

Geschehen zu Washington am 4. April 1949.

Für das
Königreich Belgien:
P. H. Spaak
Silvercruys

Für Kanada:
Lester B. Pearson
H. H. Wrong

Für das
Königreich Dänemark:
Gustav Rasmussen
Henrik Kaufmann

Für Frankreich:
Schuman
H. Bonnet

Für Island:
Bjorn Benediktsson
Thor Thors

Für Italien:
Sforza
Alberto Tarchiani

Für das
Großherzogtum Luxemburg:
Jos. Bech
Hugues Le Gallais

Für das
Königreich der Niederlande:
D. U. Stikker
E. N. van Kleffens

Für das
Königreich Norwegen:
Halvard M. Lange
Wilhelm Munthe Morgenstierne

Für Portugal:
José Caeiro da Matta
Pedro Theotonio Pereira

Für das
Vereinigte Königreich von Großbritannien
und Nordirland:
Ernest Bevin
Oliver Franks

Für die
Vereinigten Staaten von Amerika:
Dean Acheson

PROTOKOLL
ZUM NORDATLANTIKVERTRAG ÜBER DEN BEITRITT DES KÖNIGREICHS GRIECHENLAND UND DER TÜRKISCHEN REPUBLIK

Die Parteien des in Washington am 4. April 1949 unterzeichneten Nordatlantikvertrags,

In der Überzeugung, daß die Sicherheit des nordatlantischen Gebiets durch den Beitritt des Königreichs Griechenland und der Türkischen Republik zu diesem Vertrag erhöht wird,

Sind wie folgt übereingekommen:

Artikel 1

Mit dem Inkrafttreten dieses Protokolls übermittelt die Regierung der Vereinigten Staaten von Amerika im Namen aller Parteien der Regierung des Königreichs Griechenland und der Regierung der Türkischen Republik eine Einladung, dem Nordatlantikvertrag in seiner durch Artikel 2 dieses Protokolls geänderten Fassung beizutreten. Danach werden das Königreich Griechenland und die Türkische Republik Mitglieder des Vertrags mit dem Tage, an dem sie ihre Beitrittsurkunden bei der Regierung der Vereinigten Staaten von Amerika in Übereinstimmung mit Artikel 10 des Vertrags hinterlegen.

Artikel 2

Wird die Türkische Republik Mitglied des Nordatlantikvertrags, so wird Artikel 6 des Vertrags mit dem Tage der Hinterlegung der Beitrittsurkunde durch die Regierung der Türkischen Republik bei der Regierung der Vereinigten Staaten von Amerika wie folgt geändert:

„Im Sinne des Artikels 5 gilt als bewaffneter Angriff auf einen oder mehrere der Parteien jeder bewaffnete Angriff

(i) auf das Gebiet eines dieser Staaten in Europa oder Nordamerika, auf die algerischen Departements Frankreichs, auf das Gebiet der Türkei oder auf die der Gebietshoheit einer der Parteien unterliegenden Inseln im nordatlantischen Gebiet nördlich des Wendekreises des Krebses;

(ii) auf die Streitkräfte, Schiffe oder Flugzeuge einer der Parteien, wenn sie sich in oder über diesen Gebieten oder irgendeinem anderen europäischen Gebiet, in dem eine der Parteien bei Inkrafttreten des Vertrags eine Besatzung unterhält, oder wenn sie sich im Mittelmeer oder im nordatlantischen Gebiet nördlich des Wendekreises des Krebses befinden."

Artikel 3

Dieses Protokoll tritt in Kraft, wenn jede der Parteien des Nordatlantikvertrags die Regierung der Vereinigten Staaten von Amerika von der Annahme des Protokolls in Kenntnis gesetzt hat. Die Regierung der Vereinigten Staaten von Amerika teilt allen Parteien des Nordatlantikvertrags den Tag des Eingangs jeder solchen Mitteilung sowie den Tag des Inkrafttretens dieses Protokolls mit.

Artikel 4

Dieses Protokoll, dessen englischer und französischer Wortlaut in gleicher Weise maßgebend ist, wird in den Archiven der Regierung der Vereinigten Staaten von Amerika hinterlegt; diese übermittelt den Regierungen aller Parteien des Nordatlantikvertrags ordnungsgemäß beglaubigte Abschriften.

Zu Urkund dessen haben die unterzeichneten Bevollmächtigten dieses Protokoll unterschrieben.

Aufgelegt zur Unterschrift in London am 17. Oktober 1951.

Für das
Königreich Belgien:
A. de Staercke

Für Kanada:
L. D. Wilgress

Für das
Königreich Dänemark:
Steensen-Leth

Für Frankreich:
Hervé Alphand

Für Island:
Gunnlaugur Pétursson

Für Italien:
A. Rossi-Longhi

Für das
Großherzogtum Luxemburg:
A. Clasen

Für das
Königreich der Niederlande:
A. W. L. Tjarda van Starkenborgh-Stachouwer

Für das
Königreich Norwegen:
Dag Bryn

Für Portugal:
R. Ennes Ulrich

Für das
Vereinigte Königreich
von Großbritannien und Nordirland:
S. R. Frederick Hoyer-Millar

Für die
Vereinigten Staaten von Amerika:
Charles M. Spofford

ABKOMMEN ZWISCHEN DER REGIERUNG DER BUNDESREPUBLIK DEUTSCHLAND UND DER REGIERUNG DER FRANZÖSISCHEN REPUBLIK ÜBER DAS STATUT DER SAAR

Die Regierung der Bundesrepublik Deutschland
und
Die Regierung der Französischen Republik,
die letztere, nachdem sie die Saarländische Regierung konsultiert und nachdem sie deren Zustimmung erlangt hat,
sind in dem Bestreben, die saarländische Wirtschaft in weitestem Umfang zu entwickeln und jeden Anlaß zu Streitigkeiten in den gegenseitigen Beziehungen zu beseitigen, über folgende Grundsätze einig geworden, die die Grundlage einer Lösung der Saarfrage bilden werden.

I.

Ziel der ins Auge gefaßten Lösung ist es, der Saar, im Rahmen der Westeuropäischen Union, ein europäisches Statut zu geben. Nachdem dieses Statut im Wege der Volksabstimmung gebilligt worden ist, kann es bis zum Abschluß eines Friedensvertrages nicht mehr in Frage gestellt werden.

II.

Ein europäischer Kommissar nimmt die Vertretung der Saarinteressen auf dem Gebiet der auswärtigen Angelegenheiten und der Verteidigung wahr. Der Kommissar überwacht ferner die Beachtung des Statuts. Der Kommissar wird vom Ministerrat der Westeuropäischen Union ernannt. Er ist diesem Rat verantwortlich. Der Kommissar darf weder Franzose noch Deutscher noch Saarländer sein. Bei der Mehrheit, mit der er ernannt wird, müssen sich die Stimmen Frankreichs und der Bundesrepublik Deutschland befinden; auch die Zustimmung der Saar ist erforderlich. Der Kommissar unterbreitet jährlich dem Ministerrat einen Rechenschaftsbericht, der von diesem der Versammlung der Westeuropäischen Union zugeleitet wird.

Soweit der Ministerrat in bezug auf das Saarstatut Aufgaben zu erfüllen hat, entscheidet er mit einfacher Mehrheit.

III.

Die beiden Regierungen werden den anderen beteiligten europäischen Regierungen vorschlagen, die Wahrnehmung der Interessen der Saar bei den europäischen Organisationen folgendermaßen zu regeln:

a) Europarat:

1. Ministerkomitee: Der Kommissar nimmt an den Sitzungen mit beratender Stimme teil.

2. Beratende Versammlung: Saarländische Vertretung unverändert.

b) Montangemeinschaft:

1. Besonderer Ministerrat:

a— wenn die Außenminister tagen, wird die Saar durch den Kommissar vertreten;

b— wenn andere Minister tagen, wird die Saar mit Stimmrecht durch ihren zuständigen Minister vertreten.

2. Gemeinsame Versammlung: Drei Abgeordnete werden vom Saarlandtag gewählt. Die französische Vertretung bleibt zahlenmäßig den Vertretungen Italiens und der Bundesrepublik Deutschland gleich, wie es in Artikel 21 des Vertrages über die Gründung der Montangemeinschaft vorgesehen ist.

c) Westeuropäische Union:

1. Ministerrat: Der Kommissar nimmt an den Sitzungen mit beratender Stimme teil.

2. Parlamentarische Vertretung: Die Versammlung der Westeuropäischen Union umfaßt die saarländischen Delegierten zur Beratenden Versammlung des Europarates.

IV.

Die beiden Regierungen werden vorschlagen, daß die Teilnahme der Saar an der europäischen Verteidigung durch einen im Rahmen der Westeuropäischen Union geschlossenen Vertrag festgelegt wird, und daß in Fragen, die die Saar betreffen, SACEUR stets in enger Zusammenarbeit mit dem Kommissar handelt.

V.

Auf allen Gebieten, auf denen das Statut nicht ausdrücklich die Zuständigkeit des Kommissars vorsieht, sind die Regierung und die Organe der Saar ausschließlich zuständig.

VI.

Die politischen Parteien, die Vereine, die Zeitungen und die öffentlichen Versammlungen werden einer Genehmigung nicht unterworfen.

Sobald das Statut durch Volksabstimmung gebilligt ist, kann es bis zum Abschluß eines Friedensvertrages nicht in Frage gestellt werden.

Jede von außen kommende Einmischung, die zum Ziele hat, auf die öffentliche Meinung an der Saar einzuwirken, insbesondere in Form der Beihilfe oder der Unterstützung für politische Parteien, für Vereinigungen oder die Presse, wird untersagt.

VII.

Nimmt die Saarbevölkerung das gegenwärtige Statut durch Volksabstimmung an, so hat dies nachstehende Verpflichtungen für die Saar zur Folge:

a) die Saarregierung muß die Bestimmungen des Statuts einhalten;

b) es muß alles Erforderliche geschehen, damit die verfassungsmäßigen Organe der

Saar an der saarländischen Verfassung die durch die Annahme des europäischen Statuts notwendig gewordenen Änderungen vornehmen;

c) die Saarregierung hat innerhalb einer Frist von drei Monaten nach der Volksabstimmung die Wahl eines neuen Landtages herbeizuführen.

VIII.

Die Regierungen der Bundesrepublik Deutschland und Frankreichs verpflichten sich, das Statut der Saar bis zum Abschluß eines Friedensvertrages aufrechtzuerhalten und zu garantieren.

Die beiden Regierungen werden die Regierungen des Vereinigten Königreichs und der Vereinigten Staaten von Amerika bitten, eine gleichartige Verpflichtung einzugehen.

IX.

Bestimmungen über die Saar in einem Friedensvertrag unterliegen im Wege einer Volksabstimmung der Billigung durch die Saarbevölkerung; diese muß sich hierbei ohne irgendwelche Beschränkungen aussprechen können.

X.

Die in Artikel I vorgesehene Volksabstimmung findet drei Monate nach Inkrafttreten der Bestimmungen, die im ersten Absatz von Artikel VI vorgesehen sind, statt.

XI.

Die beiden Regierungen werden gemeinsam alle Anstrengungen machen, die notwendig sind, um der saarländischen Wirtschaft Entwicklungsmöglichkeiten im weitesten Umfang zu geben.

XII.

A — Die Grundsätze, auf denen die französisch-saarländische Wirtschafts-Union gegenwärtig beruht, werden in ein Abkommen über wirtschaftliche Zusammenarbeit aufgenommen, das zwischen Frankreich und der Saar abgeschlossen wird und den folgenden Bestimmungen Rechnung trägt.

B — Bezüglich der wirtschaftlichen Beziehungen zwischen der Bundesrepublik Deutschland und der Saar ist das Ziel zu erreichen, gleichartige Beziehungen zu schaffen, wie sie zwischen Frankreich und der Saar bestehen. Dieses Ziel ist fortschreitend in der Blickrichtung auf die sich ständig ausweitende deutsch-französische und europäische wirtschaftliche Zusammenarbeit zu verwirklichen. Auf dem Währungsgebiet bleibt die derzeitige Regelung bis zur Schaffung einer Währung europäischen Charakters in Kraft.

Die fortschreitende Erweiterung der wirtschaftlichen Beziehungen zwischen der Bundesrepublik Deutschland und der Saar darf die französisch-saarländische Währungsunion und die Durchführung des französisch-saarländischen Abkommens über die wirtschaftliche Zusammenarbeit nicht in Gefahr bringen. Dabei ist so vorzugehen, daß die Errichtung einer Zollgrenze zwischen Frankreich und der Saar nicht erforderlich wird. Der etwaigen Notwendigkeit, bestimmte Zweige der Saarindustrie zu schützen, ist Rechnung zu tragen.

C — In nächster Zeit werden Maßnahmen zur Erweiterung des Wirtschaftsverkehrs zwischen der Bundesrepublik Deutschland und der Saar getroffen, um dem Bedarf beider Länder an den Erzeugnissen des anderen Landes Rechnung zu tragen.

D — Zwischen Frankreich, der Bundesrepublik Deutschland und der Saar werden Abkommen geschlossen, um die in den Absätzen B und C niedergelegten Grundsätze zu verwirklichen. In diesen Abkommen ist der Notwendigkeit Rechnung zu tragen, daß die Bilanz des laufenden Zahlungsverkehrs zwischen dem Gebiet des französischen Franken und der Bundesrepublik Deutschland nicht schwer beeinträchtigt wird; hierbei sind jedoch die Gegebenheiten des Wirtschaftsverkehrs zwischen der Bundesrepublik Deutschland und der Saar zu berücksichtigen.

E — Die Saar wird für die Verwaltung sämtlicher Kohlenvorkommen der Saar einschließlich des Warndt sowie der von den Saarbergwerken verwalteten Grubenanlagen Sorge tragen.

XIII.

Die beiden Regierungen werden den übrigen Mitgliedstaaten der Europäischen Gemeinschaft für Kohle und Stahl empfehlen, den Sitz dieser Gemeinschaft nach Saarbrücken zu legen.

XIV.

Das vorliegende Abkommen wird dem Ministerrat der Westeuropäischen Union übermittelt, damit dieser es zur Kenntnis nehmen kann.

Die beiden Regierungen werden die anderen Mitgliedregierungen der Westeuropäischen Union bitten, diejenigen Bestimmungen des vorliegenden Abkommens zu billigen, die ihrer Zustimmung bedürfen.

Adenauer *Mendès-France*

BRIEFWECHSEL ZUM SAARSTATUT

I

Schreiben des Ministerpräsidenten und Ministers des Auswärtigen der Französischen Republik an den Bundeskanzler vom 23. Oktober 1954 betreffend die Zulassung von Filialen deutscher Banken und von deutschen Versicherungsgesellschaften an der Saar sowie Schreiben des Bundeskanzlers an den Ministerpräsidenten und Minister des Auswärtigen der Französischen Republik vom 23. Oktober 1954 betreffend die Bestätigung des Schreibens.

Paris, den 23. Oktober 1954

An
den Ministerpräsidenten und
Minister des Auswärtigen
der Französischen Republik
Herrn Pierre Mendès-France
Paris

Herr Präsident,

Ich beehre mich, Ihnen den Empfang Ihres heutigen Schreibens mit folgendem Inhalt zu bestätigen:

„Im Laufe der Besprechungen, die wir über die Regelung der Saarfrage geführt haben, haben Sie die Frage der Zulassung von Filialen deutscher Banken und von deutschen Versicherungsgesellschaften an der Saar angeschnitten.

Ich beehre mich, Ihnen mitzuteilen, daß die für die Zulassung von Banken zuständigen französischen Behörden die Anweisung erhalten werden, etwaige Anträge der deutschen Banken in einem Geiste der Zusammenarbeit zu prüfen.

Ferner wird sich die französische Regierung mit der saarländischen Regierung mit dem Ziele ins Benehmen setzen, daß diese etwaige Anträge deutscher Versicherungsgesellschaften ebenfalls in einem Geiste der Zusammenarbeit prüft."

Genehmigen Sie, Herr Präsident, den Ausdruck meiner ausgezeichnetsten Hochachtung.

Adenauer

II

Schreiben des Ministerpräsidenten und Ministers des Auswärtigen der Französischen Republik an den Bundeskanzler vom 23. Oktober 1954 betreffend die Aufhebung der Sequester an der Saar sowie Schreiben des Bundeskanzlers an den Ministerpräsidenten und Minister des Auswärtigen der Französischen Republik vom 23. Oktober 1954 betreffend die Bestätigung des Schreibens.

Paris, den 23. Oktober 1954

An
den Ministerpräsidenten und
Minister des Auswärtigen
der Französischen Republik
Herrn Pierre Mendès-France
Paris

Herr Präsident,

Ich habe die Ehre, Ihnen den Empfang Ihres heutigen Schreibens mit folgendem Inhalt zu bestätigen:

„Im Laufe der Besprechungen, die wir über die Regelung der Saarfrage geführt haben, haben Sie die Frage der an der Saar noch bestehenden Sequester angeschnitten.

Ich habe die Ehre, Ihnen mitzuteilen, daß diese Sequester vor der Volksabstimmung über das europäische Statut der Saar aufgehoben werden.“

Genehmigen Sie, Herr Präsident, den Ausdruck meiner ausgezeichnetsten Hochachtung.

Adenauer

III

Schreiben des Ministerpräsidenten und Ministers des Auswärtigen der Französischen Republik an den Bundeskanzler vom 23. Oktober 1954 betreffend die Übersendung einer Abschrift des Briefes des französischen Ministerpräsidenten an Präsident Hoffmann sowie Schreiben des Bundeskanzlers an den Ministerpräsidenten und Minister des Auswärtigen der Französischen Republik vom 23. Oktober 1954 betreffend Bestätigung des Schreibens.

Paris, den 23. Oktober 1954

An
den Ministerpräsidenten und
Minister des Auswärtigen
der Französischen Republik
Herrn Pierre Mendès-France
Paris

Herr Präsident,

Ich habe die Ehre, Ihnen den Empfang Ihres heutigen Schreibens zu bestätigen, mit dem Sie mir eine Abschrift des aus der Anlage ersichtlichen Schreibens übersandten.

Genehmigen Sie, Herr Präsident, den Ausdruck meiner ausgezeichnetsten Hochachtung.

Adenauer

Anlage

(Übersetzung)

Brief des französischen Ministerpräsidenten an Präsident Hoffmann, der an Ersteren am selben Tage einen gleichlautenden Brief richtet.

Paris, den 23. Oktober 1954

Herr Präsident,

Mit Ihrem heutigen Schreiben haben Sie mich wissen lassen, daß die Vertreter der Saarregierung im Grubenrat unverzüglich die Weisung erhalten werden, gemeinsam mit den Vertretern der französischen Regierung folgende Maßnahmen zu treffen:

a) Die Personalangelegenheiten und sozialen Fragen werden stets einer dem Vorstand der Saarbergwerke angehörenden saarländischen Persönlichkeit anvertraut werden.

b) Es werden alle in Betracht kommenden Maßnahmen getroffen werden, um den Anteil der Saarländer an dem mit Verwaltungs- und technischen Aufgaben befaßten Personenkreis auf allen Stufen der organisatorischen Gliederung der Saarbergwerke zu steigern.

Diese Maßnahmen werden im Rahmen der von der französischen Regierung verfolgten Politik getroffen, der Saar fortschreitend die volle Verantwortung für die Gruben auf allen Gebieten zu überlassen.

Genehmigen Sie, Herr Präsident, den Ausdruck meiner ausgezeichnetsten Hochachtung.

gez. Mendès-France

ANHANG

DIE SCHLUSSAKTE DER LONDONER NEUNMÄCHTEKONFERENZ VOM 3. OKTOBER 1954

Die Konferenz der neun Mächte, Belgien, Bundesrepublik Deutschland, Frankreich, Italien, Kanada, Luxemburg, Niederlande, Vereinigtes Königreich von Großbritannien und Nordirland und die Vereinigten Staaten von Amerika hat von Dienstag, dem 28. September, bis Sonntag, dem 3. Oktober, in London getagt. Sie behandelte die wichtigsten Probleme der westlichen Welt, Sicherheit und europäische Integration im Rahmen einer dem Frieden und der Freiheit dienenden Atlantischen Gemeinschaft, die in Entwicklung begriffen ist. In diesem Zusammenhang prüfte die Konferenz die Frage, wie die volle Assoziierung der Bundesrepublik Deutschland mit dem Westen sowie der deutsche Verteidigungsbeitrag gewährleistet werden könnten.

Belgien war vertreten durch Seine Exzellenz Herrn P.-H. *Spaak*.

Die Bundesrepublik Deutschland war vertreten durch Seine Exzellenz Herrn Dr. K. *Adenauer*.

Frankreich war vertreten durch Seine Exzellenz Herrn P. *Mendès-France*.

Italien war vertreten durch Seine Exzellenz Herrn Professor G. *Martino*.

Kanada war vertreten durch Seine Exzellenz Herrn L. B. *Pearson*.

Luxemburg war vertreten durch Seine Exzellenz Herrn J. *Bech*.

Die Niederlande waren vertreten durch Seine Exzellenz Herrn J. W. *Beyen*.

Das Vereinigte Königreich von Großbritannien und Nordirland war vertreten durch Seine Exzellenz Herrn A. *Eden*, M.C.M.P.

Die Vereinigten Staaten von Amerika waren vertreten durch seine Exzellenz Herrn J. F. *Dulles*.

Alle Beschlüsse der Konferenz sind Teil einer allgemeinen Regelung, die unmittelbar oder mittelbar alle NATO-Mächte angeht und die daher dem Nordatlantikrat zur Kenntnisnahme oder zur Beschlußfassung vorgelegt werden wird.

I. Deutschland

Die Regierungen Frankreichs, des Vereinigten Königreichs und der Vereinigten Staaten erklären, daß sie die Politik verfolgen, das Besatzungsregime in der Bundesrepublik so bald wie möglich zu beenden, das Besatzungsstatut aufzuheben und die

Alliierte Hohe Kommission abzuschaffen. Die Drei Regierungen werden weiterhin bestimmte Verantwortlichkeiten in Deutschland wahrnehmen, die sich aus der internationalen Lage ergeben.

Es ist beabsichtigt, sobald die erforderlichen parlamentarischen Verfahren beendet sind, die entsprechenden vertraglichen Vereinbarungen für diese Zwecke abzuschließen und in Kraft zu setzen. Ein allgemeines Einvernehmen über den Inhalt dieser Vereinbarungen wurde bereits erzielt, und Vertreter der Vier Regierungen werden in allernächster Zeit zusammenkommen, um die endgültigen Texte fertigzustellen. Die vereinbarten Abmachungen können entweder vor den Abmachungen über den deutschen Verteidigungsbeitrag oder gleichzeitig damit in Kraft gesetzt werden.

Da etwas Zeit erforderlich sein wird, um diese Abmachungen fertigzustellen, haben die Drei Regierungen inzwischen folgende Grundsatzerklärung abgegeben:

„In der Überzeugung, daß einem großen Land nicht länger die Rechte vorenthalten werden dürfen, die einem freien und demokratischen Volk von Rechts wegen zustehen, und

in dem Wunsche, die Bundesrepublik Deutschland als gleichberechtigten Partner mit ihren Bemühungen um Frieden und Sicherheit zu vereinigen,

wünschen die Regierungen Frankreichs, des Vereinigten Königreichs und der Vereinigten Staaten von Amerika, das Besatzungsregime so bald wie möglich zu beenden.

Zur Erfüllung dieser Politik bedarf es der Regelung von Einzelfragen, um mit der Vergangenheit abzuschließen und die Zukunft vorzubereiten, und des Abschlusses entsprechender parlamentarischer Verfahren.

In der Zwischenzeit weisen die Drei Regierungen ihre Hohen Kommissare an, unverzüglich im Geiste dieser Politik zu handeln. Insbesondere werden die Hohen Kommissare keinen Gebrauch von den Befugnissen machen, die aufgegeben werden sollen, es sei denn im Einvernehmen mit der Bundesregierung; dies gilt nicht auf den Gebieten der Abrüstung und Entmilitarisierung und in Fällen, in denen die Bundesregierung aus rechtlichen Gründen nicht in der Lage ist, die Maßnahmen zu treffen oder die Verpflichtungen zu übernehmen, die in der vereinbarten Abmachung vorgesehen sind.“

II. Brüsseler Vertrag

Der Brüsseler Vertrag wird verstärkt und ausgebaut werden, um ihn zu einem wirksameren Kern der europäischen Integration zu gestalten. Zu diesem Zwecke sind folgende Abmachungen vereinbart worden:

a) Die Bundesrepublik Deutschland und Italien werden aufgefordert werden, dem Vertrag beizutreten, der in geeigneter Weise geändert wird, um dem Ziel der europäischen Einheit Nachdruck zu verleihen; die beiden Staaten haben sich zu diesem Beitritt bereit erklärt. Das System der gegenseitigen automatischen Beistandsleistung im Angriffsfalle wird damit auf die Bundesrepublik Deutschland und Italien ausgedehnt werden.

b) Die Struktur des Brüsseler Vertrages wird verstärkt werden. Insbesondere wird der in dem Vertrag vorgesehene Konsultativrat ein Rat mit Entscheidungsbefugnissen werden.

c) Das Aufgabenbereich der Brüsseler Vertragsorganisation wird erweitert, um folgende weiteren wichtigen Funktionen einzuschließen:

– Der Umfang und die allgemeine Beschaffenheit des deutschen Verteidigungsbeitrages werden dem für die EVG festgesetzten Beitrag entsprechen.

– Der maximale Verteidigungsbeitrag, den alle Mitglieder der Brüsseler Vertragsorganisation zur NATO leisten, wird durch ein besonderes Abkommen festgesetzt, das die zahlenmäßigen Stärken bestimmt, welche nur mit einstimmiger Zustimmung erhöht werden können.

– Die Stärke und Bewaffnung der Heimatverteidigungsstreitkräfte und der Polizei der Mitgliedstaaten der Brüsseler Vertragsorganisation auf dem Kontinent werden durch Abmachungen innerhalb dieser Organisation festgesetzt unter Berücksichtigung ihrer besonderen Aufgabe, der bestehenden Stärke und des Bedarfs.

Die Mächte des Brüsseler Vertrags vereinbaren, als Teil der Organisation des Brüsseler Vertrags eine Dienststelle für die Kontrolle der kontinentalen Rüstung der kontinentalen Mitglieder der Organisation des Brüsseler Vertrages zu errichten. Die Bestimmungen lauten im einzelnen wie folgt:

1. Die Dienststelle hat folgende Aufgaben:

a) dafür Sorge zu tragen, daß das Verbot der Herstellung von Rüstung bestimmter Kategorien, wie es zwischen den Brüsseler Mächten vereinbart wurde, eingehalten wird;

b) die Höhe der Rüstungsbestände zu kontrollieren, die von jedem Staat auf dem Kontinent von den im nachstehenden Absatz erwähnten Typen unterhalten werden. Diese Kontrolle erstreckt sich auf die Erzeugung und Einfuhr in dem Maße, das erforderlich ist, um die Kontrolle der Bestände wirksam zu gestalten.

2. Die nach Absatz 1 (b) zu kontrollierenden Kategorien sind:

a) Waffen der Kategorien I, II und III gemäß Anlage II zu Artikel 107 des EVG-Vertrages;

b) Waffen der anderen Kategorien gemäß Anlage II zu Artikel 107 des EVG-Vertrages;

c) eine Reihe schwerer Waffen aus Anlage I desselben Artikels, die später von einer Gruppe von Sachverständigen zu bestimmen wäre.

Es werden Maßnahmen getroffen, um für den Zivilverbrauch bestimmte Rohstoffe und Fertigerzeugnisse der obenerwähnten Aufstellungen von der Kontrolle auszunehmen.

3. Was die in Absatz 2 (a) erwähnten Waffen betrifft, so wird, sobald die Staaten, die das Recht zur Erzeugung dieser Waffen nicht aufgegeben haben, das Versuchsstadium abgeschlossen haben und zur eigentlichen Erzeugung dieser Waffen übergehen, die Höhe der Lagerbestände, welche sie auf dem Kontinent unterhalten dürfen, vom Rat des Brüsseler Vertrages mit Mehrheitsbeschluß festgelegt.

4. Die kontinentalen Mitglieder der Organisation des Brüsseler Vertrages vereinbaren, weder Läger anzulegen noch die in Absatz 2 (b) und (c) genannten Waffen zu erzeugen, über das (a) für die Ausrüstung ihrer Streitkräfte unter Berücksichtigung

aller Einfuhren einschließlich der Außenhilfe und (b) für die Ausfuhr erforderliche Maß hinaus.

5. Der Bedarf für ihre NATO-Streitkräfte wird auf der Grundlage der Ergebnisse der Jahreserhebung und der Empfehlungen der militärischen Behörden der NATO festgelegt.

6. Für Streitkräfte, die unter nationaler Kontrolle verbleiben, muß die Höhe der Lagerbestände der Stärke und der Aufgabe dieser Streitkräfte entsprechen. Diese Höhe ist der Dienststelle zu melden.

7. Alle Ein- und Ausfuhren der kontrollierten Waffen sind der Dienststelle zu melden.

8. Die Dienststelle wird tätig durch Prüfung und Gegenüberstellung statistischer und haushaltstechnischer Aufgaben. Sie macht Stichproben und führt Besichtigungen und Inspektionen durch, soweit diese zur Erfüllung ihrer in Absatz 1 bezeichneten Aufgaben gegebenenfalls erforderlich sind.

9. Die grundlegenden Verfahrensvorschriften für die Dienststelle sind in einem Protokoll zu dem Brüsseler Vertrag niederzulegen.

10. Stellt die Dienststelle fest, daß die Verbote nicht eingehalten werden oder daß die angemessene Höhe der Lagerbestände überschritten wird, so unterrichtet sie den Brüsseler Rat entsprechend.

11. Die Dienststelle berichtet dem Brüsseler Rat, dem gegenüber sie verantwortlich ist; dieser trifft seine Entscheidungen über ihm von der Dienststelle vorgelegte Fragen durch Mehrheitsbeschluß.

12. Der Brüsseler Rat erstattet den Delegierten der Brüsseler Vertragsmächte bei der Beratenden Versammlung des Europarats jeweils einen Jahresbericht über seine Tätigkeit in bezug auf die Rüstungskontrolle.

13. Die Regierungen der Vereinigten Staaten von Amerika und Kanadas werden die Organisation des Brüsseler Vertrags von der militärischen Hilfe in Kenntnis setzen, die an die kontinentalen Mitglieder dieser Organisation verteilt wird. Die Organisation kann dazu schriftlich Stellung nehmen.

14. Der Brüsseler Rat wird eine Arbeitsgruppe bilden, um den von der französischen Regierung vorgelegten Entwurf einer Direktive und sonstige Dokumente zu prüfen, die gegebenenfalls zur Frage der Rüstungsproduktion und -normung vorgelegt werden.

15. Die Brüsseler Vertragsmächte haben die nachstehende Erklärung des Bundeskanzlers der Bundesrepublik Deutschland zur Kenntnis genommen und bekunden ihr Einverständnis damit:

„Der Bundeskanzler erklärt:

daß sich die Bundesrepublik verpflichtet, auf ihrem Gebiet keine Atomwaffen, chemischen Waffen oder biologischen Waffen herzustellen, wie sie in der beigefügten Liste unter I, II und III näher beschrieben sind;

daß sie sich ferner verpflichtet, auf ihrem Gebiet diejenigen Waffen nicht herzustellen, wie sie in der beigefügten Liste unter IV, V und VI näher beschrieben sind. Eine Änderung oder Aufhebung des Inhalts der Ziffern IV, V und VI kann auf Antrag der Bundesrepublik durch einen Beschluß des Brüsseler Ministerrats mit Zweidrittel-Mehrheit erfolgen, wenn auf Grund der Bedürfnisse der Streitkräfte ein entsprechender Vorschlag durch den zuständigen Oberbefehlshaber von NATO gemacht wird;

daß die Bundesrepublik damit einverstanden ist, die Einhaltung dieser Verpflichtungen durch die zuständige Behörde der Organisation des Brüsseler Vertrages überwachen zu lassen."

Liste zu der Erklärung des Bundeskanzlers

Diese Liste umfaßt die nachstehend in I bis VI definierten Waffen und die ausschließlich für ihre Produktion bestimmten Einrichtungen. Von dieser Definition sind alle Vorrichtungen, Teile, Geräte, Einrichtungen, Substanzen und Organismen ausgenommen, die für zivile Zwecke verwandt werden oder der Forschung für wissenschaftliche, medizinische und industrielle Zwecke auf den Gebieten der reinen und angewandten Wissenschaft dienen.

I. Die Atomwaffe

a) Als Atomwaffe gilt jede Waffe, die Kernbrennstoffe oder radioaktive Isotope enthält oder entworfen ist, sie zu enthalten oder zu verwenden, und welche — durch Explosion oder andere ungeregelte Kernumwandlung des Kernbrennstoffes oder durch Radioaktivität des Kernbrennstoffes oder radioaktive Isotope — Massenzerstörungen, Massenschaden oder Massenvergiftung hervorrufen kann.

b) Als Atomwaffe gilt ferner jedes Teil, jede Vorrichtung, jedes Aggregat oder Material, welches eigens für eine unter (a) aufgeführte Waffe entworfen oder in erster Linie in ihr verwendbar ist.

c) Als Kernbrennstoff gemäß der vorangehenden Definition gilt Plutonium, U 233, U 235 (einschließlich U 235, welches in Uran enthalten ist, das mit mehr als 2,1 Gewichtsprozent U 235 angereichert wurde) sowie jedes andere Material, welches geeignet ist, beträchtliche Mengen Atomenergie durch Kernspaltung oder -vernichtung oder eine andere Kernreaktion des Materials freizumachen. Die vorstehenden Materialien werden als Kernbrennstoff angesehen, einerlei in welchem chemischen oder physikalischen Zustand sie vorliegen.

II. Die chemische Waffe

a) Als chemische Waffe gilt jede Einrichtung oder jedes Gerät, welche(s) eigens entworfen wurde, um für militärische Zwecke die erstickenden, toxischen, reizerregenden, lähmenden, wachstumsregelnden, die Schmierwirkung zerstörenden und katalytischen Eigenschaften irgendeiner chemischen Substanz auszunutzen.

b) Mit der unter (c) gemachten Einschränkung sind chemische Substanzen, die derartige Eigenschaften besitzen und für die Verwendung in Einrichtungen und Geräten gemäß (a) in Frage kommen, in dieser Definition einbegriffen.

c) Von dieser Definition sind ausgenommen Einrichtungen oder Geräte sowie solche Mengen der chemischen Substanzen, wie unter (a) und (b) aufgeführt, die für den zivilen Friedensbedarf erforderlich sind.

III. Die biologische Waffe

a) Als biologische Waffe gilt jede Einrichtung oder jedes Gerät, welche(s) eigens entworfen wurde, um für militärische Zwecke schädliche Insekten oder andere lebende oder tote Organismen oder ihre toxischen Produkte zu verwenden.

b) Mit der in (c) gemachten Einschränkung sind in dieser Definition Insekten, Organismen und ihre toxischen Produkte eingeschlossen, soweit sie der Art und Menge nach für die Verwendung in den unter (a) aufgeführten Einrichtungen oder Geräten in Frage kommen.

c) Von dieser Definition sind ausgenommen Einrichtungen oder Geräte und solche Mengen von Insekten, Organismen und ihre toxischen Produkte, wie unter (a) und (b) aufgeführt, die für den zivilen Friedensbedarf erforderlich sind.

IV. Weittragende Geschosse, gelenkte Geschosse und Influenzminen

a) Mit der unter (d) gemachten Einschränkung gelten als weittragende Geschosse und gelenkte Geschosse Geschosse, die so beschaffen sind, daß die Geschwindigkeit oder die Bewegungsrichtung nach dem Augenblick des Abschusses durch eine Vorrichtung oder einen Mechanismus innerhalb oder außerhalb des Geschosses beeinflußt werden kann. Hierin sind die Waffen der V-Bauart, die während des letzten Krieges entwickelt wurden, und ihre weiteren Abwandlungen eingeschlossen. Die Verbrennung wird als ein Mechanismus betrachtet, der in der Lage ist, die Geschwindigkeit zu beeinflussen.

b) Mit der unter (d) gemachten Einschränkung gelten als Influenzminen solche Seeminen, deren Explosion selbsttätig durch allein von außen kommende Einflüsse ausgelöst werden kann. Hierin sind Influenzminen, die während des letzten Krieges entwickelt wurden, und ihre weiteren Abwandlungen eingeschlossen.

c) In diese Definition sind eingeschlossen Teile, Vorrichtungen oder Aggregate, die eigens für die Verwendung in oder zusammen mit den unter (a) und (b) aufgeführten Waffen entworfen sind.

d) Von dieser Definition sind ausgenommen die Annäherungszünder und gelenkten Geschosse mit kurzer Reichweite für die Luftabwehr, die folgende Merkmale nicht überschreiten:

- Länge .... 2 m
- Durchmesser .... 30 cm
- Geschwindigkeit .... 660 m/sec
- Reichweite .... 32 km
- Gewicht des Sprengkopfs einschl. Füllung .... 22,5 kg

V. Kriegsschiffe mit Ausnahme von kleineren Schiffen für Verteidigungszwecke

Als Kriegsschiffe mit Ausnahme von kleineren Schiffen für Verteidigungszwecke gelten:

a) Kriegsschiffe mit mehr als 3000 t Wasserverdrängung

b) Unterseeboote mit mehr als 350 t Wasserverdrängung

c) Alle Kriegsschiffe, die in anderer Weise als durch Dampf-, Diesel- oder Benzinmotoren oder Gasturbinen oder Strahltriebwerke angetrieben werden.

VI. Bombenflugzeuge für strategische Zwecke

16. Auf allen Gebieten ist eine möglichst enge Zusammenarbeit mit NATO herzustellen.

III. Zusicherungen der Vereinigten Staaten, des Vereinigten Königreichs und Kanadas

Der Außenminister der Vereinigten Staaten legte in der nachstehenden Erklärung dar, daß die Vereinigten Staaten bereit seien, der europäischen Einheit weiterhin ihre Unterstützung zu leihen:

„Wenn es unter Benutzung des Brüsseler Vertrages als Kern möglich ist, in diesem neuen Rahmen eine stetige Hoffnung auf Einigkeit unter den hier vertretenen Staaten Europas zu finden, und wenn die Hoffnungen, die in die EVG gesetzt wurden, sinnvoll auf die Abmachungen übertragen werden können, die das Ergebnis dieser Konferenz sein werden, dann bin ich bereit, dem Präsidenten zu empfehlen, die Zusicherung zu erneuern, die er im letzten Frühjahr im Zusammenhang mit dem Vertrag über die Gründung der Europäischen Verteidigungsgemeinschaft gemacht hat. Diese Zusicherung würde dahin gehen, daß die Vereinigten Staaten weiterhin in Europa einschließlich Deutschlands diejenigen Verbände ihrer Streitkräfte belassen werden, die gegebenenfalls erforderlich und angemessen sind, um einen fairen Beitrag zu dem zu leisten, was für die gemeinsame Verteidigung des nordatlantischen Gebiets benötigt wird, solange eine Bedrohung dieses Gebiets besteht, und weiterhin diese Streitkräfte im Einklang mit der vereinbarten Nordatlantikstrategie für die Verteidigung dieses Gebietes einsetzen werden.“

Das Vereinigte Königreich bestätigte seine aktive Teilnahme an der Organisation des Brüsseler Vertrages und gab die folgende Zusicherung über die weitere Stationierung von Streitkräften des Vereinigten Königreiches auf dem europäischen Kontinent ab:

„Das Vereinigte Königreich wird auf dem europäischen Festland einschließlich Deutschlands die Effektivstärke seiner jetzt SACEUR zugeteilten Streitkräfte, vier Divisionen und die taktische Luftwaffe oder was immer SACEUR als gleichwertiges Kampfpotential ansieht, weiterhin unterhalten.

Das Vereinigte Königreich verpflichtet sich, diese Streitkräfte nicht gegen den Wunsch der Mehrheit der Mächte des Brüsseler Vertrages zurückzuziehen, die ihre Entscheidung in Kenntnis der Auffassungen von SACEUR treffen.

Diese Verpflichtung würde mit dem Vorbehalt erfolgen, daß ein akuter Notstand in Übersee die Regierung Ihrer Majestät zwingen könnte, von diesem Verfahren abzuweichen.

Falls zu irgendeiner Zeit die Unterhaltung von Streitkräften des Vereinigten Königreichs auf dem europäischen Kontinent eine zu schwere Belastung der auswärtigen Finanzen des Vereinigten Königreichs mit sich bringt, wird das Vereinigte Königreich den Nordatlantikrat ersuchen, die finanziellen Bedingungen zu überprüfen, unter denen die Verbände unterhalten werden."

Kanada bekräftigte mit der folgenden Erklärung erneut seinen Entschluß, die mit seiner Mitgliedschaft in NATO verbundenen fortdauernden Verpflichtungen zu erfüllen und seine Unterstützung für das Ziel der europäischen Einheit zu leisten:

„Für uns bleibt die Organisation des Nordatlantikpakts der Kernpunkt unserer Beteiligung an der kollektiven Verteidigung und unserer Hoffnung auf die Entwicklung einer engeren Zusammenarbeit mit den anderen Völkern der Atlantischen Gemeinschaft. Als solcher bleibt sie eine Grundlage der kanadischen Außenpolitik. Indem wir so unseren Glauben an die Organisation des Nordatlantikpakts nachdrücklich zum Ausdruck bringen, begrüßen wir den geplanten Ausbau des Brüsseler Vertrages. Wir sehen einem Ausbau der Beziehungen, im Rahmen von NATO, mit der neuen Organisation des Brüsseler Vertrages, mit deren Mitgliedstaaten uns bereits so enge Bande verknüpfen, zuversichtlich entgegen."

IV. NATO

Die an der Konferenz teilnehmenden Mächte, die Mitglieder von NATO sind, vereinbarten, bei der nächsten Ministertagung des Nordatlantikrats zu empfehlen, daß die Bundesrepublik Deutschland unverzüglich aufgefordert werden soll, Mitglied zu werden.

Sie vereinbarten ferner, NATO zu empfehlen, ihre Organisation in folgender Hinsicht zu verstärken:

a) Alle auf dem Kontinent stationierten Streitkräfte von NATO-Staaten werden der Befehlsgewalt von SACEUR unterstellt, mit Ausnahme derjenigen Streitkräfte, mit deren Verbleiben unter nationaler Führung sich NATO einverstanden erklärt hat oder einverstanden erklären wird.

b) Die auf dem Kontinent SACEUR unterstellten Streitkräfte werden im Einklang mit der NATO-Strategie disloziert.

c) Die Stationierung dieser Streitkräfte wird von SACEUR nach Konsultation der beteiligten nationalen Behörden und im Einvernehmen mit diesen bestimmt.

d) Diese Streitkräfte dürfen ohne seine Zustimmung, die den entsprechenden politischen Richtlinien des Nordatlantikrates unterworfen ist, auf dem Kontinent weder undisloziert noch operativ eingesetzt werden.

e) Die auf dem Kontinent SACEUR unterstellten Streitkräfte werden integriert, soweit dies mit der militärischen Schlagkraft vereinbar ist.

f) Es werden Abmachungen für eine verstärkte Koordinierung des Versorgungswesens durch SACEUR getroffen werden.

g) Die zahlenmäßige Stärke und Schlagkraft der auf dem Kontinent SACEUR unterstellten Streitkräfte sowie die Bewaffnung, Ausrüstung, das Versorgungswesen und die Reserveverbände dieser Streitkräfte auf dem Kontinent werden von SACEUR inspiziert.

Die Konferenz nahm die Ansicht aller vertretenen Regierungen zu Protokoll, daß die Geltungsdauer des Nordatlantikpaktes als unbegrenzt zu betrachten sei.

V. Erklärung der Regierung der Bundesrepublik Deutschland und gemeinsame Erklärung der Regierungen Frankreichs, des Vereinigten Königreichs und der Vereinigten Staaten von Amerika

Die folgenden Erklärungen des deutschen Bundeskanzlers sowie der Außenminister Frankreichs, des Vereinigten Königreichs und der Vereinigten Staaten von Amerika wurden auf der Konferenz zu Protokoll genommen.

Erklärung der Bundesregierung Deutschland

„Die Bundesrepublik Deutschland hat sich bereit erklärt, ihre Politik in Übereinstimmung mit den Grundsätzen der Satzung der Vereinten Nationen zu gestalten, und nimmt die in Artikel 2 dieser Satzung enthaltenen Verpflichtungen an.

Anläßlich ihres Beitritts zum Nordatlantikpakt und zum Brüsseler Vertrag erklärt die Bundesrepublik Deutschland, daß sie sich aller Maßnahmen enthalten wird, die mit dem streng defensiven Charakter dieser beiden Verträge unvereinbar sind. Insbesondere verpflichtet sich die Bundesrepublik Deutschland, die Wiedervereinigung Deutschlands oder die Änderung der gegenwärtigen Grenzen der Bundesrepublik Deutschland niemals mit gewaltsamen Mitteln herbeizuführen und alle zwischen der Bundesrepublik und anderen Staaten gegebenenfalls entstehenden Streitfragen mit friedlichen Mitteln zu lösen."

Erklärung der Regierungen der Vereinigten Staaten von Amerika, des Vereinigten Königreichs und Frankreichs

„Die Regierungen der Vereinigten Staaten von Amerika, des Vereinigten Königreichs von Großbritannien und Nordirland und der Französischen Republik,

entschlossen, ihre Bemühungen der Festigung des Friedens gemäß der Satzung der Vereinten Nationen und insbesondere der in Artikel 2 der Satzung enthaltenen Verpflichtungen zu widmen,

i) ihre internationalen Streitfragen mit friedlichen Mitteln auf solche Weise zu lösen, daß der Weltfriede und die internationale Sicherheit und Gerechtigkeit nicht gefährdet werden;

ii) sich in ihren internationalen Beziehungen der Drohung mit Gewalt oder der Gewaltanwendung zu enthalten, die sich gegen die territoriale Unversehrtheit oder die politische Unabhängigkeit irgendeines Staates richtet oder sonst mit den Zielen der Vereinten Nationen unvereinbar ist;

iii) den Vereinten Nationen bei jeder von diesen gemäß der vorliegenden Satzung getroffenen Maßnahmen jede Unterstützung zu gewähren und sich jeder Unterstützung irgendeines Staates zu enthalten, gegen den die Vereinten Nationen Präventivmaßnahmen oder Zwangsmaßnahmen anwenden;

iv) dafür Sorge zu tragen, daß Staaten, die nicht Mitglieder der Vereinten Nationen sind, gemäß den Grundsätzen dieser Satzung handeln, soweit dies zur Aufrechterhaltung des Weltfriedens und der internationalen Sicherheit erforderlich ist;

unter Berücksichtigung des rein defensiven Charakters der Atlantischen Allianz, der in dem Nordatlantikpakt zum Ausdruck kommt, worin sie ihren Glauben an die Ziele und Grundsätze der Satzung der Vereinten Nationen sowie ihren Wunsch, mit allen Völkern und mit allen Regierungen in Frieden zu leben, erneut bekräftigen und sich verpflichten, ihre internationalen Streitigkeiten mit friedlichen Mitteln gemäß den Grundsätzen der Satzung zu regeln und sich im Einklang mit diesen Grundsätzen jeglicher Androhung von Gewalt oder Gewaltanwendung in ihren internationalen Beziehungen zu enthalten,

nehmen zur Kenntnis, daß die Bundesrepublik Deutschland durch eine Erklärung vom 3. Oktober 1954 die in Artikel 2 der Satzung der Vereinten Nationen enthaltenen Verpflichtungen angenommen und sich verpflichtet hat, die Wiedervereinigung Deutschlands oder die Änderung der gegenwärtigen Grenzen der Bundesrepublik Deutschland niemals mit gewaltsamen Mitteln herbeizuführen und alle zwischen der Bundesrepublik und anderen Staaten etwa entstehenden Streitigkeiten mit friedlichen Mitteln zu lösen, und

erklären, daß

1. sie die Regierung der Bundesrepublik Deutschland als die einzige deutsche Regierung betrachten, die frei und rechtmäßig gebildet und daher berechtigt ist, für Deutschland als Vertreterin des deutschen Volkes in internationalen Angelegenheiten zu sprechen;

2. sie sich in ihren Beziehungen mit der Bundesrepublik an die in Artikel 2 der Satzung der Vereinten Nationen niedergelegten Grundsätze halten werden;

3. eine zwischen Deutschland und seinen früheren Gegnern frei vereinbarte friedensvertragliche Regelung für Gesamtdeutschland, welche die Grundlage für einen dauerhaften Frieden legen soll, ein wesentliches Ziel ihrer Politik bleibt. Die endgültige Festlegung der Grenzen Deutschlands muß bis zum Abschluß einer solchen Regelung aufgeschoben werden;

4. die Schaffung eines völlig freien und vereinigten Deutschland durch friedliche Mittel ein grundlegendes Ziel ihrer Politik bleibt;

5. die Sicherheit und das Wohl Berlins und die Aufrechterhaltung der dortigen Stellung der Drei Mächte von den Drei Mächten als wesentliche Elemente des Friedens der freien Welt in der gegenwärtigen internationalen Lage betrachtet werden. Dementsprechend werden sie innerhalb des Gebiets von Berlin Streitkräfte unterhalten, solange ihre Verantwortlichkeiten dies erfordern. Sie bekräftigen daher erneut, daß sie jeden Angriff gegen Berlin, von welcher Seite er auch kommen mag, als einen Angriff auf ihre Streitkräfte und sich selbst behandeln werden;

6. sie jede Anwendung von Gewalt, die in Verletzung der Grundsätze der Satzung der Vereinten Nationen die Unversehrtheit und Einheit der Atlantischen Allianz oder ihrer defensiven Ziele bedroht, als eine Bedrohung ihres eigenen Friedens und ihrer eigenen Sicherheit betrachten. Im Falle eines solchen Vergehens werden die Drei Regierungen ihrerseits der Auffassung sein, daß die zuwiderhandelnde Regierung ihrer Rechte auf irgendeine Garantie und irgendwelche militärische Unterstützung, die im Nordatlantikpakt und in seinen Protokollen vorgesehen sind, verlustig geht. Sie werden gemäß Artikel 4 des Nordatlantikpaktes handeln, um sonstige geeignet erscheinende Maßnahmen zu treffen;

7. sie die anderen Mitgliedstaaten der Organisation des Nordatlantikpaktes auffordern werden, sich dieser Erklärung anzuschließen.

VI. Künftiges Verfahren

Die Konferenz kam überein, daß Vertreter der beteiligten Regierungen vordringlich den Wortlaut von Vereinbarungen ausarbeiten, in denen die vorstehend niedergelegten Grundsätze im einzelnen verwirklicht werden. Diese Vereinbarungen werden, soweit erforderlich, dem Nordatlantikrat und den Vier mit dem künftigen Status der Bundesrepublik unmittelbar befaßten Regierungen vorgelegt. Die Konferenz gab der Hoffnung Ausdruck, daß am 22. Oktober eine Ministertagung des Nordatlantikrates stattfinden kann, um über NATO berührende Vereinbarungen zu beschließen. Dieser Konferenz werden Zusammenkünfte der Vier Außenminister über die Frage der deutschen Souveränität sowie der Neun Außenminister vorausgehen.

Diese Abkommen und Abmachungen stellen einen bedeutsamen Beitrag zum Weltfrieden dar. Nunmehr ist ein Westeuropa im Entstehen, das auf der Grundlage der engen Assoziierung des Vereinigten Königreichs mit dem Kontinent und der sich vertiefenden Freundschaft zwischen den Teilnehmerstaaten die Atlantische Gemeinschaft festigen wird. Das von der Konferenz ausgearbeitete System wird die Entwicklung der europäischen Einheit und Integration fördern.

Die folgenden Dokumente sind der Schlußakte beigefügt und sind Teil derselben:

Entwurf einer Erklärung und Entwurf eines Protokolls zum Brüsseler Vertrag;

voller Wortlaut der Erklärungen der Herren Dulles, Eden und Pearson in der vierten Plenarsitzung am 29. September;

Konferenzdokument über den deutschen Verteidigungsbeitrag und Abmachungen, die auf die Streitkräfte von SACEUR auf dem Kontinent Anwendung finden.

Anlage 1

Entwurf einer Erklärung, mit welcher die Bundesrepublik Deutschland und Italien eingeladen werden, dem Brüsseler Vertrag beizutreten

Die Regierungen Belgiens, Frankreichs, Luxemburgs, der Niederlande und des Vereinigten Königreichs, als Partner des Brüsseler Vertrags vom 17. März 1948 über wirtschaftliche, soziale und kulturelle Zusammenarbeit und über berechtigte kollektive Selbstverteidigung, sind sich bewußt, daß die Grundsätze, auf die sich die vom Brüsseler Vertrag geschaffene Assoziierung stützt, auch von der Bundesrepublik Deutschland und von Italien anerkannt und angewendet werden;

nehmen mit Befriedigung zur Kenntnis, daß ihre Friedensliebe und ihre Treue zu demokratischen Einrichtungen gemeinsame Bande zwischen den Staaten Westeuropas darstellen;

sind davon überzeugt, daß eine Assoziierung mit der Bundesrepublik Deutschland und mit Italien einen neuen und wesentlichen Schritt in der im Vertrag bereits angedeuteten Richtung darstellen würde, und

beschließen:

in Anwendung des Artikels IX des Vertrags die Bundesrepublik Deutschland und Italien einzuladen, dem durch das Protokoll vom . . . und . . . (Liste der Abkommen und Dokumente) . . .*) revidierten und ergänzten Brüsseler Vertrag beizutreten.

Entwurf eines Protokolls zum Brüsseler Vertrag

Seine Majestät der König der Belgier, der Präsident der Französischen Republik, Präsident der Französischen Union, Ihre Königliche Hoheit die Großherzogin von Luxemburg, Ihre Majestät die Königin der Niederlande und Ihre Majestät die Königin von Großbritannien und Nordirland und Ihrer anderen Gebiete und Territorien, Haupt des Commonwealth, als Partner des am 17. März 1948 in Brüssel unterzeichneten Vertrags über wirtschaftliche, soziale und kulturelle Zusammenarbeit und über kollektive Selbstverteidigung (im folgenden als der Vertrag bezeichnet), einerseits

und der Präsident der Bundesrepublik Deutschland und der Präsident der Italienischen Republik andererseits

haben,

von dem gemeinsamen Willen beseelt, den Frieden und die Sicherheit zu festigen,

in dem Wunsche, zu diesem Zweck die Einheit Europas zu fördern und seine fortschreitende Integration zu unterstützen,

in der Überzeugung, daß der Beitritt der Bundesrepublik Deutschland und Italiens zu dem Vertrag einen neuen und wesentlichen Schritt in Richtung auf diese Ziele darstellen wird,

. . . ernannt

und sind wie folgt übereingekommen:

Artikel I

Die Bundesrepublik Deutschland und die Italienische Republik treten hiermit dem durch dieses Protokoll und . . . (Liste der Abkommen und Dokumente) . . .**) revidierten und ergänzten Vertrag bei.

*) Diese Abkommen und Dokumente werden im endgültigen Text genau angegeben werden.

**) Diese Abkommen und Dokumente werden im endgültigen Text genau angegeben werden.

Artikel II

(a) Der Unterabsatz der Präambel des Vertrages „alle Maßnahmen zu treffen, die im Falle der Wiederaufnahme einer deutschen Angriffspolitik als notwendig erachtet werden" wird wie folgt geändert:

„die Einheit Europas zu fördern und seine fortschreitende Integration zu unterstützen".

(b) Folgender neuer Artikel wird in den Vertrag als Artikel IV aufgenommen:

„IV. In Ausführung des Vertrages werden die Hohen Vertragschließenden Teile und alle von Ihnen im Rahmen des Vertrages eingesetzten Organe in engem Zusammenwirken mit der Organisation des Nordatlantikpaktes tätig werden."

Der jetzige Artikel IV des Vertrages und die folgenden Artikel sind entsprechend neu zu beziffern.

(c) Artikel VIII, früher Artikel VII, des Vertrages erhält die folgende Fassung:

„Um über alle Fragen, die Gegenstand dieses Vertrages und seines Protokolls sowie der ergänzenden Vereinbarungen und Dokumente sind, zu beraten und um den Frieden und die Sicherheit zu festigen und die Einheit Europas zu fördern und seine fortschreitende Integration sowie eine engere Zusammenarbeit zwischen den Mitgliedstaaten und mit anderen europäischen Organisationen zu unterstützen, werden die Hohen Vertragschließenden Teile einen Rat einrichten, der so organisiert sein soll, daß er seine Funktionen ständig ausüben kann. Der Rat tritt dann zusammen, wenn er es für erforderlich hält.

Auf Antrag eines der Hohen Vertragschließenden Teile wird der Rat unverzüglich einberufen, um es den Hohen Vertragschließenden Teilen zu ermöglichen, über jede Lage zu beraten, die, gleichviel an welchem Ort, den Frieden bedrohen könnte, oder über irgendeine Lage zu beraten, die eine Gefahr für die wirtschaftliche Stabilität darstellt."

Artikel III

Dieses Protokoll und die in Artikel I aufgeführten Vereinbarungen bedürfen der Ratifizierung; die Ratifizierungsurkunden sind so bald wie möglich bei der belgischen Regierung zu hinterlegen. Sie treten mit dem Tag der Hinterlegung der letzten Ratifikationsurkunde in Kraft.

Anlage 2

Erklärung von Mr. Dulles in der vierten Plenarsitzung der Londoner Neunmächtekonferenz

Herr Vorsitzender, als wir annahmen, der Vertrag über die Europäische Verteidigungsgemeinschaft werde dem französischen Parlament unverzüglich zur Verabschiedung vorgelegt werden — das war im vergangenen Frühjahr —, gaben die Vereinigten Staaten zu verstehen, daß sie bereit seien, eine Erklärung über ihre Absichten im Hinblick auf die weitere Stationierung von Streitkräften in Europa im Falle des Inkrafttretens des Vertrags über die Europäische Verteidigungsgemeinschaft abzugeben. Der Wortlaut dieser Botschaft wurde den sechs Signatarmächten des Vertrages über die Europäische Verteidigungsgemeinschaft und auch dem Vereinigten Königreich mitgeteilt. Im wesentlichen hieß es in der Erklärung, daß die Vereinigten Staaten auch weiterhin in Europa, einschließlich Deutschlands, diejenigen Einheiten ihrer Streitkräfte unterhalten würden, die gegebenenfalls erforderlich wären, um einen fairen Beitrag der Vereinigten Staaten zu den für die gemeinsame Verteidigung des nordatlantischen Gebietes benötigten Kräften zu leisten, solange die Bedrohung dieses Gebietes anhält, und daß wir auch weiterhin diese Streitkräfte gemäß der für die Verteidigung dieses Gebietes vereinbarten nordatlantischen Strategie unterhalten würden.

Diese Erklärung enthielt noch weitere Bestimmungen — im ganzen sechs —, von denen sich die eine auf die Behandlung des Nordatlantikpaktes als eines Vertrags von unbegrenzter Dauer und nicht nur als eines für eine festgelegte Zahl von Jahren geltenden Vertrages bezog.

Ich halte es nicht für erforderlich, Ihnen den vollen Wortlaut dieser Erklärung vorzulesen, weil er, wie ich sagte, allen hier vertretenen Regierungen mitgeteilt wurde. Ohne Zweifel sind Sie bereits mit diesem Wortlaut, der Ihnen damals zugeleitet wurde, vertraut und können ihn jederzeit einsehen.

Diese Erklärung wurde, wie ich sagte, in Erwartung des Inkrafttretens des Vertrages über die Europäische Verteidigungsgemeinschaft abgegeben. Die Erklärung wurde abgegeben nach Konsultation mit den Führern beider Parteien im Kongreß der Vereinigten Staaten. Es hätte sich dabei um eine so feierliche und endgültige Verpflichtung gehandelt, wie sie die Vereinigten Staaten überhaupt in dieser Angelegenheit nach ihrer Verfassung übernehmen können.

Ich darf vielleicht erläutern, daß nach unserem verfassungsrechtlichen System der Präsident der Vereinigten Staaten Oberster Befehlshaber der Streitkräfte der Vereinigten Staaten ist und als solcher das Recht hat, über ihren Einsatz zu bestimmen. Hierbei handelt es sich um ein Recht, das durch Maßnahmen des Kongresses nicht beeinträchtigt werden kann. Wenn auch der Kongreß nicht die Befugnis hat, dem Präsidenten das Recht zu nehmen, als Oberster Befehlshaber der Streitkräfte diese so einzusetzen, wie er es im Interesse der Sicherheit der Vereinigten Staaten für richtig hält, so kann doch ein Präsident der Vereinigten Staaten verfassungsrechtlich seinen Nachfolger in dieser Angelegenheit nicht binden. Jeder Präsident der Vereinigten Staaten tritt sein Amt mit dem Recht an, die Streitkräfte der Vereinigten Staaten so einzusetzen, daß seiner Auffassung nach die Interessen der Vereinigten Staaten im Einklang mit den Ratschlägen, die er von seinen militärischen Beratern erhält, am besten gewahrt werden. Daher ist es verfassungsrechtlich nicht möglich, daß die Vereinigten Staaten durch Vertrag, Gesetz oder auf andere Weise eine rechtlich bindende feste Verpflichtung übernehmen, einen im voraus bestimmten Teil der Streitkräfte an irgendeinem bestimmten Ort der Welt für irgendeine bestimmte Frist zu unterhalten. Dennoch kann der Präsident eine Politik festlegen, die seiner Auffassung nach geeignet ist, gewisse Verbände der Streitkräfte der Vereinigten Staaten in bestimmten Gebieten in Durchführung dieser Politik zu unterhalten. Und falls es sich hierbei um eine grundsätzliche und grundlegende Politik handelt, ist es äußerst unwahrscheinlich, daß dieser Einsatz von Streitkräften geändert würde.

Durch diese Erklärung, auf die ich mich beziehe, sollte also, soweit dies nach unserer Verfassung möglich ist, die Entschlossenheit unserer Regierung zum Ausdruck gebracht werden, die Europäische Verteidigungsgemeinschaft zu unterstützen, indem wir einen Beitrag in Form von Streitkräften leisteten, die der Integration mit den Streitkräften dieser Gemeinschaft unterliegen würden. Diese Erklärung wurde in der Überzeugung abgegeben, daß die in ihr zum Ausdruck kommende Politik wegen des sehr großen Interesses verfolgt würde, das die Vereinigten Staaten an der europäischen Einigung haben, und weil unsere Nation in der Geschichte ihre Bereitschaft bewiesen hat, gewaltige Beiträge zu leisten, wenn dies nach ihrer Auffassung zu einer wirklichen Einigung Europas beiträgt.

Ich darf daran erinnern, daß dem Europäischen Wiederaufbauplan — dem Marshallplan, wie er genannt wurde — ein Kongreßgesetz zugrunde lag, in dem es hieß, daß der Zweck darin bestehe, die Einigung Europas zu fördern. Der Nordatlantikpakt stellte eine für die Vereinigten Staaten völlig einmalige Verpflichtung dar — es war wirklich das erste Mal, daß die Vereinigten Staaten ein langfristiges Bündnis dieser Art mit anderen Ländern abschlossen. Dies stand in unmittelbarem Gegensatz zu unserer früheren Politik, die wir mehr als hundert Jahre hindurch verfolgt haben. Dieser Schritt wurde erst unternommen, nachdem die europäischen Länder selbst im Rahmen dieses Brüsseler Vertrages, über den wir heute soviel reden, zusammengekommen waren. Gerade die Ermutigung, die wir hieraus schöpften, trug sehr viel dazu bei, daß wir auf diesem Weg weitergeschritten sind und uns an den Verpflichtungen im Rahmen des Nordatlantikpakts beteiligt haben.

Die ersten Maßnahmen, die für eine militärische Hilfeleistung an Europa getroffen wurden, erfolgten auf Grund des Gesetzes über die militärische Verteidigungshilfe von 1949. Darin hieß es, das Gesetz solle die Integration der Verteidigung Europas fördern. Ich glaube, die Geschichte unseres Handelns, unseres positiven und negativen Handelns zeigt, daß wir in mancher Hinsicht auf das in Europa herrschende Klima wie ein Barometer reagieren. Herrscht ein Klima der Einheit und des Zusammenhalts, so kommen von uns Unterstützung und Hilfe jeder Art. Herrscht ein Klima der Entzweiung, der Uneinigkeit, erneuter Kriegsdrohungen, der Verewigung des Kreislaufs immer wiederkehrender Kriege, so neigen wir dazu, uns zurückzuziehen.

Die Erklärung, die wir zur Unterstützung der Europäischen Verteidigungsgemeinschaft glaubten abgeben zu können, ging von der Annahme aus, daß es sich hierbei um einen permanenten Akt handle, der die Länder Europas, die in der Vergangenheit getrennt waren und Brutstätten des Krieges bildeten, organisch zusammenführen würde. Wir glaubten, dieser Akt würde die Länder Europas so dauerhaft, so organisch miteinander verbinden, daß wir dieses alte Kapitel als abgeschlossen betrachten und voller Hoffnung uns mit unserer Stärke Europa verpflichten könnten im Vertrauen darauf, daß sich unsere Soldaten hier in Europa in einem Gebilde befänden, das sicher und solide wäre, und daß wir unsere Truppen nicht mitten auf jenem Kontinent stationierten, der historisch gesehen der gefährlichste Brandherd der Welt ist.

Eine Verpflichtung dieser Art geht man natürlich nicht leicht ein, und ich möchte in aller Offenheit sagen, daß der Präsident der Vereinigten Staaten unter den heutigen Umständen seine Verpflichtung nicht erneuern könnte. Über die Vereinigten Staaten ging eine starke Welle der Enttäuschung hinweg, und insbesondere zeigt sich im Kongreß große Enttäuschung über das, was geschehen ist, und es macht sich ein Gefühl bemerkbar, daß die Lage in Europa schließlich doch recht hoffnungslos ist und daß die Vereinigten Staaten besser keine langfristigen Verpflichtungen in bezug auf Europa eingehen.

Diese Schlußfolgerung ist meiner Auffassung nach für die Nationen Europas und für die Vereinigten Staaten so verhängnisvoll, daß ich inbrünstig hoffe, was hier geschieht, möge eine andere Schlußfolgerung zulassen und die Atmosphäre und die Gefühle in den Vereinigten Staaten so ändern, daß die Vereinigten Staaten ihre Verpflichtung erneuern können, in Europa diejenigen Verbände ihrer Streitkräfte zu unterhalten, die gegebenenfalls erforderlich und angemessen sind, um unseren fairen Beitrag zu dem zu leisten, was für die gemeinsame Verteidigung dieses nordatlantischen Gebietes nötig ist, solange eine Bedrohung dieses Gebietes besteht. Ich kann in diesem Augenblick nicht sagen, ob eine Erneuerung dieser Verpflichtung möglich ist. Ich kann sagen, und ich muß es wiederholen, daß bei der heutigen Lage der Dinge dies *nicht* möglich ist. Wenn es jedoch möglich sein sollte, aus den Elementen der Lage, mit der wir uns beschäftigen, unter Benutzung des Brüsseler Vertrages als Kern, in dieser neuen Konzeption eine fortdauernde Hoffnung auf Einheit unter den hier vertretenen Ländern Europas zu finden, und wenn die Hoffnungen, die an den Vertrag über die Europäische Verteidigungsgemeinschaft geknüpft waren, sinnvoll auf die Vereinbarungen übertragen werden können, die sich aus dieser Konferenz ergeben, so bin ich bereit, dem Präsidenten zu empfehlen, eine Verpflichtung vergleichbar der, wie sie im Zusammenhang mit dem Vertrag über die Europäische Verteidigungsgemeinschaft angeboten wurde, zu erneuern.

Selbstverständlich müßte die Verpflichtung im Wortlaut geändert werden, da sie sich in der ursprünglichen Form eindeutig auf den Vertrag über die Europäische Verteidigungsgemeinschaft bezog. Welche Änderungen des Wortlautes erforderlich wären, um der Verpflichtung die „neue Linie" zu geben, die der neuen Lage angemessen wäre, habe ich noch nicht geprüft, und dies wäre auch nicht zweckmäßig, ehe wir nicht wissen, ob sich aus den Beratungen dieser Konferenz und der ihr gegebenenfalls folgenden Zusammenkunft die Aussicht auf echte und dauerhafte Einheit ergibt.

Eine deutlichere Erklärung über die Haltung meiner Regierung zu dieser Angelegenheit kann ich heute nicht abgeben, Herr Vorsitzender. Wir sind sehr darauf bedacht, alles, was materiell und verfassungsrechtlich in unseren Kräften steht, zu tun, um jene Einigung zu fördern, die vor allem eine Lage beseitigen wird, die immer wieder zu Kriegen geführt hat, welche die westlichen Nationen geschwächt und ausgezehrt haben, so daß unsere gesamte westliche Zivilisation heute gefährdet ist wie nie zuvor in den letzten tausend Jahren. Sie können mit gutem Recht auf uns zählen. Ich glaube, was wir seit Ende des Krieges an wirtschaftlichen und militärischen Beiträgen geleistet haben, die Bereitschaft, unsere besten und fähigsten Köpfe auf militärischem und wirtschaftlichem Gebiet zur Verfügung zu stellen, all dies ist, glaube ich, ein Beweis für unsere Haltung in dieser Frage, an dem sich nicht rütteln läßt. Sie dürfen davon überzeugt sein, daß diese Haltung ihren Niederschlag finden wird in einer echten Unterstützung in geeignetem Ausmaß, wenn in Europa eine Aussicht auf Einigung besteht und immer noch ein Licht leuchtet, wenn wir nicht das Gefühl haben müssen, daß wir an einer Wasserscheide angelangt sind, an der alle Bemühungen um die Einheit schließlich enden und an deren anderer Seite wir in den Abgrund dauernder Uneinigkeit stürzen.

Ich glaube nicht, daß dies geschehen wird. Ich weiß, es liegt in unserer Macht, hier dafür zu sorgen, daß es nicht geschieht. Wenn es nicht geschieht, dann können Sie damit rechnen, daß die Vereinigten Staaten handeln und die europäischen Länder in ihrem Werk unterstützen werden. Ich glaube, Sie werden sehen, daß die amerikanische Flagge, mit allem, was sie versinnbildlicht, auch weiterhin neben Ihren Flaggen hier in Europa wehen wird.

Anlage 3

Erklärung von Mr. Eden in der vierten Plenarsitzung der Londoner Neunmächtekonferenz

Meine Herren, ich glaube, wir alle haben das Gefühl, daß wir soeben eine Erklärung des Außenministers der Vereinigten Staaten angehört haben, die ein selten hohes Niveau hatte und von einer hoch einzuschätzenden Offenheit war. Was er zu denjenigen von uns, die Europäer sind, sagte, ist meiner Ansicht nach alles, was wir unter den gegenwärtigen Bedingungen überhaupt von den Vereinigten Staaten erwarten konnten.

Wenn wir auf diese Nachkriegsjahre zurückblicken, so befürchte ich, daß wir manchmal zu leichthin als selbstverständlich annehmen, was dieser großzügige Bruder für uns in Europa zu einer Zeit getan hat, als wir alle ohne seine Hilfe im Chaos zusammengebrochen und vielleicht auch dem Kommunismus verfallen wären. Im Namen des Landes, das ich hier vertrete, möchte ich ihm die Versicherung geben, daß das, was die Vereinigten Staaten getan haben, nicht vergessen ist, sondern mit Dankbarkeit in unserem Gedächtnis bleiben wird, und zwar nicht nur um unserer selbst willen. Ich möchte also Mr. Foster Dulles sagen, daß — soweit unsere Regierung in Frage kommt — die Worte, die er ausgesprochen hat, mit Dankbarkeit und Verständnis geprüft werden, und daß wir — und ich glaube, diese Konferenz — unser Bestes tun werden, um uns jenes größeren Vertrauens, das die Vereinigten Staaten in uns setzen werden, dadurch würdig zu erweisen, daß wir uns fähig zeigen, unsere Einigkeit und Stärke zu beweisen. Es ist mir nun bewußt, daß bei diesem allen mein eigenes Land eine Rolle zu spielen hat. Ich habe nicht die Absicht, auf die ganze Geschichte früherer Erklärungen und Verpflichtungen einzugehen, obwohl vielleicht eine oder zwei dabei sind, die ich erwähnen sollte, um den Sinn dessen, was ich heute nachmittag sagen will, verständlich zu machen. Wir haben, ebenso wie die Regierung der Vereinigten Staaten, der Europäischen Verteidigungsgemeinschaft eine Reihe von Zusicherungen gegeben, und zwar in Form von Verträgen, Vereinbarungen und Erklärungen, und, wie ich bereits meinen Kollegen mitgeteilt habe, sind wir bereit, diese Zusicherungen einzuhalten und sie erneut zu bestätigen. Ich glaube nicht, daß sie unwichtig sind, aber einige davon sind allerdings durch den Wegfall der Europäischen Verteidigungsgemeinschaft nicht anwendbar. Einige dieser Verbindlichkeiten, die jetzt hinfällig geworden sind, dürften wahrscheinlich durch die Vorschläge ersetzt werden, welche diese Konferenz jetzt prüft. Die Bestimmung über automatische militärische Hilfeleistung z. B., die in unserem Vertrage mit der Europäischen Verteidigungsgemeinschaft enthalten war, wird hoffentlich in der vorgeschlagenen Erweiterung des Brüsseler Vertrages wiederholt werden. Zusammenarbeit der Streitkräfte, Dislozierung und Integration dieser Truppen, Beratung über die zahlenmäßige Stärke der Streitkräfte, alles dieses wird jetzt verwirklicht werden, wenn auch in anderem Rahmen.

Es ist mir und auch meinen Kollegen wohlbekannt, daß viele von Ihnen hier wünschen, daß wir uns in einer bestimmten Hinsicht deutlicher äußern, denn das würde die Arbeit dieser Konferenz erleichtern. Dies bezieht sich auf die weitere Stationierung britischer Streitkräfte auf dem europäischen Kontinent, und darüber habe ich meinen Kollegen einen neuen Vorschlag zu machen.

Das Vereinigte Königreich wird auf dem europäischen Festland einschließlich Deutschlands weiterhin die Effektivstärke der Streitkräfte des Vereinigten Königreiches, die jetzt SACEUR zugeteilt sind — vier Divisionen und die taktische Luftwaffe — oder was sonst SACEUR als gleichwertiges Kampfpotential betrachtet, aufrechterhalten.

Das Vereinigte Königreich verpflichtet sich, diese Truppen nicht gegen den Wunsch der Mehrheit der Mächte des Brüsseler Vertrages zurückzuziehen, die ihren Entschluß in Kenntnis der Auffassung von SACEUR fassen müßten.

Diese Verpflichtung würde mit dem Vorbehalt erfolgen, daß ein akuter Notstand in Übersee Ihrer Majestät Regierung zwingen könnte, von diesem Verfahren abzugehen.

Falls die Stationierung britischer Streitkräfte auf dem europäischen Festland zu irgendeiner Zeit eine zu schwere Belastung für die auswärtigen Finanzen des Vereinigten Königreichs mit sich bringt, würden wir den Nordatlantikrat ersuchen, die finanziellen Bedingungen zu überprüfen, unter denen die Verbände unterhalten werden.

Meine Kollegen werden einsehen, daß das, was ich bekanntgegeben habe, für uns einen sehr einschneidenden Schritt bedeutet. Sie alle wissen, daß unsere Geschichte vor allem die einer Insel ist. Wir sind immer noch im Denken und der Überlieferung nach ein Inselvolk, was auch immer die modernen waffentechnischen und strategischen Gegebenheiten mit sich bringen mögen. Und nicht ohne reifliche Überlegung hat die Regierung, die ich hier vertrete, beschlossen, daß diese Erklärung heute nachmittag vor Ihnen abgegeben werden kann. Ich möchte nur noch hinzufügen: Wir geben diese Erklärung in demselben Geiste ab, in dem Mr. Dulles soeben gesprochen hat, weil wir hoffen, daß wir damit einen Beitrag zum Erfolg dieser Konferenz leisten, die Zuversicht auf diesem europäischen Kontinent erneuern und es uns allen ermöglichen, der Welt ein Beispiel der Einigkeit zu geben. Sie werden natürlich verstehen, daß das, was wir eben gesagt haben, und die Verpflichtung, die wir zu geben bereit sind, von dem Ergebnis unserer Arbeit abhängt. Wenn wir hier Erfolg haben, dann bleibt diese Verpflichtung bestehen, wenn nicht, würde sich Ihrer Majestät Regierung nicht an das gebunden fühlen, was ich heute nachmittag gesagt habe. Dies gilt für unsere ganze Arbeit, für die gesamte Arbeit, die wir hier leisten. Ich kann somit nur schließen, indem ich sage, daß ich hoffe, die Konferenz wird der Auffassung sein, daß das, was wir gesagt haben, ein Beitrag sein wird, der uns dem erfolgreichen Abschluß unserer Arbeiten wenigstens um einen Schritt näherbringt.

Anlage 4

Erklärung des Mr. Lester Pearson
in der vierten Plenarsitzung der Londoner Neunmächtekonferenz

Herr Vorsitzender, ich bitte um Entschuldigung, wenn ich noch einmal auf den Punkt 5 der Tagesordnung zurückkomme, der die Bezeichnung trägt „Erklärungen des Vereinigten Königreiches und der Vereinigten Staaten"; ich darf wohl annehmen, daß es zur Sache gehört, wenn ich meiner großen Befriedigung über die heute nachmittag von Ihnen und Mr. Dulles abgegebenen Erklärungen Ausdruck verleihe, und ich hoffe, daß mir nicht das Wort entzogen wird, wenn ich im Namen meines eigenen Landes eine kurze Erklärung abgebe.

Ihre Erklärung, Herr Vorsitzender, hatte, wenn ich mich so ausdrücken darf, historische Bedeutung. Wenn die Ansicht besteht, wie das manches Mal der Fall ist, daß das Vereinigte Königreich im Kriege mit lebhafterem Interesse als im Frieden über den Kanal blickt, dann dürfte dieses Gefühl sicherlich durch die Erklärung beseitigt sein, die Sie vorhin abgegeben haben. Mich hat sie um so mehr beeindruckt, als ich erkenne, daß die Quelle der Macht und des Ruhmes dieser Insel immer der Weitblick über die Meere hinaus gewesen ist.

Ebenfalls bedeutend war die Erklärung von Mr. Dulles. Nicht nur im Hinblick auf die Entwicklung der europäischen Einheit, sondern auch im Hinblick auf die Entwicklung jener größeren atlantischen Einheit, die uns alle gleichermaßen angeht. Tatsächlich kann ich persönlich die europäische Einheit nicht wirksam garantiert sehen, wenn die Verbindungen nicht nur über den Kanal, sondern auch über den Atlantik nicht stark und ungebrochen sind. Mein Land hat unter dem Aspekt der Atlantischen Gemeinschaft eine Rolle zu spielen. Aus diesem Grunde nehmen wir die laufend aus unserer Zugehörigkeit zur Nordatlantikpakt-Organisation entstehenden Verpflichtungen an und sind entschlossen, weiterhin unser Bestes zu tun, um sie zu erfüllen.

Die Ablehnung der EVG wirkt sich nach unserer Auffassung auf diese Verpflichtungen nicht aus, denn die EVG — über deren Ablehnung wir allerdings tief enttäuscht sind — war, wie wir sie sahen, ein Mittel zum Zweck und kein Endzweck. Wir sind nun hier, um eine Alternativmethode zur Erreichung des gleichen Zieles zu finden. Diese Alternativmethode und diese Alternativabmachung müssen die Assoziierung Deutschlands nicht nur mit der Verteidigung Europas und des Westens vorsehen, sondern auch — und dies ist meiner Auffassung nach ebenso wichtig —

mit der Entwicklung der atlantischen Gemeinschaft; eine Assoziierung, die so durchgeführt werden muß, daß die Furcht, die das Erbe einer unglücklichen Vergangenheit ist, durch eine neue und bessere Hoffnung auf die Zukunft abgelöst wird.

So werden in dieser Woche neue Methoden erörtert und neue Lösungen gesucht. Für uns bleibt jedoch die Nordatlantikpakt-Organisation der Kern unserer Teilnahme an der Kollektivverteidigung und unsere Hoffnung auf die Entwicklung einer engeren Zusammenarbeit mit den anderen Völkern der Atlantischen Gemeinschaft. Als solche bleibt sie weiterhin die Grundlage der kanadischen Außenpolitik. In der Tat stellt für uns die volle Unterstützung der NATO einen Grundsatz dar, der über jeder Politik steht und auf den sich, glaube ich, unsere Freunde verlassen können.

Diese Unterstützung in Fragen der Verteidigung wird nun jedes Jahr durch Beratung seitens der zuständigen Stellen unserer Organisation, der NATO, ausgearbeitet. Abgesehen von der gegenseitigen Hilfeleistung besteht sie jetzt in Form von Seestreitkräften, einer Infanterie-Brigadegruppe und einer Fliegerdivision, die sich aus 12 Düsenjägerstaffeln, die in Europa stationiert sind, zusammensetzt. Wir werden auch weiterhin durch die bestehenden NATO-Verfahren unseren Beitrag zur gemeinsamen Verteidigung leisten, bis bessere Verfahren vereinbart werden. Die Anwesenheit dieser kanadischen Streitkräfte auf dem europäischen Kontinent bezeichnet nicht nur das Maß unseres militärischen Beitrages zur gemeinsamen Verteidigung, sondern ist auch Beweis für unseren Glauben an die Zukunft der Nordatlantischen Gemeinschaft.

Indem wir so unseren Glauben an die Organisation des Nordatlantikpakts nachdrücklich zum Ausdruck bringen, begrüßen wir den geplanten Ausbau des Brüsseler Vertrags. Wir sehen einem Ausbau der Beziehungen, im Rahmen von NATO, mit der neuen Organisation des Brüsseler Vertrags, mit deren Mitgliedstaaten uns bereits so enge Bande verknüpfen, zuversichtlich entgegen.

Wir hoffen, und ich nehme an, daß dieses unser Vertrauen gerechtfertigt wird — ich weiß, daß dies der Fall sein wird —, daß diese neuen Abmachungen im Rahmen des Brüsseler Vertrages ohne eine Schwächung der Minderung der NATO in irgendeiner ihre wesentlichen Funktionen betreffenden Form entwickelt werden können, denn NATO sollte, nach unserer Auffassung, nach der Assoziierung Deutschlands unter vereinbarten Abmachungen ein stärkeres Instrument zur Verhinderung eines Krieges und zur fortschreitenden Entwicklung der Atlantikgemeinschaft denn je sein.

Wir hoffen fernerhin zuversichtlich, Herr Vorsitzender, daß die Vereinigten Staaten, die in der Herbeiführung dieser Entwicklung eine so großartige, so großzügige und in der Tat wesentliche Rolle gespielt haben, auch weiterhin dazu in der Lage sein werden. Mr. Dulles hat uns heute nachmittag in dieser Hinsicht Hoffnung gegeben.

Wir Kanadier, als Nachbarn der Vereinigten Staaten, wissen genauso gut wie jeder andere, daß dieser Staat sich nicht davor scheut, jede große internationale Forderung, die an ihn gestellt wird, anzunehmen und zu erfüllen. Wir glauben zuversichtlich, daß er auch in Zukunft der Forderung, die Entwicklung der europäischen Einheit und der Atlantischen Gemeinschaft zu unterstützen, weiterhin nachkommen wird — denn diese beiden gehen Hand in Hand.

Die Arbeit, die wir in dieser Woche leisten, muß daher, um erfolgreich zu sein, den weiteren Beitrag der Vereinigten Staaten zur Erreichung dieser großen Ziele möglich machen. Wenn so gehandelt wird, und ich weiß, dies wird geschehen, so wird damit, das versichere ich hiermit, auch meinem eigenen Lande weiterhin die Leistung seines eigenen Beitrags erleichtert.

Anlage 5

Konferenzdokument über den deutschen Verteidigungsbeitrag und Abmachungen betreffend die Streitkräfte von SACEUR auf dem Kontinent

Die Neun auf der Londoner Konferenz vertretenen Regierungen vereinbaren, Vertreter anzuweisen, in Paris gemeinsam mit den militärischen und zivilen Dienststellen von NATO durch deren Generalsekretär eingehende Vorschläge für einen deutschen Verteidigungsbeitrag sowie Abmachungen auszuarbeiten, die auf die SACEUR-Streitkräfte auf dem Kontinent anwendbar sind. Beide bedürfen der Genehmigung des Nordatlantikrates. Diese Vorschläge müssen im einzelnen auf den folgenden zwischen den Neun Regierungen vereinbarten Grundsätzen beruhen:

1. a) Die Sieben Mächte des Brüsseler Vertrages treffen ein Sonderabkommen über die Streitkräfte, die jede von ihnen auf dem Kontinent SACEUR unterstellt.

b) Der deutsche Beitrag muß seinem Umfang und seiner allgemeinen Beschaffenheit nach dem für die EVG festgesetzten Beitrag entsprechen; er muß, um für NATO geeignet zu sein, auf den heutigen Stand gebracht und, soweit erforderlich, angepaßt werden.

c) Die Bestimmungen dieses Sonderabkommens sind mit den anderen NATO-Staaten zu vereinbaren.

d) Sollte in der NATO-Jahreserhebung zu irgendeiner Zeit eine Erhöhung der im Brüsseler Sonderabkommen gegebenen Zahlen empfohlen werden, so bedarf eine solche Erhöhung der einstimmigen Genehmigung der Brüsseler Mächte; diese Genehmigung muß im Brüsseler Rat oder in NATO zum Ausdruck gebracht werden.

e) Die Brüsseler Mächte werden ersuchen, daß SACEUR veranlaßt wird, einen hohen Offizier zu bestimmen, der angewiesen wird, der Organisation des Brüsseler Vertrages regelmäßig Angaben zu übermitteln, die auf dem in Ziffer 3 (f) angegebenen Weg gesammelt werden, um der Organisation die Feststellung zu ermöglichen, daß die zwischen den Brüsseler Mächten vereinbarten Ziffern eingehalten werden.

2. Alle auf dem europäischen Kontinent stationierten Streitkräfte der NATO-Staaten werden SACEUR unterstellt. Ausgenommen sind diejenigen Streitkräfte, mit deren Verbleib unter nationaler Führung sich NATO einverstanden erklärt hat oder erklären wird. Für den Kontinent werden Stärke und Bewaffnung der zur Heimatverteidigung eingesetzten Streitkräfte sowie der Polizeikräfte der Mitgliedstaaten der Organisation des Brüsseler Vertrags durch Vereinbarungen innerhalb dieser Organisation festgesetzt; dabei ist die Aufgabe zu berücksichtigen, für die sie bestimmt sind, sowie die jeweilige zahlenmäßige Stärke und der Bedarf.

3. Abmachungen betreffend die SACEUR-Streitkräfte:

a) Die auf dem Kontinent SACEUR unterstellten Streitkräfte werden in Übereinstimmung mit der NATO-Strategie disloziert.

b) Die Stationierung dieser Streitkräfte wird von SACEUR nach Konsultation der beteiligten nationalen Behörden und in Einvernehmen mit diesen bestimmt.

c) Diese Streitkräfte dürfen auf dem Kontinent ohne seine Zustimmung weder umdisloziert noch operativ eingesetzt werden; Zustimmung von SACEUR unterliegt entsprechenden politischen Richtlinien des Nordatlantikrates.

d) Die auf dem Kontinent SACEUR unterstellten Streitkräfte sind so weit zu integrieren, wie es die militärische Schlagkraft zuläßt.

e) Abmachungen für eine engere Koordinierung des Versorgungswesens durch SACEUR werden getroffen werden.

f) Die zahlenmäßige Stärke und Schlagkraft der auf dem Kontinent SACEUR unterstellten Streitkräfte sowie die Bewaffnung, Ausrüstung, Versorgung und die Reserveverbände dieser Streitkräfte auf dem Kontinent werden von SACEUR inspiziert werden.

DER BEITRITT DER BUNDESREPUBLIK DEUTSCHLAND ZUM NORDATLANTIKPAKT

1. Entschließung des Nordatlantikrates zur Durchführung von Abschnitt IV der Schlußakte der Londoner Konferenz

Der Nordatlantikrat

1. Erkennt die Notwendigkeit an, die Struktur der Organisationen des Nordatlantikvertrags sowie das System der gemeinsamen Verteidigung Europas zu festigen und, in dem Bestreben, das Verfahren für eine gemeinsame Prüfung der Verteidigungsanstrengungen der Mitgliedstaaten im einzelnen festzulegen.

2. Betont erneut, daß

(a) die Mittel, welche die Mitgliedstaaten für ihre Verteidigungsanstrengung aufzuwenden beabsichtigen, sowie die Gesamtstärke, die Zusammensetzung und die Art der Streitkräfte, welche die Mitgliedstaaten zur Verteidigung des nordatlantischen Gebietes beitragen, jedes Jahr einer gemeinsamen Prüfung im Rahmen der NATO-Jahreserhebung unterliegen, um eine Vereinbarung bezüglich der Sollstärken zu erzielen, welche die erwartete gegenseitige Hilfe berücksichtigt;

(b) im Laufe des Jahres die Verteidigungsausgaben der Mitgliedstaaten sowie das Ausmaß, in dem die Empfehlungen befolgt würden, die sich aus der Jahreserhebung ergeben, regelmäßig überprüft werden.

3. Billigt die Bestimmungen des Abkommens über die Streitkräfte der Westeuropäischen Union und bestimmt im Hinblick auf die Streitkräfte, welche die Mitgliedstaaten der Westeuropäischen Union auf dem europäischen Festland NATO unterstellen und für die in diesem Abkommen Höchstzahlen festgesetzt worden sind, daß, sollten zu irgendeinem Zeitpunkt während der NATO-Jahreserhebung Empfehlungen vorgelegt werden, die zu einer Erhöhung der Gesamtstärke der Streitkräfte über die in diesem Abkommen festgesetzten Grenzen hinaus führen würden, die Annahme der empfohlenen Erhöhungen durch den betreffenden Staat der einstimmigen Billigung der Mitgliedstaaten der Westeuropäischen Union bedarf; die Billigung kann entweder im Rat der Westeuropäischen Union oder in der Organisation des Nordatlantikvertrages zum Ausdruck gebracht werden.

4. Beschließt, daß alle im Bereich des Alliierten Oberkommandos Europa stationierten Streitkräfte der Mitgliedstaaten der Befehlsgewalt des Alliierten Oberbefehlshabers Europa oder der einer anderen zuständigen NATO-Kommandobehörde

zu unterstellen sind und der Leitung der militärischen Stellen der NATO unterliegen; hiervon ausgenommen sind die Streitkräfte, die für die Verteidigung überseeischer Gebiete vorgesehen sind, wie auch sonstige Streitkräfte, für welche die Organisation des Nordatlantikvertrags anerkannt hat oder anerkennen wird, daß sie geeignet sind, unter nationalem Befehl zu verbleiben.

5. Fordert die Mitgliedstaaten auf, zwecks Prüfung und Anerkennung durch den Rat einen ersten Bericht über diejenigen Streitkräfte zu erstatten, die sie im Bereich des Alliierten Oberkommandos Europa für die gemeinsame Verteidigung beizubehalten, nicht aber der Organisation des Nordatlantikvertrages zu unterstellen beabsichtigen, wobei die hierfür bestehenden NATO-Richtlinien zu berücksichtigen sind; in diesem ersten Bericht ist allgemein zu begründen, warum die genannten Streitkräfte NATO nicht unterstellt werden. Falls danach Änderungen vorgeschlagen werden, stellen die auf Grund der NATO-Jahreserhebung gefaßten Beschlüsse des Nordatlantikrats die Anerkennung nach Art und Umfang der Streitkräfte dar, die der Befehlsgewalt der zuständigen NATO-Kommandobehörde zu unterstellen sind, und derjenigen, die unter nationalem Befehl verbleiben sollen.

6. Stellt fest, daß ihm die innerhalb der Organisation der Westeuropäischen Union getroffenen Vereinbarungen über Streitkräfte für die bodenständige Verteidigung und Polizeikräfte mitzuteilen sind, welche die Mitgliedstaaten dieser Organisation auf dem europäischen Festland unterhalten werden.

7. Bestimmt, um die größtmögliche Wirksamkeit der gemeinsamen Verteidigung zu erzielen, für die im Bereich des Alliierten Oberkommandos Europa dem Alliierten Oberbefehlshaber Europa unterstellten Kampftruppen, daß

(a) alle Dislozierungen in Übereinstimmung mit der NATO-Strategie zu erfolgen haben;

(b) der Alliierte Oberbefehlshaber Europa die Stationierung der Streitkräfte in Übereinstimmung mit den operativen Plänen von NATO nach Beratung und Vereinbarung mit den beteiligten nationalen Stellen festlegt;

(c) im Bereich des Alliierten Oberkommandos Europa dem Alliierten Oberbefehlshaber Europa unterstellte Streitkräfte innerhalb dieses Bereichs nicht umdisloziert oder operativ eingesetzt werden dürfen ohne die Zustimmung des Alliierten Oberbefehlshabers Europa, der politische Richtlinien des Nordatlantikrates zugrunde liegen müssen, die von Fall zu Fall auf dem üblichen Wege erteilt werden.

8. Beschließt, daß

(a) die Integration auf der Ebene der Heeresgruppe und der Taktischen Luftflotte beibehalten wird;

(b) in Anbetracht der Stärke der Kampfverfügungstruppen und der logistischen Organisation auf der Ebene der Armee die Integration auf dieser Ebene und der zugehörigen Ebene der Luftstreitkräfte in der Regel überall da vorgenommen wird, wo Verbände mehrerer Nationalitäten im gleichen Gebiet und im Rahmen einer gemeinsamen Aufgabe operieren, vorausgesetzt, daß unter dem Gesichtspunkt der militärischen Schlagkraft keine schwerwiegenden Einwände bestehen;

(c) in allen Fällen, in denen die militärische Schlagkraft unter Berücksichtigung des Umfangs, der Stationierung und der logistischen Unterstützung der Streitkräfte es zuläßt, eine Integration auf unteren Ebenen sowohl bei den Landstreitkräften als auch bei den Luftstreitkräften in größtmöglichem Ausmaß herbeizuführen ist;

(d) die militärischen NATO-Stellen dem Nordatlantikrat Vorschläge unterbreiten sollen, wobei auf mögliche Kostenerhöhungen bei gemeinsam finanzierten Ausgabeposten, z. B. für Infrastruktur, als Folge der vorgeschlagenen Maßnahmen, hinzuweisen ist.

9. Beschließt, daß die Verantwortlichkeiten und Befugnisse für die logistische Unterstützung der dem Alliierten Oberbefehlshaber Europa unterstellten Streitkräfte zu erweitern sind, damit seine Aufgaben im Rahmen der Verteidigung des Bereichs des Alliierten Oberkommandos Europa sich besser erfüllen lassen.

10. Ist der Auffassung, daß diese erweiterten Verantwortlichkeiten und Befugnisse die Ermächtigung einschließen:

(a) im Benehmen mit den zuständigen nationalen Stellen den Bedarf an logistischen Mitteln *) festzulegen;

(b) im Einvernehmen mit den zuständigen nationalen Stellen die geographische Verteilung dieser Mittel zu bestimmen;

(c) im Benehmen mit diesen Stellen logistische Prioritäten für Aufstellung, Ausrüstung und Unterhalt von Einheiten festzulegen;

(d) die Verwendung der ihm von den zuständigen Stellen zur Deckung seines Bedarfs zur Verfügung gestellten Teile des logistischen Unterstützungssystems zu lenken;

(e) für logistische Verwendung gemeinsamer NATO-Infrastruktureinrichtungen sowie der nationalen Einrichtungen, die ihm von den nationalen Stellen zur Verfügung gestellt werden, zu koordinieren und zu beaufsichtigen.

11. Beschließt, daß der Alliierte Oberbefehlshaber Europa erweiterte Befugnis erhält, Berichte über Umfang und Schlagkraft dieser Streitkräfte sowie über ihre Bewaffnung, Ausrüstung und ihre Verbrauchsgüter wie auch über die Organisation und Stationierung ihrer logistischen Einrichtungen anzufordern, um so zu gewährleisten, daß angemessene Informationen über die dem Alliierten Oberbefehlshaber Europa unterstellten Streitkräfte einschließlich Reserveverbänden und ihre logistische Unterstützung im Bereich des Alliierten Oberkommandos Europa eingeholt und den zuständigen Stellen zur Verfügung gestellt werden. Der Alliierte Oberbefehlshaber Europa hat in diesem Bereich auch die erforderlichen Inspektionen an Ort und Stelle durchzuführen.

12. Ersucht die Mitgliedstaaten, dem Alliierten Oberbefehlshaber Europa entsprechende Berichte vorzulegen, die dieser von Zeit zu Zeit anfordert, sowie die von dem Alliierten Oberbefehlshaber Europa durchgeführten Inspektionen dieser Streitkräfte und ihres logistischen Unterstützungssystems im Bereich des Alliierten Oberkommandos Europa in dem erforderlichen Umfang zu unterstützen.

---

*) Die logistischen Mittel umfassen sämtliches Gerät, alle Verbrauchsgüter, Einrichtungen und Teile derselben, die für die Führung längerer Kampfhandlungen erforderlich sind.

13. Bestätigt, daß die von dem Alliierten Oberbefehlshaber Europa im Frieden ausgeübten Befugnisse sich nicht nur auf die Zusammenfassung der ihm unterstellten Streitkräfte zu einer schlagkräftigen, integrierten Streitmacht, sondern auch auf deren Ausbildung erstrecken, daß der Alliierte Oberbefehlshaber Europa auf diesem Gebiet befugt ist, die höhere Ausbildung aller ihm in Friedenszeiten zur Verfügung gestellten nationalen Streitkräfte unmittelbar zu leiten, und zu überwachen und daß er bei der Inspektion der Ausbildung dieser Kader und sonstigen Streitkräfte im Bereich des Alliierten Oberkommandos Europa, die für dieses Kommando vorgesehen sind, jegliche Unterstützung seitens der Mitgliedstaaten erhält.

14. Beauftragt die militärischen NATO-Stellen, zu veranlassen, daß der Alliierte Oberbefehlshaber Europa einen hohen Offizier seines Kommandos bestimmt, der befugt ist, dem Rat der Westeuropäischen Union über die Streitkräfte der Mitglieder der Westeuropäischen Union auf dem europäischen Festland Informationen zu übermitteln, die sich aus den in den Absätzen 11 und 12 erwähnten Berichten und Inspektionen ergeben; auf diese Weise soll diesem Rat die Feststellung ermöglicht werden, daß die Grenzen eingehalten werden, die in dem in Absatz 3 genannten besonderen Abkommen festgelegt sind.

15. Kommt überein, daß der Ausdruck „Bereich des Alliierten Oberkommandos Europa" im Sinne dieser Entschließung nicht Nordafrika umfaßt und der gegenwärtige Status der im Mittelmeer stationierten Streitkräfte des Vereinigten Königreichs und der Vereinigten Staaten durch diese Entschließung nicht geändert wird.

16. Beauftragt den NATO-Militärausschuß, die erforderlichen Änderungen der Richtlinien einzuleiten, um die genannten Grundsätze und Zielsetzungen des Nordatlantikrats zu verwirklichen.

2. Entschließung des Nordatlantikrates betreffend die Zustimmungserklärung der übrigen Parteien des Nordatlantikvertrags zu den auf der Londoner Konferenz abgegebenen Erklärungen der Bundesrepublik Deutschland und der Drei Mächte

Der Nordatlantikrat

Begrüßt die von der Regierung der Bundesrepublik Deutschland am 3. Oktober 1954 in London abgegebene Erklärung (Anlage A) und die zugehörige, von den Regierungen der Vereinigten Staaten von Amerika, des Vereinigten Königreichs von Großbritannien und Nordirland und der Französischen Republik bei der gleichen Gelegenheit abgegebene Erklärung (Anlage B) und

Nimmt mit Genugtuung zur Kenntnis, daß sich die Vertreter der übrigen Mitgliedstaaten des Nordatlantikvertrags namens ihrer Regierungen heute der obengenannten Erklärung der Drei Mächte angeschlossen haben.

ANLAGE A

Erklärung der Regierung der Bundesrepublik Deutschland
(Wortlaut wie in der Londoner Schlußakte)

ANLAGE B

Erklärung der Regierungen der Vereinigten Staaten von Amerika, des Vereinigten Königreichs und Frankreichs

(Wortlaut wie in der Londoner Schlußakte)

3. Protokoll zum Nordatlantikvertrag über den Beitritt der Bundesrepublik Deutschland

Die Mitgliedstaaten des am 4. April 1949 in Washington unterzeichneten Nordatlantikvertrags

Sind überzeugt, daß die Sicherheit des Nordatlantikgebiets durch den Beitritt der Bundesrepublik Deutschland zu diesem Vertrag verstärkt wird, und

Stellen fest, daß die Bundesrepublik Deutschland durch ihre Erklärung vom 3. Oktober 1954 die in Artikel 2 der Satzung der Vereinten Nationen niedergelegten Verpflichtungen übernommen und sich verpflichtet hat, mit ihrem Beitritt zum Nordatlantikvertrag sich jeglicher Handlung zu enthalten, die mit dem rein defensiven Charakter dieses Vertrags unvereinbar ist, und

Stellen ferner fest, daß die Regierungen aller Mitgliedstaaten sich der im Zusammenhang mit der genannten Erklärung der Bundesrepublik Deutschland ebenfalls am 3. Oktober 1954 abgegebenen Erklärung der Regierungen der Vereinigten Staaten von Amerika, des Vereinigten Königreichs von Großbritannien und Nordirland und der Französischen Republik angeschlossen haben,

und vereinbaren:

Artikel I

Mit dem Inkrafttreten dieses Protokolls wird die Regierung der Vereinigten Staaten von Amerika im Namen aller Mitgliedstaaten der Regierung der Bundesrepublik Deutschland eine Einladung übermitteln, dem Nordatlantikvertrag beizutreten. Daraufhin wird die Bundesrepublik Deutschland an dem Tage, an dem sie gemäß Artikel 10 des Vertrags die Beitrittsurkunde bei der Regierung der Vereinigten Staaten von Amerika hinterlegt, Mitglied dieses Vertrags.

Artikel II

Dieses Protokoll tritt in Kraft, wenn

(a) alle Mitgliedstaaten des Nordatlantikvertrags der Regierung der Vereinigten Staaten von Amerika die Annahme dieses Protokolls mitgeteilt haben,

(b) alle Ratifikationsurkunden zu dem Protokoll zur Änderung und Ergänzung des Brüsseler Vertrags bei der belgischen Regierung hinterlegt worden sind, und

(c) alle Ratifikations- oder Genehmigungsurkunden zu dem Abkommen über den Aufenthalt ausländischer Streitkräfte in der Bundesrepublik Deutschland bei der Regierung der Bundesrepublik Deutschland hinterlegt worden sind. Die Regierung der Vereinigten Staaten teilt den übrigen Mitgliedstaaten des Nordatlantikvertrags das Eingangsdatum jeder Benachrichtigung von der Annahme dieses Protokolls sowie den Tag des Inkrafttretens dieses Protokolls mit.

Artikel III

Dieses Protokoll, dessen englischer und französischer Wortlaut in gleicher Weise maßgebend ist, wird in den Archiven der Regierung der Vereinigten Staaten hinterlegt. Diese übermittelt den Regierungen der übrigen Mitgliedstaaten des Nordatlantikvertrags ordnungsgemäß beglaubigte Abschriften.

Zu Urkund dessen haben die unterzeichneten, hierzu von ihren Regierungen ordnungsgemäß bevollmächtigten Vertreter dieses Protokoll unterschrieben.

Unterzeichnet in Paris am 23. Oktober 1954.

Für Belgien:
P.-H. Spaak

Für Kanada:
L. B. Pearson

Für Dänemark:
H. C. Hansen

Für die Vereinigten Staaten:
John Foster Dulles

Für Frankreich:
Mendès-France

Für Griechenland:
Stephanopoulos

Für Island:
Kristian Gudmundsson

Für Italien:
G. Martino

Für Luxemburg:
Jos. Bech

Für Norwegen:
Halvard Lange

Für die Niederlande:
J. W. Beyen

Für Portugal:
Paulo Cunha

Für die Türkei:
F. Köprülü

Für das Vereinigte Königreich:
Anthony Eden

4. Entschließung des Nordatlantikrates zu den Ergebnissen der Konferenzen der Vier und der Neun Mächte

(Vom Nordatlantikrat am 22. Oktober 1954 angenommen)

Der Nordatlantikrat

Erkennt an, daß alle Vereinbarungen, die sich aus der Londoner Konferenz ergeben, Teil einer allgemeinen Regelung bilden, die unmittelbar oder mittelbar alle NATO-Mächte angeht und daher dem Rat zur Kenntnisnahme oder Beschlußfassung vorgelegt wird;

Hat mit Befriedigung die Abmachungen zur Kenntnis genommen, die zwischen den Regierungen Frankreichs, des Vereinigten Königreichs, der Vereinigten Staaten von Amerika und der Bundesrepublik Deutschland zur Beendigung des Besatzungsregimes in der Bundesrepublik vereinbart wurden, wie dies in dem Protokoll niedergelegt ist, das dem Rat übermittelt wurde;

Begrüßt den Beschluß der Mächte des Brüsseler Vertrags, die Bundesrepublik Deutschland und Italien einzuladen, dem durch die Protokolle und die sonstigen dem Rat übermittelten Dokumente geänderten und ergänzten Brüsseler Vertrag beizutreten, und bekundet hiermit sein Einverständnis mit den Bestimmungen dieser Protokolle und Dokumente, soweit sie Maßnahmen der Organisation des Nordatlantikvertrags betreffen;

Begrüßt die Erweiterung des Brüsseler Vertrags als wesentlichen Schritt auf dem Wege zur Herbeiführung der europäischen *Einheit* und bringt sein Vertrauen zum Ausdruck, daß die Westeuropäische Union mit der Organisation des Nordatlantikvertrags, der die Grundlage für die Sicherheit und den Fortschritt der Atlantischen Gemeinschaft bleibt, aufs engste zusammenarbeiten wird;

Nimmt mit Befriedigung die Erklärungen zur Kenntnis, die am 29. September 1954 in London von dem Außenminister der Vereinigten Staaten und dem Kanadischen Außenminister abgegeben wurden, sowie die Erklärung des Außenministers des Vereinigten Königreichs über die weitere Stationierung von Streitkräften des Vereinigten Königreichs auf dem europäischen Festland; und

bekundet endlich seine tiefe Befriedigung über den glücklichen Abschluß aller genannten Vereinbarungen, die zusammen einen entscheidenden Schritt zur Festigung des Nordatlantischen Bündnisses und zur Einigung der freien Welt darstellen.

ENTSCHLIESSUNG ÜBER RÜSTUNGSPRODUKTION UND -STANDARDISIERUNG

(Von der Neun-Mächte-Konferenz am 21. Oktober 1954 angenommen)

Die Regierungen des Königreichs Belgien, der Französischen Republik, der Bundesrepublik Deutschland, der Italienischen Republik, des Großherzogtums Luxemburg, des Königreichs der Niederlande und des Vereinigten Königreichs von Großbritannien und Nordirland

Sind bemüht, die Kampfkraft ihrer gemeinsamen Verteidigungsstreitkräfte auf den Höchststand zu bringen,

Sind bestrebt, die ihnen zur Verfügung stehenden Rüstungskredite durch rationelle Gestaltung der Produktion bestmöglich zu verwenden.

Sind sich der Bedeutung bewußt, die der Standardisierung von Waffen und Waffenteilen in diesem Zusammenhang zukommt,

Und sind bestrebt, den Abschluß entsprechender Abkommen zwischen allen oder einigen der Sieben Mächte zu erleichtern.

Daher:

(1) Weisen sie auf den auf der Londoner Konferenz gefaßten Beschluß hin, eine Arbeitsgruppe zu bilden, die sich mit den von der französischen Regierung am 1. Oktober 1954 vorgelegten Entwürfen von Richtlinien und mit den Dokumenten zu befassen hat, die gegebenenfalls zur Frage der Produktion und Standardisierung der Rüstung zu einem späteren Zeitpunkt vorgelegt werden;

(2) Vereinbaren sie, eine Arbeitsgruppe aus Vertretern Belgiens, Frankreichs, Italiens, Luxemburgs, der Niederlande, der Bundesrepublik Deutschland und des Vereinigten Königreichs für den 17. Januar 1955 nach Paris einzuberufen, damit diese sich mit den in vorstehender Ziffer genannten Entwürfen von Richtlinien und Dokumenten befaßt, um dem Rat der Westeuropäischen Union, sobald dieser besteht, diesbezügliche Vorschläge zu unterbreiten.

KOMMUNIQUÉ
ÜBER WIRTSCHAFTLICHE UND KULTURELLE ZUSAMMENARBEIT

Die am 19. Oktober 1954 in La Celle-St. Cloud begonnenen und am Rande der Pariser Konferenz weitergeführten Besprechungen zwischen Bundeskanzler Adenauer und Ministerpräsident Mendès-France erstreckten sich auf die Gesamtheit der die deutsch-französischen Beziehungen betreffenden Fragen.

In der Überzeugung, daß eine enge Zusammenarbeit zwischen ihren beiden Ländern einen wesentlichen Beitrag zum Aufbau Europas und des Friedens bilden wird, haben sich die beiden Regierungen nicht nur über die Frage der Saar, sondern auch über folgende Probleme geeinigt:

I.

Zwischen beiden Regierungen wurde grundsätzliches Einverständnis über eine breite deutsch-französische wirtschaftliche Zusammenarbeit erzielt. Mit Genugtuung wurde festgestellt, daß der deutsch-französische Warenverkehr sich in den letzten Jahren ständig aufwärts entwickelt und einen Rekordstand erreicht hat. Gemeinsam wurden geeignete Maßnahmen erörtert, um nicht nur den Warenaustausch auf der erreichten Höhe zu stabilisieren, sondern zu einer weiteren Entwicklung der Außenhandelsumsätze zu gelangen. Von beiden Seiten wurde zu Erreichung dieses Zieles die Aufnahme von Verhandlungen über langfristige handelspolitische Abmachungen als wünschenswert erkannt. Auf der Grundlage dieser Abmachungen sollten langfristige Abschlüsse hauptsächlich über gewisse Agrar-Erzeugnisse zustande kommen, namentlich über Getreide und in einem späteren Zeitpunkt über Zucker. Was insbesondere das Getreide angeht, soll den aus der gegenwärtigen Lage sich ergebenden vergrößerten Möglichkeiten im Laufe der für den Monat November dieses Jahres vorgesehenen Wirtschaftsverhandlungen Rechnung getragen werden. Im gleichen Geiste der Zusammenarbeit haben die beiden Regierungen die Möglichkeiten der Bildung eines „deutsch-französischen Wirtschafts-Komitees“ und die Gründung einer paritätischen deutsch-französischen Handelskammer in Aussicht genommen. Ferner war man sich darüber einig, daß eine gemeinsame Regelung der Fragen des Niederlassungsrechts der Entwicklung des Warenaustausches förderlich sei.

Die mit den alten deutschen Warenzeichen zusammenhängenden Fragen werden in gemeinsamem Einvernehmen im Anschluß an eine Zusammenkunft von Sachverständigen geregelt werden, die in einigen Tagen stattfinden soll.

Transport- und Verkehrsprobleme, namentlich die durch die Moselkanalisierung aufgeworfenen Fragen, werden Gegenstand weiterer Besprechungen sowie einer späteren Prüfung im Benehmen mit den anderen interessierten Ländern sein. Schließlich war man sich in dem Wunsche einig, gemeinsame Unternehmen sowie deutsche und französische Investitionen in Europa und Übersee zu fördern, um zur Entfaltung der Wirtschaftskräfte dieser Gebiete ebenso wie zur Steigerung und Rationalisierung ihrer Produktion beizutragen. Solche gemeinsamen Vorhaben sollen der Mitwirkung anderer Länder, insbesondere aber den Mitgliedstaaten der Westeuropäischen Union, weit geöffnet sein.

Eine solche im Hinblick auf das gemeinsame Ziel wirtschaftlicher Expansion in Aussicht genommene Zusammenarbeit, die sich insbesondere auch auf neue Aufgaben, die an die Industrie herantreten, erstrecken soll, wird in jeder Weise dem Gesamtinteresse dienen, indem sie zu einer Verbreiterung der inneren und äußeren Märkte, zu einer Steigerung des Verbrauchs und zu einer Erhöhung des Lebensstandards beiträgt.

II.

In der Überzeugung, daß eine möglichst enge Zusammenarbeit zwischen dem deutschen und dem französischen Volk auf kulturellem Gebiet das wechselseitige Verständnis wesentlich fördert und damit der Sache des Friedens und des vereinten Europa dient, sind die beiden Regierungen übereingekommen, ein Kulturabkommen zu schließen, in dem folgende Gegenstände behandelt werden:

(1) Austausch von Professoren, Gelehrten, Lektoren, Assistenten, Studenten, Schülern, Technikern und Lehrlingen.

Zur Förderung dieses Austauschprogramms werden beide Regierungen Stipendien und Beihilfen für Staatsangehörige des anderen Teiles zur Verfügung stellen, Ferienkurse für Lehrpersonal, Studenten und Schüler des anderen Teiles einrichten und die Zusammenarbeit von Jugendverbänden begünstigen.

(2) Verstärkung der Lehrgänge für den Unterricht in Sprache und Kultur des anderen Landes an Universitäten und Schulen, um allen Studenten und Schülern soweit wie möglich die Wahl dieser Sprache zu erlauben.

(3) Wechselseitige Förderung bestehender oder noch zu gründender kultureller Einrichtungen wie Hochschulinstitute, Studienzentren, Kulturinstitute und Schulen.

(4) Erleichterungen in der gegenseitigen Anerkennung von Prüfungen und Zeugnissen.

(5) Förderung der Veranstaltung von Vorträgen, Konzerten und Ausstellungen, Theater- und Filmvorführungen, Rundfunk- und Fernsehsendungen sowie der Verbreitung von Büchern, Zeitschriften und anderen Veröffentlichungen kulturellen Charakters.

(6) Bemühungen, in allen Zweigen des Unterrichtswesens, insbesondere in Lehrbüchern, Fragen, die den anderen Teil berühren, sachlich darzustellen.

(7) Wechselseitige Konsultierung zur Wahrnehmung gemeinsamer kultureller Interessen im Ausland.

Es wird ein Ständiger Gemischter Ausschuß gebildet, in den jede Regierung Persönlichkeiten des kulturellen Lebens sowie offizielle Vertreter in gleicher Anzahl entsendet.

Der Ausschuß hat die Aufgabe, Fragen, die sich bei der Durchführung des Abkommens ergeben, zu lösen sowie die besten Wege zur Erreichung der im Abkommen enthaltenen Ziele zu suchen und den beiden Regierungen Vorschläge über den Ausbau der kulturellen Beziehungen zu unterbreiten.

III.

Die beiden Regierungen haben ein Abkommen über die Regelung gewisser, aus den Deportierungen entstandener Fragen geschlossen, das sich insbesondere auf die Überführung der Leichen und auf den Besuch und die Instandhaltung der Weihestätten der Deportierung bezieht.

Bundeskanzler Adenauer und der französische Regierungschef haben auch ein Abkommen über die Instandhaltung der deutschen Kriegsgräber in Frankreich abgeschlossen.

KOMMUNIQUÉS DER PARISER KONFERENZEN

Kommuniqué der Neun-Mächte-Konferenz vom 21. Oktober 1954

Die Außenminister Belgiens, Kanadas, Frankreichs, der Bundesrepublik Deutschland, Italiens, Luxemburgs, der Niederlande, des Vereinigten Königreichs und der Vereinigten Staaten von Amerika (die Herren Spaak, Pearson, Mendès-France, Dr. Adenauer, Martino, Bech, Beyen, Sir Anthony Eden und Herr Foster Dulles) kamen am 21. Oktober in Paris zusammen, um die auf der Londoner Konferenz begonnenen Besprechungen über die Sicherheit und die europäische Integration im Rahmen einer sich entwickelnden, dem Frieden und der Freiheit dienenden atlantischen Gemeinschaft fortzusetzen.

Die Minister wurden von dem Übereinkommen unterrichtet, das zwischen den Außenministern Frankreichs, der Bundesrepublik Deutschland, des Vereinigten Königreichs und der Vereinigten Staaten von Amerika über die Beendigung des Besatzungsregimes in der Bundesrepublik erzielt wurde.

Die Neun Minister prüften anschließend die in Paris und London von den Arbeitsgruppen zu dem Zwecke ausgearbeiteten Berichte, die auf der Londoner Konferenz vereinbarten Grundsätze zu verwirklichen. Sie einigten sich über den Wortlaut von vier Protokollen, welche die Organisation des Brüsseler Vertrags so verstärken und ausdehnen, daß die Teilnahme Italiens und der Bundesrepublik Deutschland ermöglicht wird, sowie über den Wortlaut zugehöriger Dokumente. Sie kamen überein, daß die Londoner Arbeitsgruppe, die aus Vertretern Belgiens, Frankreichs, der Bundesrepublik Deutschland, Italiens, Luxemburgs, der Niederlande und des Vereinigten Königreichs besteht, während der Übergangsperiode bis zum formellen Beitritt der Bundesrepublik Deutschland und Italiens zur Organisation des Brüsseler Vertrags in Tätigkeit bleiben soll.

Die Minister sprachen den Generalsekretären der Nordatlantikpakt-Organisation und der Organisation des Brüsseler Vertrags, die zur Teilnahme an ihrer Zusammenkunft eingeladen waren, ihren Dank aus für die wertvolle Vorbereitungsarbeit, die zwischen den Konferenzen von London und Paris in diesen beiden Organisationen geleistet wurde, sowie für die von der NATO für ihre Zusammenkünfte in Paris zur Verfügung gestellten Einrichtungen.

Kommuniqué des Nordatlantikrates vom 22. Oktober 1954

1. Der Nordatlantikrat hielt heute in Paris unter dem Vorsitz des griechischen Außenministers, Herrn Stephanos Stephanopoulos, eine Ministertagung ab. Diese Tagung, der die Außen- und Verteidigungsminister der Mitgliedstaaten beiwohnten, befaßte sich mit Angelegenheiten von lebenswichtiger Bedeutung für die freie Welt und für die Förderung einer größeren europäischen Einheit innerhalb des Rahmens einer sich weiter entwickelnden atlantischen Gemeinschaft. Die Tagung wurde insbesondere einberufen, um Abmachungen zu billigen, welche die volle Assoziierung der Bundesrepublik Deutschland mit dem Westen und einen deutschen Verteidigungsbeitrag ermöglichen sollen. Auf Einladung des Rates nahm der Bundeskanzler der Bundesrepublik Deutschland, Dr. Adenauer, als Beobachter an der Tagung teil.

2. Der Rat nahm zur Kenntnis, daß alle Vereinbarungen, welche auf der Londoner Konferenz und den nachfolgenden Tagungen der Vier- und der Neunmächtekonferenz erzielt wurden, Teil einer einzigen allgemeinen Regelung bilden, die direkt oder indirekt alle Nordatlantikpaktmächte angeht und daher dem Rat unterbreitet wurde. Der Rat hat diese Regelung begrüßt.

3. Der Rat wurde von dem Übereinkommen unterrichtet, das zwischen den Außenministern Frankreichs, der Bundesrepublik Deutschland, des Vereinigten Königreichs und der Vereinigten Staaten von Amerika über die Beendigung des Besatzungsregimes in der Bundesrepublik erzielt wurde.

4. Der Rat wurde von dem Übereinkommen unterrichtet, das über den Wortlaut von vier Protokollen erzielt wurde, welche die Organisation des Brüsseler Vertrags — jetzt Westeuropäische Union — so verstärken und ausdehnen, daß die Teilnahme Italiens und der Bundesrepublik Deutschland ermöglicht wird, sowie über den Wortlaut zugehöriger Dokumente. Der Rat begrüßte diese Vereinbarung und stimmte den Protokollen zum Brüsseler Vertrag insoweit zu, als sie Aktionen des Nordatlantikrates oder anderer NATO-Behörden einschließen.

5. Der Rat begrüßte die Erklärung, die von der Regierung der Bundesrepublik Deutschland am 3. Oktober 1954 in London abgegeben wurde, sowie die damit in Beziehung stehende Erklärung, die bei gleicher Gelegenheit von den Regierungen Frankreichs, des Vereinigten Königreichs und der Vereinigten Staaten abgegeben wurde. Er nahm mit Befriedigung zur Kenntnis, daß die Vertreter der anderen Partner des Nordatlantikpaktes sich heute der Erklärung der Drei Mächte angeschlossen haben.

6. Der Rat billigte eine Resolution zur Verstärkung der bestehenden Einrichtungen für die kollektive Verteidigung Europas, hauptsächlich durch Stärkung der Befugnisse des Obersten Alliierten Befehlshabers in Europa.

7. Der Rat billigte ein Protokoll zum Nordatlantikvertrag, in welchem die Bundesrepublik Deutschland eingeladen wird, der NATO beizutreten. Das Protokoll wird morgen von den vierzehn Außenministern unterzeichnet werden und in Kraft treten, wenn jeder der Partner des Nordatlantikvertrages die Regierung der Vereinigten Staaten von Amerika von ihrer Annahme unterrichtet hat, wenn alle Ratifikations-

urkunden des Protokolls zur Änderung und Ergänzung des Brüsseler Vertrags bei der belgischen Regierung hinterlegt sein werden und wenn alle Urkunden der Ratifikation oder der Billigung des Vertrags über den Aufenthalt ausländischer Streitkräfte in der Bundesrepublik Deutschland bei der Regierung der Bundesrepublik Deutschland hinterlegt sein werden.

8. Der Rat nahm eine Erklärung des italienischen Außenministers über die Vereinbarungen entgegen, die vor kurzem über Triest erzielt wurden. Es wurde der Wert dieser Vereinbarungen sowohl vom europäischen als auch vom atlantischen Standpunkt betont.

9. Der Rat beschloß, seine nächste Ministertagung am oder um den 15. Dezember zu halten.

10. Der Rat bekräftigte, daß der Nordatlantikvertrag ein grundlegendes Element in der Außenpolitik der Regierungen aller Mitgliedsregierungen bleibt. Er war sich darüber einig, daß die Zusammenarbeit zwischen der Westeuropäischen Union und der Nordatlantikpakt-Organisation auf allen Gebieten so eng wie möglich gestaltet werden muß und daß jede Überschneidung mit der Arbeit der bestehenden NATO-Behörden vermieden werden wird. Der Rat bekräftigte seine Einmütigkeit in dem Ziel, nach Frieden und Fortschritt zu streben. Die gegenwärtige Konferenz und die erzielten Vereinbarungen stellen einen neuen und entscheidenden Schritt in der Entwicklung der atlantischen Gemeinschaft dar.

11. Der Wortlaut der Vereinbarungen und Dokumente wird morgen, Samstag, den 23. Oktober, nach der Unterzeichnung veröffentlicht werden.

Bei Fragen zur Produktsicherheit wenden Sie sich bitte an:
If you have any questions regarding product safety,
please contact:

Walter de Gruyter GmbH
Genthiner Straße 13
10785 Berlin
productsafety@degruyterbrill.com